东南学术文库
SOUTHEAST UNIVERSITY ACADEMIC LIBRARY

城市交通文明建设法治保障研究

Research on the Legal Guarantee of Constructing Urban Transport Civilization

孟鸿志 等著

东南大学出版社
·南京·

图书在版编目(CIP)数据

城市交通文明建设法治保障研究/孟鸿志等著.
—南京：东南大学出版社，2022.8
ISBN 978-7-5766-0149-7

Ⅰ.①城… Ⅱ.①孟… Ⅲ.①城市交通运输—交通法—研究—中国 Ⅳ.①D922.296.4

中国版本图书馆 CIP 数据核字(2022)第 104810 号

● 法治建设与法学理论研究部级科研项目成果

城市交通文明建设法治保障研究
Chengshi Jiaotong Wenming Jianshe Fazhi Baozhang Yanjiu

著　　者	孟鸿志 等
出版发行	东南大学出版社
社　　址	南京市四牌楼 2 号　邮编：210096　电话：025-83793330
网　　址	http://www.seupress.com
经　　销	全国各地新华书店
排　　版	南京星光测绘科技有限公司
印　　刷	南京工大印务有限公司
开　　本	700mm×1000mm　1/16
印　　张	24
字　　数	457 千字
版　　次	2022 年 8 月第 1 版
印　　次	2022 年 8 月第 1 次印刷
书　　号	ISBN 978-7-5766-0149-7
定　　价	108.00 元

本社图书若有印装质量问题，请直接与营销部联系。电话：025-83791830
责任编辑：刘庆楚　责任印制：周荣虎　封面设计：企图书装

编委会名单

主任委员：郭广银
副主任委员：周佑勇　樊和平
委　　员：（以姓氏笔画为序）
　　　　　　王廷信　王　珏　龙迪勇　仲伟俊
　　　　　　刘艳红　刘　魁　江建中　李霁翔
　　　　　　汪小洋　邱　斌　陈志斌　陈美华
　　　　　　欧阳本祺　袁久红　徐子方　徐康宁
　　　　　　徐　嘉　董　群
秘　书　长：江建中
编务人员：甘　锋　刘庆楚

身处南雍　心接学衡

——《东南学术文库》序

每到三月梧桐萌芽,东南大学四牌楼校区都会雾起一层新绿。若是有停放在路边的车辆,不消多久就和路面一起着上了颜色。从校园穿行而过,鬓后鬓前也免不了会沾上这些细密嫩屑。掸下细看,是五瓣的青芽。一直走出南门,植物的清香才淡下来。回首望去,质朴白石门内掩映的大礼堂,正衬着初春的朦胧图景。

细数其史,张之洞初建两江师范学堂,始启教习传统。后定名中央,蔚为亚洲之冠,一时英杰荟萃。可惜书生处所,终难避时运。待旧邦新造,工学院声名鹊起,恢复旧称东南,终成就今日学府。但凡游人来宁,此处都是值得一赏的好风景。短短数百米,却是大学魅力的极致诠释。治学处环境静谧,草木楼阁无言,但又似轻缓倾吐方寸之地上的往事。驻足回味,南雍余韵未散,学衡旧音绕梁。大学之道,大师之道矣。高等学府的底蕴,不在对楼堂物件继受,更要仰赖学养文脉传承。昔日柳诒徵、梅光迪、吴宓、胡先骕、韩忠谟、钱端升、梅仲协、史尚宽诸先贤大儒的所思所虑、求真求是的人文社科精气神,时至今日依然是东南大学的宝贵财富,给予后人滋养,勉励吾辈精进。

由于历史原因,东南大学一度以工科见长。但人文之脉未断,问道之志不泯。时值国家大力建设世界一流高校的宝贵契机,东南大学作为国内顶尖学府之一,自然不会缺席。学校现已建成人文学院、马克思主义学院、艺术学院、经济管理学院、法学院、外国语学院、体育系等成建制人文社科院系,共涉及 6 大学科门类、5 个一级博士点学科、19 个一级硕士点学科。人文社科专任教师 800 余人,其中教授近百位,"长江学者"、国家"万人计划"哲学社会科学领军人才、全国文化名家、"马克思主义理论研究和建设工程"首席专家等人文社科领域内顶尖人才济济一堂。院系建设、人才储备以及研究平台等方面多年来的铢积锱累，为东南大学人文社科的进一步发展奠定了坚实基础。

在深厚人文社科历史积淀传承基础上，立足国际一流科研型综合性大学之定位，东南大学力筹"强精优"、蕴含"东大气质"的一流精品文科，鼎力推动人文社科科研工作，成果喜人。近年来，承担了近三百项国家级、省部级人文社科项目课题研究工作，涌现出一大批高质量的优秀成果，获得省部级以上科研奖励近百项。人文社科科研发展之迅猛，不仅在理工科优势高校中名列前茅，更大有赶超传统人文社科优势院校之势。

东南学人深知治学路艰，人文社科建设需戒骄戒躁，忌好大喜功，宜勤勉耕耘。不积跬步，无以至千里；不积小流，无以成江海。唯有以辞藻文章的点滴推敲，方可成就百世流芳的绝句。适时出版东南大学人文社科研究成果，既是积极服务社会公众之举，也是提升东南大学的知名度和影响力，为东南大学建设国际知名高水平一流大学贡献心力的表现。而通观当今图书出版之态势，全国每年出版新书逾四十万种，零散单册发行极易淹埋于茫茫书海中，因此更需积聚力量、整体策划、持之以恒，通过出版系列学术丛书之形式，集中向社会展示、宣传东南大学和东南大学人文社科的形象与实力。秉持记录、分享、反思、共进的人文社科学科建设理念，我们郑重推出这套《东南学术文库》，将近些年来东南大学人文社科诸君的研究和思考，付之枣梨，以飨读者。知我罪我，留待社会评判！

是为序。

《东南学术文库》编委会
2016 年 1 月

主要作者简介

孟鸿志，法学博士，东南大学特聘教授、博士生导师，全国优秀教师、省级教学名师。现任东南大学地方立法研究中心主任、法治政府研究中心主任、交通法治与发展研究中心副主任、江苏省人大常委会地方立法研究基地主任、教育部教育立法研究基地负责人。兼任中国行为法学会行政法治研究会副会长、中国行政法学研究会常务理事、中国立法学研究会常务理事、江苏省立法学研究会会长、江苏省人民政府法律顾问、江苏省人大常委会立法咨询专家、江苏省法官检察官遴选委员会委员、北京大学软法研究中心研究员、国家行政学院行政法研究中心研究员、南京师范大学中国法治现代化研究院研究员等。历任内蒙古财经大学法学院副院长（主持工作）、山东工商学院法学院院长、东南大学法学院副院长等职务。

主持"突发重大公共卫生事件防控的法治体系研究""大数据时代政府信息公开制度变革研究""城市交通规划法治问题研究""行政规划法律规制研究""中国行政执法监控机制研究"等5项国家社科基金项目（其中重大招标项目1项、重点项目2项、一般项目2项），主持教育部、司法部等省部级科研项目20余项；出版《中国行政组织法通论》《行政法学》《部门行政法研究》等专著或主编著作15部，合作20余部；在《中国法学》等刊物发表论文60余篇；获省部级哲学社会科学优秀成果奖与教学成果奖10项。主要研究领域为行政法学、部门行政法、立法学。

中文摘要

城市交通文明是城市文明的一面镜子,是人类文明的集中体现。城市交通文明是以城市为空间,以"人、车、路"为主要参与者,以交通的物质科技发展以及公共交通规范体系为保障,反映物质文明、生态文明、社会文明、精神文明、政治文明等文明现象的总和。城市交通文明建设是交通强国战略的重要组成部分。要推动我国城市交通文明建设,就必须全面推进社会主义法治国家建设,提供城市交通文明法治化建设的制度方案。一方面,城市交通文明最基本的秩序需要法治来确认与保障;另一方面,城市交通文明的提升也需要依靠法治保障机制来培育和倡导。

现代城市交通文明建设应当将"以人为本"和"可持续发展"的科学发展理念贯彻于法治保障的全过程,在制度设计上体现"诚信友爱、安定有序"和"和谐交通、绿色发展"的价值追求。重视社会公众在交通出行方面最直接最现实的利益问题,满足人民群众对城市交通文明日益增长的现实需要。

推进城市交通文明建设需要构建一个综合性的法治保障体系。首先,需要将城市交通规范体系法治化,增强城市交通制度规范的科学性、民主性与合法性;其次,需要通过软法机制对城市交通文明行为予以引导、促进,激发政府与公民对城市交通文明建设的内心认同与自主追求;再次,需要重视规范城市交通执法,保障城市交通执法权的合法合理行使,完善城市交通执法文明法律治理机制;最后,需要通过刑事司法手段预防和惩治严重危害交通文明的犯罪行为,维护城市交通文明建设的底线。

我国城市交通文明建设的主要困境是城市机动车保有量增加与城市交

通空间有限性之间的矛盾难以调和。当城市交通建设无法与机动车保有量保持动态平衡时,势必带来城市交通拥堵、交通污染、交通安全隐患以及机动车停放难等一系列现实问题,这些问题均需要合法合理更加有效的治理对策予以解决。此外,随着城市交通新业态和新技术的发展,由共享单车、智能驾驶汽车、城市快递物流行业引发的各种新问题,也对我国城市交通文明法治保障体系的现代化提出了新要求。同时,城市交通文明建设不能忽视城市交通弱势群体的合法权益保障,既要从基础设施建设上为弱势群体享有和行使权利提供坚实的物质基础,也要从意识培养、制度构建等方面为交通弱势群体搭建系统性的权利保障机制。

关键词:交通强国;城市交通文明;法治保障;治理对策

Abstract

Urban transport civilization is a mirror of urban civilization and the concentrated embodiment of human civilization. Urban transport civilization is the sum total of material civilization, ecological civilization, social civilization, spiritual civilization, political civilization and other civilization phenomena with the city as the space, "people, vehicles and roads" as the main participants, the technological development of transportation and the standard system of public transportation as the guarantee. The construction of urban transport civilization is the important part of the strategy of building a powerful transportation country. In order to promote the construction of urban transport civilization in China, we must comprehensively promote the construction of a Socialist Law-Based Country and provide an institutional scheme of legalization. On the one hand, the most fundamental order of urban transport civilization needs to be confirmed and guaranteed by the rule of law. On the other hand, the promotion of urban transport civilization also needs to rely on the legal guarantee mechanism to cultivate and advocate.

In the construction of modern urban transport civilization, the scientific development concept of "people-oriented" and "sustainable development" should be implemented in the whole process of law guarantee, and the value pursuit of "integrity, fraternity, stability and order" and "harmonious traffic and green development" should be reflected in the system design. We should place a high value on the most direct and realistic interests of the public in transportation, and meet the growing practical needs of the people for urban transport civilization.

To promote the construction of urban transport civilization, we need to build a comprehensive legal guarantee system. Firstly, the urban transport regulation system ought to be legalized and the scientificity, democracy and legitimacy of that system should be enhanced; Secondly, the behavior of urban transport civilization is in need of guiding and promoting through the Soft-law mechanism, so as to stimulate the inner recognition and independent pursuit of the construction of urban transport civilization by the government and citizens; Thirdly, we need to attach importance to standardizing the law enforcement in urban transportation, ensure the legitimate and reasonable exercise of law enforcement power, and improve the civilized legal governance mechanism of law enforcement; Finally, it is necessary to prevent and punish criminal acts that seriously endanger traffic civilization through criminal justice means, so as to maintain the bottom line of urban transport civilization construction.

The main dilemma of China's urban transport civilization construction is that the contradiction between the increase of urban vehicle ownership and the limitation of urban traffic space is difficult to reconcile. When the two cannot maintain a dynamic balance, a series of practical problems such as traffic congestion, traffic pollution, traffic safety and difficult parking of motor vehicles will appear, which need to be solved by legal, reasonable and more effective countermeasures. In addition, with the development of new business forms and new technologies of urban transportation, various new problems caused by shared bicycles, intelligent driving vehicles and urban express industry also put forward new topics and requirements for the modernization of the legal guarantee system of urban transport civilization in China. Last but not least, the construction of urban transport civilization should not ignore the protection of the legitimate rights of the vulnerable group in urban transportation. We should not only provide a solid material foundation for the vulnerable group to possess and exercise their rights from the perspective of infrastructure construction, but also build a systematic right protection mechanism for them from the aspects of consciousness cultivation and system construction.

Key words: Powerful Transportation Country; Urban Transport Civilization; Legal Guarantee; Countermeasures

目　录

导　论 …………………………………………………………… (1)
　一、研究背景 ………………………………………………… (1)
　二、研究意义与价值 ………………………………………… (2)
　三、总体框架与基本思路 …………………………………… (4)
　四、主要内容 ………………………………………………… (5)

上编　城市交通文明建设法治保障基本理论研究

第一章　城市交通文明建设法治保障的基本范畴 ………… (10)
　一、城市交通文明的概念范畴 ……………………………… (10)
　二、城市交通文明的判断标准和类型划分 ………………… (16)
　三、城市交通文明建设法治保障的基本理念和原则 ……… (23)

第二章　城市交通文明建设的行政法保障 ………………… (36)
　一、城市交通文明建设的行政法内涵 ……………………… (36)
　二、城市交通行政法制度的问题检讨 ……………………… (45)
　三、城市交通行政法制度的完善对策 ……………………… (54)

第三章　城市交通行政规范性文件的法治化治理 (62)
一、城市交通行政规范性文件的界定 (62)
二、城市交通行政规范性文件的类型 (65)
三、城市交通行政规范性文件的运行困境 (75)
四、城市交通行政规范性文件的法治化路径 (80)

第四章　城市交通文明建设的软法保障 (85)
一、城市交通文明建设软法保障的重要性与方式 (85)
二、城市交通管理主体的自我约束 (94)
三、城市交通参与人的软法约束 (101)
四、城市交通文明建设中的公共政策 (106)

第五章　城市交通行政执法文明建设的法治化研究 (113)
一、城市交通行政执法与城市交通文明建设的关系 (113)
二、城市交通行政执法存在的突出问题 (118)
三、城市交通行政执法文明建设的法治化对策 (125)

第六章　城市交通文明建设的刑法保障 (135)
一、城市交通文明建设刑法形塑机制的特质 (135)
二、城市交通文明刑事立法保障的不足与完善 (139)
三、城市交通文明刑事司法保障的问题与对策 (148)

下编　城市交通文明建设法治保障专题研究

第七章　城市交通拥堵的法律治理研究 (157)
一、城市交通拥堵治理措施的基本类型 (157)
二、城市交通拥堵治理措施的合法性审视 (161)
三、城市交通拥堵治理措施的合比例性考量 (167)

四、治理城市交通拥堵的对策思路 ……………………………………（170）

第八章　城市交通污染的法律治理研究 ……………………………（174）
　　一、我国城市交通污染的基本现状 ……………………………（174）
　　二、城市交通污染治理中的法律问题 …………………………（178）
　　三、城市交通污染治理的法治对策 ……………………………（183）

第九章　城市机动车停车治理研究 ……………………………………（190）
　　一、机动车停车与城市交通文明建设的关系 …………………（190）
　　二、城市机动车停车中的法律问题 ……………………………（199）
　　三、城市机动车停车治理的法治对策 …………………………（212）

第十章　城市出租车行业交通文明建设研究 …………………………（221）
　　一、城市出租车行业与交通文明建设的关系 …………………（221）
　　二、城市出租车行业交通文明中的法律问题 …………………（227）
　　三、城市出租车行业交通文明建设的法治对策 ………………（233）

第十一章　城市共享单车治理研究 ……………………………………（243）
　　一、共享单车发展与城市交通文明建设的关系 ………………（243）
　　二、城市共享单车治理中的法律问题 …………………………（250）
　　三、共享单车行业交通文明建设的法治对策 …………………（257）

第十二章　智能驾驶汽车法律问题研究 ………………………………（268）
　　一、智能驾驶汽车的概念构造 …………………………………（268）
　　二、智能驾驶汽车与城市交通文明建设的关系 ………………（274）
　　三、智能驾驶汽车给现行法律带来的挑战 ……………………（277）
　　四、智能驾驶汽车法律规制的域外经验 ………………………（287）
　　五、我国智能驾驶汽车的法律应对 ……………………………（293）

第十三章　快递物流行业法律问题研究 …………………（303）
  一、快递物流行业与城市交通文明建设的关系 ……………（303）
  二、快递物流行业中的法律问题 ……………………………（310）
  三、快递物流行业建设的法治对策与保障 …………………（317）

第十四章　交通弱势群体权利保障研究 ……………………（324）
  一、交通弱势群体的权利保障现状 …………………………（324）
  二、交通弱势群体权利保障中的问题 ………………………（331）
  三、交通弱势群体权利保障的法治对策 ……………………（337）

参考文献 ……………………………………………………（343）

后　记 ………………………………………………………（362）

导 论

一、研究背景

交通是兴国之要、强国之基。城市交通文明是城市文明的一面镜子,是人类物质文明、政治文明、精神文明、社会文明和生态文明的集中体现,也是交通强国战略的重要组成部分。2019年9月19日,中共中央、国务院印发的《交通强国建设纲要》明确指出,要"构建安全、便捷、高效、绿色、经济的现代化综合交通体系,打造一流设施、一流技术、一流管理、一流服务,建成人民满意、保障有力、世界前列的交通强国"。在交通强国战略指引下,我国城市交通建设蕴含着文明的内在价值。"法律是治国之重器,法治是国家治理体系和治理能力的重要依托"[1]。要推动我国城市交通文明建设,就必须全面推进社会主义法治国家建设,从法治上为解决这些问题提供制度化方案。城市交通文明建设作为我国当前各类社会矛盾较为集中的热点问题之一,已经引起了实务部门的广泛关注并取得了一定实践成果,但是,学术界鲜有学者从法学角度,对城市交通文明建设的法治保障问题进行系统的、有针对性的研究。从国内研究情况看,已有研究多集中于自然科学层面,或着眼于生态文明建设、制度文明建设等方面,尚无系统的专门研究城市交通文明建设法治问题的成果。虽然2010年至2012年中央文明办、公安部在全国

---

[1] 《〈中共中央关于全面推进依法治国若干重大问题的决定〉辅导读本》,人民出版社2014年版,第42页。

范围内实施了"文明交通行动计划",但该计划仅仅表现为由分散的实际部门提出的非系统性对策,未能从制度整合高度和源头上进行理论上的梳理和研究。

城市交通文明建设是法治实践中日显突出、具有重大现实意义的社会问题。"城市让生活更美好",这不仅从正面表达了当今人类社会诉求"以人为本""和谐城市"的基本理念,也从相反层面折射出因交通、资源、环境等问题给现代城市生活所带来的种种挑战。在我国城镇化进程中,现代交通与落后的交通意识、不文明的交通行为之间的矛盾日益突出,严重影响城市生活质量。以道路机动车为例,近二十年我国机动车保有量迅速增长,截止到2020年6月,我国机动车保有量达3.6亿辆,其中汽车2.7亿辆;机动车驾驶人4.4亿人,其中汽车驾驶人4亿人。[1]毫无疑问,我国已经步入了"汽车社会"。但全社会还缺乏与之相对应的文明素养、公共责任感和法治保障机制,城市交通事故高发、多发的态势仍未改变。在我国,因没有具体法律根据和程序而随意制定或变更的城市交通管理政策影响了城市交通文明建设的科学性、规范性和长效性;虽然有《中华人民共和国道路交通安全法》(以下简称《道路交通安全法》)及其实施条例协调人、车、路三者之间的关系,但在基本理念和法治保障机制上还存在重大缺陷;2013年1月1日公安部实施的被称为"史上最严交规"的《机动车驾驶证申领和使用规定》曾引发了全社会的争议。上述种种反映出我国道路交通法领域立法环节的不足以及学术研究的滞后。本书正是基于上述背景,以2013年司法部批准立项的重点项目"城市交通文明建设的法治保障机制研究"而展开的一项专门研究。

二、研究意义与价值

第一,提炼城市交通文明建设的基本理念。

城市交通文明由系统的交通安全意识、交通出行方式、出行过程、出行者与管理者之间的关系等诸多要素构成,迫切需要人文社会科学从不同视角尤其是法学的视角提炼城市交通文明建设的基本理念,将"科学发展""可持续发展"的科学理念贯彻于城市交通文明的全过程;在城市交通文明建设的制

---

[1] 中华人民共和国中央人民政府官网:《2020年上半年全国机动车保有量达3.6亿辆》,http://www.gov.cn/xinwen/2020-07/18/content_5528056.htm,访问时间:2021年11月18日。

度设计上体现"诚信友爱、安定有序"的价值追求和"和谐交通""绿色交通"的理念,以建立和谐的公共秩序;在利用交通资源和处理交通参与主体矛盾的机制中体现"以人为本"的公平法治理念。

第二,重构城市交通文明建设的理论范式。

构建城市交通文明法治保障机制,能够为城市交通文明建设的制度体系提供理论范式。以往对城市交通文明的法治保障研究一直是分散式、问题式的,缺乏系统性的理论思考和概括。具体问题的研究虽然对交通实践也具有指导作用,但无法达到体系化治理的效果。构建城市交通文明法治保障机制,需要系统性地对城市交通文明实践进行考察,从整体上研究城市交通文明建设的制度体系。我国行政法研究已经沿着部门行政法学、领域法学研究的道路前进,从学术研究的价值看,城市交通文明建设的法治保障研究,提升了我国交通行政法研究的精细度,为部门行政法研究提供一个可资借鉴的范本,也为交通法治研究开拓出一条新的道路。

第三,完善城市交通文明建设的制度环境。

没有法治保障,就无法有效推进城市交通文明建设。一方面,城市交通文明最基本的秩序需要法治来确认与保障,特别是有关道路交通安全规则与交通事故责任分配等基本交通秩序。另一方面,城市交通文明的提升需要依靠法治保障机制,城市交通的文化、环境等不同社会文明要求也要通过软法的形式来倡导。我国目前城市交通文明的构建在法律依据层面上仍较为单薄,城市交通文明建设的制度环境存在很大的优化空间。因此,全面系统地研究城市交通文明建设的法治保障问题,提出科学可行的法律治理理论与对策,不仅是全面建设和谐城市、走可持续发展之路的必然要求,也是全面推进政府依法行政、建设法治政府的必然要求,对丰富和完善我国城市交通法治理论和部门行政法学体系、推进和保障城市交通文明建设具有重要的理论价值和现实指导意义。

第四,促进城市交通文明长效机制的形成。

城市交通文明建设涉及道路、车辆、参与者,贯穿规划、建设、管理、运营、服务整个过程,涉及路政、运输、公安、宣传等不同部门。深化城市交通管理体制和机制改革,推进城市交通管理与交通文明建设协调发展,提升公民的文明素质、交通法治意识和社会文明程度,促进城市交通文明长效机制的形成,是本书研究的重要意义与价值之所在。

三、总体框架与基本思路

(一) 总体框架

本书立足于我国城市交通文明建设的制度实践,将传统工科背景的城市交通管理理论与法律理论相结合进行研究,探寻城市交通文明建设法治保障的新规律、新思路和新对策。概括而言,本书以"三大问题"(交通拥堵、交通安全、交通污染)为切入点,围绕科学发展"两个理念"(以人为本、可持续发展),深入研究城市交通文明建设的"五种对象"(交通参与者、交通管理者、车辆、道路、交通环境),从法制建设"三个层面"(法律理念、法律制度、体制机制),为推动"两个文明"(交通文明、法治文明)发展而展开的研究。具体来看,本书分为"总论"和"专论"两部分,全书呈现出一个明显的"总分结构"。"总论"旨在阐释城市交通文明建设法治保障的一般规律,"专论"则重在解决我国城市交通文明建设面临的主要现实问题。总之,本书的总体框架力图兼顾学术研究的一般性和特殊性、理论性和实践性、前沿性和本土性。

(二) 基本思路

第一,以法学为主的人文思维全面凝练现代城市交通文明建设"以人为本"与"可持续发展"的基本理念,以此统摄全书研究。当代中国坚持的是以人为本、全面、协调、可持续的发展观。但是,目前我国城市交通文明建设过度强调以经济建设为中心,偏离了"以人为本"和"可持续发展"的方向,未考虑居民日益增长的生活需求,忽视了人们在出行方面最直接最现实的利益问题,城市交通文明不平衡不充分的发展无法满足人民群众对城市交通文明日益增长的现实需要。因此,本书从人文社会科学尤其是法学的视角提炼城市交通文明建设的基本理念,将"以人为本""可持续发展"的科学理念贯彻于本书研究的全过程。

第二,以城市交通拥堵、交通安全、交通污染三大问题为抓手。随着经济的发展,城市人口不断增加,汽车数量持续猛增,现有的路网通行能力无法满足日益增长的交通需求,交通拥挤及随之而来的交通污染现象日趋严重。交通拥堵和交通污染关乎一个城市的"可持续发展",交通安全则与"以人为本"的人权保障理念密切相关,维护交通安全是城市交通文明建设的重要环节,交通安全建设要求规范交通参与者的行为,消除事故隐患,保障公民在道路交通活动中的人身和财产权利。基于此,本书紧紧围绕交通拥堵、交通污染、交通安全三大问题的解决而展开研究。

第三,以基本理念引领下的法律制度创新为重心。人文社会科学尤其是法学的研究,必须致力于提出稳定长效、可供实施的制度。因此,不论是"以人为本"和"可持续发展"理念的落实,还是城市交通拥堵、交通污染、交通安全的治理,抑或交通弱势群体权利的保障,以及对共享单车、智能汽车等新兴城市交通方式的法治应对,最终都必须落实到具体的法律制度完善层面。

第四,着力推进城市交通文明法治保障的新进路。法治主义是法治国家所奉行的最高理念,任何时候、任何行为都不能脱离法治这个前提,城市交通文明建设也不例外。城市交通文明的发展关乎城市美好生活的实现,理应成为我国社会主义法治保障体系中的重要一环。唯有如此,才能在现代法治主义的框架下推进我国城市交通文明建设,真正实现"城市让生活更美好"的愿景。

四、主 要 内 容

根据上述思路,本书共设十四章专题展开研究:

第一章,城市交通文明法治保障的基本范畴。一致性和明确性是文明的内核,一个主题明确、内涵丰富的文明形式,才会具有持久的生命力。城市交通文明是城市文明的一个缩影,是物质文明、政治文明、精神文明、社会文明、生态文明在城市的集中表现。城市交通文明的提出首先有赖于对其概念范畴和外延的精确界定,这是研究的基础和前提。城市交通文明可以确立三种相互关联、相互补充的标准,即科学标准、道德标准及合法标准;可以划分为规范性的文明与非规范性的文明两大类型。在厘清城市交通文明确切内涵及其标准和类型后,需要进一步厘清城市交通与法治的关系及其意义。在此基础上,提出了城市交通建设应遵循的秩序、自由、安全、效率、绿色和人权保障的基本理念,以及人的路权优先、可及性保障、协调平衡、交通效率、安全有序、绿色发展等基本原则,从而奠定了城市交通文明研究的基本范畴。

第二章,城市交通文明建设的行政法保障。行政法作为调整行政机关与公民之间关系的法律,具有控制政府权力与保障公民权利的功能。现代行政法治与城市交通文明具有本质一致性。在城市交通文明建设中,行政法肩负着保障公民交通权的重要使命。在宏观理念上,现代城市交通行政法律制度建构应当奉行现代交通文明的法治理念;在微观制度上,现代城市交通行政法律制度建构应当实现行政监管系统化、权责配置均衡化与社会治理协同化等交通文明目标。

第三章,城市交通行政规范性文件的法治化治理。行政规范性文件作为城市交通文明实践中数量最多的法律规范,是城市交通文明形塑的重要方式。城市交通文明建设与治理离不开行政规范性文件的作用,因而探讨城市交通行政规范性文件法治化建构问题对于城市交通文明至关重要。本章着眼于行政主体与行政相对人的权力(权利)—责任(义务)的配置,在打破"人、车、路"传统分析模式的基础上对城市交通文明实践中面临的重大行政决策程序虚置、规范性文件治理合法性不足、备案审查制度虚化等问题进行探究。同时,结合新时代背景下全面推进依法治国战略的新要求,从推动城市交通重大行政决策程序法治化、规范城市交通规范性文件立法、健全城市交通行政规范性文件备案审查制度等方面入手,为城市交通规范性文件法治化体系建构提供建议。

第四章,城市交通文明建设的软法保障。法律是规范人与人之间关系的社会规范,城市建设离不开法律的保障。城市交通文明建设既是城市建设的重要部分,又有其独立的作用与地位,是弘扬、传播交通文明行为,促进城市交通文明的重要方式。文明并不是一个完全靠国家强制就能实现的样态,更需要公民内心的认同与自主的追求,因此,在城市交通文明建设过程中,除了必须充分发挥硬法作用之外,还需要引入软法机制,重视交通裁量基准等各种自律机制的作用,对城市交通文明行为予以引导、促进。

第五章,城市交通行政执法文明建设的法治化研究。城市交通执法是城市交通行政管理部门为保证交通安全、维护交通秩序,执行法律、法规、规章及其他规范性文件的行为,包括交通行政检查、交通行政处罚、交通行政强制等。规范文明的城市交通执法能有效限制城市交通执法者执法权力的滥用,保证城市交通执法的理性、平和与文明,提高交通参与人对城市交通执法活动的支持和理解,有力提升城市交通活动的文明水平。我国的城市交通执法仍存在不少问题,如交通执法主体方面存在执法主体权限混乱、辅警辅助执法权威性不足等问题;交通执法行为方面存在滥用行政处罚裁量权、执法程序不规范、执法缺乏有效监督等问题;交通执法方式方面存在暴力执法、钓鱼式执法等问题。解决城市交通执法不文明问题,必须坚持法治思维和法治方式,运用法治途径去规范城市交通执法不文明行为,建立城市交通执法文明的法治化治理体制。

第六章,城市交通文明建设的刑法保障。刑法作为法律体系中重要的社会治理规范,一直是形塑城市交通文明的重要手段。通过罪与刑的惩治逻辑来预防严重危害交通文明的行为,继而从最后防线意义上保障交通文明。作为维护城市交通文明的最严厉规范机制,城市交通文明的刑法形塑有其自身的独到之处,体现为刑事实体法与程序法相结合、交通专门犯罪治理与一般犯罪治理相结合以及危险预防与实害禁止相结合的主要特征。随着我国城市交通建设的飞速发展,交通领域体现出系统性、全局性的风险高发和难以预测的风险社会特征,这一现象对交通文明的威胁日益加重,因此刑法作为城市交通文明的形塑机制必须对这种风险高发态势做出相应调整。在刑法关注风险社会态势下,风险的系统性、不可预测性、专业认识性、抽象性和集合性特点给交通文明刑法形塑机制带来影响,因而在完善以危险驾驶罪为核心的交通犯罪体系、明确危险入罪认定和适用的依据以及设置专门程序保障刑事一体化三个方面进一步完善城市交通文明的刑罚形塑机制,能够与交通文明建设的具体时代需求相协调。

第七章,城市交通拥堵的法律治理研究。随着城市化、机动化进程加快,城市机动车保有量不断增长,但受到城市空间限制,城市道路的增长率远远落后于机动车保有量的增速,交通拥堵成为一类典型的"城市病"。交通拥堵不仅严重影响交通效率,浪费大量的时间成本和社会资源,同时也会诱发交通参与者的戾气,与便捷、高效、安全、有序等交通文明的要求相去甚远。为缓解交通拥堵,各地纷纷出台了相关治理措施,但在合法性、合比例性等方面存在诸多问题,需要认真检讨。

第八章,城市交通污染的法律治理研究。随着经济社会的快速发展,城市规模越来越大,城市机动车保有量大幅增长,随之而来引发了城市交通高能耗、交通尾气排放污染严重、交通噪声污染危害大、废旧汽车污染、雾霾和道路扬尘污染等突出问题,城市绿色交通建设被提上议事日程。从城市交通污染法律治理视角看,存在法治思维和绿色交通理念缺乏、法律规定不完善、执法体制不顺、缺乏公众参与和监督等问题。通过树立法治思维,形成绿色交通理念,完善交通领域相关立法,构建绿色交通执法体制,强化绿色守法意识,加强对绿色交通行政执法的监督等综合措施,才能达成对交通污染的有效治理,最终实现我国城市交通环境的绿色、可持续发展。

第九章，城市机动车停车治理研究。在城市交通系统运行过程中，机动车的运行状态呈现出运动与静止交替出现的特点，车辆到达目的地后需要停放，因而也可以将交通运行的过程看作一种动静交替的循环过程。由此，依据城市交通流状态，城市道路交通可以分为动态交通和静态交通两部分，二者既相互促进又相互制约。其中，静态交通是所有停车行为和停放状态的总称，是指人们为完成出行目的而产生的停车行为和车辆在不同区域、不同停放场所的停放状态。静态交通系统不仅包括停车场地的安排与管理，更涵盖了停车政策、停车方式和公众出行方式等多方面内容。在人们广泛关注交通拥堵问题、讨论动态交通的良好运行的同时，交通参与者的停车行为、车辆停放状态以及与之相关的行政执法所引发的问题也逐步进入公众视线。本章重点研究机动车停车对城市交通文明建设的影响，分析当前实践中存在的问题及成因，进而提出相应的治理对策。

第十章，城市出租车行业交通文明建设研究。早在1903年，出租车就已经进入中国，但其直到改革开放以后才作为交通工具进入我国普通民众的视野。随着改革开放的深入，我国社会经济发展取得了巨大成就，人民生活水平得到显著提高，出租车作为城市交通系统的重要组成部分，为城市居民的出行提供了快捷方便的服务。但是，随着出租车行业的不断发展，交通不文明问题逐渐显现出来。出租车行业交通不文明行为不仅会危害社会秩序的安定，还会给人民群众的正常生产生活造成负面影响，进而影响城市形象。因此，有必要对出租车行业的交通文明建设问题进行研究。本章以出租车行业与城市交通文明建设的关系为出发点，对城市出租车行业的现状、城市出租车行业对交通文明建设的影响等基本问题进行了梳理归纳，并就未来我国城市出租车行业交通文明建设提出了具体完善对策。

第十一章，城市共享单车治理研究。作为"共享经济"与"互联网＋"的典范，"共享单车"的出现标志着现代城市交通文明的又一进步。一方面，共享单车为解决城市公共交通"最后一公里"困境提供了经济、方便、快捷、绿色环保的新方案；另一方面，共享单车也带来了一些前所未见的影响城市交通文明的新问题。为了认识、解决这些新问题，更好地将共享单车融入现有的城市公共交通体系，为民众出行提供切实的方便和扫除不文明的阻碍，有必要从城市交通文明建设的行政法治视角对共享单车治理展开综合研究。

第十二章，智能驾驶汽车法律问题研究。智能技术和产业变革既为人们描绘了未来交通体系的雏形，也引发了人们对社会治理体系变革的深度思考,如法律责任分担、不同生命利益抉择、个人信息和数据安全保护等。本章首先明确了"智能驾驶汽车"的概念构造,包括智能驾驶汽车的基本定义及其分级;其次从交通秩序、降低污染、辅助执法、助力司法等方面阐述了智能驾驶汽车与城市交通文明建设的关系;接着探讨了智能驾驶汽车给现行法律带来的挑战,包括对驾驶准入制度、公共安全制度、责任认定体系、独立法律人格等制度的冲击以及生命利益冲突下智能系统决策的伦理风险等;随后介绍和总结了域外在智能驾驶汽车市场准入、行政监管、责任明确、网络数据安全以及配套制度等方面的经验和启发;最后,基于智能驾驶汽车带来的法律挑战,以我国交通行业的发展现状以及我国法律制度特色为核心,从基本思路、行政法回应、民法和刑法回应以及伦理回应四方面提出解决之策。

第十三章,快递物流行业法律问题研究。城市快递物流行业的爆发式增长,不但对城市交通规划提出了更高的要求,同时也深刻地影响着城市交通文明建设。城市快递物流行业一方面加剧了城市非机动车道路的交通拥堵,另一方面增加了道路交通安全隐患,同时也影响到了快递服务需求者的合法权益。因此,研究城市快递物流的文明建设,探寻快递物流行业的治理对策,是城市交通文明建设的一项重要课题。本章从城市快递物流行业的发展现状入手,详细分析了其对城市交通文明建设产生的双重影响,提炼出快递物流行业各环节在城市交通文明建设方面的四种不文明现象,并针对性地提出了快递物流业文明建设的治理机制与对策。

第十四章,交通弱势群体权利保障研究。交通弱势群体作为在交通活动中自身安全难以保障、权益易受侵害的一类群体,在交通文明建设中越来越受到人们的关注。本章主要围绕我国目前交通弱势群体权利保障来展开,探讨我国交通弱势群体权利保障的制度现状、存在的问题和相应的解决对策。首先分析了交通弱势群体权利保障的制度现状;其次基于社会主义文明价值观的内涵讨论了交通弱势群体权利保障与城市交通文明建设的关系;再次从制度与物质两个层面分析了我国目前交通弱势群体权利保障存在的问题;最后从意识培养、制度构建、基础设施等方面探讨了相应的解决对策。

第一章

城市交通文明建设法治保障的基本范畴

城市交通文明是城市文明的一个缩影,是物质文明、政治文明、精神文明、社会文明、生态文明在城市交通领域的集中表现。对城市交通文明的概念范畴和外延进行科学界定,是研究的基础和前提。在厘清城市交通文明确切内涵、标准及其类型后,需要进一步了解城市交通文明建设面临的现实困境,在此基础上,提出城市交通建设的基本理念、基本原则,奠定城市交通文明研究的基本范畴。

一、城市交通文明的概念范畴

城市交通文明是一个复合概念,可通过"城市交通""城市文明"等概念比照理解,并从物质文明、精神文明、政治文明、社会文明、生态文明的关联层面深入研究城市交通文明的内涵,厘清几者之间的关系,进而构建城市交通文明的基本范畴和内容体系。

(一) 城市交通文明的概念内涵

城市交通文明作为一个综合性概念范畴,其内涵不应限于遵守交通规则、礼让斑马线、按序通行、有序停放、文明使用车灯等具象性描述,还应具有更为规范的界定。城市交通文明在外延上大于文明交通,包括但不限于交通行为、交通安全、交通管理等要素。为了明确城市交通文明的概念内涵,有必要从"城市交通"到"城市文明"再到"城市交通文明"依次进行分析。

1. 城市交通

城市交通,可以简单地理解为具有一定城市化(urbanization)水平的空间区域内的交通运输。曼纽尔·卡斯特尔(Manuel Castells)认为,城市是一个有机的功能化整体——城市系统,包括生产、消费、交换、行政和符号五种要素[1]。狭义上的交通(transportation)可以理解为"用交通工具把人或物从一个地点运输到另一个地点";广义上的交通(communication)可以理解为"人、物、信息在不同的地点间,伴随着人思维意识的位移"。我们认为,城市主要是以人与人、人与物之间的交流沟通为基础而建立起来的场所,与交通具有密切的联系。德国人文地理学家F.拉采尔曾指出:"交通是城市形成的力,是连接城市的重要枢纽,是城市发展运送人流、物流的重要通道,交通的便利性,对于一座城市的崛起有着重要的意义。"[2]在某种意义上,城市交通是互为表里的一体化概念,城市通过交通的发展进行扩张,交通因城市的发展得到完善。在社会科学的研究视角中,城市交通具有公共性、强制性、聚散性、网络复杂性和可达性等特征。

城市交通作为一个独立的概念,主要指在城市的环境中,人员与货物的运输和传递。从城市交通的实践样态来看,通过不同的视角可以将城市交通划分为多种类型。譬如,以出行方式看,包括但不限于汽车出行、轨道出行、自行车出行、步行等各类出行方式;以城市交通建设看,包括但不限于道路建设、轨道建设、交通标志建设等各类建设项目;以政策制度看,包括但不限于道路安全政策、交通违章处罚政策、交通文明政策等各项交通政策。实践中丰富的城市交通现象,为研究城市交通的概念界定奠定了良好基础。

2. 城市文明

"文明"(civilization)一词具有丰富的内涵。自从这一概念出现之后,人们尝试从不同的角度去阐释文明的内涵,一是从物质生活的发展来看待文明;二是从社会制度演变的阶段来界定文明;三是将人类精神文化创造的内容与文明相联系;四是将人与自然的关系作为文明的观察视角;五是将人的社会道德作为文明的评定标准。从人与自然的关系角度看,城市的本质就是一种文明,一部城市发展史就是一部人类的文明史。[3]正如美国学者刘易

---

[1] 郑明远:《城市交通新解析》,中国铁道出版社2018年版,第9页。
[2] 李光耀、杨丽:《城市发展的数据逻辑》,上海科学技术出版社2015年版,第88页。
[3] 鲍宗豪:《文明城市论》,《河北学刊》2005年第4期,第5页。

斯·芒福德所言，古老的村庄文化逐步向新兴的城市"文明"退让，这种城市"文明"是创造与控制的奇异综合，是扬与抑、张与弛的奇异综合，它专门用来贮存并流传人类文明的成果[1]。

城市文明主要以城市为空间载体，记录和呈现人类在城市的各种文明现象。文明代表着进展和发展。[2]"城市是一种文明"这句话将城市化的发展与人类文明相联系。有学者认为，城市文明秩序指在城市空间区域，包含"物"的文明、"人"的文明和"制度"的文明三个部分[3]。《中华人民共和国宪法》（以下简称《宪法》）序言中提出"物质文明、政治文明、精神文明、社会文明、生态文明"五个文明维度，亦可作为分析城市文明的类型化标准。党的十八大以来，全国各地以培育和践行社会主义核心价值观作为坚持和发展中国特色社会主义的重大任务，从经济、政治、文化、社会、生态文明建设各方面推进创建文明城市工作。在2021年新版《全国文明城市（地级以上）测评体系》中，"文明城市"的评定由3大版块、9个测评项目、72项测评内容、140条测评标准构成，反映出城市文明的多样性。从行业领域看，城市文明可以具体划分为教育领域、农业领域、工业领域、科技领域、文化领域、交通领域、商业领域等具体行业领域文明。

3. 城市交通文明

通过对"城市交通""城市文明"概念内涵的界定，我们可以获得对"城市交通文明"概念的基本理解。城市交通文明可以理解为城市交通中的文明现象，也可以理解为城市文明在交通领域的体现。城市交通文明，就是在"城市"的空间区域范围内，在以"人、车、路"为主的交通运输过程中，客观上的物质科技发展的物质文明、生态文明现象，以及人类主观意识中的以公共交通道德、制度规范为主的社会文明、精神文明、政治文明现象的总和。

城市交通文明的判定可从两个维度来考虑：一个维度是站在定性的角度，城市交通文明应该是符合理性、法律、道德和科学理念的交通；另一个维度是站在定量的角度，城市交通可以定量为安全、便捷和绿色等指标的交通。城市交通文明包括出行文明、交通管理设施完善、通行顺畅、城市交通井然有

---

[1] [美]刘易斯·芒福德：《城市发展史——起源、演变和前景》，倪文彦、宋俊岭译，中国建筑工业出版社1989年版，第23页。

[2] [法]基佐：《欧洲文明史：自罗马帝国败落起到法国革命》，程洪逵、沅芷译，商务印书馆1998年版，第9页。

[3] 金家厚、鲍宗豪：《论城市文明的秩序意蕴》，《天津社会科学》2011年第2期，第4页。

序、文明交通宣传等内容。例如,车辆、行人各行其道,机动车礼让斑马线,无闯红灯、乱穿马路现象;乘客排队候车,有序上下车;城市道路的人行道、非机动车道无被违规占用现象;交通标志设施配置完整等。这些都是城市交通文明的具体表现。在日常生活中,城市交通最普遍、最常见的交通方式是城市道路交通,因而城市道路交通文明将是我们研究的主要内容。

(二)城市交通文明的构成

城市的重要功能是满足人的多样需要,一个成功的城市,必然是能够全面满足人的安全、发展、宗教等需要的所在[1]。其中城市交通功能就是城市的重要功能之一,城市交通文明也是城市文明的标志。城市交通文明的例子在城市生活中随处可见,依据"五位一体"的文明框架,可划分为:城市交通文明的物质观、城市交通文明的精神观、城市交通文明的政治观、城市交通文明的社会观、城市交通文明的生态观五个部分。

1. 城市交通文明的物质观

物质文明指的是人类对客观世界的改造和创造成果的总和,主要表现为生产工具和技术的改进、生产规模的扩大、社会物质财富的积累等。城市交通文明的物质观,就是指在城市交通领域的客观物质、技术创造部分的文明现象。例如,城市道路的建设、城市轨道交通的发展、工业技术革新创造的新能源汽车交通工具,网络信息技术背景下涌现的"网约车""共享单车""共享汽车"等新型交通方式,都属于城市交通文明的物质观内容。

2. 城市交通文明的精神观

精神文明与物质文明相对应,指人类主观精神世界创造的总和。从这个角度理解,政治文明、社会文明等都属于精神文明的范畴。为了将精神文明与政治文明、社会文明区分开,应当对精神文明作狭义的理解,将其限定在"个体"精神世界的范围内。公民素养是精神文明的逻辑前提,伦理道德是其核心内涵,法治精神是其实践诉求,语言文明是其直接表现[2]。城市交通文明的精神观,就是指公民在城市交通过程中展现的个人道德精神素质。例如,搭乘公共交通有序排队,乘车期间不饮食、不大声喧哗、不嬉戏打闹等,都

---

[1] 陈忠:《城市社会:文明多样性与命运共同体》,《中国社会科学》2017年第1期,第47页。

[2] 王岩:《新时代我国精神文明建设的基本理路研究》,《道德与文明》2017年第6期,第8页。

属于城市交通文明的精神观内容。

3. 城市交通文明的政治观

哈佛大学教材《西方政治学》一书指出:"从文明开始以来,政治是人类经验的一个重要方面。如果国家制度有朝一日被取代,即便在那时,政治也仍将是人类经验的一个重要方面。"[1]政治文明主要指宏观的制度政策,在城市交通文明中主要体现为公共行政管理中的交通政策制度。例如,法律上包括《道路交通安全法》、《中华人民共和国城乡规划法》(以下简称《城乡规划法》)、《中华人民共和国铁路法》(以下简称《铁路法》)等;行政法规和规章中包括《中华人民共和国道路交通安全法实施条例》(以下简称《道路交通安全法实施条例》)、《道路旅客运输及客运站管理规定》、《校车安全管理条例》等;部分城市结合城市交通发展的实际情况,制定地方性法规和相关的交通政策规范,这些都属于城市交通文明的政治观内容。

4. 城市交通文明的社会观

广义上,社会文明又可以理解为社会生活中物质、精神、政治、生态等文明发展的集中表现。狭义上,社会文明是指社会领域的进步状态和成果,它包括社会生活文明、社会关系文明、社会意识文明、社会环境文明和社会管理文明[2]。在城市交通中的社会文明应当作狭义理解,主要指在城市交通中形成的社会规则等文明情况。城市交通文明的社会观介于以公民为主体的精神观与以国家、城市为主体的政治观之间,主要体现为人与人、人与车、车与车之间,在城市交通过程中所形成的社会交际形态和公共道德等。例如,礼让行人、行车交会亮灯、故障汽车停在路边并正确摆放标志物等。这些体现城市交通社会文明的例子,介于个人道德与公共交通制度的范畴之间,属于个人参与城市交通过程中的公共规则和公共道德。

5. 城市交通文明的生态观

生态文明是人类在探索与改造自然的实践中,不断以种种行为举措,把人口、资源、环境之间的关系控制在适度范围,以人类能力维护自身生命和社会有机体有序健康持续发展[3]。城市交通文明的生态观,就是在综合考虑人与自然和谐发展的基础上,在城市交通建设、政策制定等方面形成人口、资

---

[1] 曾繁正:《西方政治学》,红旗出版社1998年版,第67页。

[2] 陈德钦:《论"五个文明"的内在关系结构》,《科学社会主义》2009年第2期,第46页。

[3] 贺祥林、江丽:《关于生态文明的几点思考》,《湖北大学学报(哲学社会科学版)》2016年第5期,第1页。

源、环境和谐统一的文明现象。例如,绿色出行、新能源汽车、道路绿植建设等,都是城市交通文明生态观的内容范畴。

(三) 城市交通文明的主要表现

城市交通文明构成内容非常丰富,但主要体现为以人为中心的文明内容。城市交通文明主要表现为人们在交通出行过程中对交通规则的遵守,交通文明程度主要体现为人们对规则的遵守程度。地方在推进城市交通文明建设时,常以出台城市交通文明政策为主要的调整方式。例如,湖北省下发交通执法文明的通知,明确交通执法人员仪表语言规范、职业道德规范、执法行为规范等,为交通执法文明树立了标准[1];江苏省南京市政府发文对"酒后驾车"等交通不文明行为进行了规制[2];贵州省政府发文对道路交通文明畅通提升制定了详细的改善方案[3]。城市交通政策制度成为展现城市交通文明的重要方式。

通过城市交通政策,可以了解到城市交通文明的具体内容。中央文明办公室曾出台文件列举了三类与交通文明相关的表现形式。第一,"六大文明交通行为":机动车礼让斑马线、机动车按序排队通行、机动车有序停放、文明使用车灯、行人/非机动车各行其道、行人/非机动车过街遵守信号。第二,"六大交通陋习":机动车随意变更车道、占用应急车道、占路经营、驾乘摩托车不戴头盔、停车设施挪用、行人过街跨越隔离设施。第三,"六大危险驾驶行为":酒后驾驶、超速行驶、疲劳驾驶、闯红灯、强行超车、超员/超载[4]。

这些城市交通政策确立了交通文明的具体标准,具有一定的代表性,能够帮助人们便捷地学习和遵守。但是,零散的城市交通文明规范仅展现了部分常见的交通文明和不文明现象,仅通过政策无法系统地了解城市交通文明的全部内容。对此,还应当在确定城市交通文明基本范畴的基础上,进一步

---

[1] 湖北省交通运输厅:《湖北省交通运输厅关于印发〈湖北交通文明执法行为规范〉的通知》,https://www-pkulaw-com-s.vpn.seu.edu.cn:8118/lar/6d70e93980b3403d66186d99fb69fb10bdfb.html,访问时间:2020年10月15日。

[2]《关于建立"严禁酒后驾车,共创交通文明"宣传教育长效管理机制的意见》(宁委办发[2009]37号)。

[3]《贵州省人民政府办公厅关于实施城市道路交通文明畅通提升工程的通知》(黔府办函[2018]34号)。

[4]《中央文明办、公安部关于印发〈文明交通行动计划实施方案〉的通知》(公通字[2010]1号)。

厘清城市交通文明的判断标准和类型划分。

二、城市交通文明的判断标准和类型划分

交通文明是城市文明的重要标志,是城市现代化文明综合水平的主要指标。随着我国经济持续快速增长,机动车保有量不断增加,一些大城市已步入汽车时代。与快速进入汽车社会的现状相比,我国交通文明发展程度还较为滞后,人们的交通文明素质与现代交通文明的要求不相适应,不文明的交通现象仍然普遍存在,严重影响了人们的出行体验和社会和谐。因此,有必要界定城市交通文明的判断标准,总结各种城市交通不文明现象的类型,为研究城市交通文明建设的法治保障机制提供前提和基础。

(一) 城市交通文明的判断标准

随着我国经济社会的快速发展,机动车保有量不断增加,交通安全、拥堵、污染问题愈加突出。不文明交通行为的大量存在,导致人、车、路之间的矛盾日益加剧,因此亟须构建文明交通环境,以满足人们对文明交通的诉求。构建城市交通文明,应界定城市交通文明的判断标准,判定哪些交通现象是文明的,哪些交通现象是不文明的。

庞德认为,文明的存在与发展,是由社会上各种因素综合作用所形成的一种力量的结合,而非无序、随机的自然过程。因而,社会个体在该力量作用之下需要按照既定的规则活动,否则会遭受否定性评价,这些评价可能来自道德、宗教或法律[1]。自16世纪以来,随着社会政治组织的崛起,法律成为社会控制的最主要手段,这是因为"社会政治组织在社会生活中占据了最重要的地位。社会政治组织从本质上具有或要求具有对强力的垄断,而且在事实上也保有着一种对强力的垄断。所有其他的社会控制手段只能行使从属于法律以及法律所确定的范围内的戒规性权力。"[2]然而,商业与市民社会的发展,壮大了国家力量,进而逐渐使得教会无法对社会形成强有力的控制。无论宗教在社会生活中还占有多少地位,宗教组织已经丧失了对人类社会控

---

[1] [美]罗斯科·庞德:《通过法律的社会控制》,沈宗灵、董世忠译,商务印书馆2010年版,第11页。

[2] [美]罗斯科·庞德:《通过法律的社会控制》,沈宗灵、董世忠译,商务印书馆2010年版,第14页。

制的权力,维护和促进文明的手段已经走向世俗化。因此,我们可以将交通文明标准划分为道德与法律两个方面。

虽然交通文明中的人、车、路都是文明的参与者,但车和路是一种名义上的参与者,其文明情形都是由人为其代言的,且"在一定意义上是由人的认识水平和实践能力所决定的,或者说是由人的标准来衡量和界定的"。[1] 此种情形下,主要针对交通参与者的道德与法律的判断标准似乎完全够用,但是在对交通设施及道路的规划与设置进行文明与否的判断时,仅以道德与法律这两种标准进行判断还不够全面,还需要补充科学判断标准,比如以科学性对其进行评判。

综上,交通文明的判断标准可以确立为三种相互关联、相互补充的标准,即科学标准、道德标准及合法标准。这三种标准的提出,表面上为人们的交通行为提供规范准则,实质上是在宣示社会所肯定的交通行为模式和价值原则,进而引导人们去践行社会所肯定的交通行为[2]。

1. 科学标准

科学标准对应的是如今投入较多的、较为成熟的交通设施的文明标准。但该标准不应当仅仅关注道路与交通的建设规划问题,还要关注城市规划的问题。因为城市交通的发展内含于城市发展之中,交通文明建设会促进城市文明的发展,而城市文明的发展必然也会影响交通文明的建设。交通文明的科学标准蕴涵着两层含义:一是城市规划设计科学;二是道路与交通设施规划设计科学。

城市规划要实现科学性与文明,就要做到经济、社会与自然协调同步发展,要做到立足当下,着眼未来。城市的规划与建设不仅要追求经济的发展,更要关注社会人文的发展,还要保持自然生态环境不被破坏;不仅要关注当代人的利益,更要关注后代人的发展。城市交通文明的科学性标准之一,便是在进行城市规划时,要将当代人与后代人置于同一维度进行平等考虑,进而保障后代人生存及发展所需的空间与资源。[3]

城市交通规划要实现科学性,需要转变传统的交通规划思维,引入互联网的思维,提前布局智慧交通体系的建设。"以智慧交通体系作为未来城市交通问题的综合解决方案亟须实现智慧化、精准化、合作化、一体化的精明治

---

[1] 马永庆:《生态文明建设的道德思考》,《伦理学研究》2012年第1期,第2页。
[2] 王立仁:《关于个人精神文明的思考》,《吉林师范学院学报》1998年第3期,第3页。
[3] 马永庆:《生态文明建设的道德思考》,《伦理学研究》2012年第1期,第5页。

理……应先知先觉深刻洞察到智慧交通体系的社会技术变迁性与可持续发展主导性"[1]。正如人工智能的发展让无人驾驶汽车成为可能,虽然该技术尚未得到推广且处于试验阶段,但交通规划却应当保持前瞻性将其纳入考虑的范围。当然,除了规划需要保持前瞻性外,交通设施及规划也应当不断完善,如科学合理地设置机动车道、非机动车道及行人道等。

总之,城市及交通设施的规划和建设符合科学标准,是交通文明标准的基础,只有交通设施达到科学标准,方能进一步追求交通行为人的文明。

2. 道德标准

文明与道德紧密相连,互为依托,互相促进,共同支撑着社会精神文明的进步与发展。任何时代,文明都是时代的凯歌,道德都是人们素养的体现。道德是社会意识形态之一,是人们共同生活及其行为的准则和规范,是人之根基,民族之根本。而文明是社会外在的表象,是人们良好内在品德的集中反映和综合体现。在交通环境中,不文明往往与不道德相伴而生,比如:为了走捷径跨越隔离防护栏;为了逃票冒刷老年卡或学生卡;为了抢座上公交车插队甚至拥挤推搡等,这些行为既是不文明的,更是个人素质不高、不道德的表现。

从道德的角度来看,交通文明建设"就是社会道德建设和个体道德操作的有机统一,是道德建设的新领域和具体实施"[2]。但社会道德最终由每一个个体表现出来,交通文明的道德实质上是交通领域所有参与者个体道德的体现。故而人们作出任何交通行为都需要有一个道德标准存在,以便指导自身处理交通活动中的各种关系。[3]而此种标准应当是"通过普遍化检验所形成的可普遍化原则"[4]。可见,文明与道德相互联系、相互影响,要推进交通文明程度的提升,必须以提升个体的道德内涵为前提;只有增强了城市的道德内涵,交通的文明程度以及人与人、人与自然、人与社会的和谐关系才能融洽。

3. 合法标准

文明标准蕴涵着道德的因素,从古希腊哲学家对道德的阐述开始,道德

---

[1] 魏贺:《创新驱动与智慧发展 2018 年中国城市交通规划年会》,《城市交通》2018 年第 6 期,第 19 页。

[2] 马永庆:《生态文明建设的道德思考》,《伦理学研究》2012 年第 1 期,第 5 页。

[3] 马永庆:《生态文明建设的道德思考》,《伦理学研究》2012 年第 1 期,第 6 页。

[4] 罗时贵:《两种法理学之争:如何可能与发展》,《北方法学》2019 年第 1 期,第 24 页。

就与法律密不可分。"古典自然法学家虽然对自然法的阐述不同,但普遍承认自然法体现了人的理性,是最高的法律。人类的理性归纳出了可普遍化的道德原则,实证法就是对这些原则的体现"[1]。因此,合法性标准就必然成为文明的主要判断标准。

法治文明的完整结构是物质、精神、制度层面的统一[2],与城市交通文明的内涵有共同之处。城市交通涉及通行权的获取和公共利益的分配,牵涉到大众的利益问题,因此城市交通行为应是一种群体行为或涉及群体的行为。既然是群体行为,就肯定有一定的行为规范和行为准则,才能整合各个交通主体的利益和要求。只有依法进行的交通行为才能保障文明目的的落实与实现,才能使城市交通总体趋于文明。否则,交通陋习的肆意蔓延将导致城市交通的灾难,使城市交通系统陷于瘫痪状态,阻碍城市的发展和损害人民的根本利益。

法是不以人的意志为转移的行为规范,代表着社会的大多数人的利益,当"理"与"法"一致时,遵守法律法规,合法地进行各种城市交通活动就是文明的行为,如各行其道、遵守信号灯、机动车礼让斑马线等。当"理"与"法"不一致,"理"超前或滞后于"法"时,交通行为即便合理也是不文明行为,譬如,行人在红灯等待期间,在路上没有车辆时选择结伴闯红灯的"中国式过马路"现象。从表面上看,路上无车辆行驶,红灯的等待时长没有根据路况调整,默默等待只会浪费时间。行人结伴闯红灯的现象看似合理,但违背了我国道路交通相关的法律法规,即便合理也是不文明的行为。当然,我国城市交通中的有关人与人、人与自然、人与社会的各类法律、法规及规章均是交通文明的合法性的判断标准,如《道路交通安全法》《中华人民共和国航道法》等。合法性标准是城市交通文明的最终底线性标准,任何交通行为都不能够突破合法性标准,否则便会受到法律的制裁。因此,城市交通文明的法治保障机制的建构正是对合法性标准的回应。

城市交通文明的建设核心是人的文明建设,参与交通的人应当"尊重和遵守普遍规则"。当然,"内心的遵从不是靠思辨和说教来完成的,而是由外在浸润到内在熔铸的过程,是由受外部制度规范的约束到形成内在心智秩序

---

[1] 艾四林、王贵贤:《法律与道德——法律合法性的三种论证路向》,《清华大学学报(哲学社会科学版)》2007年第3期,第67页。

[2] 程宗璋:《论法治文明》,《江西行政学院学报》2000年第1期,第53页。

的过程,这种内在的心智秩序包含着对共同规则的遵守"[1]。而普遍规则及外部制度规范最重要的表现形式便是法律、法规和规章,因此,有关城市交通法治保障机制的建立健全对城市交通文明的建设具有不可替代的重要作用。正如庞德所说:"从过去看,法律是文明的产物;从现在看,法律是维护文明的手段;从将来看,法律是推进文明的手段。"[2]不过,如果我们假设法律对文明的维护和推进已经绰绰有余的话,显然是错误的。法律必须在科学和道德的价值导向下执行维护文明的职能。社会个体因违反文明秩序而受到否定性评价的主要依据是法律,但不仅仅是法律,也包含道德与科学。科学与道德虽为文明的判断标准,但却受法律制约,因为它们只有被法律承认才可能得到国家强制力的保障。

交通文明判断标准的提出,不仅仅为践行交通文明提供了遵循的标准,而且为交通参与者的行为评价提供了准则。社会依据交通文明判断标准,褒扬践行文明的个人,从而使交通文明得以弘扬;对不文明行为进行抨击,促使其向着文明方向转化。[3]

(二) 城市交通文明的类型划分

对任何现象进行类型划分,依据不同的划分标准可以划分为不同的类型,就城市交通文明而言,依据交通的基本要素人(包括驾驶人、乘客及行人)、车(包括汽车、非机动车等)、路(公路等交通设施)这三要素划分的话[4],可以将城市交通文明划分为交通参与者、车辆、交通设施的文明。但鉴于本书关注的是城市交通文明的法治保障问题,因此类型的划分应从法治的角度出发。

文明与道德互为表里,道德是一种社会意识形态,文明则是其外在的表现形式,是"实践的事情"[5]。既然是实践的事情,必然涉及人的一系列的行为,而法律恰恰是一种行为规范,是从大量实际、具体的行为中高度抽象出来的行为模式,为人们的行为提供指引。因此,法律规范必然包含了一定的文

---

[1] 王俊博:《没有无规则的自由——对共享单车不文明现象的反思》,《当代中国价值观研究》2017年第2期,第121页。

[2] [美]罗斯科·庞德:《通过法律的社会控制》,沈宗灵、董世忠译,商务印书馆2010年版,第43页。

[3] 王立仁:《关于个人精神文明的思考》,《吉林师范学院学报》1998年第3期,第2页。

[4] 王炜、过秀成等:《交通工程学》(第2版),东南大学出版社2011年版,第12-21页。

[5] 《马克思恩格斯全集》(第3卷),人民出版社2002年版,第536页。

明内容。但法律并非无所不包,它只是"道德的最低行为要求"。[1]故而,作为道德外在表现的文明,也仅仅只有最低要求的部分才被法律所包含。基于此,以相关行为是否被法律规范所规定,可以划分为规范性的文明与非规范性的文明,其中非规范性的文明是更高层次的道德要求。

1. 规范性文明

法律规范是评价社会个体在道路交通中的行为是否文明的主要依据。"法律规则逻辑构成理论,无论是哪个学说,都不曾否定'行为模式'这个要件,由此,关于法律规则的分类,最普遍的分类方式即根据行为模式的不同,将法律规则分为授权性规则与义务性规则。"[2]授权性规则是指人们可以作为、不作为或要求别人作为、不作为的规则,对于权利主体来说不具有强制性,仅为行为人的作为与不作为提供一个可自由选择的空间[3]。由于授权性规则既不强令权利主体作为,也不强令权利主体不作为,在城市交通中对不文明行为进行否定性评价依据的法律规则显然无法给予个体选择的空间,因此不属于授权性规则。

与授权性规则不同,义务性规则表现为对义务主体的约束,是直接要求义务主体作为或者不作为的规则,具有强制性,对于不履行相应义务的主体具有强大的压力,违反义务性规则的主体常常需要付出违法代价。具体而言,义务性规则可以分为命令性规则与禁止性规则。命令性规则是指规定人们的积极义务,即人们必须或应当作出某种行为的"应为模式"的规则,体现在交通文明中主要有安全带与头盔的使用,机动车故障时警报闪光灯与警示标志的使用,按照交通信号灯或交通警察现场指挥通行,居民区路段低速通行等的要求。禁止性规则规定人们的消极义务(不作为义务),即禁止人们作出一定行为的"勿为模式"的规则,体现在交通文明中主要有不损坏、遮挡车牌,不驾驶拼装或报废的机动车,不过度疲劳驾驶,不在酒后或服用国家管制的精神药品或者麻醉药品后驾驶机动车,不违反限行规定驾驶机动车,不携带易燃易爆等危险物品乘车,不向车外抛洒物品等文明要求的规定。

2. 非规范性文明

道德是调整个人与个人之间以及个人与集体、国家、社会、自然之间行为

---

〔1〕 陈灿平、吴迪:《论道德与法律的契合与转换——以文明行为促进条例地方立法比较为例》,《道德与文明》2020年第4期,第28页。

〔2〕 赵树坤:《我国法理学中"法律规则"论拷问》,《法学论坛》2013年第5期,第120页。

〔3〕 张文显:《法理学》(第四版),高等教育出版社、北京大学出版社2011年版,第71页。

规范的总和,是维护和促进人类文明发展不可或缺的重要内容。公民道德规范总的要求是十八大报告提出的包括国家、社会、公民三个层面的社会主义核心价值观,即"富强、民主、文明、和谐,自由、平等、公正、法治,爱国、敬业、诚信、友善"[1]。换言之,社会主义核心价值观不仅蕴含着丰富的中华文化的传统美德,也蕴含着社会主义公民的基本道德规范。在城市交通文明中主要表现为人与人之间、人与车之间、车与车之间的一种和谐状态。由此可知,在对城市交通文明现象进行类型化时,除了需要根据法律对文明的最低要求作出规定之外,还需要根据道德规范对其作出更高层次的要求。这种文明尚未在法律、法规、规章或规范性文件中规定,可称之为非规范性的文明。

非规范性的交通文明在生活中的表现主要有:不赤脚、不穿拖鞋或高跟鞋驾驶机动车;开车时不吸烟;不在驾驶时观看电视、使用电子设备;不向车窗外抛物、吐痰;不乱鸣喇叭;下陡坡时不熄火或者空挡滑行;不在机动车驾驶室的前后窗悬挂、放置妨碍驾驶人视线的物品;不在摩托车把上悬挂物品;不对其他交通参与者使用非文明用语;等等。

3. 非规范性文明向规范性文明转化

《中共中央关于全面推进依法治国若干重大问题的决定》中提出,"以法治体现道德理念、强化法律对道德建设的促进作用,以道德滋养法治精神、强化道德对法治文化的支撑作用,实现法律和道德相辅相成、法治和德治相得益彰"。因此,作为道德外在表现的文明必然需要与法律相辅相成。规范性文明与非规范性文明的边界并不清晰,同一行为,可能因地域或管理部门的不同,而被划分为不同的文明类型。而且,社会经济的发展与文明程度的提升,必然会催生出对更高层次文明的需求,更高层次的文明会随着文明的发展成为交通中的基本要求,最终被法律规范所吸纳。[2] 如机动车礼让行人、酒驾与醉驾等行为,随着经济与文明的发展,由最初的非规范性的文明要求转化为了规范性的文明要求,成为行政处罚与刑事制裁的行为。

2018年中共中央印发的《社会主义核心价值观融入法治建设立法修法规划》提到,要"加强道德领域突出问题专项立法,把一些基本道德要求及时上升为法律规范",明确提出要"探索制定公民文明行为促进方面法律制度"。

---

[1] 李泽泉:《社会主义核心价值观视域下的公民道德建设》,《中国特色社会主义研究》2015年第4期,第74页。

[2] 蔡金荣:《文明行为地方立法:条件、法理、经验与问题》,《中共宁波市委党校学报》2019年第4期,第115页。

"促进型立法,以促进和推动基础性、薄弱性产业或社会公益为要旨,不再单纯解决'不能做什么'的问题,而是特别注重运用促进引导与倡导奖励的立法政策"[1]。在目前阶段,促进型立法恰好能够承担起将道德规范中高层次的文明要求纳入法律规范的功能。目前,多地已出台了文明促进条例,其中省级(包括直辖市)地方性法规便有7部,分别为贵州、天津、河北、广西、甘肃、北京及河南。虽然文明促进条例所指向的是整体的文明行为,而非单一的交通文明行为,却为交通文明行为的立法提供了思路,可探索出台专门的交通文明促进行政法规或规章,以更好地规范交通文明行为。

三、城市交通文明建设法治保障的基本理念和原则

(一) 基本理念

城市交通文明建设固然与道德存在千丝万缕的联系,然而从其基础而言,它所依赖的仍然是法治。脱离了法治,城市交通文明建设只能是无本之木、无源之水。在以法治引领城市交通文明建设中,首要的问题是对其中起到统领作用的法治理念予以确定。亚里士多德曾经对法治做过一个经典的定义:"法治应包含两重含义,已成立的法律获得普遍的服从,而大家所服从的法律本身又应该是制订得良好的法律。"[2]这一定义指出了法治的两个基本要素:形式要素——对法律的普遍服从,此即对规则、秩序和安定的强调;实质要素——法律应当是良法,从现代法治的角度来看,此即对自由和人权保障的强调。将以上要素与城市交通文明建设结合起来,可明确城市交通文明建设的基本理念主要包含以下内容:秩序、自由、安全、效率、绿色环保和人权保障。

1. 秩序

什么是秩序?古往今来许多学者都对这个问题给出过自己的回答。例如,我国有学者认为,秩序是规范体系,即通过规范主体行为和调整社会关系而建立起来的有条不紊的状态[3];还有的学者认为秩序是规范人们的社会

---

[1] 陈灿平、吴迪:《论道德与法律的契合与转换——以文明行为促进条例地方立法比较为例》,《道德与文明》2020年第4期,第28页。

[2] [古希腊]亚里士多德:《政治学》,吴寿彭译,商务印书馆1965年版,第199页。

[3] 吴剑峰:《秩序界说》,《法学评论》1992年第3期,第52页。

关系,调适其行为的规则和机制,是人类社会的基本内容[1]。美国法理学家博登海默认为,秩序指的就是在自然过程和社会进程中所存在的一种统一性、连续性和稳定性[2]。英国的科恩还曾总结出秩序的五种规定性,"(1)秩序与社会生活中存在的限制、禁止、控制有关;(2)它表明在社会生活中存在着一种相互性,每个人的行为不是偶然的和杂乱的;(3)它在社会生活中捕捉预言的因素和重复的因素——人们只有在他们知道彼此期待的情况下,才能在社会上进行活动;(4)它能够表示社会生活各组成部分的某种一致性和不矛盾性;(5)它表示社会生活的某种稳定性,即在某种程度上长期保持这种形式"[3]。而无论怎样对秩序进行定义,我们都可以判定,秩序意味着一种稳定性、连续性以及可预期性。

秩序对于人类社会而言具有重要意义。美国学者萨缪尔·P.亨廷顿就曾指出:"人类首要的问题不是自由,而是建立一个合法的公共秩序。人类当然可以有秩序而无自由,但不能有自由而无秩序。"[4]哈耶克也曾经说过:"如果不存在秩序、一贯性和恒长性的话,则任何人都不可能从事其事业,甚或不可能满足其最为基本的需求。"[5]同样,秩序之于法治也是如此。有学者指出,人类社会的秩序曾经先后出现过三种秩序:宗教秩序、道德秩序和法治秩序,其中法治秩序是人类社会发展到成熟阶段之后才出现的社会秩序的高级形态,是人类社会的最终选择[6]。而秩序与法治的密不可分,集中体现在法律对于秩序的内在追求以及秩序对于法治之积极价值。所谓法治,即法的统治。而法,即为一种既定的规则。由此,法治即为一种既定的规则的统治,尽管对于这种规则我们附加有诸多条件,例如必须由特定的国家机关经由合法且严格的程序制定、必须公开、对于所有的人都同等适用,以及良法等。而任何规则都是导向有序状态的。或者说,任何规则都是以实现秩序为目的的。法律也同样如此。从另一方面来看,在法治与人治的长久论战中,

---

[1] 邢建国、汪青松、吴麟森:《秩序论》,人民出版社1993年版,第4页。

[2] Bodenheimer E. Jurisprudence: The Philosophy and Method of the Law. Harvard University Press, 1974: 172.

[3] 张文显:《法理学》,法律出版社1997年版,第293页。

[4] [美]萨缪尔·P.亨廷顿:《变动社会中的政治秩序》,王冠华等译,三联书店1989年版,第7页。

[5] [英]弗里德利希·冯·哈耶克:《自由秩序原理(上)》,邓正来译,三联书店2003年版,第199页。

[6] 杨春福:《论法治秩序》,《法学评论》2011年第6期,第3页。

法治之所以能够得到最终推崇,人们之所以会得出"法治优于人治"的结论,最为重要的就是法治排除了人的主观恣意,排除了不稳定、不安定的因素,能够为人类社会带来稳定与平和,并使得人们的生活处于一种可预期的状态之中。而这种价值,归根结底,就是法治秩序。

具体到城市交通文明建设,秩序同样是首要要求。由于现代交通工具发展迅猛,因此城市交通总体具有高危性,如果缺乏规则和秩序,随时可能导致混乱和危险。而避免混乱与危险的唯一途径就是实现交通的有序。城市交通文明建设可能有非常丰富的内容,但是井然有序绝对是它第一位的要求。无序的交通必然是不文明的交通。基于此,当我们以法治的理念来建设城市交通文明时,秩序就成为首先需要得到体现的内容。要做到这一点,首先就需要科学制定城市交通所应遵循的规则,并且以法的形式将其明确下来,从规范基础上确保交通的有序;其次则应在交通执法上严格依法行政,切实保障规则的实现,从而最终促成秩序的形成。

2. 自由

自由是一个具有多层次含义的概念,当我们谈到自由的时候,有可能指的是哲学层面上的意志自由,也有可能指的是密尔所谈论的社会自由,或者说法律上的自由。在这里,对城市交通文明建设有价值的法治理念,只能是法律上的自由。那么,何谓自由呢? 密尔认为,所谓自由,就是社会能够合法加诸个人的权力之性质与范围[1]。在密尔之后,以赛亚·柏林则提出了两种自由的概念:消极的(negative)自由与积极的(positive)自由。其中,消极的自由指的就是传统的自由,即"在什么样的限度以内,某一个主体可以或应当被容许做他所能做的事,或成为他所能成为的角色,而不受到别人的干涉"。"这种情况下的消极自由不仅是在某一个范围之内,人类行动的自由可以通过法律得到保证,而不被侵犯;而且在某些情况下政府或社会或其他主体有责任为人们的必要自由提供其实现的条件"[2]。而积极的自由要回答的问题则是"什么东西或什么人,是决定某人做这个、成为这样而不是做那个、成为那样的那种控制或干涉的根源?"[3]应该说,柏林所提出的消极自由

---

[1] Mill J S. On Liberty (Special Edition). The Legal Classic Library,1992:1.

[2] 舒年春、魏飞:《浅析消极自由与积极自由——解读柏林的两种自由概念》,《西安文理学院学报(社会科学版)》2012年第4期,第82页。

[3] [英]以赛亚·柏林:《自由四论》,陈晓林译,台北联经出版事业公司1986年版,第229页。

与积极自由的分类具有极为重要的理论意义。我国学者郑成良在论及法律上的自由时提出:"法律上的自由反映意念与公共权力之间的关系。当主体的行为与社会公共权力的要求相一致时,其在法律上就是自由的,所以,法律上的自由即为行为的合法性。"[1]还有人认为:"只有得到法律所认可的自由才是一种被社会公认的自由,即法律权利。"[2]

无论人们怎样理解自由,对于自由构成法治理念的核心这一点是达成共识的。同样地,在城市交通文明建设中需贯彻的法治理念也是以自由为核心追求的。但是,自由并非为所欲为;自由是在法律规范之下的自由,是有序的自由。古往今来许多思想家、法理学家在谈到自由的时候,都会同时强调秩序对于自由的重要意义。例如,阿克顿勋爵就曾经指出,"没有安全保障,自由就等于零","只有当人们学会遵守和服从某些法则之后,自由才开始真正出现。在此之前,自由表现为无拘无束的放纵和无政府状态"。[3]现代自由主义理论的代表人物哈耶克同样强调自由与秩序的良性互动。哈耶克自由主义理论的核心理论就是自生自发秩序。邓正来先生指出,哈耶克理论的核心问题就是个人自由与整体社会秩序间的关系以及秩序与规则间的关系的问题;或者说,哈耶克建构其社会理论的核心目的在于对人类社会中的"自生自发秩序"(即内部秩序)作理论上的阐释和捍卫。[4]所以,在哈耶克看来,人们选择自由必须受到法律原则的保证,是在一般性规则制约下的自由,而没有法治的自由是空洞的[5]。

是故,自由只有在秩序之下才有可能真正实现。无序混乱的社会中每个人都只能是处于"不自由"的状态。虽然表面上看自由与秩序的要求似乎是截然相反的,但二者需要形成良性互动才能真正实现人们遵循的法治理念。这也就是为什么我们说秩序是城市交通文明建设的法治理念的首要要求,但它并不与法治理念的核心——自由相冲突的原因。相反,如果秩序无法得到保证,那么城市交通将陷入混乱,自由也将无从谈起。只有在城市交通文明

---

[1] 郑成良:《论自由权利——简析自由概念在法理学中的含义》,《当代法学》1988年第3期,第29页。

[2] 严存生:《自由与权利、权力、法律(下)》,《中共南京市委党校南京市行政学院学报》2005年第1期,第55页。

[3] [英]阿克顿:《自由与权力》,侯健、范亚峰译,商务印书馆2001年版,第311-315页。

[4] 邓正来:《哈耶克关于自由的研究》,《哲学研究》2008年第10期,第68-75页。

[5] 朱富强:《三位一体的人类合作之扩展秩序——哈耶克的自生自发秩序原理之述评》,《北方法学》2008年第3期,第12页。

建设中贯彻了"秩序"这一法治理念,实现了交通的有序运转,自由才有可能得到保障和实现。

3. 安全

如上所述,秩序是法治的首要要求,也是人类社会发展的首要要求。然而,为什么人类社会需要法治秩序?法治为什么要以秩序为追求?其中一个很重要的原因就是有序的状态能够使人们的人身安全、财产安全得到保障。正如有学者指出:"可以这样说,秩序规定了人的生活,限制了人的生活,也使人的生活有了可能性和必要的保障。相反,我们很难设想人类能够生活在一种完全无序和反常的状态之中……"[1]如果人们生活在一种无序的状态中,如霍布斯所描述的自然状态,则每个人的人身随时都可能遭到威胁和伤害,财产也随时可能被剥夺和侵害,而创造和发展就更是无从谈起了。故而,法治追求秩序,并不是为了秩序而要求秩序,而是为了保障人民的安全而要求秩序。换言之,安全是更高层次的追求。从另一方面来看,安全意味着人民的生命、健康、财产等一系列自由和权利得到实现的状态,因此它与法治的核心追求与最终目的也是相恰的。

具体到城市交通文明建设,虽然秩序是城市交通文明建设的首要追求,但与法治对秩序的追求一样,城市交通文明之所以要求秩序,同样也不是为了追求秩序而要求秩序,其最终目的还是为了确保城市交通中人与财产的安全。无序的交通首先威胁的就是安全,而通过城市交通文明法治建设实现井然有序的状态,首先得到保障的也是安全。众所周知,交通不文明行为,如占用紧急车道、开车打电话、乱停车、行人闯红灯、横穿公路、过街跨越隔离设施、不选择地点随意拦出租车、过马路打电话等,不仅会危害到行为人自己的生命安全和财产安全,而且还将对他人的生命安全和财产安全造成直接或间接的威胁。《北京青年报》就曾报道,2015年国庆长假第一天在浙江甬台温高速路上发生的一起车祸中,受伤的驾驶员就因为应急车道被堵,耽误了救援时间而不幸遇难[2]。为此,在城市交通文明法治建设中,安全是必须确立和遵循的法治理念。

在城市交通法律法规体系中,安全一向是法律价值的第一要素。例如,《道路交通安全法》第三十四条关于"学校、幼儿园、医院、养老院门前的道路

---

[1] 尹伊君:《社会变迁的法律解释》,商务印书馆2003年版,第272页。
[2] 潘洪其:《对违法占用应急车道亟须加大处罚》,http://inews.ifeng.com/44778662/news.shtml?&back,最后访问:2016年7月29日。

没有行人过街设施的,应当施划人行横道线,设置提示标志"的规定,该法第四十七条关于"机动车行经人行横道时,应当减速行驶;遇行人正在通过人行横道,应当停车让行。机动车行经没有交通信号的道路时,遇行人横过道路,应当避让"的规定,以及该法第六十三条关于"行人不得跨越、倚坐道路隔离设施,不得扒车、强行拦车或者实施妨碍道路交通安全的其他行为"的规定等,均是出于安全考虑而制定的规范。尽管有以上法律规定,但在城市交通现实中威胁到安全的不文明行为仍然随处可见。为此,我们在推进城市交通文明建设中就需要进一步强调安全的法治理念,并在立法、执法、司法等诸多环节予以全面落实。

4. 效率

在最短的时间内产生最大的效益,是人类社会发展的原生性追求。效率最早出现在机械工程学科领域,指某项劳动、工作或物理运动的效果与投入的劳动量、工作量或物理能量之间的比率[1]。而在法学领域,效率的理念往往运用在法律的经济分析之中。通过法律确认和维护人民的基本权利,保障人民的财产性利益,可以有效调动人民的生产积极性,促进生产力的进步。我国在改革开放之后,把发展社会生产力作为极其重要的目标,提出了"发展才是硬道理"的口号。与此相对应,我国制定和发布了大量推动生产力发展的法律法规,并借助法律的力量推动中国生产力的发展和效率的提高。[2]

效率理念在行政法治建设中尤为重要。在行政管理中,政府机关在工作中投入的工作量与其取得的行政效果之间的比率即为行政效率的体现。制定法持续不断地向行政机关提出效能要求,代表机关和行政系统内部都在加强对政府效能的监督审查,法院对行政行为合法性的审查判断也在一定情形中应用效率原则。[3] 随着社会的发展,政府行政部门的职能日益发生变化,行政机关的职权行使从行政部门为本位的命令、强制方式转变为允许行政相对人拥有较大的意志自由,并增加了公众参与行政的机会,减少了政府管理环节[4]。对此,行政机关必须减少职权不明、层级过多、人浮于事等低效行政的情形,着重提高行政效率,从而进一步实现便民服务的价值追求。

---

[1] 夏书章:《行政管理学》,中山大学出版社1991年版,第291页。
[2] 卓泽渊:《法的价值论》(第三版),法律出版社2018年版,第193页。
[3] 沈岿:《论行政法上的效能原则》,《清华法学》2019年第4期,第5页。
[4] 关保英:《行政法的价值定位:效率、程序及其和谐》,中国政法大学出版社1997年版,第96页。

效率理念更是城市交通文明建设的内在要求。首先,在城市交通建设方面,政府进行城市交通规划时,需要及时高效推进。现代城市交通规划包括综合运输网络的布局、运力配置以及运输组织等内容,需要明确各种交通方式的任务和要求,以最短的距离、最少的时间和费用,完成预定的运输任务和获得最优的交通运输效果[1]。其次,在城市交通通行方面,城市交通作为有限的公共资源,应当尽可能满足大多数人的交通需求,这必然要求人们在城市交通过程中高效通行。如果城市交通行驶过程未能做到高效通行,必然造成交通拥堵,影响城市发展。因而,在具体的交通规范中,便有了最低限速要求,以及行人过人行道时快速通过等规定。最后,在城市交通执法中,由于城市交通人流量巨大,交通违法行为较多,因此需要采取快速的方式实现交通执法。在交通行政处罚中,简易程序即是效率理念的体现。交通管理部门在发现当事人违法行为后,无须进一步调查取证,便可当场根据当事人的违法事实和情节,依法对其实施行政处罚,这有利于提高行政效率,实现交通行政执法的目的[2]。

5. 绿色环保

2021年9月,《中共中央、国务院关于完整准确全面贯彻新发展理念做好碳达峰碳中和工作的意见》指出,到2025年,绿色低碳循环发展的经济体系初步形成,重点行业能源利用效率大幅提升。单位国内生产总值能耗比2020年下降13.5%;单位国内生产总值二氧化碳排放比2020年下降18%;非化石能源消费比重达到20%左右;森林覆盖率达到24.1%,森林蓄积量达到180亿立方米,为实现碳达峰、碳中和奠定坚实基础。明确提出"把节能贯穿于经济社会发展全过程和各领域,持续深化工业、建筑、交通运输、公共机构等重点领域节能,提升数据中心、新型通信等信息化基础设施能效水平。"[3] 在环境保护、碳中和发展等现实政策指引下,绿色环保理念已成为交通领域发展的基本理念。绿色交通指的是城市交通的资源节约与生态环境保护,全体公民能够享有经济、环保的交通服务。绿色交通的首要目的是减轻交通拥挤、减少环境污染,具体体现在以下几个方面:减少个人机动车辆的使用,尤

---

[1] 周佑勇等:《现代城市交通发展的制度平台与法律保障机制研究》,中国社会科学出版社2017年版,第132页。

[2] 王朝辉:《交通行政执法总论》,人民交通出版社2018年版,第214页。

[3] 参见《中共中央、国务院关于完整准确全面贯彻新发展理念做好碳达峰碳中和工作的意见》(2021年9月22日)。

其是减少高污染车辆的使用;提倡步行,提倡使用自行车与公共交通;提倡使用清洁干净的燃料和车辆等。

因此,从城市交通文明建设的角度而言,也应确立绿色环保的基本理念。在生态环境保护的论题上,习近平总书记指出:"绿水青山就是金山银山。"生态城市建设的基准点是城市发展的可持续性,而交通的可持续发展是城市可持续发展的重要组成部分,进一步来说,是否可以实现绿色交通是生态城市建设的根本和重要评价标准,没有绿色交通的实现,城市的可持续发展也就成为不可能[1]。

绿色环保的理念也渗透到我国的法治体系当中。2018年宪法修订案将"生态文明"列入了宪法序言,《中华人民共和国民法典》(以下简称《民法典》)第九条确立了"绿色条款"。《中华人民共和国固体废物污染环境防治法》第五十一条规定:"从事公共交通运输的经营单位,应当及时清扫、收集运输过程中产生的生活垃圾。"《中华人民共和国环境噪声污染防治法》(以下简称《环境噪声污染防治法》)第五章"交通运输噪声污染防治"专门规定了对交通噪声的治理。可见,只有在城市交通文明建设中贯彻了"绿色环保"这一法治理念,才能实现城市交通文明建设。

6. 人权保障

人权思想源远流长,它可以追溯到古希腊时期所提出的自然权利观念。何谓人权?为什么人享有人权?对于上述问题,自人权思想产生以来学者们已经给出了形形色色的答案。例如,古典自然法学派提出了"天赋人权论",主张人的生命、自由和财产是人人享有的,是不可剥夺、不可转让的权利,自由和平等合乎人的本性,是自然权利,是由人的本性所赋予人的权利[2]。同时,根据古典自然法学派的社会契约论,人之所以放弃和让渡一部分自然权利而组成国家,目的就是为了保障"生命、自由、财产和追求幸福的权利"。因此,人权不仅先于国家和法律而存在,而且还是国家存在的目的和意义。其后的功利主义法学派的边沁,从"判断正当、不正当和尽义务的唯一基本标准就是功利原则"[3]的基础出发,反对天赋人权论,而主张法定权利论,认为人

---

[1] 刘冬飞:《"绿色交通":一种可持续发展的交通理念》,《现代城市研究》2003年第1期,第63页。

[2] 李其瑞:《西方人权思想的历史演进》,《经济与社会发展》2003年第6期,第111-114页。

[3] [美]弗兰克纳:《伦理学》,关键译,三联书店1987年版,第71页。

权是社会的、有限的、可以让渡的、有条件的和可变的权利。[1]二战之后,自然法学派得到了复兴,人权也得到了再次强调。但是,与古典自然法学派的主张不同,二战后人权不再被认为是源自天赋的自然权利,而被认为是人能过上一种有尊严的生活而必须具有的权利。人性尊严成为人权的逻辑起点。例如,日本宪法学泰斗芦部信喜教授指出:"承认人权,就不必再以造物主或自然法为根据,只要像国际人权公约的序言里所说那样,认定为'源自人所固有的尊严'就已经足够。"[2]不仅学界持此看法,在国际法层面,人的尊严也被视为人权的基础或根据。包括《世界人权宣言》《公民权利和政治权利国际公约》《经济、社会和文化权利国际公约》等在内的国际人权文件都不同程度地体现了这一理论,或者说是在这一理论指导下制定出来的。

值得注意的是,人权与法律上的权利虽然紧密交织,但二者仍然存在区别。其中尤其容易混淆的,就是人权与宪法权利。尽管二者都是对人而言最基本最重要的权利,但是人权与宪法权利只是存在交叉但不等同。如上所述,人权即人生之为人而应该享有的权利,若被剥夺了这一权利,人就不再是作为社会学意义上的"人"而存在了。所以,人权的主体是所有的人,没有国籍、性别、年龄、身份等的要求;人权对于人而言具有最为基本的意义,是人之为"人"所不可或缺的权利;人权更强调的是一种应然状态,它是一种道德权利,而非实然的法律权利。而宪法权利虽然也具有基础性,但是在权利主体上大多具有国籍的要求,并非"人"的权利而是"公民"的权利。此外,就权利内容而言,与人权相比宪法权利具有明显的国别性,且它虽然具有基础性,但并非均为人之为"人"所不可或缺的权利。最为重要的一点是,宪法权利为法律权利,在存在宪法诉讼和宪法控诉制度的国家里,公民在宪法权利受到侵犯的情况下可以向适格的法院寻求司法救济。

人权保障对于法治而言具有无可比拟的价值和意义——它是法治的终极追求。法治之所以被称为最优的治国方略,除了较人治而言排除了恣意等不安定因素之外,更重要的是法治以人权保障为最终的价值追求。我们之所以需要稳定和秩序,并非因为这些价值构成目的性价值——它们只是工具性价值。我们之所以需要稳定和秩序,最终目的乃是它们对于人权保障所具有

---

[1] 万其刚:《论人的尊严作为人权正当性根据》,中国政法大学2007年博士论文,第1页。

[2] [日]芦部信喜、高桥和之:《宪法(第三版)》,林来梵、凌维慈、龙绚丽译,北京大学出版社2006年版,第71页。

的不可或缺的意义。如上所述,自洛克、孟德斯鸠以来,人之所以组成国家并接受法律的统治就被解读为为了保障"生命、自由、财产和追求幸福的权利"。即使在经历了规范法学派的洗礼之后,人权对于法治的意义在今天也丝毫没有受到减损,相反,人权不仅得到了进一步的推崇,而且其范围也得到了进一步的扩大,内容愈加丰富,权利保障的手段和途径也得到了完善。

同样,人权保障不仅是法治的最终价值追求,它在城市交通文明建设所应贯彻的法治理念中也占有重要地位。就城市交通文明建设而言,无论是对行车人行为的规范,还是对行人行为的规范,抑或对政府交通执法行为的规范,其着眼点除了实现城市交通的有序运行外,更为重要的是实现城市居民的人权——交通出行权、财产权、人身权、平等权以及人格尊严等。所谓"交通文明",除了强调有序,更应强调的是城市交通建设中的人文关怀。

(二) 基本原则

城市交通文明的基本原则是研究城市交通文明法治保障的基础。结合城市交通文明建设的实践,在城市交通文明法治理念和价值取向的指引下,我们认为其基本原则包括:人的路权优先原则、可及性保障原则、协调平衡原则、交通效率原则、安全有序原则、绿色原则。

1. 人的路权优先原则

在城市交通文明的维度下,"以人为本"似乎是抽象的政治话语,但却可以准确地描述人与城市交通之间的关系。所谓人的交通,主要是指交通主体人的行为,其本质是人的能力的外在表现。[1] 人是城市交通的主体,人的需求是城市交通发展的目的,唯有如此,城市交通才能经得起"文明"标尺的检验。人的路权优先,对应的是机动车路权的优先次序。实际上,所有的权利都是以人作为主体的,路权也不例外,所谓机动车的路权,是指机动车使用人的路权,只是出于约定俗成的考虑,此处仍以人的路权与机动车路权相对称。笔者认为,路权是一类最基本的权利,不能因为经济等方面的原因进行差别对待。机动车使用人在经济方面具有优势,但不能想当然地优先占用交通设施资源,这不符合基本权利分配的正当性。当然,路权的正当分配并不意味着无差别的绝对平等,允许适当程度、合比例的区分,但区分的前提是,作为

---

[1] 周佑勇等:《现代城市交通发展的制度平台与法律保障机制研究》,中国社会科学出版社 2017 年版,第 38 页。

基本权利的人的路权,首先得到必要、充分的保障。

2. 可及性保障原则

可及性保障原则,主要包括以下两层含义:其一,针对老年人、残疾人等弱势群体,必须保障适老性设施、无障碍设施的设置,保障弱势群体自主、安全、方便、无障碍出行的最基本权利。其二,在"互联网+"时代,城市交通与科技紧密结合,例如网络购票、网络打车等,在带来巨大便利的同时,也在无形之中触及了交通可及性的保障问题。如上所述,路权是一类最基本的权利,在交通可及性的问题上,每个个体应当机会平等,不应当由于技术上的差距造成实质上的不平等,违反平等权保护。平等权的具体含义是禁止歧视和反对特权。禁止歧视指"被法律禁止的针对特定群体或个人实施旨在克减、限制或剥夺其法律权利的任何不合理的区别对待措施"[1]。由于人与人之间在世上因先天或后天的原因会存在各种差别,形式上的同等对待很可能造成实质上的不正义。文明的城市交通应当是,每个个体特别是不掌握现代技术应用的个体,使用现代交通工具出行的平等机会得到充分保障。

3. 协调平衡原则

城市交通不是一个孤立存在的事物,而是深深地嵌入城市整体发展之中,因此必须从系统、生态的角度看待和思考城市交通问题,注重交通与系统内其他因素的协调与平衡。例如,城市交通与城市规划、土地利用规划之间,应当保持共同的内在目标,确保系统内部的自洽性,相互促进、相辅相成。当前,最受社会关注的是城市交通与清洁环境之间的调和。作为雾霾问题的重要成因之一,城市交通应当积极地自我调适,自我更新,积极推行清洁能源、公共交通优先等,促进整个系统的协调与平衡。

此外,协调平衡原则还体现在城市交通设施建设中。城市交通建设工程量大、周期长,这使得诸多追求利益的私主体望而却步,最终这项公共服务产品建设的责任落在政府身上,城市交通设施便成了公共财产。在运营城市交通设施时,会产生一定的收益,在各方利益主体中,其利益价值追求各有不同。对于建设者,希望在收益弥补前期的建设投入;对于运营者,希望将收益回馈交通运营;对于使用者,希望在享受到交通便利时减少自身开支。[2] 对此,城市交通建设需要遵循协调平衡原则,平衡便利公众出行、降低建设成

---

[1] 周伟:《论禁止歧视》,《现代法学》2006年第5期,第68页。
[2] 周佑勇等:《现代城市交通发展的制度平台与法律保障机制研究》,中国社会科学出版社2017年版,第326页。

本、提高交通建设质量等不同利益追求。如果城市交通设施建设不遵循协调平衡原则,将难以实现可持续发展,更难以推进城市交通文明建设的进程。

4. 交通效率原则

如果抛开作为基本人权的层面,从工学的层面而言,效率应当是现代城市交通最本质的特征。如果缺乏了便捷、高效的基因,必然会消耗大量的时间成本和社会资源。在此情形下,即使仅作为价值中立的工学技术,城市交通也不符合"文明"的要求,更不用说实现交通资源正当性分配、可及性保障等目标。实践中,高速公路设定的最低时速要求、人行斑马线快速通过要求、交通执法简易程序规定等就是在交通效率原则指导下制定的具体规则。由此来说,交通效率也是交通文明建设的重要基础。

5. 安全有序原则

"与法治永相伴随的基本价值追求,便是社会秩序"[1]。秩序对于城市交通而言同样具有重要的意义。现代城市交通高度发达,但同时它也是一个非常脆弱的体系,某一个点的无序具有传递性,将直接影响到整体的秩序状态。

因此,机动车、非机动车、行人和乘车人都必须遵守相应的规定,在秩序之下自我规范。与秩序价值紧密相关的是交通安全。现代社会是一个风险社会,高速运转的城市交通便是风险性的一个体现,要实现交通风险的有效控制,必须依赖于法律规则及规则之下的秩序。道路交通安全法作为交通领域的基本法,正是秩序和安全两个价值理念的集中体现。该法在立法目的中明确提出:"为了维护道路交通秩序,预防和减少交通事故,保护人身安全……"并且在条文设计上,对于车辆和驾驶人、道路通行条件、道路通行规定等作了详尽规范。

6. 绿色原则

党的十八届五中全会提出"绿色"发展理念,此后在党的十九大报告以及十九届二中全会公报中也多次提及环境保护与生态治理,绿色发展已成为国家的五大发展理念之一。2018年宪法修正案将"生态文明"写进宪法,标志着对环境保护、资源节约以及生态文明建设的重视,也为法律措施的制定提供了宪法依据,并将从权利、义务角度对公民的个人行为产生影响[2]。此

---

[1] [英]彼得·斯坦、约翰·香德:《西方社会的法律价值》,王献平译,中国人民公安大学出版社1989年版,第38页。

[2] 张震:《中国宪法的环境观及其规范表达》,《中国法学》2018年第4期,第5页。

外,《民法典》第九条规定:"民事主体从事民事活动,应当有利于节约资源、保护生态环境。"有学者将该条款称为"绿色条款",并认为其"回应了资源环境恶化带来的环境保护和生态维护的时代问题"[1]。可见,无论是从公法制度来看,还是从私法制度来看,城市交通文明建设都蕴含着绿色原则的要求,绿色原则已经成为我国法治体系中的一般性原则。

生态文明观是城市交通文明建设的重要构成部分,这意味着城市交通文明建设的法治保障离不开绿色原则的适用。城市交通在道路建设、汽车尾气排放等方面,都应当贯彻绿色原则。在绿色原则的指引下,我国城市交通文明建设在优化道路绿植建设、发展新能源汽车、倡导绿色出行等方面,均有良好的发展。可见,绿色原则应成为城市交通文明建设法治保障的基本原则。

---

[1] 王利明:《彰显时代性:中国民法典的鲜明特色》,《东方法学》2020年第4期,第12页。

第二章

城市交通文明建设的行政法保障

行政法是调整行政机关与行政相对人之间权力(power)、权利(right)、义务(obligation)关系的法律规范的总称[1],兼具控制政府权力与保障公民权利的功能。"现代行政法"[2]与城市交通文明的价值追求具有一致性。在城市交通文明建设中,行政法肩负着保障公民交通权的重要使命。现代城市交通行政法制度的建构应当以实现城市交通法律关系的安全与有序、便捷与绿色、开放与共享为逻辑主线。然而,现阶段我国交通行政法制度存在重"监管"轻"合作"、政府权责配置失衡、公民权利救济不足等问题。对此,应当从健全政府系统性监管、强化公民主观公权利以及促进社会协同治理等方面推进城市交通文明建设。

一、城市交通文明建设的行政法内涵

在城市交通文明建设中,行政法应该承担怎样的功能是一个非常值得探讨的问题。城市交通文明建设在我国具有深厚的政策基础与宪法依据。城

---

[1] 参见罗豪才、袁曙宏、李文栋:《现代行政法的理论基础——论行政机关与相对一方的权利义务平衡》,载罗豪才主编:《现代行政法的平衡理论》,北京大学出版社1997年版,第17页。

[2] 我们使用的现代行政法指的是在反思或批判传统行政法基础上形成的关于行政法发展的主张,类似理论表述还有"新行政法""当代行政法"等。

市交通文明与现代行政法在内在价值上具有统一性,完善城市交通行政法制度是建设城市交通文明的必由之路。

(一) 城市交通文明建设的政策基础

政治是意志的表达,行政是意志的执行[1]。城市交通行政法制度的形成与发展与国家政策密切相关。结合我国大政方针可知,城市交通文明的建设包含"什么是城市交通文明"与"如何建设城市交通文明"两方面内容。在什么是城市交通文明问题上,中国特色社会主义事业"五位一体"的发展要求与"交通强国"的战略部署为我们提供了方向性指引;在如何建设城市交通文明问题上,"依法治国"与"法治政府"建设为我们提供了制度保障。

首先,城市交通文明建设是中国特色社会主义事业"五位一体"发展和"交通强国"战略的重要组成部分。文明反映了我们对现代城市交通全面发展的进步要求。中国特色社会主义文明建设是经济、政治、文化、社会、生态的全面协调可持续发展的过程。关于文明的概念界定,古今中外的学者们众说纷纭,尚未形成统一见解[2]。但是,学者们都认为文明与人类的历史发展密切相关,并涉及经济、政治、文化、道德等社会一切领域,集中反映一个民族、国家、地域甚至有共同精神信仰的群体具有的积极成果和进步状态。就文明的价值而言,文明意味着一种积极与进步的状态,任何与人的行为有关的事物均能以文明与否作为评断。就文明的构造而言,文明具有不断发展的动态属性,在不同时间、空间呈现出不同形态。事实上,党的十八大明确提出中国特色社会主义事业的总体布局是"经济建设、政治建设、文化建设、社会建设、生态文明建设"的"五位一体"[3]。据此,文明导向下我国城市交通建设亦离不开物质文明、政治文明、精神文明、社会文明与生态文明的任一形态,并需要随着时代发展而不断变革与完善。

建设交通强国是党的十九大作出的重大战略决策。"交通是兴国之要、强国之基"。在交通强国的战略指引下,我国的城市交通建设蕴含着文明的

---

[1] Goodnow F. Policy and Administration. New York: Macmillan, 1900.

[2] 关于文明的含义,中国学者形成了三种代表性观点,即积极成果说、进步程度说和价值体系说;西方学者也形成了三种代表性观点,即进步状态说、要素构成说和文明文化一体说。参见杨海蛟、王琦:《论文明与文化》,《学习与探索》2006年第1期,第66页。

[3] 参见2012年中国共产党第十八次全国代表大会报告《坚定不移沿着中国特色社会主义道路前进为全面建成小康社会而奋斗》。

内在价值。交通作为"衣食住行"中"行"的范畴,不仅是每个人日常生活中不可或缺的,而且在一定程度上决定了城市的发展。[1] 2019年9月19日,中共中央、国务院印发的《交通强国建设纲要》明确指出,要"构建安全、便捷、高效、绿色、经济的现代化综合交通体系,打造一流设施、一流技术、一流管理、一流服务,建成人民满意、保障有力、世界前列的交通强国"。可以说,"安全、便捷、高效、绿色、经济"的交通强国建设要求同样也是城市交通文明的应有追求。

其次,城市交通文明建设有赖于我国"依法治国"与"法治政府"建设形成的规范体系。我国城市交通行政法制度必须始终坚持以人民为中心的立场。从依法治国的角度来看,"法律是治国之重器,法治是国家治理体系和治理能力的重要依托"[2]。习近平总书记指出,"全面推进依法治国,是解决党和国家事业发展面临的一系列重大问题、解放和增强社会活力、促进社会公平正义、维护社会和谐稳定、确保党和国家长治久安的根本要求;要推动我国经济社会持续健康发展,不断开拓中国特色社会主义事业更加广阔的发展前景,就必须全面推进社会主义法治国家建设,从法治上为解决这些问题提供制度化方案"[3]。

从法治政府建设的角度来看,"法律的生命力在于实施,行政机关是实施法律法规的重要主体,要带头严格执法,维护公共利益、人民权益和社会秩序"[4]。必须强调的是,法治政府建设要求"依法行政",这种"法"不能局限于形式意义上的规则,而是应当符合实质法治的要求。今天的行政,早已不再是"消极国家"时代的国防、外交、警察、税收等"最弱意义"的国家职能的实现活动,政府对经济的管制,对民众福利的保障,对诸如环境、劳工等领域的社会性管制等活动,事实上将行政活动推到了所有社会问题的最前沿。[5]

---

〔1〕 参见冯雪、刘芳:《交通对城市发展的影响机制探析》,《当代经济》2011年第9期,第24页。

〔2〕 参见《〈中共中央关于全面推进依法治国若干重大问题的决定〉辅导读本》,人民出版社2014年版,第42页。

〔3〕 参见《中国共产党第十八届中央委员会第四次全体会议文件汇编》,人民出版社2014年版,第68-69页。

〔4〕 《习近平关于全面依法治国论述摘编》,中央文献出版社2015年版,第42-43页。

〔5〕 参见王锡锌:《行政正当性需求的回归——中国新行政法概念的提出、逻辑与制度框架》,《清华法学》2009年第2期,第104页。

2020年11月16日至17日召开的中央全面依法治国工作会议正式确立了习近平法治思想,并将习近平法治思想明确为全面依法治国的指导思想。习近平法治思想始终坚持以人民为中心的根本立场,贯穿良法善治、公平正义的根本观点,以及辩证统一的法治系统论方法,是马克思主义法治理论中国化的最新成果[1]。在"以人民为中心"的根本价值立场下,我国的"法律规范体系、法治实施体系、法治监督体系、法治保障体系与党内法规体系"[2]不断完善。

总之,城市交通文明建设中行政法制度的构建与完善应当在中国特色社会主义法治体系框架内进行,并坚持以人民为中心,凸显国家治理体系和治理能力现代化。要实现交通文明的目标,不仅需要政府的积极作为,还要促进政府与社会的协作,最终形成"国家机关、企事业单位、社会组织之间各司其职、各尽其责、分工明确、权责清晰、运转有序"的城市交通组织运行体系[3]。

(二)城市交通文明建设的宪法依据

习近平总书记指出,依法治国首先要坚持依宪治国,依法执政首先要坚持依宪执政。城市交通文明建设是否具备正当性及其正当性何在的问题,具体有两个关于基本权利的指向:一是公民是否享有"行"之权利?二是如何在"文明"追求下理解这种"行"之权利?下文将从宪法层面阐释交通权的基本特征。

1. 交通权的正当性

从实定法的角度来看,我国《宪法》中并没有关于公民"行"之权利的明确规定。不过,《宪法》第三十三条第二款规定的"国家尊重和保障人权"条款中的"人权"自然涉及公民在交通方面的需求。从法理学的角度来看,关于何谓

---

[1] 参见周佑勇:《习近平法治思想的人民立场及其根本观点方法》,《东南学术》2021年第3期,第43页。

[2] 《中共中央关于坚持和完善中国特色社会主义制度、推进国家治理体系和治理能力现代化若干重大问题的决定》的第四部分"坚持和完善中国特色社会主义法治体系,提高党依法治国、依法执政能力"提出"加快形成完备的法律规范体系、高效的法治实施体系、严密的法治监督体系、有力的法治保障体系,加快形成完善的党内法规体系。"

[3] 孟鸿志:《以习近平法治思想推进公共卫生应急法治体系建设》,《南京社会科学》2021年第3期,第5页。

公民"行"之权利,学者们存在通行权[1]、出行权[2]、路权[3]、交通权[4]等不同表述。对此,我们主张采用"交通权"的表述。这是因为,交通权较之其他用词,不仅更具概括性与周延性,而且更能契合"文明"的进步状态追求。城市交通文明的内涵不仅仅包含公民通行或出行的单一内涵,还涉及交通绿色、交通便捷等文明层面的多元价值。同时,马克思将人的基本需求划分为生存、发展与享受三大类[5],现代社会中"行"是人们最基本的生存需要,且文明导向下的交通需求已经步入了发展需求的层次。

由此引发的问题是,学理上讨论的交通权是否属于法律意义上的公民权利?早期德国公物法理论认为,在通常情况下,公民的交通需要只是一种反射利益,只有当公民的生命健康、财产等利益受到侵害时,才属于权利的范畴。诚然,一些涉及交通权益的纠纷确实能够借助现有法律制度进行解释,比如机动车的限行措施就可以理解为政府对公民财产权的干预。《民法典》第二百四十条规定,"所有权人对自己的不动产或者动产,依法享有占有、使用、收益和处分的权利"。据此,判断机动车限行措施是否正当,就是判断政府基于公共利益干预公民的机动车使用权是否具有合宪性。但是,随着经济社会的发展,交通权必须要作为一种新型权利予以确立。法国早在1982年制定的《国内交通组织方针法》就明确规定"交通是人们的基本权利之一"[6]。即使我国在立法上尚无关于交通权的明确规定,但这并不能否定交通权的存在。权利作为使主体享受特定利益的法律上之力,其生成逻辑不在于规定,而在于解释和推定[7]。

详言之,交通权之所以能够成为一种新型权利,理由有三:第一,从内在

---

[1] 参见温志刚:《论我国道路交通的"行人优先"通行权》,《交通标准化》2009年第7期,第167页。

[2] 参见贾锋:《论公民出行权保障的国家义务》,《理论月刊》2013年第6期,第103页。

[3] 参见季金华:《公平与效率:路权制度安排的价值基础》,《甘肃政法学院学报》2009年第6期,第38页;邹俊:《解读〈道路交通安全法〉第七十六条——兼论'路权'与'生命权'之争》,《江汉大学学报(人文科学版)》2005年第1期,第83—85页;王坚:《路权研究——以公路及城市道路为中心》,西南政法大学法学院2012年博士学位论文,第7页。

[4] 参见刘素峰:《公民道路交通权法律制度研究》,中共中央党校2006年硕士学位论文,第3页。

[5] 《马克思恩格斯全集》(第47卷),人民出版社1997年版,第52页。

[6] 参见任丑、王一帆:《人权是何种权利?》,《思想战线》2014年第5期,第129页。

[7] 参见汪进元:《基本权利的保护范围:构成、限制及其合宪性》,法律出版社2013年版,第10、41页。

原理上看,公民享有合法正当的交通需求。孙中山指出,衣食住行是每个民众应该享受的福祉,也是政府应尽的职责与义务[1]。第二,从外部因素来看,交通权符合我国社会发展的现实要求。如今,出行和交通已经成为国家和社会发展的必要条件之一,交通强国政策已经从国家发展的战略高度证明了交通发展的重要性。第三,从构成要素来看,交通权具备受宪法和法律保护的主体、行为与法益的构成要素。交通权的主体是一般公民,但在使用交通工具等特殊情况下,公民也受到诸如年龄、资格等条件的限制;交通权的行为涉及公民的行走、乘车、驾驶等所有与交通有关的活动;交通权的法益则呈现出混合属性,既包括人身性法益,又包括财产性法益。

2. 交通权的属性与限制

交通权是公民享有的自由且安全地从事交通活动的基本权利。文明导向下的交通权内涵更为丰富,包含优质、高效、绿色等多元价值追求。城市交通文明建设彰显了确认、保障与发展公民交通权的本质功能,具有合宪性基础。

就权利属性而言,交通权兼具自由权与社会权双重属性。一般来讲,自由权指的是公民在法律规定的范围内,按照自己的意志和利益进行思维和行动,而不受外来约束、控制和妨碍的权利[2];社会权指的是公民依法享有的,主要是要求国家对其物质和文化生活积极促成以及提供相应服务的权利[3]。交通权的内涵表明,公民应该自由、安全地从事各种交通活动,国家既不能不当干预公民选择交通方式、交通道路的行为自由,又必须为公民提供生存发展所必需的交通设施,并确保公民能够有序、安全地享有公共交通服务。需要强调的是,随着经济社会的发展,自由权与社会权的区分已经不再泾渭分明,交通权即为适例。正如陈新民教授所言,大部分权利均兼有两种属性[4]。

就权利边界而言,文明导向下的交通权呈现私益与公益相统一的内核。公民享有的交通权不得损害他人的合法权益和社会公共利益;国家基于保障交通权享有的公权力不得违背比例原则。交通发展不仅带来了经济的繁荣,还带来了交通拥堵、尾气污染等一系列问题。因此,公民享有的交通权应存

---

[1] 参见孙中山:《三民主义》,中国长安出版社2011年版,第206页。
[2] 参见秦前红、陈道英、汪自成:《比较宪法学》,武汉大学出版社2007年版,第135页。
[3] 参见龚向和:《作为人权的社会权:社会权法律问题研究》,人民出版社2007年版,第15页。
[4] 参见陈新民:《德国公法学基础理论(下册)》,山东人民出版社2001年版,第696页。

在必要的边界。有美国学者提出,20世纪要实现迅速发展,必须在中短期时间内牺牲人权[1]。以机动车限行措施为例,该举措看似限制了部分公民的交通自由,实则保障了全体社会公民的交通效率。在符合法律形式规定、正当程序以及比例原则等限制性条件时,限行措施非但不会构成对公民交通权的侵犯,反而是保障公民交通权的题中应有之义。

(三) 城市交通文明建设的行政法逻辑

在讨论交通权正当性的基础上,还需要回答如何通过行政法制度切实保障与促进城市交通文明建设这一问题。在回答这一问题之前,首先需要明确为什么建设城市交通文明主要依靠行政法这一前提性问题。

与民法和刑法主要是通过事后救济的方式保障公民权利不同,现代行政法可以基于风险预防的目的提前规划,政府能够"不顾科学上的不确定性而采取保护国民的行动"[2]。交通文明是城市交通的高级进步状态,该理想目标的实现需要政府的积极作为与事先规制,法律的功能绝不能局限在对公民受损交通权的救济上。而且,民法与刑法等部门法并不产生于人类自觉的制度创造,而是人类自发的习惯发现[3]。但对于行政法而言,其产生与发展却依赖于某种理论与理念的指导。具体而言,要实现城市交通文明的目标,"交通强国"战略确立的"安全、便捷、高效、绿色、经济"交通发展理念与党中央提出的"创新、协调、绿色、开放、共享"[4]的新发展理念均可以指导我国的城市交通行政法治建设。因此,立足行政法的部门法特性,结合我国城市交通发展的现实矛盾,可以从三个方面来揭示城市交通文明建设的行政法逻辑。

1. 安全、有序是城市交通文明建设的最低要求

交通权的概念表明,安全与有序是城市交通发展的最基本要求。维护安全与秩序也是传统"秩序行政"[5]的主要目的。也就是说,应通过对城市的

---

[1] 参见[美]杰克·唐纳利:《普遍人权的理论与实践》,王浦劬等译,中国社会科学出版社2001年版,第193-195页。

[2] 金自宁:《风险规制与行政法治》,《法制与社会发展》2012年第4期,第61页。

[3] 参见[奥]凯尔森:《法与国家的一般理论》,沈宗灵译,中国大百科全书出版社1996年版,第304页。

[4] 参见2015年10月29日中国共产党第十八届中央委员会第五次全体会议通过的《中共中央关于制定国民经济和社会发展第十三个五年规划的建议》。

[5] 秩序行政是指排除有关危险,以保障公共安全与公共秩序。参见[德]哈特穆特·毛雷尔:《行政法学总论》,高家伟译,法律出版社2000年版,第8页。

交通管理排除有关危险,保障公共安全与公共秩序[1]。从我国的城市交通领域的实定法来看,诸如《道路交通安全法》《铁路法》《道路旅客运输及客运站管理规定》《校车安全管理条例》等法律法规大体上都是为了维护交通安全与交通秩序而制定的。以《道路交通安全法》为例,为了确保机动车的行驶安全,该法对车辆设置了大量义务性条款,如第十四条规定的机动车强制报废制度、第十六条规定的机动车不得擅自改装、拼装等。可以看出,交通行政法的核心在于控制与规范行政权,以防范公权力的滥用。

2. 便捷、绿色是城市交通文明建设的基本任务

交通权的社会权属性表明,在城市交通发展过程中,国家需要积极主动地为公民提供公共交通设施与公共交通服务。这也是"给付行政"[2]的主要任务。从保障与改善公民生活条件的目的出发,城市交通文明建设应该以实现交通便捷与交通绿色为基本任务。交通便捷指的是城市交通网络的通达性,全体公民能够享有快捷、准时、高效的交通服务;交通绿色指的是城市交通的资源节约性与生态环境保护性,全体公民能够享有经济、环保的交通服务。具体到行政法层面,城市交通领域的行政法制度建构应当注意两个要点:

一是要确保经济性与效率性。行政效能原则要求应当以最小的行政法制定成本与实施成本,尽可能地促进行政主体行政活动效率与行政相对人行为效率的提高[3]。在整个城市交通行政法制度中,必须考虑法治的成本与收益,提升行政组织、行政行为与行政救济等各方面的经济与效率。以交通违章执法为例,由于交通违章发生的时间、地点不确定,仅靠交通管理部门明显力不从心,如果加大违章查处力度,又将耗费大量人力物力,导致执法不经济。值得肯定的是,2020年5月1日新实施的《道路交通安全违法行为处理程序规定》(公安部令第157号)不仅肯定了交通违法行为人可以跨省异地处理非现场交通违法行为,而且增加了举报交通违法行为的规定。比如,"经查证属实,单位或者个人提供的违法行为照片或者视频等资料可以作为处罚的

---

[1] 参见[德]哈特穆特·毛雷尔:《行政法学总论》,高家伟译,法律出版社2000年版,第36页。

[2] 给付行政一方面通过为个人提供特定目的的支持,另一方面通过建设公共设施,来保障和改善公民的生活条件。参见[德]哈特穆特·毛雷尔:《行政法学总论》,高家伟译,法律出版社2000年版,第8页。

[3] 参见沈岿:《论行政法上的效能原则》,《清华法学》2019年第4期,第5页。

证据"。这极大降低了行政执法成本,提高了行政机关处理违章行为的效率。另外,2021年修订的《中华人民共和国行政处罚法》(以下简称《行政处罚法》)则体现了高效便民精神[1]。

二是要确保绿色环保。在生态环境保护的论题上,习近平总书记指出:"我们既要绿水青山,也要金山银山。宁要绿水青山,不要金山银山,而且绿水青山就是金山银山。"在城市交通发展中,必须始终贯彻绿色环保的理念。既要重视城市交通规划建设与生态环境保护之间的和谐关系,又要努力治理城市交通发展带来的交通拥堵、交通事故、交通污染等危害公民生命健康权的环境问题[2]。

3. 开放、共享是城市交通文明建设的发展目标

城市交通文明具有时代性内涵。随着我国互联网和移动大数据的发展,城市交通行业涌现诸如网约车、共享单车等新生事物。交通文明要求法治应当与时俱进回应交通科技发展引发的新问题。因此,应该确立开放与共享的城市交通发展理念。从行政法角度来看,开放与共享的发展目标可从以下举措落实。

其一,要确保政府的开放性。我国政府对外开放主要是通过"政府信息公开"与"公众参与"两种措施来实现。公开是参与的前提。信息公开与公众参与构成了政府活动的"信息流",这两个方面的结合恰恰是构成"开放政府"的基本骨架[3]。2019年修订的《中华人民共和国政府信息公开条例》(以下简称《政府信息公开条例》)虽然有利于保障公民的知情权,但却依然存在问题。譬如,《政府信息公开条例》第五十五条规定,公共交通单位在提供社会公共服务过程中制作、获取的信息也需要公开,但具体如何操作却并没有明确[4]。行政法意义上的公众参与指的是行政主体之外的个人和组织对行政

---

[1] 参见袁雪石:《整体主义、放管结合、高效便民:〈行政处罚法〉修改的"新原则"》,《华东政法大学学报》2020年第4期,第17页。

[2] 参见周佑勇:《以新发展理念引领城市交通法治新发展》,《学术交流》2018年第1期,第68页。

[3] 参见王锡锌:《公众参与和行政过程——一个理念和制度分析的框架》,中国民主法制出版社2007年版,第161页。

[4] 《政府信息公开条例》第五十五条:教育、卫生健康、供水、供电、供气、供热、环境保护、公共交通等与人民群众利益密切相关的公共企事业单位,公开在提供社会公共服务过程中制作、获取的信息,依照相关法律、法规和国务院有关主管部门或者机构的规定执行。全国政府信息公开工作主管部门根据实际需要可以制定专门的规定。

过程产生影响的一系列行为的总和[1]。要实现在城市交通领域的公众参与，除了促进政府与相关企事业单位的信息公开外，还要确保信息能够自由传播，并在城市交通规划与城市交通执法等环节中完善公众参与的程序性规则。

其二，要确保公民共享城市交通发展成果。城市交通事业的发展要以人为中心，行政法应当从实体规则的角度确保公民的交通权实现，增进全社会的公平与正义。比如，当城市进行交通线网设计时，应当根据不同群体的差异性出行需求分配交通权，优先发展公共交通，确保交通工具种类的多元化，满足不同主体的出行需求。

综上所述，在交通文明的目标导向下，理想的城市交通行政法制度应当以维护交通安全与交通有序为最低要求，以保障交通便捷与交通绿色为基本任务，以促进交通开放与交通共享为发展目标。

二、城市交通行政法制度的问题检讨

目前，我国的城市交通行政法制度仍然局限在传统"命令—服从"的单向行政监管模式，在功能上仅仅聚焦于维护城市交通的安全与有序上，既不能保障城市交通的便捷与绿色，也未能关注城市交通的开放与共享。有鉴于此，我们拟在现代行政法对传统行政法学术深化的方向性启示下，结合城市交通行政法制度的典型规定与代表案件，探寻城市交通行政法制度的症结所在。

（一）规制模式的重"监管"轻"合作"

从规制模式上看，我国城市交通行政法律制度局限在传统行政法管理视角，强调由单一政府推动政策落实。然而，根据城市交通文明的法治要求，不仅要求行政机关行为的合法性，还需要考虑相应的法律环境和政治环境从而进行综合性的正当性评价。如果仅凭政府的单方作用来管理城市交通法律关系，不仅背离了现代行政的治理逻辑，而且还无法实现城市交通的开放与共享等价值追求。

---

[1] 江必新、李春燕：《公众参与趋势对行政法和行政法学的挑战》，《中国法学》2005年第6期，第50页。

1. 以汽车召回制度为例的分析

《中华人民共和国产品质量法》(以下简称《产品质量法》)和《中华人民共和国消费者权益保护法》(以下简称《消费者权益保护法》)的规定为汽车召回制度提供了法律基础,具体依据规定在《缺陷汽车产品召回管理条例》和《缺陷汽车产品召回管理条例实施办法》中。据此,有关汽车召回的基本操作如下:召回主体是汽车生产者;召回的客体是已经出售存在缺陷的产品;召回目的是消除汽车所存在的隐患;召回方式为以生产者主动召回为主,主管行政机关(市场监管总局)可向生产者发出汽车产品召回通知书,强制其实施召回[1];召回程序为生产者制定召回计划,并报主管行政机关(市场监管总局)备案[2]。可见,主管部门能够通过主动收集信息和接受消费者投诉等方式发现汽车产品存在的缺陷,组织对汽车产品进行技术检测或者鉴定,并要求生产者对相应产品进行召回。

由此产生的问题是,尽管汽车召回制度在制度层面为消费者的权益提供了保障,改变了消费者以独立个体对抗汽车生产者的劣势局面。但是,在主管行政机关对生产者的监督管理中,消费者作为汽车产品的直接使用者始终处于行政第三人地位,其在汽车召回过程中的权利仅限于向行政机关投诉以提供相应信息,明显处于相对弱势和边缘的角色。

一方面,《缺陷汽车产品召回管理条例》第六条第三款规定,"产品质量监督部门、汽车产品主管部门、商务主管部门、海关、公安机关交通管理部门、交通运输主管部门等有关部门应当建立汽车产品的生产、销售、进口、登记检验、维修、消费者投诉、召回等信息的共享机制"。《缺陷汽车产品召回管理条

---

[1] 参见《缺陷汽车产品召回管理条例》第十五条第一款:"国务院产品质量监督部门调查认为汽车产品存在缺陷的,应当通知生产者实施召回。"《缺陷汽车产品召回管理条例实施办法》第二十二条第一款:"市场监管总局根据缺陷调查报告认为汽车产品存在缺陷的,应当向生产者发出缺陷汽车产品召回通知书,通知生产者实施召回。"第二十三条:"生产者既不按照缺陷汽车产品召回通知书要求实施召回,又不在15个工作日内向市场监管总局提出异议的,或者经组织论证、技术检测、鉴定,确认汽车产品存在缺陷的,市场监管总局应当责令生产者召回缺陷汽车产品。"

[2] 参见《缺陷汽车产品召回管理条例》第二十六条第一款:"生产者实施召回,应当按照国务院产品质量监督部门的规定制定召回计划,并报国务院产品质量监督部门备案。修改已备案的召回计划应当重新备案。"《缺陷汽车产品召回管理条例实施办法》第二十四条第一款:"生产者实施召回,应当按照市场监管总局的规定制定召回计划,并自确认汽车产品存在缺陷之日起5个工作日内或者被责令召回之日起5个工作日内向市场监管总局备案;同时以有效方式通报经营者。"

例实施办法》第七条第二款规定,"市场监管总局负责与国务院有关部门共同建立汽车产品的生产、销售、进口、登记检验、维修、事故、消费者投诉、召回等信息的共享机制"。但是,消费者并没有要求行政机关必须开展相应调查的权利。尽管《缺陷汽车产品召回管理条例》中规定了消费者有权根据《产品质量法》和《消费者权益保护法》等法律法规要求生产者、销售者承担相应法律责任,但是他们并不享有行政法上的权利,此时的消费者作为相对弱小的参与主体,难以对抗具有明显技术优势和资源优势的汽车生产者。

另一方面,《缺陷汽车产品召回管理条例》和《缺陷汽车产品召回管理条例实施办法》中均规定,汽车召回计划的制定主体是汽车生产者,召回计划在生产者制定后报主管行政机关备案即可。此时,消费者同样没有参与制定和发表建议的权利。汽车产品消费者作为汽车召回制度中的行政第三人,在召回制度中的参与程度较低,意见的重视程度也相对有限。消费者应当享有的行政法上的权利处于欠缺状态,这在一定程度上导致其权益不能得到全面且有效的保障。

2. 制度反思:拓展对行政过程与程序的重视

上述汽车召回制度表明,在城市交通法律关系中,政府与公民之间的关系不止有管理者与被管理者这一种,也可能呈现彼此之间的合作互利状态。根据交通学的专业观点,交通的基本要素包括人(包括驾驶人、乘客及行人等交通参与主体)、车(包括汽车、非机动车等交通运输工具)、路(公路、城市道路、出入口道路、停车场/位等交通基础设施)[1]。就交通参与主体而言,不仅涉及直接参与城市交通活动的行人与机动车驾驶人,还包括与城市交通相关的市场主体。

在汽车召回法律关系中,存在行政机关对汽车生产者与汽车产品消费者的利益衡量。但是这种关于利益竞争和权衡的事实,在传统行政法制度和学理上很难得到有效解释和评价。诚如有学者指出的,传统行政法规制模式存在管制费用高、程序不公正、缺乏民主性和合法性等缺陷[2]。为此,立法者需要以过程为规范对象,对交通法律关系形成过程中的参与者地位、权利、相互关系等内容予以把握。在这种视野下,行政程序可以被界定为不同的参与者和主体进行竞争、交涉、妥协的制度环境[3]。

---

[1] 参见王炜、过秀成等:《交通工程学》(第2版),东南大学出版社2011年版,第12页。
[2] 参见章剑生:《现代行政法基本理论》,法律出版社2008年版,第7-8页。
[3] 参见王锡锌:《行政正当性需求的回归——中国新行政法概念的提出、逻辑与制度框架》,《清华法学》2009年第2期,第113页。

因而，现代行政法律关系已经不只是行政机关对行政相对人的单方管理，而是涉及市场主体、社会主体等多方主体共同参与的合作治理。要实现城市交通文明建设，城市交通行政法制度需要拓展对行政过程与程序的关注。既要强调政府与行政相对人之间的交互协作，又要鼓励利害关系人通过社会自我规制及公众参与程序等途径来积极参与政府治理。

(二) 政府权责配置失衡

从立法文本上看，我国城市交通行政法律制度的内容偏重于传统秩序行政范畴，其核心仅是为了保障城市交通的安全与秩序。然而，城市交通作为公共服务的重要组成部分，国家在履行给付义务时，除了保障交通本身的安全有序外，还应将交通发展带来的城市拥堵、大气污染、汽车噪音等问题均纳入行政法的治理范围。现行城市交通行政法律制度在内容上存在以下三方面的缺陷。

1. 行政监管主体众多且权限不明

城市交通法律制度是一个系统。整体的城市交通法治发展有赖于具体城市交通法治发展及其相互间的协调[1]。然而，以行政监管为核心建构的我国城市交通管理体系却呈现出组织分散不衔接的问题。

虽然专业范畴的城市交通仅指城市道路（地面、地下、高架桥、水道、索道）系统间的公众出行和客货运输，但是我们所指的城市交通并不以城市内道路交通为限，而是指城际间也可能涉及的广义交通，包含铁路、航空等其他交通运输方式。根据制度指向的不同交通运输方式，相应的行政法制度可以划分为道路交通、轨道交通、水路交通和航空交通等多种类型。该种情况下，不仅各种交通运输方式具有规划、建设、运营等不同行政管理过程，而且不同的交通运输工具在不同阶段亦可能归属不同的行政主管部门管理。尽管2018年3月开始的新一轮国务院机构改革在一定程度上改善了城市交通运输管理多部门职权交叉的局面。但是，自然资源部、生态环境部、住房与城乡建设部、交通运输部、水利部等行政机关之间在城市交通管理过程中还是会面临职权衔接不明，特别是具体行政监管措施权限模糊的问题。这不仅会导致因行政机关滥用监管权侵害公民权益的情况，还会发生因行政监管缺位间

---

[1] 参见周佑勇：《以新发展理念引领城市交通法治新发展》，《学术交流》2018年第1期，第70页。

接使公民的合法权益受损的情况。

2. 行政机关权力宽泛

《道路交通安全法》规定了作为道路交通管理部门的公安机关交通管理部门与作为道路交通管理人员的交通警察两类行政管理主体。但是,现有关于行政机关职权的条款呈现出"重权力、轻责任"的特征。不少规定都是通过"可以""需要"等表述赋予行政机关权力,这导致行政机关在交通行政执法过程中享有较大的自由裁量空间。

通过梳理可知,公安机关交通管理部门至少享有以下权力:(1)对机动车驾驶人的管理。(2)对机动车辆和交通设施的管理。前者如第九条规定的机动车登记审核管理;后者如第二十九条第二款的设施安全隐患报告义务,即"公安机关交通管理部门发现已经投入使用的道路存在交通事故频发路段,或者停车场、道路配套设施存在交通安全严重隐患的,应当及时向当地人民政府报告,并提出防范交通事故、消除隐患的建议,当地人民政府应当及时作出处理决定"。(3)采取交通措施及交通管制。前者如第三十九条规定的"公安机关交通管理部门根据道路和交通流量的具体情况,可以对机动车、非机动车、行人采取疏导、限制通行、禁止通行等措施。遇有大型群众性活动、大范围施工等情况,需要采取限制交通的措施,或者作出与公众的道路交通活动直接有关的决定,应当提前向社会公告"。后者如第四十条规定的"遇有自然灾害、恶劣气象条件或者重大交通事故等严重影响交通安全的情形,采取其他措施难以保证交通安全时,公安机关交通管理部门可以实行交通管制"。

3. 行政相对人义务庞杂

《道路交通安全法》第二条明确:"中华人民共和国境内的车辆驾驶人、行人、乘车人以及与道路交通活动有关的单位和个人,都应当遵守本法。"但是,当前交通行政法对行政相对人的规定呈现出"重义务、轻权利"的特征,他们通常只能被动接受行政机关的监管。

具体而言,机动车驾驶人的义务主要包括以下内容:(1)确保机动车车况良好并适宜出行。第十条规定:"准予登记的机动车应当符合机动车国家安全技术标准。申请机动车登记时,应当接受对该机动车的安全技术检验。但是,经国家机动车产品主管部门依据机动车国家安全技术标准认定的企业生产的机动车型,该车型的新车在出厂时经检验符合机动车国家安全技术标准,获得检验合格证的,免予安全技术检验。"第二十一条规定:"驾驶人驾驶机动车上道路行驶前,应当对机动车的安全技术性能进行认真检查;不得驾驶安全设施不全或者机件不符合技术标准等具有安全隐患的机动车。"(2) 确保驾驶人自身的健康并适宜驾驶。第二十二条第二款规定："饮酒、服用国家管制的精神药品或者麻醉药品，或者患有妨碍安全驾驶机动车的疾病，或者过度疲劳影响安全驾驶的，不得驾驶机动车。"(3) 规范行车。其一，机动车驾驶人应遵守道路通行的一般规定(第二十四条、第三十五条至第四十一条)，比如靠右行驶的规定等。其二，就机动车行驶而言，驾驶人不得超速(第四十二条)；不得违规超车(第四十三条)；应遵守交通信号灯、交通标志、交通标线或者交通警察的指挥，礼让行人与车辆(第四十四条至第四十七条)；不得超载(第四十八条至第五十条)；应遵守其他特殊机动车行驶要求，比如载运危险物品，需经公安机关批准，并采取必要安全措施。(4) 规范停车。第五十六条规定："机动车应当在规定地点停放。禁止在人行道上停放机动车；但是，依照本法第三十三条规定施划的停车泊位除外。在道路上临时停车的，不得妨碍其他车辆和行人通行。"

申言之，以上三个方面都表明了我国交通行政法律制度存在政府权责配置失衡的问题。传统行政法设定了非常具体的要求和技术标准，并通过行政执法人员对这些具体标准逐一核查，一旦发现行政相对人没有遵守这些具体要求或者标准，就予以相应处罚[1]。然而，由于交通行政管理条款设置"过分夸大公私益紧张关系、过分强调行政优益性、过分聚焦负担性行政行为"[2]，导致行政监管成本高昂而且行政监管效率低下。

(三) 司法救济的公民权利保障不足

经济社会的发展促进了交通行政执法方式的多样化，但是我国的司法审查制度无法实现对交通行政管理行为的有效监督。同时，学者们对这些现实问题的关注和诠释不足，导致行政相对人的权益难以得到有效保障。下文将选取典型个案，从司法救济的角度揭示公民交通权保障不足的根源。

1. 行政行为的属性分歧：以驾照累积记分为例

交管部门可以根据驾驶者在驾驶过程中的违法违规行为的程度分次、累积性地给予相应的制裁，直至暂扣其驾照。《道路交通安全法》第二十四条第一款规定："公安机关交通管理部门对机动车驾驶人违反道路交通安全法律、

---

[1] 参见高秦伟：《社会自我规制与行政法的任务》，《中国法学》2015年第5期，第73页。
[2] 罗豪才、宋功德：《行政法的治理逻辑》，《中国法学》2011年第2期，第5页。

法规的行为,除依法给予行政处罚外,实行累积记分制度。公安机关交通管理部门对累积记分达到规定分值的机动车驾驶人,扣留机动车驾驶证,对其进行道路交通安全法律、法规教育,重新考试;考试合格的,发还其机动车驾驶证。"《道路交通安全法实施条例》第二十三条第一款规定:"公安机关交通管理部门对机动车驾驶人的道路交通安全违法行为除给予行政处罚外,实行道路交通安全违法行为累积记分(以下简称记分)制度,记分周期为12个月。对在一个记分周期内记分达到12分的,由公安机关交通管理部门扣留其机动车驾驶证,该机动车驾驶人应当按照规定参加道路交通安全法律、法规的学习并接受考试。考试合格的,记分予以清除,发还机动车驾驶证;考试不合格的,继续参加学习和考试。"

累积记分制度这一创造性的行政管理方式有效约束了驾驶者的日常驾驶行为,极大地推动了城市交通文明的发展。但是,累积记分制度在带来以上积极影响的同时,也面临着司法救济分歧的窘境。当前,在司法实务上对累积记分行为的性质认定存在两种截然不同的主张。

一种观点是"监督检查行为"说。该观点认为记分行为是行政机关对行政相对人作出行政许可后的一种监督检查行为[1]。根据《机动车驾驶证申领和使用规定》,公安机关交通管理部门应当监督机动车驾驶人的日常驾驶行为,根据其所存在的违法违规情况扣除相应的分数,并以12分为界限对一个记分周期内的驾驶行为进行评估:低于12分的在缴纳罚款后予以清除;超过12分的,应扣留驾驶证并按照相应程序参加学习和考试以重新获得驾驶证。记分行为的主要目的在于监督机动车驾驶人的驾驶行为,并通过记分的方式警示机动车驾驶人,促使其改正错误、遵守交通法规。立法上将累计记分制度和行政处罚明确分离开来,据此可以确定累计记分制度并非行政处罚的一种形式[2]。

另一种观点是"行政处罚行为"说。该观点认为记分行为属于交通管理部门的行政处罚行为[3]。持此种观点的学者理由有三点[4]:其一,记分是

---

[1] 参见黄黔川:《对机动车驾驶证给予"记分"行为性质的认定》,《人民法院报》2013年7月31日,第6版。

[2] 参见福建省高级人民法院(2020)闽行申646号行政裁定书。

[3] 参见梁慧娟:《对交通违法行为记分属于行政处罚》,《人民法院报》2014年8月6日,第6版。

[4] 参见王学辉、王亚栋:《论作为行政处罚种类的交通违法记分》,《西部法学评论》2019年第3期,第46-56页。

交通管理部门针对道路交通安全开展管理所采取的具体行政措施，主体、目的和方式都具有行政性；其二，记分行为是行政机关对机动车驾驶人作出的行政处理，该处理会对其行为能力产生影响，因此是具体行政行为；其三，每次记分都是对机动车驾驶资格量化的限制，都对驾驶员的驾驶资格产生实质影响，具有行政性和惩戒性，属于行政处罚[1]。

事实上，法官对驾照记分行为性质认定的差别通常会直接影响到行政相对人所能够采取的救济方式：监督检查行为说不属于行政诉讼的受案范围，行政处罚行为说可以进入司法审查视野。而且，这种相同情况不同的司法审查结果将会侵害公民的平等权，损害法治权威和社会公平正义。对此，我们认为，不能仅根据形式规定将累积记分行为绝对排除在行政诉讼的受案范围之外，而是应当从保障公民权利的立场进行个案判断。同时，个案中将驾照累积记分行为解释为行政处罚，也具有一定的可操作性。新修订的《行政处罚法》第二条明确规定："行政处罚是指行政机关依法对违反行政管理秩序的公民、法人或者其他组织，以减损权益或者增加义务的方式予以惩戒的行为。"

2. 合法性审查的功能局限：以施划道路停车泊位为例

《道路交通安全法》第三十三条第二款规定："在城市道路范围内，在不影响行人、车辆通行的情况下，政府有关部门可以施划停车泊位。"根据《道路交通安全法实施条例》第三十三条规定，这一行为主体应当为"城市人民政府有关部门"，各地在地方性法规中将施划道路停车泊位的行为主体明确为公安机关交通管理部门。并且，对施划程序的规定也大同小异，均为由行政机关依职权"在不影响道路交通安全、畅通"的前提下自行设置相应泊位[2]。按照传统的公物法理论，这种行为是指"行政主体运用行政职权对非属行政主

---

[1] 参见贵州省黔南布依族苗族自治州中级人民法院(2017)黔27行终6号行政判决书。
[2] 参见《北京市实施〈中华人民共和国道路交通安全法〉办法》第二十九条：根据本市道路停车泊位设置规划或者在不影响道路交通安全、畅通的情况下，公安机关交通管理部门可以在道路范围内确定道路停车泊位，并设置道路交通标志、标线。其他单位和个人不得设置、占用、撤销道路停车泊位。《上海市道路交通管理条例》第四十四条：公安机关应当根据本市道路停车泊位设置规划，在不影响道路交通安全、畅通的前提下，结合区域停车资源供求状况、道路通行条件和承载能力，经征求交通行政管理部门意见后，确定道路停车泊位设置方案。《浙江省实施〈中华人民共和国道路交通安全法〉办法》第三十五条：根据道路交通需求，在不影响行人、车辆通行的情况下，公安机关交通管理部门会同建设行政管理部门可以在城镇道路范围内施划机动车、非机动车停车泊位，限定停车时间，但不得在盲道及其配套设施所在的地方施划机动车、非机动车停车泊位。其他任何单位和个人不得设置、占用、撤除道路停车泊位。

体自有,而且可以作为公物法上财产进行支配的物的各项权能进行规制,以产生、变更或消灭行政法律关系为目的的行政行为。"[1]该种情况下,公民并不具有直接请求行政机关履行相应义务的权利。

在实践中,行政机关的裁量权往往处于不受约束的状态,往往通过交管部门单方作出的行为就可以划定或取消停车泊位。如果"一刀切"地将公民在政府施划道路停车泊位时享有的交通权作为反射利益来理解,将出现行政相对人在实体权益受到侵害时,无法寻求行政诉讼救济的情况。比如,在"张某某与南京市公安局交通管理局等停车设施管理案"[2]中,张某某以南京市公安局交通管理局所设置道路停车泊位侵害其道路通行权为由诉至法院,南京市中级人民法院认为"南京市公安局交通管理局具有施划道路停车泊位的审批权;道路停车泊位施划后的道路尚符合我国《城市道路路内停车泊位设置规范》的规定",并以此为由驳回了张某某的诉讼请求。

可见,道路停车泊位的施划行为属于行政机关的依职权行政行为,在实体上仅需要满足我国相应技术规范的要求即可,无须在程序上征求道路通行人和周边居民的意见,但是这样极易对公民权利造成侵害。究其根源,原因在于现行行政诉讼制度仍是在形式法治立场下奉行"严格规则主义法治"[3],这种合法化逻辑将行政的合法性问题严格界定为行政活动与法律的一致性问题,忽略了行政民主的必要性及其与行政合法性的理论联系[4]。

3. 学理反思:正视行政行为形式论的功能局限

我国传统的行政法制度建构很大程度上继受了德日的"行政行为形式论"[5],使得公民的权利救济主要围绕着具体行政行为的类型化及其合法性而展开。即使2014年修改的《中华人民共和国行政诉讼法》(以下简称《行政诉讼法》)第二条取消了"具体行政行为"的表述,行政行为的具体化思维方式也并未改变。但是,随着经济社会的进步及给付行政的发展,这种具体行政

---

〔1〕 崔小峰:《公物特别使用许可的法律规制——以道路停车泊位施划为例》,《学术探索》2016年第3期,第54页。

〔2〕 参见江苏省南京市中级人民法院(2015)宁行终字第180号行政判决书。

〔3〕 参见王锡锌:《自由裁量与行政正义:阅读戴维斯〈自由裁量的正义〉》,《中外法学》2002年第1期,第116页。

〔4〕 王锡锌:《行政正当性需求的回归——中国新行政法概念的提出、逻辑与制度框架》,《清华法学》2009年第2期,第103页。

〔5〕 参见熊樟林:《重大行政决策概念证伪及其补正》,《中国法学》2015年第3期,第296页。

行为的规制路径已经难以适应行政执法的多样化以及公民权利的救济需求。

因此,要克服传统行政行为论的局限,亟待城市交通立法的联动回应与相关学理的跟进阐释。当然,针对行政行为形式论的局限,行政法学者们也从不同角度提出了"行政过程论"[1]"法律关系论"[2]等补正思路。但是,不管采用何种理论弥补行政行为形式论的缺陷,这些理论的共识均指向应从社科法学的外部视角来改善法教义学内部视角的缺陷。

三、城市交通行政法制度的完善对策

面对上述问题,在建设城市交通文明的价值导向下,需要以现代行政法理论来完善我国的城市交通行政法制度。为维护交通安全与交通有序,在秩序行政范畴内要健全政府对城市交通的系统性监管。为保障交通便捷与交通绿色,在给付行政范畴内要完善公民关于城市交通的主观公权利。在合作行政理念下,为促进交通开放与交通共享,要促进城市交通的社会协同治理。

(一) 健全政府对城市交通的系统性监管

城市交通行政法制度行政监管混乱的原因在于传统秩序行政的规范体系不健全。基于此,在促进城市交通发展安全与有序的价值理念指导下,应当从如下方面来健全政府对城市交通的系统性监管。

1. 区分设置状态责任与行为责任

从监管对象上看,要区分设置城市交通领域中的状态责任与行为责任。在城市交通领域中,行政机关为了实现维护公共秩序与公共安全的目的,设定公民防止危害的义务,这种行政行为通常表现为对公民基本权利的限制或侵害。同时,由于具体的危害事故发生时,往往涉及人数众多,因此,明确"行

---

[1] 参见江利红:《论行政法学中"行政过程"概念的导入——从"行政行为"到"行政过程"》,《政治与法律》2012年第3期,第79-90页;江利红:《以行政过程为中心重构行政法学理论体系》,《法学》2012年第3期,第51-62页;江利红:《行政过程的阶段性法律构造分析——从行政过程论的视角出发》,《政治与法律》2013年第1期,第140-154页;江利红:《论行政法实施过程的全面动态考察》,《当代法学》2013年第3期,第34-42页。

[2] 参见张锟盛:《行政法学另一种典范之期待:法律关系理论》,《月旦法学杂志》2005年第6期,第54-87页。

政法上的责任人"[1]是城市交通领域维护公共利益与私人权利的重要手段。为此,除了可能因为人的行为不当而成为责任人外,也可能因为物不符合法定状态而承担责任。以上两者在德国学理上分别被称作行为责任与状态责任[2]。所谓行为责任,是指因作为或不作为而肇致公共秩序或公共安全之危害的责任;所谓状态责任,是指因对发生危害之物具有事实上的管领力而承担的责任。前者要求行为人存在过错,后者则不要求行为人存在过错。

具体到城市交通行政法制度中,既要明确行为人在从事交通活动过程中的作为义务与不作为义务,又要明确特殊情况下确保交通设施安全的状态责任。前者如《道路交通安全法》第四十八条第一款规定的"机动车载物应当符合核定的载质量,严禁超载;载物的长、宽、高不得违反装载要求,不得遗洒、飘散载运物"。后者如《道路交通安全法》第二十八条第二款规定的"道路两侧及隔离带上种植的树木或者其他植物,设置的广告牌、管线等,应当与交通设施保持必要的距离,不得遮挡路灯、交通信号灯、交通标志,不得妨碍安全视距,不得影响通行"。另外,如果妨碍事实与道路管理人行为无关或者是因为他人行为造成的,如因台风原因导致树木倒塌阻碍道路通行,行政主管部门仍然负有要求道路管理人及时清除障碍物的责任。

2. 实现规划、建设、运营的全过程监管

从监管过程来看,要实现对城市交通领域规划、建设、运营的全过程监管,提升行政执法效率。传统的行政法制度是以具体行政行为为中心建构起来的。但是,这种以司法审查规则为主要表现形式的行政法制度不足以满足现行交通行政的要求。比如,交通规划行为具有抽象性,不能沿用传统的具体行政行为理论。对此,日本的行政过程论可资借鉴。导入行政过程论就是为了打破传统行政行为研究的局限性,从过程的整体角度分析现代行政的意义,动态研究行政过程中的各种行政行为以及其他的行为形式,其价值在于为认识、界定行政行为提供新的视角和新的分析标准[3]。

基于此,应当立足城市交通规划、建设、运营等不同阶段的特征,分别确

---

[1] 这里的责任人,在德国行政法教科书上与"警察义务人"等同而交替使用,指的是负有法定的防止危害发生并承担损害赔偿责任的义务人。

[2] 参见黄启祯:《干涉行政法上责任人之探讨》,载翁岳生教授祝寿论文编辑委员会编:《当代公法新论(中册)》,元照出版公司2002年版,第296、301页。

[3] 参见湛中乐:《现代行政过程论——法治理念、原则与制度》,北京大学出版社2005年版,第1页。

立行政机关的监管职责及程序性义务。详言之,在规划阶段要提升交通规划的科学性与民主性;建设阶段要重视对交通设施品质的确保;运营阶段则要强调对交通服务品质与价格的保障。

3. 完善对行政监管措施的合理性要求

从监管标准上看,要优化城市交通领域行政监管措施的合法性标准与合理性标准。为了防范裁量权滥用,城市交通领域应当进一步完善行政监管措施的合理性要求。其中,行政裁量制度值得肯定。早在2004年,金华市公安局就颁布了《关于推行行政处罚自由裁量基准制度的意见》,并陆续出台了交通等领域常见违法行为的行政处罚裁量基准,有效规范了城市交通执法行为[1]。有鉴于此,既要扩大裁量基准在城市交通行政领域的应用范围,又要强调公众参与制定裁量基准,以此增进裁量基准的正当性基础[2]。

必须强调的是,以上举措需要统筹兼顾,以此确保城市交通行政法治与全国整体法治建设的一致性。在我国国家治理法治化要求下[3],城市交通行政法治是我国法治建设与发展的组成部分之一,法治的整体性是其具体发展的外在制约[4]。前已述及,城市交通法治与政治、经济、文化、社会、环境等密切相关。因此,城市交通行政法制度的建构应当考虑到我国政治、经济、文化、社会、环境等的发展目标,并与国家整体法治体系相协调。就行政监管制度来说,创新监管方式,提升监管效能是制度完善的核心理念。比如,随着我国"放管服"改革的推进,单纯强调事前监管的传统方式需要向"创新事中、事后监管"的监管方式变革。另外,城市交通行政管理中亦应建立"双随机、一公开"[5]以及信用监管等新型行政监管模式。

(二) 完善公民关于城市交通的主观公权利

造成我国城市交通行政法制度中权责配置失衡的原因为传统行政法治

---

〔1〕 参见周佑勇、钱卿:《裁量基准在中国的本土实践——浙江金华行政处罚裁量基准调查研究》,《东南大学学报(哲学社会科学版)》2010年第4期,第45页。

〔2〕 参见周佑勇:《裁量基准公众参与模式之选取》,《法学研究》2014年第1期,第43页。

〔3〕 参见张文显:《法治与国家治理现代化》,《中国法学》2014年第4期,第5页。

〔4〕 参见卓泽渊:《论法治的整体性》,《现代法学》2003年第2期,第11页。

〔5〕 参见2015年8月发布的《国务院办公厅关于推广随机抽查规范事中事后监管的通知》。

"权力本位"或"权利本位"的孤立立场[1]。现代行政法本质上可视为利害调整法[2],应当在便捷交通、绿色交通等交通文明的价值理念下,促进城市交通领域权力与权利的互动平衡。

根据德国公法学原理,基本权利具有双重属性,分别是主观公权利(Subjektives Recht)与客观秩序(Objektives Recht)[3]。主观公权利是指国家对公民具体的保护义务,具体表现为公民享有的可直接对行政机关请求的消极防御权与积极受益权;客观秩序是指基本权利位阶所反映的客观价值秩序。客观价值秩序是宪法的基本决定,对于所有的法律领域都有规范效力。对于公权力而言,立法权、行政权和司法权的行使都要受到基本权利所建构的客观价值秩序的规范[4]。在我国城市交通行政法制度中,大量规范表现为公民的义务与行政机关的权力。这种以客观价值秩序为主的规制模式,无法保障公民的交通权。特别是随着现代给付行政的发展,国家对公民的义务内容不断丰富。对此,应当从以下方面强化公民对城市交通的主观公权利。

1. 完善关于交通行政管理主体的行为制约

我国交通行政管理的行政法制度以行政权力为本位,缺乏对于权力行使主体的制约。行政法的制约机制能够从"增加行政主体的预期成本"和"减少行政主体的预期收益"两个方面,同时防范行政主体的权力滥用,促进权力行使合法、合理。简言之,立法应当明确交通行政管理主体的行为规则,特别是完善其违法行政、滥用职权的法律责任制度,通过设置相关机构以及规定人员权力滥用必须承担相应的违法成本和违法后果,拘束交通行政管理主体不去选择行政法所禁止或限制的行为。通过厘清具体行政行为制度中交通行政管理主体的权责边界,可以明确违法行政行为相应的法律责任。

2. 完善关于交通行政相对人与第三人的权利规范

城市交通行政法律关系中,除传统行政与行政相对人外,还涉及公法人、公办民营、非政府组织、企业等多个主体。现代行政法作为利害调整法,理应

---

[1] 管理论强调权力本位,认为行政法应是维护行政权、要求相对方履行义务的管理法;控权论强调权利本位,认为行政法应是制约行政权、保护相对方权利的控权法。

[2] 参见王贵松:《行政裁量权收缩的法理基础——职权职责义务化的转换依据》,《北大法律评论》2009年第2期,第365页。

[3] 参见张翔:《基本权利的受益权功能与国家的给付义务——从基本权利分析框架的革新开始》,《中国法学》2006年第1期,第22页。

[4] 参见刘淑范:《试论德国联邦宪法法院保障基本权利功能之界限》,载刘孔中、李建良:《宪法解释之理论与实务》,台湾中山人文社会科学研究所1998年版,第228-231页。

协调与城市交通有关的各方主体利益。所以,立法上应当明确具体行政行为制度中公民行政权力的基本内容。不仅要保护行政相对人的合法权益,而且要承认第三人的公权利地位,特别是明确相关私主体享有的行政法上的请求权。

3. 重视对交通行政法律关系中公民的行为激励

在交通便捷、交通绿色的价值目标下,既要刺激行政一方积极行政,谋求更多公共利益,又要刺激公民一方积极行为,追求私益的递增。现代行政法追求公私利益融合,虽然行政机关与公民之间的公私利益从根本上并不矛盾,但我国城市交通行政法制度"重"公民义务、"轻"公民权利的实践情况却使权力与权利之间的关系往往通过牺牲私益来维护公益。行政法激励机制能够从"减少预期成本"和"增加预期收益"两个方面使行政机关与公民双方积极行为,实现整体利益最大化。

一方面,立法应当明确交通行政管理主体"可以"的行为规则,特别是增加其积极行政的法律保障制度,通过设置相关机构和人员行使权力、由国家负担成本、获得相应物质回报或精神奖励等措施激励交通行政管理主体积极行使权力、履行职责以实现公益。另一方面,立法应当明确交通行政相对人与第三人"可以"的行为规则,特别是增加其积极行为的法律保障制度,通过设置相关主体自身遵纪守法可获得物质与精神奖励、监督他人权利滥用或权力滥用可减少自身权利成本等措施激励交通参与主体积极行使权利、履行义务以实现公私利益的融合。

4. 完善对公民交通权的司法救济规则

由于法律规范本身的不确定性,除了要全面落实城市交通行政法律关系中私人利益的保障,司法裁判的个案利益平衡功能亦不能忽视。法官在个案中进行法律漏洞的填补时,应当坚持以下两点裁判规则:其一,遵循行政法基本原则,特别是比例原则的基本要求。无论是公共利益,还是私人利益,都可以找到基本权利的依据,法官应当在基本权利保障体系下进行利益衡量,选择以最小侵害实现整体利益的最大化。其二,尊重行政裁量权收缩理论。行政裁量收缩理论要求结合法律规定和现实情况,探讨行政裁量收缩的条件,一旦符合该行政裁量收缩的要件,就要求作出某个特定的行政裁量决定,将行政裁量的权力义务化、羁束化,适当地介入到需要保护的事务之中[1]。

---

[1] 参见王贵松:《行政裁量权收缩的法理基础——职权职责义务化的转换依据》,《北大法律评论》2009年第2期,第359页。

(三)促进城市交通的社会协同治理

为了从根本上解决当前我国单一政府推动模式下城市交通监管的困境,应当在现代"合作行政"[1]转向下,根据城市交通文明发展的开放与共享理念,实现对城市交通的跨社会部门协同治理。

现阶段,缘于西方的协同治理已然演变成一种新型社会治理模式的本土化创新。党的十九大报告指出,加强社会治理制度建设,完善党委领导,政府负责,社会协同,公众参与,法治保障的社会治理体制。理论界关于协同治理的概念虽尚未形成统一见解,但是,可以确定的是,这种多元主体参与的社会治理模式具备以下三个特点[2]:一是在目标上,旨在解决一个公共性问题;二是在方式上,通过协作行为实现;三是在运行上,协作过程以达成彼此共识为导向和归宿。法治是我国国家治理体系和治理能力现代化的必然要求,也是协同治理的根本路径。因此,现代城市交通行政法制度应当在协同治理理念下,以城市交通文明为目标,形塑政府、市场与社会的互利合作关系。

1. 明确城市交通治理中政府的有限权力

完善相关组织法,为交通行政管理主体裁量权的正当行使设定组织法边界。虽然交通行政管理主体拥有行政自由裁量空间,但并不意味着其权力的行使不受任何限制。交通行政管理主体裁量的失范与组织法的不完善有密切关系。交通行政管理主体的组织法形式既包括宪法性的组织法,也包括分散在各单行规划法中的组织法规范。具体而言,相关组织法应包括以下内容:重要的交通管理权,特别是具有拘束力的行政管理权必须由法律明确授权,从而进一步明确交通行政管理主体的权限分工和法律责任,违反职权法定的执法行为,当属无效,应承担相应的法律责任。

另外,应完善交通行政管理主体的执法程序制度,从而为行政裁量权的正当行使设定统一的原则和规则。其基本内容包括:第一,确立行政权力行使的基本原则,包括依法行政原则、科学行政原则、公众参与原则、利益平衡原则、信赖保护原则等。第二,确立交通管理过程中各类型行政行为的统一程序与特殊程序。第三,确立交通行政管理主体裁量的制度边界。虽然行政

---

[1] 参见章志远:《迈向公私合作型行政法》,《法学研究》2019年第2期,第137-153页。

[2] 参见张康之:《从协作走向合作的理论证明》,《江苏行政学院学报》2013年第1期,第95页;夏书章:《合作治理》,《中国行政管理》2012年第8期,第105页;刘小泉、朱德米:《协作治理:复杂公共问题治理新模式》,《上海行政学院学报》2016年第4期,第46页。

行为内容不可能都由法律全面作出明确的规定,但从交通行政管理主体行为在现实中的重大影响来看,不应该留下法律控制的盲区。

2. 完善城市交通决策与治理中的公民作用

一方面,应重视公众参与和专家论证。现代行政法协商机制强调行政过程中公民的"同意",通过将行政决策过程纳入法治轨道,借助公开、民主、科学的制度设计和程序性规则,提升行政的社会塑造功能,实现对城市交通问题的多方主体共同治理。事实上,这在2019年9月1日开始实施的《重大行政决策程序暂行条例》已经有所体现。该条例相对系统地规范了政府的重大行政决策活动,其中关于公众参与和专家论证的程序也相对明确。但是,该条例层级上仅属于政府规章,其效力层级过低,在公益保障效果上并不充分。基于此,立法应当进一步明确交通参与主体与交通行政管理主体之间的互动规则,增加对第三人参与城市交通行政过程的法律保障制度,实现现代行政法从"管制"到"治理"的转向。

另一方面,应完善社会自我规制机制。在现代行政法的"治理"逻辑下,除了保障各方参与主体与行政管理主体在关乎城市交通基础设施与公共服务的事项上协商一致外,还应当尊重交通参与主体的自我规制。具体路径上,应立足我国开放政府建设的时代背景,依托"互联网+大数据"的发展,优化政府与社会之间的信息联动,借助信用平台与相关激励规则的建设,最终促进公民自觉守法,文明行为。

3. 优化城市交通活动中的公共性确保机制与市场竞争机制

一方面,要统一公物法制度,统筹我国关于城市交通基础设施的规划、建设、运营等法律制度。交通基础设施这种具有公益属性的公共用物有着区别于私人用物的特殊性。我国正在开展的基础设施与公共服务的PPP实践以及"政企分离"改革均表明,立法应当明确针对诸如公路、道路、铁路、机场、城市轨道交通等一般公用物的基本制度,其制度内容需要涵盖行政给付全过程。

另一方面,要发挥市场在资源配置中的优势。凡是属于市场能够自发调节的城市交通服务事项,政府不应当直接干预。应在诸如环境保护、产品制造等具体领域设置激励措施,容许参与市场经济活动的企业、金融机构在城市交通文明建设中获利,共享社会发展成果。如今,《民法典》作为公民权利的保障书与市场经济的基本法,必将为我国城市交通文明建设提供助力。不过,《民法典》既不是空泛的政治口号,也不是抽象的权利宣言,而是需要落实于社会生活每个领域的具体规范和制度。[1]

概言之,随着传统行政法向现代行政法的变革,文明导向下的城市交通行政法制度应当兼顾"合法性"与"最优性"的要求。合法性是传统行政法学的基础理念,其以个人权利保障为主要目标,包含"职权法定、行政行为形式论、程序控权、司法审查和权利救济"等基本构成。最优性则融合了关于行政理性、行政民主和行政效能等行政政策学理念,以推进整体公益与制度福祉为主要目标,其包含"行政任务与行政组织形态的匹配、行政守法与政策工具的选择、程序设计与决策理性、司法政策功能与国家政策多元化"等基本构成。[2]基于此,现代城市交通行政法制度的完善应当完成以下任务:目标上突破以交通安全与秩序为中心的单一追求,融入便捷、绿色、开放、共享等多元追求;机制上突破以行政监管为中心的单一机制,加大激励机制与协商机制的综合运用;内容上突破以客观法为主的制度形式,提升公民的主观公权利比重。

---

[1] 参见刘艳红:《民刑共治:国家治理体系与治理能力现代化路径》,《法学论坛》2021年第5期,第44页。

[2] 参见靳澜涛:《行政法平衡理论新探》,《行政与法》2017年第5期,第79页。

第三章

城市交通行政规范性文件的法治化治理

行政规范性文件作为交通文明实践中数量最多的法律规范,是城市交通文明形塑的重要方式。城市交通文明建设与治理离不开行政规范性文件的作用,因而探讨城市交通行政规范性文件法治化建构问题对于城市交通文明而言至关重要。本章着眼于行政主体与行政相对人的权力(权利)—责任(义务)的配置,在打破"人、车、路"传统分析模式的基础上对城市交通文明实践中面临的重大行政决策程序虚置、规范性文件治理合法性不足、备案审查制度虚化等问题进行探究。同时,结合新时代背景下全面推进依法治国战略的时代新要求,从推动城市交通重大行政决策程序法治化、规范城市交通规范性文件立法、健全城市交通行政规范性文件备案审查制度等方面入手,为城市交通规范性文件法治化体系建构提供建议。

一、城市交通行政规范性文件的界定

(一) 城市交通行政规范性文件的内涵

从学理上看,基于认识角度的差异,学界对行政规范性文件的内涵存在不同的理解,主要包括如下四种观点:第一种观点认为,行政规范性文件是指行政机关制定、发布的行政法规、规章和其他具有普遍约束力的决定、命令的总称。其中,行政法规和规章属于行政立法,而其他具有普遍约束力的决定、命令则不属于行政立法范畴[1];第二种观点认为缺乏行政法规、规章制定权限的行政机关为实施法律、法规、规章而制定的具有普遍约束力的决定、命令、行政措施等,称为"其他行政规范性文件"[2];第三种观点主张,行政规范性文件是指国家行政机关为执行法律、法规和规章,依法定权限和法定程序发布的,用来规范公民、法人和其他组织行为的具有普遍约束力的命令[3];第四种观点采用"行政规范"的表述,认为行政规范是指国家行政机关为实施法律和执行政策,在法定权限内制定的除行政法规和规章以外的具有普遍约束力的决定、命令[4]。

从实务上看,以红头文件形式展现的行政规范性文件,占据行政法律规范的绝大多数。考察实务运行现状,行政规范性文件在立法、司法层面具体表述有所不同：(1)立法层面。《宪法》第八十九条称之为"行政措施";《中华人民共和国地方各级人民代表大会和地方各级人民政府组织法》称之为"决定和命令";《行政诉讼法》第十三条将其认定为"行政机关制定、发布的具有普遍约束力的决定、命令";《行政处罚法》第十六条和《中华人民共和国行政许可法》(以下简称《行政许可法》)第十七条称之为"除法律、法规、规章外,其他规范性文件";《中华人民共和国行政复议法》(以下简称《行政复议法》)第七条称之为"规定";《规章制定程序条例》称之为"依法不具有规章制定权的县级以上人民政府制定、发布具有普遍约束力的决定、命令";国务院颁布的《全面推进依法行政实施纲要》称之为"规范性文件"。(2)司法层面。最高人民法院在《关于审理行政案件适用法律规范问题的座谈会纪要》《最高人民法院关于适用〈中华人民共和国行政诉讼法〉若干问题的解释》等司法解释中将其称为"其他规范性文件""行政规范性文件"。根据2018年国务院办公厅印发的《关于加强行政规范性文件制定和监督管理工作的通知》,我们认为"行政规范性文件"是指除国务院的行政法规、决定、命令以及部门规章和地方政府规章外,由行政机关或者经法律、法规授权的具有管理公共事务职能的组织依照法定权限、程序制定并公开发布,涉及公民、法人和其他组织权利

---

[1]《北京大学法学百科全书》编委会:《北京大学法学百科全书(宪法学行政法学)》,北京大学出版社1999年版,第572页。

[2] 应松年:《行政行为法——中国行政法制建设的理论与实践》,人民出版社1993年版,第306页。

[3] 罗豪才:《行政法学》(修订本),中国政法大学出版社1999年版,第166-167页。

[4] 叶必丰、周佑勇:《行政规范研究》,法律出版社2002年版,第33-34页。

义务,具有普遍约束力,在一定期限内反复适用的公文。值得说明的是,行政规范性文件在制定程序、内容、效力等方面与法律、法规及规章、公共政策[1]有所差别。因此我们在界定其基础概念的同时,需进一步分析行政规范性文件与法律、法规、规章及公共政策之间的差异,梳理彼此的外延界限,明确行政规范性文件的范畴边界。具体内容说明如下:(1)行政规范性文件与法律、法规、规章。行政规范性文件与法律、法规、规章主要在制定程序、内容、效力等方面有所区别,具体如下:第一,在制定主体资格及制定程序上,后者有着严格的主体资格限制和制定程序,前者并没有严格的规定;第二,在内容上,前者一般是根据行政管理的实际需要或为执行后者的规定而结合实际情况制定的,其内容较为具体;第三,在效力层级上,行政规范性文件与其各自制定主体相对应,呈现出上下分明的多层级性,同时行政规范性文件不能与法律、法规、规章相抵触,其效力明显低于后者。[2] (2)行政规范性文件与公共政策。作为两种性质不同的规范,行政规范性文件与公共政策的区别主要体现如下:第一,前者内容具备强制性罚则,而后者在内容上一般不具备强制性制裁条款;第二,后者的制定与实施具有更高程度的民主协商性,代表的是多样性的公共意志,与前者相比,后者制定与实施的过程也更加开放。

(二) 城市交通行政规范性文件的功能

首先,能够完善现有的城市交通法律体系。目前,我国欠缺系统全面的交通文明法律框架,交通文明建设缺乏相应的法律保障,根源在于我国交通文明立法长期受到"宜粗不宜细"立法理念的影响,许多交通法律、法规和规章在起草时,只对某些事项作宏观性、原则性规定,欠缺可操作性,所以在具体实施过程中,有必要对交通法律、法规、规章中的抽象性内容予以明确细化。交通规范性文件作为各级交通行政机关在职权范围内结合本地实际情况制定的执行国家有关法律、法规和规章的文件,在一定程度上填补了法律规制的局限性,有效补充现有的交通法律体系。近年来,各地为加强交通信用信息归集和使用管理、提高机动车驾驶人交通素质,在现行交通法律未予

---

[1] 本书在此赞同罗豪才教授的观点,其将公共政策分为国家性政策、社会性政策与政党性政策三种基本类型。参见罗豪才、宋功德:《认真对待软法——公域软法的一般理论及其中国实践》,《中国法学》2006年第2期,第17页。

[2] 郑全新、于莉:《论行政法规、规章以外的行政规范性文件——由"王凯锋事件"引起的思考》,《行政法学研究》2003年第2期,第17页。

规制的情形下,各地结合实践创造性地出台了关于机动车驾驶人文明交通信用管理的规范性文件,如在《江苏省机动车驾驶人文明交通信用管理办法(试行)》中对一般交通失信行为与较重交通失信行为进行明确界定[1],从而填补现有立法的空白,完善现行的城市交通法律体系。

其次,能够推动城市交通执法工作规范化。基于实践考察,现有的城市交通执法实践存在一定程度的主体权限不明、执法程序分散等问题,根源在于我国未有效建立行政组织法和行政程序法体系,导致对行政主体与行政程序缺乏有效规制。虽然现行交通立法规定了公安交通管理部门和交通警察等交通管理主体的具体职责,但是对诸如交通管理主体的裁量权限、具体主管部门权责义务划分以及不同交通主管部门之间的权责衔接,现有交通法律并没有给予相应的回应。各地基于实践制定的交通规范性文件在遵循现有交通法律的基础上,进一步细化交通管理主体裁量空间,规范交通管理主体权力运行,从而建构健全的行政程序机制,推进城市交通文明法治化建设。

最后,能够促进城市交通管理行政效率的提高。国家法律法规主要是从宏观上推动行政管理,并不能时时刻刻有效契合各地的实际情况,而行政规范性文件相比法律法规更能及时回应社会变迁[2],因此行政规范性文件更受行政机关的青睐。交通规范性文件是在兼顾上位法规定与本地实际情况的基础上制定的,有利于规范社会关系,推动社会的持续稳定发展。随着社会发展,多元化政府工作职能成为当下趋势,各种复杂的事务涉及社会各个层面,仅仅依靠法律法规来处理发生的矛盾,显然已经不能满足多元化行政发展的需求,而交通规范性文件以其弥补上位法规范之不足、提高交通管理行政效率的优势而受到各地交通执法部门的认可,在一定程度上保证了政策的连续性和稳定性。

二、城市交通行政规范性文件的类型

(一)城市交通行政规范性文件的类型化思考

概念化思维和类型化思维是彼此对应的思维方式,前者注重功能抽象

---

[1] 参见《江苏省机动车驾驶人文明交通信用管理办法(试行)》六、七条。
[2] 金国坤:《论行政规范性文件的法律规范》,《国家行政学院学报》2003年第6期,第71页。

化,侧重于"划界"和"分离";后者注重在类型的基础上建构理论体系,对具有外在和内在同一性的事物进行整体归类。[1] 立足于梳理与城市交通文明建设有关的行政规范性文件,类型化思维对合理界定行政规范性文件功能属性具有显著的工具性作用。传统的"人、车、路"分类思维只注重从行政规范性文件外在的规范性质出发,忽视了交通行政规范性文件背后所蕴含的权利与义务、权力与责任配置的本质属性。通过引入类型化思维,扬弃现有的概念性分类方式,打破"非此即彼"的分类状态,从行政规范性文件的法律属性角度切入,对其所涉及行政主体、行政相对人权力(权利)—责任(义务)的配置与实践运行问题进行思考。

基于传统的分类思路,学术界和实务界依据不同的标准对行政规范性文件进行分类,主要体现为"二分法"和"三分法"。前者将行政规范性文件分为具体应用解释和其他规范性文件两类[2];后者为行政规范性文件分类的学界通说,根据行政规范性文件的内容,将其分为创制性文件、解释性文件和指导性文件[3]三种。本书在梳理现有交通规范性文件的基础上,力图打破传统的"人、车、路"分类模式,深入发掘现有的交通规范性文件对交通行政主体、行政相对人的权力(权利)—责任(义务)配置的法律影响。基于此,本书借鉴行政行为分类方式[4],将现有的交通规范性文件分为授益性规范性文件、负担性规范性文件、羁束性规范性文件、裁量性规范性文件四种类型,从保障公民、法人和其他组织权利层面,行政机关自我规范层面以及行政机关增设自身权力或减少其法定职责层面对现有的交通规范性文件进行类型化再梳理。

---

[1] 曾冰:《责令性行政行为法律属性研究及立法完善——以类型化思维为视角》,《南华大学学报(社会科学版)》2015年第5期,第74-75页。

[2] 最高人民法院在《关于审理行政案件适用法律规范问题的座谈会纪要》规定"行政审判实践中,经常涉及有关部门为指导法律执行或者实施行政措施而作出的具体应用解释和制定的其他行政规范性文件"。

[3] 创制性文件指行政机关或授权组织为不特定公众创设新的权利义务的行政规范性文件;解释性文件指行政机关为实施法律、法规和规章,统一各个行政机关及其公务员对法律、法规和规章的理解及执行活动,对法律、法规和规章进行解释而形成的规范性文件,包括法定解释性文件和自主解释性文件两类;指导性文件指行政机关对不特定公众事先实施书面行政指导时所形成的行政规范性文件。参见叶必丰、周佑勇:《行政规范研究》,法律出版社2002年版,第97-98页。

[4] 主要借鉴行政行为的学理分类,尤其是涉及行政法律主体的羁束性行政行为与裁量性行政行为、授益性行政行为与负担性行政行为的分类方法。

(二)交通行政规范性文件的类型化梳理

1. 城市交通授益性规范性文件

以行政行为的内容对行政相对人是否有利为标准,行政行为分为授益性行政行为和负担性行政行为。对于授益性行政行为,南博方教授认为其是指将权利或者法律利益授予行政相对人的行政行为[1],许宗力先生则主张"凡对相对人赋予或确认权利及法律上重大利益的行政处分,皆属授益处分。若废弃对相对人不利的负担处分,也属授益处分"[2]。我们认为,授益性行政行为是指行政主体为行政相对人设定某种权益或减免某项义务的行政行为,授益性规范性文件属于授益性抽象行政行为,即行政主体以制定规范性文件的形式,赋予行政相对人某种权益或减免其某项义务的抽象性行政行为。经过梳理,现有的交通授益规范性文件主要体现如下:

(1)保障行人路权。机动车礼让行人在《道路交通安全法》第四十七条[3]已有规定,面对城市道路规划建设中层出不穷的占用人行道现象,一些地区结合区域实践制定了相应对策[4]。将路权优先让与行人有利于转变城市交通方式,有利于改善城市交通环境,从而凸显城市应有的交通文明气质。

(2)限定时域的免费通行政策。基于提升收费公路通行效率和便捷群众出行的考虑,《国务院关于批转交通运输部等部门重大节假日免收小型客车通行费实施方案的通知》规定春节、清明节、劳动节、国庆节四个国家法定节假日,以及当年国务院办公厅文件确定的上述法定节假日的连休日,收费公路将免收小型客车通行费的政策,在一定程度上推动了重大节假日公路通行能力和服务水平的提高,降低了公众的假日出行成本,具有强烈的社会公益属性。但需指出的是,该项调整性政策规范存在基于公共利益限制民间投资主体合法收费权之嫌,一定程度上限制了私人财产权利,构成了对私人财

---

[1] (日)南博方:《行政法》,杨建顺译,中国人民大学出版社 2009 年版,第 40 页。

[2] 翁岳生:《行政法(上册)》,中国法制出版社 2009 年版,第 638 页。

[3] 《道路交通安全法》第四十七条:机动车行经人行横道时,应当减速行驶;遇行人正在通过人行横道,应当停车让行。机动车行经没有交通信号的道路时,遇行人横过道路,应当避让。

[4] 如《山东省住房和城乡建设厅关于在城市道路规划建设管理中充分保障非机动车和行人路权的通知》就明确要求在城市道路规划建设管理中,按照"行人第一、车辆第二"的原则,充分保障行人路权。

产权利的征收[1]。

2. 城市交通负担性规范性文件

负担行为是指课予相对人作为、不作为或忍受义务,存在变更、消减相对人权利或法律上利益的行为[2],所以负担性规范性文件是指行政主体以制定规范性文件的形式,限制行政相对人某些权益的抽象性行政行为。"安全可靠、便捷高效、环境友好"作为城市交通文明价值目标已成为城市交通治理的共识,故在此以"安全、便捷、绿色"的梳理标准更能深化对城市交通负担规范性文件制度现状的整体认识。

(1) 安全标准

第一,优化驾驶人培训考试制度。《国务院办公厅转发公安部交通运输部关于推进机动车驾驶人培训考试制度改革意见的通知》(国办发〔2015〕88号)、《公安部、交通运输部关于做好机动车驾驶人培训考试制度改革工作的通知》(公交管〔2016〕50号)旨在改革我国现有的机动车驾驶人培训考试制度,规定在有条件的地方,试点非经营性小型汽车驾驶人自学直考,注重对机动车驾驶人交通安全意识和文明交通理念的强化培训,切实增强新驾驶人安全文明素养,提升安全驾驶技能,切实保障道路交通安全。

第二,驾驶人安全行驶。驾驶人分机动车驾驶人与非机动车驾驶人,机动车驾驶人应健康驾驶,否则构成交通失信行为要受相应处罚。交通失信行为分为一般失信行为与较重交通失信行为,前者指饮酒、服用国家管制的精神药品或者麻醉药品后驾驶机动车的行为,若发生交通事故承担责任则构成后者[3]。另外,机动车驾驶人应文明行车。机动车驾驶人应遵守道路通行的一般规定,如靠右行驶、不得超速、不得违规超车、礼让行人与车辆、不得超载等。对于非机动车驾驶人,其安全驾驶要求与机动车驾驶要求基本一致。[4]

---

〔1〕 孟鸿志:《节假日免收通行费政策的行政法检视》,《法学评论》2015年第2期,第58页。

〔2〕 翁岳生:《行政法(上册)》,台湾翰芦图书出版有限公司2000年版,第572页。

〔3〕 参见《江苏省政府办公厅关于印发〈江苏省机动车驾驶人文明交通信用管理办法(试行)〉的通知》六、七条。相似的规定还有《扬州市政府办公室关于印发〈扬州市机动车驾驶人文明交通信用管理实施细则(试行)〉的通知》等文件。

〔4〕 参见《莆田市人民政府关于印发〈莆田市非机动车管理实施方案〉的通知》(莆政综〔2014〕91号)、《临汾市人民政府办公厅印发〈临汾市开展"告别交通违法行为 争做文明交通公民"活动实施方案〉的通知》(临政办发〔2009〕84号)。

第三,行人安全通行、乘客文明乘车。针对行人,要求在其遵守一般交通规则的基础上,还需遵循道路通行特殊规则,如行人不得扒车、强行拦车、跨越隔离设施等。对于乘客,要求其文明有序进站乘车,遵守相关秩序,禁止携带会影响公共安全、运营安全或者乘客人身、财产安全的物品,在轨道交通运营管辖范围内不得强行上下车、非法拦截列车等。

第四,商业保险保费与违章记录挂钩制度。为贯彻落实《中国保监会关于深化商业车险条款费率管理制度改革的意见》(保监发〔2015〕18号)及《中国保监会关于印发〈深化商业车险条款费率管理制度改革试点工作方案〉的通知》(保监产险〔2015〕24号)的文件精神,在立足已有的商业车险条款费率管理制度改革试点工作的基础上,保监会在全国范围内推行商业保险保费与违章记录挂钩制度[1],车险改革后的新产品实行车型定价,客户缴纳的最终保费将由基准保费与自主核保系数、自主渠道系数、无赔款优待系数(NCD)、交通违法系数4个费率浮动因子连乘得出[2],其中最大的亮点是商业保险保费与违章记录挂钩。以江苏为例,如果机动车驾驶人上一年闯红灯4次,或超速4次,或既闯红灯3次又超速3次,或饮酒后驾车1次及以上,则车险保费系数上浮10%;醉驾、毒驾,保费系数上浮30%[3]。保费"奖优罚劣"的系数调节机制,可以有效引导车主养成安全驾驶习惯,推动城市交通文明建设,其社会管理溢出效应明显。

(2)便捷标准

第一,驾驶人文明停车。一方面要求机动车驾驶人养成规范停车、泊车入位的良好习惯[4];另一方面要求非机动车驾驶人停放非机动车时,应下车推行,并在划定的停车线内规范、有序停放,否则将予以具体的处罚[5]。

第二,完善交通设施。《中央文明办、公安部关于印发〈文明交通行动计

---

〔1〕 继首批和第二批省市试点商业车险费改革后,2016年7月1日起全国商业车险改革全面实施。

〔2〕 参见徐庭芳:《商业车险保费将挂钩交通违法》,http://www.sohu.com/a/86679478_119556,访问时间:2021年11月11日。

〔3〕 参见江苏省保险行业协会:《闯红灯达4次,来年保费将上浮10%》,《金陵晚报》,2016-6-17(A03)。

〔4〕 参见《江苏省公安厅、省文明办、省教育厅等关于印发〈规范停车——江苏文明交通行动计划(2007)〉的通知》(苏公通〔2007〕106号)第2、11、12、14点。

〔5〕 参见《上海市浦东新区人民政府关于印发〈加强浦东新区非机动车道路停放管理的暂行意见〉的通知》。

划实施方案〉的通知》(公通字〔2010〕1号)对道路设施作出基本的要求,指出应"结合实际,排查治理道路交通安全设施和管理设施隐患,为文明出行创造良好道路通行条件"。针对城市常见的轨道交通建设,中央如《国务院办公厅关于进一步加强城市轨道交通规划建设管理的意见》、地方如《南宁市城市轨道交通管理条例》等都对促进城市轨道交通健康发展给予相应的制度回应。

(3)绿色标准

第一,优先发展公共交通。以《国务院关于城市优先发展公共交通的指导意见》为典型的优先发展城市公共交通的规范性文件[1],落脚于实现城市交通可持续发展,突出"城市绿色出行"的发展思路,明确将公共交通发展置于城市交通发展首位,形成城市公共交通优先发展的新格局。

第二,严格实施机动车环保排放标准。环境保护部、工业和信息化部(以下简称工信部)联合制定的《关于实施第五阶段机动车排放标准的公告》(2016年第4号)规定自2016年4月1日起,所有进口、销售和注册登记的轻型汽油车、轻型柴油客车、重型柴油车(仅公交、环卫、邮政用途)须符合国五标准[2]要求,自2018年1月1日起,所有制造、进口、销售和注册登记的轻型柴油车,须符合国五标准要求。于2020年7月施行的"国六标准"[3]作为"国五"标准的升级版,将实施更加严格的排放标准。同时根据国家发展和改革委员会(以下简称发改委)要求,国内将全面供应国Ⅴ(国五)标准的成品油。原国Ⅳ(国四)标准的93号汽油更换为国Ⅴ(国五)92号,90号汽油更换为国Ⅴ89号,97号汽油更换为国Ⅴ95号,同时新增98号汽油,柴油标号不变,此举将严格实施机动车排放标准,深入贯彻落实《中华人民共和国环境保护法》(以下简称《环境保护法》)、《中华人民共和国大气污染防治法》(以下简称《大气污染防治法》)中的绿色环保原则,推动城市交通绿色可持续发展。

---

〔1〕 包括但不限于《国务院关于城市优先发展公共交通的指导意见》(国发〔2012〕64号)、《交通运输部关于印发〈城市公共交通"十三五"发展纲要〉的通知》(交运发〔2016〕126号)、《交通运输部关于印发〈城市公共交通规划编制指南〉的通知》(交运发〔2014〕236号)、《交通运输部办公厅关于全面推进公交都市建设等有关事项的通知》(交办运〔2016〕157号)。

〔2〕 "国五标准"对氮氧化物、碳氢化合物、一氧化碳和悬浮粒子等机动车排放物的限值更为严格,特别是要求颗粒物(PM)排放限值低于0.004 5 g/km(国四是0.025—0.060 g/km)。

〔3〕 "国六"标准要求自2020年7月1日起,所有销售和注册登记的轻型汽车应符合本标准6a限值要求。自2023年7月1日起,所有销售和注册登记的轻型汽车应符合本标准6b限值要求。相比"国五",其限值加严了40%至50%左右。

第三,推动绿色循环低碳交通运输发展。建立以《交通运输部关于印发〈加快推进绿色循环低碳交通运输发展指导意见〉的通知》(交政法发〔2013〕323号)为纲领的绿色低碳交通运输行政规范体系[1],加快推进绿色循环低碳交通基础设施建设、节能环保交通运输装备应用、集约高效交通运输组织体系建设以及交通运输科技创新与信息化发展等,促进交通运输绿色发展、循环发展、低碳发展。

3. 城市交通羁束性规范性文件

以行政行为受行政法规范的拘束程度为标准,行政行为分为羁束性行政行为与裁量性行政行为两种类型,同羁束性行政行为一样,羁束性规范性文件强调行政主体被高度约束,主观意志被严重限制[2]。目前,我国的交通行政主体是公安机关下设的交通管理局和政府下设的交通部门,为避免分歧,本书所论述的交通管理是指公安机关交通管理局对道路上的车辆和行人进行的引导、组织和限制,并涉及作为具体交通执法者的交通警察。考察交通执法实践,现有的羁束性规范性文件更多的是规范交通执法人员的具体执法工作,如《公安部关于印发〈交通警察道路执勤执法工作规范〉的通知》(公通字〔2005〕84号)从执勤执法用语、执勤执法行为举止、着装和装备配备、通行秩序管理、违法行为处理、实施交通管制、执行交通警卫任务、接受群众求助等方面具体规范交通警察道路执勤执法行为;再如《江苏省交通局关于印发〈江苏省交通行政执法人员"十项禁令"〉的通知》(苏交法〔2006〕68号)根据交通运输部《交通行政执法禁令》的规定,结合江苏交通执法实际,将交通执法人员"五项禁令"修订为"十项禁令",严格规范交通行政执法人员不文明行为,丰富地方文明交通执法实践。

4. 城市交通裁量性规范性文件

城市交通文明建设中的裁量性规范性文件以交通行政执法裁量基准为代表,被广泛应用于交通执法实践中,其制度背后蕴含着丰富的行政裁量原理。对此,我们以裁量基准制度理论与实践为切入点展开分析,以期管窥整

---

[1] 关于发展绿色低碳循环交通运输的行政规范性文件包括但不限于《交通运输部关于印发〈加快推进绿色循环低碳交通运输发展指导意见〉的通知》(交政法发〔2013〕323号)、《江苏省人民政府办公厅关于〈印发江苏省绿色循环低碳交通运输发展规划(2013—2020年)〉的通知》(苏政办发〔2014〕58号)、《上海市人民政府办公厅关于转发市交通委制订的〈上海绿色港口三年行动计划(2015—2017年)〉的通知》。

[2] 周佑勇:《行政法原论》(第二版),中国方正出版社2005年版,第189页。

个交通执法裁量基准制度。

(1) 交通执法裁量基准制度理论认识

纵观裁量基准制度在我国交通行政执法的实践,目前争议最大的是该项制度性质定位的问题,这直接涉及该项制度的一系列配置安排。对裁量基准的定性,目前主要存在三种观点,即"规则化裁量基准观""具体化裁量基准观"和"规则性的具体裁量基准观"。第一种观点认为裁量基准是行政机关制定的具有法律效力并可直接适用于司法的一种立法性规则[1];第二种观点认为裁量基准是指行政执法者在行政法律规范缺乏"要件—效果"规定抑或"要件—效果"规定不足以作为完整执法判断标准时,在行政法律规范允许的限度内仔细衡量立法意图并以"要件—效果"规定的形式设定判断标准[2];第三种观点主张裁量基准是对规制裁量权行使范围的法律规范进行的具体化解释,法院对裁量基准的合法性审查将作为判断行政行为合法性的标准和尺度[3]。考量裁量基准制度实践与制度内核,我们赞同"规则性的具体裁量基准观"的观点,即作为一种解释性行政规则的裁量基准是对规制裁量权行使范围的法律规范进行的具体化解释,行政执法人员必须依此规定实施行政行为[4]。

对于行政裁量基准的合法性问题,学界争议颇大,我国《宪法》和《中华人民共和国立法法》(以下简称《立法法》)对行政机关行政立法权限进行了明确的层级界分,因此有学者主张,"如果裁量基准作为一种刚性的、约束性的规则,是行政机关进一步明晰立法意图的依据,那么其合法性就存在疑问"[5],因此当某项具体裁量基准制度对相对人的各项权益造成影响时,其制度的正当性问题就值得重点关注。"法律保留"条款在《立法法》第八条已经明确规定,当实践中出现某些限制相对人人身权益的裁量基准条款时,就可能存在违反法律保留制度之嫌。另有学者认为"裁量基准制度作为一种行政政策(policy)或者行政规则(rule),可成为我国法治建设的一个着力点和突破口,

---

[1] 王锡锌:《自由裁量权基准:技术的创新还是误用》,《法学研究》2008年第5期,第40页。

[2] 王天华:《裁量标准基本理论问题刍议》,《浙江学刊》2006年第6期,第125页。

[3] 周佑勇:《裁量基准的正当性问题研究》,《中国法学》2007年第6期,第29页。

[4] 周佑勇:《裁量基准的制度定位——以行政自制为视角》,《法学家》2011年第4期,第2页。

[5] 王锡锌:《自由裁量权基准:技术的创新还是误用》,《法学研究》2008年第5期,第40页。

成为推动法治发展的一个重要径路"[1]。我们认为我国交通执法实践中的裁量基准制度并没有创设新的权利与义务，公安交管部门与交通警察只是在其裁量权范围内对法律予以细化落实，并未僭越《立法法》第八条的禁止事项，交通裁量基准制度契合我国现有的宪法条文与宪法精神。

裁量基准制度并非属于立法活动，但裁量基准制度作为一种行政规范存在，其制度效力成为学界争议的焦点之一。有学者认为裁量基准制度具有约束力，主张裁量基准对执法机关应当具有拘束力，如果不按照裁量基准行使裁量权，又没有正当理由的，显然违反了依法行政原则[2]。而另有学者认为行政自由裁量基准只是一种内部规则，有拘束力的是设定行政裁量基准的上位规范，违反上级行政机关以规范性文件形式设定的裁量标准做出具体行政行为，并不必然导致该具体行政行为违法[3]。我们认为，裁量基准制度作为一种内部性的规则不具有法律效力，但通过行政机关内部的自我约束机制而形成一种对内的拘束力。将制度适用对象面向行政相对人，我们发现裁量基准对相对人的适用效力需要借助于法院的司法审查才能最终得以确定[4]，该效力是一种事实上的、可能的约束力，并非类似法律那样具有当然的、必然的约束力[5]。

（2）交通执法裁量基准实践的观察

本土的裁量基准制度建构，最初源于我国基层社会治理的一种制度创新，是地方基层执法者对基层执法的经验总结与实践性创造[6]。交通执法裁量基准制度亦不例外。2004年国务院印发的《全面推进依法行政实施纲要》明确"行使自由裁量权应当符合法律目的，排除不相关因素的干扰"，2008年《国务院关于加强市县政府依法行政的决定》则进一步规定各级行政机关"根据当地经济社会发展实际，对行政自由裁量权予以细化，能够量化的予以

---

[1] 余凌云：《游走在规范与僵化之间——对金华行政裁量基准实践的思考》，《清华法学》2008年第3期，第63页。

[2] 黄学贤：《完善行政裁量基准若干问题探讨》，《江海学刊》2009年第6期，第145-146页。

[3] 王天华：《裁量标准基本理论问题刍议》，《浙江学刊》2006年第6期，第126页。

[4] 从法理上分析，裁量基准对外效力的正当化依据，源于其在个案中反复适用时所确立的行政惯例和所体现的法律原则的效力。

[5] 周佑勇：《作为行政自制规范的裁量基准及其效力界定》，《当代法学》2014年第1期，第31-33页。

[6] 周佑勇、钱卿：《裁量基准在中国的本土实践——浙江金华行政处罚裁量基准调查研究》，《东南大学学报（哲学社会科学版）》2010年第4期，第45页。

量化,并将细化、量化的行政裁量标准予以公布、执行",为交通执法裁量基准制度的出台提供政策保障。自交通运输部于 2010 年出台《关于规范交通运输行政处罚自由裁量权的若干意见》以来,全国多个省份的交通运输部门都出台了专门的交通行政处罚裁量基准,我国交通行政处罚裁量基准制度构建取得了一定的成绩。具体情况参见下表 3-1:

表 3-1 全国各省份典型交通运输系统交通裁量基准制定情况简表

序号	省份	规范性文件名称
1	江西	《江西省交通运输行政处罚自由裁量权细化标准(2020 年版)》(2020 年 9 月 17 日实施)
2	浙江	《浙江省交通运输行政处罚裁量权实施办法》(2011 年 2 月 1 日实施)
3	湖北	《湖北省交通运输常用行政处罚自由裁量标准(试行)》(2019 年 4 月 1 日实施)
4	福建	《福建省交通运输厅关于印发实施交通行政处罚裁量权基准制度(2018 年修订)的通知》(2018 年 7 月 25 日实施)
5	山东	《山东省交通运输行政处罚自由裁量权执行标准》(2014 年 3 月 10 日施行)
6	河北	《河北省交通运输行政处罚 自由裁量权执行标准(2019)》(2019 年 7 月 1 日实施)
7	湖南	《湖南省交通运输行政处罚自由裁量权基准》和《湖南省交通运输行政处罚自由裁量权基准实施办法》(2018 年公布)
8	吉林	《吉林省交通运输行政处罚裁量规则》《吉林省交通运输行政处罚裁量基准》(2020 年修订)
9	广东	《广东省交通运输行政处罚裁量标准(修订)》(2018 年 1 月 1 日实施)
10	重庆	《重庆市交通行政处罚裁量基准(2019 年修订版)》

注:本表是在各省份交通运输部门门户网站相关数据的基础上整理而成的。实践中,交通执法裁量基准文本非常丰富,限于文章篇幅,本表仅挑选 10 个有代表性的文本,以期管窥整个交通裁量基准制度。

通过梳理上述交通执法裁量基准文本可知,各地的交通执法裁量基准集中于行政处罚执法领域,对交通行政许可、行政强制等其他具体交通行政执法行政行为缺乏有效的规范,有衍变成交通行政处罚裁量基准制度之趋势。但将整个裁量基准制度限缩于行政处罚层面,显然是片面的。

交通执法裁量基准制度实践表明，交通执法领域裁量基准实质上就是对行政裁量权（其中主要是对行政处罚裁量权）行使的细化的操作性标准。依照不同基点，如"中间线标准""平均值标准"而设计出不同的"格次"，将行政处罚幅度进行细化、量化[1]。通过制定和实施交通执法裁量基准制度，合理控制交通执法裁量权，不仅是推进城市交通执法能力现代化，实现城市交通执法文明的需要，更是推动依法行政、全面实现法治政府建设的需要。

三、城市交通行政规范性文件的运行困境

目前，我国尚未形成统一标准的行政规范性文件制定程序，对行政规范性文件制定过程中出现的制定主体权限、制定程序、第三方参与问题都未给予细致的规定，导致城市交通规范性文件运行仍面临着重大行政决策程序虚置、治理合法性不足、备案审查制度弱化等问题，与"实现城市交通治理体系和治理能力现代化"的战略目标仍有一定距离，具体如下：

（一）重大行政决策程序虚置

随着依法行政进程的深入推进，重大行政决策程序法治化已经成为政府决策体制改革的内在要求和法治政府建设的重要内容。2004年国务院出台的《全面推进依法行政实施纲要》就明确要求行政机关"健全行政决策机制"与"完善行政决策程序"，之后国务院又于2008年、2010年先后出台《国务院关于加强市县政府依法行政的决定》《国务院关于加强法治政府建设的意见》等文件，对完善政府决策机制、推进依法科学民主决策、规范行政决策程序等提出具体要求。重大行政决策法治化历经十余年地方实践探索后，中央层面立法开始启动，十八届四中全会明确提出建立重大行政决策法定程序及责任追究机制[2]，2015年颁布实施的《法治政府建设实施纲要（2015—2020年）》

---

[1] 这些标准引自刑事量刑领域。学理上对于处理类似的"轻""重"划分标准问题，一般采用"基准点说"和"中间线说"两种标准，具体内容参见何秉松：《刑法教科书》，中国法制出版社1995年版，第462-463页。

[2] 包括"健全依法决策机制；把公众参与、专家论证、风险评估、合法性审查、集体讨论决定确定为重大行政决策法定程序；建立行政机关内部重大决策合法性审查机制，建立重大决策终身责任追究制度及责任倒查机制"等内容。

则从行政决策科学化、民主化、法治化的角度对进一步完善决策程序提出新的时代要求[1],十九大明确指出,"健全依法决策机制,构建决策科学、执行坚决、监督有力的权力运行机制",《重大行政决策程序暂行条例》[2]则在吸收地方立法有益经验的基础上,从中央立法层面系统性建构重大行政决策基本程序制度,统一规范政府重大行政决策活动。

与理想的立法目的与条款相比,该项制度在实践运行中却遭遇类型不一的困境,如有的地方无决策程序性立法规定,有决策程序性立法规定的地方大多无法有效落实,还有一些地方直接规避现有法律另寻捷径违法决策等[3]。近年来,为有效推进环境治理体系现代化,"机动车尾号限行"措施成为各地治理交通秩序的常规手段。以北京为例,2022年3月28日发布的《北京市人民政府关于实施工作日高峰时段区域限行交通管理措施的通告》(京政发〔2022〕15号)[4]便引发了又一轮争议。对于机动车尾号限行措施学界早已有不同见解,从宪法层面分析,机动车尾号限行措施属于对财产权的严重限制,以位阶为行政规范性文件的形式限制公民财产权,有违法律保留原则。从行政法视野介入,机动车尾号限行措施反映的核心是如何有效协调行政管理专业性与行政决策复杂性之间的不一致,而我国现有的行政法律制度暂无法提供协调各种利益冲突的制度机制[5],更有学者基于公物理论角度,认为尽管新《大气污染防治法》第五十一条与第九十六条第一款被行政机关作为"根据污染等级限制机动车行驶"的法律依据,但尾号限行除环境法上授权以外仍需要其他正当性来源授权,因为限行行为本身已经超出了环境立法

---

〔1〕 具体包括:1.健全依法决策机制;2.增强公众参与实效;3.提高专家论证和风险评估质量;4.加强合法性审查;5.坚持集体讨论决定;6.严格决策责任追究。

〔2〕《重大行政决策程序暂行条例》于2019年4月20日由国务院发布,2019年9月1日起正式施行。

〔3〕 王万华、宋烁:《地方重大行政决策程序立法之规范分析——兼论中央立法与地方立法的关系》,参见《行政法学研究》2016年第5期,第31页。

〔4〕《通告》决定:自2021年4月5日至2022年4月3日,继续实施工作日(因法定节假日放假调休而调整为上班的星期六、星期日除外)高峰时段区域限行交通管理措施。本市行政区域内的中央国家机关,本市各级党政机关,中央和本市所属的社会团体、事业单位和国有企业的公务用车按车牌尾号每周停驶一天(0时至24时),范围为本市行政区域内道路;除前者范围内的机动车外,本市其他机动车实施按车牌尾号工作日高峰时段区域限行交通管理措施,限行时间为7时至20时,范围为五环路以内道路(不含五环路)。

〔5〕 凌维慈:《行政法视野中机动车限行常态化规定的合法性》,《法学》2015年第2期,第34页。

所能涵盖的范围,具有事实上的"交通管制"与"物权限制"效果[1]。换言之,尾号限行并非纯粹属于环境法管理的范畴,实质上仍属于"以提高道路通行效率的方式间接降低机动车低速、怠速行驶期间对大气环境影响的一种行政管制措施"[2]。我们认为,该项措施作为一种常见的交通管制措施,涉及施行区域重大公共利益及公众切身利益,对施行区域的经济社会发展有重大影响,可以认定为"重大行政决策事项"[3]。以"重大行政决策事项"程序的五项要求[4]为分析框架,该决策首先面临合法性拷问,宪法层面的审问前已论及,行政法层面的拷问主要体现为制定主体、程序与内容的合法性,虽然该临时性政策有利于积累城市交通管理的制度经验并可作为更高层级立法的参考[5],但行政机关近年来持续颁布实施同类的行政规范性文件,以临时性措施代替常态化的措施,有自我扩充权力之嫌[6]。限行措施是政府在提供公共服务时对公民财产权予以限制的一种行为,区域内众多人群的利益受到影响,尾号限行的决策是否通过公众座谈会、听证会等途径广泛听取公众意见、权衡各方利益,将影响到该限行政策的民主性与科学性程度是否充分。

(二) 行政治理合法性不足

共享单车在中国各大城市兴起,成为市民出行的重要交通工具,但同时也出现乱停乱放等诸多问题,影响城市综合治理,从而引发多方热议。近年,上海、深圳、武汉、杭州等城市结合当地共享单车发展实践现状出台相关管理政策[7],

---

[1] 周许阳:《公物理论视角下的尾号限行——反思与重塑》,《行政法学研究》2016年第5期,第110页。

[2] 竺效:《机动车单双号常态化限行的环境法治之辨》,《法学》2015年第2期,第7页。

[3] 参见《重大行政决策程序暂行条例》第三条第一款第(五)项。

[4] 具体表现为公众参与、专家论证、风险评估、合法性审查、集体讨论。

[5] 王锡锌:《行政决策正当性要素的个案解读——以北京市机动车"尾号限行"政策为个案的分析》,《行政法学研究》2009年第1期,第12页。

[6] 《北京市人民政府办公厅关于全面推行行政规范性文件合法性审核机制的实施意见》(京政办发〔2019〕23号)要求各级人民政府及其部门制定的行政规范性文件均应当经本级政府、本部门的合法性审核工作机构审核。

[7] 如《上海市鼓励和规范互联网租赁自行车发展的指导意见(试行)》(沪府〔2017〕93号)、《深圳市交通运输委员会、深圳市城市管理局、深圳市公安局交通警察局印发〈关于鼓励规范互联网自行车的若干意见〉的通知》(深交规〔2017〕1号)、《武汉市人民政府关于鼓励和规范互联网租赁自行车健康发展的意见》(武政规〔2017〕32号)、《杭州市人民政府办公厅关于杭州市促进互联网租赁自行车规范发展的指导意见(试行)》(杭政办〔2017〕5号)等。

以规范共享单车的发展。2017年8月2日交通运输部等10部门联合出台《关于鼓励和规范互联网租赁自行车发展的指导意见》（以下简称《指导意见》）作为中央层面的规范意见,明确鼓励共享单车的发展[1],为共享单车企业的健康发展营造了良好的政策氛围。基于行政法视角考虑,《指导意见》对共享单车的政策是基于共享单车的准公共交通属性做出的交通给付行政行为[2]。

《指导意见》与各地共享单车规范政策除注重"鼓励"层面,也注重"规范"层面,对共享单车企业及其他相关企业、社会公众的权利义务产生较大影响。从宪法层面分析,部分城市"强制统一加装智能定位锁、实行总量控制"的规定实属增设相对人义务的行为,有悖《立法法》第八十二条的规定[3],而法律效力低于规章的行政规范性文件若无法律法规的授权,更无权设置影响公民、法人和其他组织的义务条款。从行政法层面分析,共享单车"规范"政策更侧重于对企业的规范管理,对于共享单车是否实行数量控制、强制安装智能车锁等负担性要求,应寻求现行法律法规的支撑,抑或发挥行业自律作用,强化行业制定标准。

（三）备案审查制度虚化

行政规范性文件备案审查制度源自宪法和组织法的规定：《宪法》第六十七条规定,全国人大常委会有权"撤销国务院制定的同宪法、法律相抵触的行政法规、决定和命令"；第一百零四条规定,县级以上的地方各级人民代表大会常务委员会有权撤销本级人民政府不适当的决定和命令；第一百零八条规定,县级以上的地方各级人民政府"有权改变或者撤销所属各工作部门和下级人民政府的不适当的决定"；《地方各级人民代表大会和地方各级人民政府组织法》明确了地方各级人大常委会有权撤销的规范性文件的范围,《中华人民共和国各级人民代表大会常务委员会监督法》（以下简称《监督法》）在上述规

---

[1] 《指导意见》在"实施鼓励发展政策"部分包括"科学确定发展定位、引导有序投放车辆、完善自行车交通网络、推进自行车停车点位设置和建设"四个方面的具体措施。

[2] 顾大松：《"鼓励"与"规范"：共享单车政策的行政法治意蕴》，《交通与港航》2017年第3期，第10页。

[3] 主要体现为"没有法律、行政法规、地方性法规的依据,地方政府规章不得设定减损公民、法人和其他组织权利或者增加其义务的规范"。

定的基础上,专设"规范性文件的备案审查"一章,吸收并具体化上述规定[1]。梳理顶层相关制度设计,自十八大以来,健全行政规范性文件备案审查制度俨然成为法治政府建设中的一项重要工作,十八届三中全会提出"健全法规、规章、规范性文件备案审查制度",十八届四中全会则进一步提出"加强备案审查制度和能力建设,把所有规范性文件纳入备案审查范围",十九大更是明确要求"加强备案审查制度和能力建设,把所有规范性文件纳入备案审查范围,依法撤销和纠正违宪违法的规范性文件"。

梳理各地交通行政裁量基准备案制度实践,将《关于规范交通运输行政处罚自由裁量权的若干意见》作为各地交通行政处罚裁量基准制度的审查依据,此举违背基本法理:一是法无明文规定,《监督法》第三十条[2]只规定法律法规为地方人大常委会审查规范性文件的标准,而《关于规范交通运输行政处罚自由裁量权的若干意见》作为部门规范性文件不属于法律法规,且法律效力低于法律法规,将其作为各地交通裁量规范性文件审查依据势必违背依法审查原则。二是如果地方人大常委会以此规定作为审查标准,则面临此规定是否符合法律法规的质疑,而又囿于自身权限无法对其进行审查,从而陷入自相矛盾的局面。与此同时,交通规范性文件备案审查制度还存在如下问题:一是缺乏有效的审查机制。规范性文件备案审查机制分为主动审查与被动审查两种类型。前者在实践中基本处于虚置状态;后者主要分为按审查要求而启动的被动审查和按审查建议而启动的被动审查两种形式。虽然审查要求可以直接启动审查,但用之甚少,而审查建议虽不乏人提出,但启动审查程序还需经过其他前置程序。[3] 二是缺乏有力的监督机制。对不按

---

[1] 主要规定三个方面的内容:一是规定"行政法规、地方性法规、自治条例和单行条例、规章的备案、审查和撤销,依照立法法的规定办理";二是规定县级以上地方各级人大常委会审查、撤销下一级人大及其常委会作出的不适当的决议、决定和同级政府发布的不适当的决定、命令的程序,由省级人大常委会作出具体规定,并具体明确了规范性文件不适当的三种情形;三是对最高人民法院、最高人民检察院的属于审判、检察工作中具体应用法律的解释的备案、审查做了规定。

[2]《监督法》第三十条:县级以上地方各级人民代表大会常务委员会对下一级人民代表大会及其常务委员会作出的决议、决定和本级人民政府发布的决定、命令,经审查,认为有下列不适当的情形之一的,有权予以撤销:
(一)超越法定权限,限制或者剥夺公民、法人和其他组织的合法权利,或者增加公民、法人和其他组织的义务的;(二)同法律、法规规定相抵触的;(三)有其他不适当的情形,应当予以撤销的。

[3] 李豪:《地方人大常委会规范性文件备案审查制度研究》,武汉大学2012年博士学位论文,第114页。

规定报备的行为,缺少实质性责任条款。

四、城市交通行政规范性文件的法治化路径

党的十九大明确指出"完善规范性文件备案审查制度,把所有规范性文件纳入备案审查范围,坚决纠正和撤销违宪违法的规范性文件",同时,为构建科学民主决策机制,确保行政规范性文件的质量和合法性,《中共中央关于全面推进依法治国若干重大问题的决定》从程序上把"公众参与、专家论证、风险评估、合法性审查、集体讨论决定"确定为重大行政决策法定程序,这对全面推进依法治国、加强国家治理体系和治理能力现代化建设具有重大意义。因此,城市交通行政规范性文件法治化体系的建构成为当下法治政府建设亟待重视与推进的重大课题。

(一)推动重大行政决策程序法治化

我国现有的一元多级多层次的立法体制,造成我国行政法上立法主体众多、立法权限分散,行政规范性文件面临欠缺法律属性而沦为"政策工具"的风险。交通行政管理部门"借法扩权、以政代法"现象仍在一定范围内存在,导致"交通法"的体系不断膨胀以至于"法律泛滥"。依法行政、建设法治政府成为全面推进依法治国的热门途径,避而不谈行政决策,尤其是重大行政决策程序法的构建,这必然不利于全面推进依法治国建设[1]。

要解决前述问题,不仅需要在根本上对我国的立法体制、立法程序和立法技术进行改革与创新,更需要转变传统的立法思维模式。一方面,应正确分析法与政策的关系,搭建好政策思维与法律思维、法的内在视角与外在视角之间的沟通桥梁[2],不能一味地遵行"先立法、后改革"或"先改革、后立法"这两种传统路径,前者强调改革试验性、偏重实质合理性,后者强调法治规范性、偏重形式与程序合理性[3]。另一方面,在改革时期,我国法律保留的范围不宜过宽,即只有在限制私主体权利和自由、增设私主体义务的情形,才规定必须有法律依据,同时应通过正式而严格的立法程序,秉持法律优

---

[1] 参见栗燕杰:《行政决策法治化探究》,中国法制出版社2011年版,第108页。

[2] 鲁鹏宇:《法政策学初探——以行政法为参照系》,《法商研究》2012年第4期,第111页。

[3] 李洪雷:《深化改革与依法行政关系之再认识》,《法商研究》2014年第2期,第51页。

位原则;而对不涉及私主体权利义务或者增加私主体权利自由的情形,则允许以非立法性的规范性文件作为依据。《重大行政决策程序暂行条例》高度总结党的十八大以来中央和各地探索行政决策程序法治化经验,从目前重大行政决策的各种突出问题入手,确立了一系列重要的正当法律程序制度,如公众参与、专家论证、风险评估、合法性审查、集体讨论决定等,能够从根本上解决"拍脑袋决策,拍胸脯担保,拍屁股走人"的现实顽疾[1]。基于重大行政决策实践的考察,推动程序法治化不仅要重视决策过程的合法性问题,还应注重处理部门与部门之间、上下级政府之间的重大决策关系以及决策公开与信息公开之间的现实问题[2],在此基础上进一步完善重大行政决策程序规范,健全相关决策程序机制,推动重大行政决策法治化体系建构。

(二)强化合法性审查

《行政法规制定程序条例》和《规章制定程序条例》已实施多年,对规范行政法规、规章的制定与实现依法行政起到重要作用。2018年1月,国务院对上述两个条例的修改[3]起到进一步规范行政法规、规章制定程序,保障依法立法、依法立规的作用。然而,针对城市交通行政规范性文件运行实践乱象,我国欠缺统一的《行政规范性文件制定程序条例》,导致无法从根源上将交通行政规范性文件的制定程序、制定权限、审查监督等纳入法治轨道,而《行政程序法》的制定颁布尚需时日,所以在总结各地行政规范性文件管理实践的基础上,制定统一的《行政规范性文件制定程序条例》具有迫切性和可行性。

《行政规范性文件制定程序条例》要注重明确行政规范性文件的权限范围,具体到交通领域需要综合考虑下述因素:第一,遵循法律优先原则,不得与上位法相抵触。即要求交通管理部门必须在上位法授权的范围内制定交通规范性文件,不得越权制定,否则无效。第二,遵循法律保留原则,不得规

---

[1] 姜明安:《行政决策,守程序是法治之始》,《人民日报》2017年8月17日第5版。
[2] 详细论述参见陈峰:《重大行政决策程序法律规制实践中的问题与对策》,《国家行政学院学报》2017年第2期,第87—91页。
[3] 参见中国政府网:《国务院关于修改〈行政法规制定程序条例〉的决定》和《国务院关于修改〈规章制定程序条例〉的决定》,http://www.gov.cn/xinwen/2018-01/16/content_5257183.htm,访问时间:2018年1月28日。

定法律保留事项。《立法法》第九条[1]将法律保留分为绝对法律保留和相对法律保留,后者需由全国人大及其常委会授权国务院制定行政法规,而效力远低于行政法规的交通规范性文件,更无权限规定法律保留事项。第三,依职权创设新义务,必须严格限制制定权。尽管《立法法》并未明文规定"行政规范性文件若无法律、行政法规、地方性法规的依据,不得设定减损公民、法人和其他组织权利或者增加其义务的规范",但依据举重以明轻的原理,《立法法》第八十二条第六款[2]对地方政府规章有类似规定,所以规范性文件若无法律法规授权,同样不得自行创设增加行政相对人义务或减损行政相对人权利的条款。

(三) 健全备案审查制度

目前,我国行政规范性文件备案审查制度主要包括立法机关备案审查、行政机关审查、司法机关附带性审查三种审查模式。其中,行政机关审查主要包括行政机关内部审查、法制部门审查和行政复议机关审查三种形式,侧重于对行政规范性文件的内部审查,而司法机关附带性审查并不能从根本上为行政规范性文件备案审查制度的完善提供制度养分,所以下文主要从立法审查角度切入,从外部视角审视交通规范性文件备案审查制度,并为其制度完善献策。交通行政规范性文件立法审查包括主动审查与被动审查两种方式,但这两种方式在备案审查实践中基本处于虚置状态,所以要想推动其有效开展,应注重下述问题:第一,在被动审查的方式上,更加突出对公民、法人以及其他组织建议审查的保护。首先应赋予公民、法人以及其他组织对规范性文件提起审查建议的权限;其次,平等对待前述主体提起的审查建议;最后在具体制度设计上,对公民建议审查的行政规范性文件不属于该备案机关审查的,建立转送制度,将审查建议及时转送有审查权的机关处理,同时要及时向申请人书面反馈审查结果[3]。第二,在主动审查方式上,我们认为应当

---

[1]《立法法》第九条:本法第八条规定的事项尚未制定法律的,全国人民代表大会及其常务委员会有权作出决定,授权国务院可以根据实际需要,对其中的部分事项先制定行政法规,但是有关犯罪和刑罚、对公民政治权利的剥夺和限制人身自由的强制措施和处罚、司法制度等事项除外。

[2]《立法法》第八十二条第六款:没有法律、行政法规、地方性法规的依据,地方政府规章不得设定减损公民、法人和其他组织权利或者增加其义务的规范。

[3] 王腊生:《规范性文件备案审查制度及其完善建议——从国家权力机关监督的角度》,《南京工业大学学报(社会科学版)》2008年第1期,第21页。

全面审查报送备案的行政规范性文件,按照法定程序及时处理有合法性问题的规范性文件。基于《监督法》第三十条的内在逻辑[1],应当以法律、法规作为审查依据,而根据我国的立法监督制度,只有全国人大常委会才有权撤销不适当的地方性法规,省级人大有权改变或者撤销它的常委会制定的和批准的不适当的地方性法规,而地方人大常委会没有审查地方性法规是否合法的权限,所以《监督法》关于规范性文件审查依据的确定存在双重逻辑:其一是当然的标准,即法律、行政法规;其二是推定的标准,即推定为合法的地方性法规[2]。根据这样的立法逻辑,我们认为在法律法规对某事项无明文规定的情况下,规范性文件对此已有明文规定,就可以将其作为行政规范性文件的审查标准,当然必须更加严格化其审查标准。

在上述基础上,还应完善城市交通规范性文件备案审查监督机制。一是拓宽监督公开的途径。规范性文件备案审查情况[3]应当定期通过人大常委会公报、网站等形式向社会公众公开[4]。二是设定备案审查法律责任机制。在借鉴《行政复议法》相关规定的基础上[5],可进行如下规定:对不及时报送规范性文件备案的行政机关,由各级人大常委会备案审查工作机构通知其限期报送,逾期不报送的,给予通报,责令限期改正。对于多次通报的行政机关,对直接负责的主管人员或者其他直接责任人员给予行政处分。

加强对行政规范性文件的法律规制,推进行政规范性文件体系法治化,是贯彻党的十九大精神、深入推进依法行政、加快法治政府建设的应有之义,

---

[1] 根据《监督法》第三十条的规定,对规范性文件的审查标准是法律、法规,各级人大常委会不得将国务院及其办公厅规范性文件、国务院所属部门规章及部门规范性文件等法律法规之外的规范性文件作为审查标准。

[2] 李豪:《地方人大常委会规范性文件备案审查制度研究》,武汉大学 2012 年博士学位论文,第 132 页。

[3] 包括但不限于接收规范性文件备案的目录、接收审查要求、接收审查建议及其处理情况、主动审查规范性文件的情况等。

[4] 李豪:《地方人大常委会规范性文件备案审查制度研究》,武汉大学 2012 年博士学位论文,第 142 页。

[5] 主要体现在《行政复议法》第三十四条:行政复议机关违反本法规定,无正当理由不予受理依法提出的行政复议申请或者不按照规定转送行政复议申请的,或者在法定期限内不作出行政复议决定的,对直接负责的主管人员和其他直接责任人员依法给予警告、记过、记大过的行政处分;经责令受理仍不受理或者不按照规定转送行政复议申请,造成严重后果的,依法给予降级、撤职、开除的行政处分;第三十五条:行政复议机关工作人员在行政复议活动中,徇私舞弊或者有其他渎职、失职行为的,依法给予警告、记过、记大过的行政处分;情节严重的,依法给予降级、撤职、开除的行政处分;构成犯罪的,依法追究刑事责任。

更是推进政府治理体系和治理能力现代化的重要内容。以城市交通文明建设为切入视角,城市交通规范性文件运行面临着重大行政决策程序虚置、治理合法性不足、备案审查制度弱化等问题,着眼于新时代背景下全面推进依法治国战略对行政规范性文件法治化提出的时代新要求,本节立足问题根源,从推动重大交通行政决策程序法治化、规范城市交通行政规范性文件立法、健全城市交通行政规范性文件备案审查制度等层面入手,为城市交通文明视域下行政规范性文件法治化体系建构提供制度供给,以期有效推动城市交通文明建设。

第四章

城市交通文明建设的软法保障

法律是规范人与人之间关系的社会规范,城市建设离不开法律的保障。城市交通文明建设作为城市建设的重要组成部分有着独立的作用与地位,是弘扬、传播交通文明行为,促进城市交通文明的重要方式。文明不仅需要通过法律形式的国家强制力来保障,更需要公民内心的认同与自主的追求,因此,在城市交通文明建设中,除了必须充分发挥硬法和行政规范性文件的规范作用之外,还需要引入软法机制对城市交通文明行为予以引导、促进。

一、城市交通文明建设软法保障的重要性与方式

(一) 软法的基本范畴

1. 软法的定义

软法(soft law)一词,起初多用于国际法语境下,通常是指当事人之间达成的不属于严格意义上国际法的协定[1]。后来又用于描述欧盟的一些类法律文件,如:行为规范、指针、沟通交流等[2]。伴随着世界范围内国家管理的

---

[1] 罗豪才、毕洪海:《通过软法的治理》,《法学家》2006 年第 1 期,第 2 页。
[2] 参见杨海坤,张开俊:《软法国内化的演变及其存在的问题——对"软法亦法"观点的商榷》,《法制与社会发展》2012 年第 6 期,第 112 页。

衰落与公共治理的兴起,以及全球化和国际组织的推动,软法现象及其学术研究在全球范围内开始活跃起来。从世界范围看,美国、欧洲围绕着软法这一主题的研究已经取得了积极的成果,日本也积极跟随潮流,并取得了相应研究成果[1]。

在我国,虽然长期以来存在着诸多的软法现象,但学界对软法的关注与研究却是近十多年才开始的。国内学界对软法的认识也存有较大争议,先后存有"泛软法主义""无软法主义""软法不可定义论"等几种主张。随着时间的推移,国内软法的研究已经有了长足的进步与发展,虽然仍有部分学者对"软法亦法"持保留态度,但总体而言,学者们已经达成了"理性对待软法"的共识。目前,国内多数学者认同"软法是原则上没有法律约束力但有实际效力的行为规则"[2]。

2. 软法与硬法的关系

软法与硬法既有联系又有区别。软法与硬法的联系在于他们的共性,即不论是软法还是硬法都具有法的特征,具有公共性、规范性和普适性,是由一定人群共同制定、认可的具有外在约束力的行为规则。从法律体系和法治理念来看,两者都是法治社会中法律的组成部分,关系十分密切,是不可随意割裂的两个部分。更重要的是两者在法律功能上具有互补关系,并且两者在特定的环境下可以进行法律规范之间的转换。

软法与硬法的区别也是多方面的,其最大的区别在于规范效力的不同,这点在软硬法的定义中就已经阐明,硬法一般是指需要依赖国家强制力保障实施的法律规范,而软法是不需要依赖国家强制力保证实施但能够产生社会实效的法律规范[3]。是否有国家强制力保障实施,是区别软硬法的根本所在。除此之外软硬法还存在着制定主体、制定程序上的区别,硬法无论是在制定主体方面,还是在制定程序方面,都比软法有着更为严格的要求;并且,硬法有着严格的"金字塔式"的位阶,而软法之间多是平等关系。

---

[1] 参见罗豪才:《公域之治中的软法》,载《软法与公共治理》,北京大学出版社 2006 年版,第 3-4 页。

[2] 参见罗豪才:《公域之治中的软法》,载《软法与公共治理》,北京大学出版社 2006 年版,第 1 页;姜明安:软法在构建和谐社会中的作用——在中国政法大学"名家论坛"上的演讲;罗豪才:《软法与公共治理》,北京大学出版社 2006 年版,第 88 页;刘莘、绍兴平:《试析软法与非强制性行政行为》,载罗豪才:《软法与公共治理》,北京大学出版社 2006 年版,第 270 页。

[3] 参见罗豪才、宋功德:《认真对待软法——公域软法的一般理论及其中国实践》,《中国法学》2006 年第 2 期,第 4 页。

(二) 城市交通文明建设软法保障的重要性

1. 城市交通文明建设中硬法治理的局限

软法与硬法均是法律体系的组成部分,但两者各有侧重,硬法的特性决定了硬法在规制城市交通文明建设方面的局限性。

(1) 治理成本高

一般来说,硬法的创制和修改都有比较严格的程序。如我国《宪法》第六十四条规定:"宪法的修改,由全国人民代表大会常务委员会或者五分之一以上的全国人民代表大会提议,并由全国人民代表大会以全体代表的三分之二以上的多数通过。法律和其他议案由全国人民代表大会以全体代表的过半数通过。"《立法法》对法律制定与修改的主体、程序也作了严格的规定。由此可见,作为硬法来说,其创制和修改的程序要求很严格,创制与修改成本高,难度大。硬法创制、修改的高成本使得硬法一方面难以完整涵盖社会的方方面面,另一方面法律条文往往落后于时代的发展。在城市交通文明领域,现行的硬法规制只能集中在如道路交通安全等关乎公民人身安全、社会发展的重要领域,而其他影响较小的领域诸如信号灯时间的设置,交通执法文明用语等则存在着硬法规制的空白,需要软法机制予以填补。

(2) 灵活性不足

尽管2015年新修订的《中华人民共和国立法法》将立法权限进一步下放到"设区的市",但我国仍有很多小城市并不满足立法条件,而城市交通文明建设需要立足于城市交通情况,各个地方的基础交通条件差异和文化差异等因素都会对城市交通文明建设产生不一样的影响。城市交通文明建设的地方性与硬法制定主体的限定性之间存在着内在的矛盾,单一的硬法体系难以全面保障城市交通文明建设。

(3) 弹性不够

是否有国家强制力保障实施,是硬法与软法的根本区别所在。有国家强制力保障实施,本应是硬法区别于软法的优势所在,然而在城市交通文明建设领域,仅仅有国家强制力保障实施的硬法是不够的。交通文明与交通道德有着密切的关系,交通文明包含着交通道德,而"法律是最低限度的道德",换句话说,硬法只能规制最低限度的道德问题,相对而言,较高的道德要求,就难以通过硬法及硬法背后所代表的国家强制力来约束了。道德对公民提出的要求比守法更高,因此,交通文明包含的高于硬法所能规制的道德规范,不宜通过国家强制力保障实施。

2. 城市交通文明建设适合用软法保障

第一，从软法的特征看。事物的特征是界定该事物与其他事物区别的关键所在。一般而言，软法至少具有以下特征：一是软法的制定主体多样，既可能是国家机关等公法人，也可能是社会自治组织等。二是软法的表现形式具有多样性，既可能是规范性文本，也可能是法律中的某个条文、标准等。三是软法在内容上一般不具备罚则，即没有规定违反软法时强制性的制裁后果。四是软法的实施通常不需要向外借助国家强制力来保证，而主要依靠社会公权力、激励、诱导机制或社会舆论监督等方式实现其效力，这也就导致了软法在实施上的软效力。五是软法通常不具有纵向的法律位阶。与硬法严格的制定主体的位阶性不同，软法所反映的公共意志彼此间多为平等关系，位阶差异性不大。六是软法的制定与实施具有更高程度的民主协商性。软法代表的是具有多样性的公共意志，与硬法所代表的国家意志相比，其更有可能实现直接民主，制定与实施的过程也更加开放，"更重商谈论证与合意性"[1]。

在城市交通文明建设领域，对城市交通文明进行监督、引导的规范往往不是由国家机关所制定并有国家强制力保证实施的硬法规范，而可能是由多种主体，通过内部的协商讨论所制定的用以约束部分社会成员的规则。这些规则的产生经过了相应主体内部成员的平等协商和同意，产生于成员间的直接民主，能够更好地约束成员间的行为，其虽然没有国家强制力保障实施，但违反了相应规则可能会遭到成员间的谴责与排挤。这些软法规范，形式多样、灵活，制定程序方便、民主，通过相应主体内部的奖惩机制，往往也能够达到很好的实施效果。

第二，从软法的基本功能看。软法可以弥补单一硬法之治的结构性缺陷。除此以外，软法还具有提高法的正当性、实效性，降低法治与社会发展成本最终推动法治目标全面实现等功能[2]。

在城市交通文明建设中，软法的功能作用显现得非常明显。首先，如上文所言，城市交通文明建设涵盖的范围非常广，硬法因制定成本高昂，难以覆盖城市交通文明的方方面面。在城市交通文明建设领域，很多城市交通文明

---

[1] 参见罗豪才、宋功德：《公域之治的转型——对公共治理与公法互动关系的一种透视》，《中国法学》2005年第5期，第19-20页。

[2] 参见罗豪才、宋功德：《软法亦法——公共治理呼唤软法之治》，法律出版社2009年版，第380-393页。

行为规范具有道德倡导性质,因此,单一的硬法规制难以满足城市交通文明建设的需求,软法对硬法之治的结构性缺陷的弥补功能得以凸显。基于软法的特性及其对硬法的补充功能,用软法来治理城市交通文明就显得尤为重要。其次,现实社会一直处于流动发展之中,硬法的制定具有严格的程序要求,难以对社会变化作出及时的反馈。而软法的特征决定了其可以随着现实情况的要求作出不同的调整,方便灵活地应对不同时间段内交通文明情况的变化。再次,与硬法相比,软法能够以较低的社会成本达到较好的治理效果。城市交通文明建设既包括交通、土地、基础设施建设等多个技术领域,还要兼顾环境、文化、历史等人文社会发展需要。如果交通文明需要规制的内容都要经过冗长的硬法立法程序,从法律经济学的角度来说,将会对法律资源和社会资源造成极大浪费。最后,从城市交通文明建设法治目标的实现来说,软法的崛起可以使法治领域更加全面,软法的本身特点及要求,使得人们在交通文明建设中能够主动、积极地去追寻法治,实现城市交通文明建设真正的法治。

第三,从城市交通文明建设的自身要求上看。城市交通文明建设一方面表现为城市交通守法性建设,另一方面表现为城市交通道德建设。硬法难以规制城市交通道德建设方面,因此,从城市交通文明建设所涵盖的范围上看,在城市交通文明建设中引入软法治理是必要的。如为约束、引导公民养成交通文明行为,相关主体所制定的交通文明公约、交通文明指数等,就是城市交通文明建设领域的软法;再如政府机关为了引导城市交通文明所出台的政策也是软法的一种。总之,软法普遍存在于城市交通文明建设的方方面面,对城市交通文明起着引导、规制、教育的作用,缺乏软法的引导与规制,城市交通文明建设将难以为继。

(三) 城市交通文明建设的软法保障方式

城市交通文明建设领域存在着很多形式的规则,但从软法的角度观察,法律原则、欠缺法律责任的"软条款"、裁量基准、公共政策以及文明公约等都对城市交通文明建设发挥着制度保障的作用,因此,对软法保障方式的探讨将从以下几点展开:

1. 法律原则的保障

(1) 行政法基本原则对城市交通文明建设的保障

任何行政行为都至少存在两方面的考量。从政府角度看,行政行为的开展需要统筹规划并考虑到利益平衡的需求;从公民的角度看,需要行政行为合法合理、公开透明与公众参与,并且要求政府是诚信的,而非善变的,即基于对政府行政行为的信赖而获得的利益必须受到保护。城市交通文明建设一般是在政府的倡导下开展的,由行政机关承担相应职责,号召公民积极参与的城市交通建设行为,行政主体在城市交通文明建设中作出的行政行为,也应当受以上原则的限制,故行政法基本原则中的合法性原则、合理性原则、参与原则、信赖利益保护原则、统筹兼顾与利益平衡原则在城市交通文明建设中均有适用的空间。

第一,合法性原则的保障。行政行为的合法性原则,又称依法行政原则或行政法治原则,是指"行政主体行使行政权必须依据法律,符合法律,不得与法律相抵触"[1]。其对行政行为的规制表现在两个方面,一方面从正面要求一切行政活动都必须以法律为依据,任何行政主体不得享有法外特权;另一方面从反面强调任何越权行政行为都是无效的,违反行政法规范的行为将导致相应的法律后果,行政违法主体必须承担相应法律责任。简言之,所谓行政合法性原则就是"法有规定不可违,法无规定不可为"。在城市交通文明建设过程中,行政合法性原则贯穿着政府主导的城市交通文明建设的始终,所有政府参与的城市文明建设中的行政行为都应当是合法的、有法律依据的行为,而不能背离了法治建设的目标任意"拍脑袋"作决定。政府违背法律"创造"的行为,是无效的,应当承担相应责任。

第二,合理性原则的保障。在行政法中,行政合理性原则是与行政合法性原则并列的一项基本原则,是对行政合法性原则的补充。"所谓合理性原则是指行政主体实施行政行为不仅应当在法律、法规、规章规定的条件、种类和幅度范围内作出行政决定,而且要求这种决定的内容要客观、适度、符合公平正义"[2]。从城市交通文明建设领域看,合理性原则要求政府在出台相关政策时首先要考虑该政策是否与建设城市文明的目的相符,是否能够实现改善城市交通不文明现象的目的;其次,政府在政策执行时要具有公正性,要符合社会公平的观念;最后,相关法规、政策执行的过程中还要考虑相关性,比如,对于紧急情况下送患者就医的出租车司机的闯红灯行为与在路上飙车、嬉戏的司机的闯红灯行为,虽然它们同是违反交通法规的闯红灯行为,但所

---

[1] 关保英:《行政法与行政诉讼法》,中国政法大学出版社2010年版,第11页。
[2] 熊时升、李芳凡:《行政法学》,武汉大学出版社2009年版,第53页。

给予的处理应当是不同的。

第三,程序正当原则的保障。随着国家对法治的追求,程序的正当得到越来越多的关注与重视,程序正当原则已经成为行政法领域非常重要的一个基本原则。所谓程序正当原则,是指行政主体作出的行政行为必须符合法定的程序,包括行政公开、行政参与等子原则。行政公开原则是指行政主体应当向行政相对人和社会公开其行政行为,行政参与原则是指"行政权力运行过程中受结果影响的利害关系人有权参与行政权力的运行过程,表达自己的意见,并对行政权力运行结果的形式发挥有效作用"[1]。公众参与起源于古罗马的选举制度,具有很强的行政监督作用。现代社会,行政公开与公众参与已经成为监督行政主体行政权行使的重要手段,也是相对人维护自己合法权利的重要环节。在城市交通文明建设中,涉及城市交通领域的法律文件或公共政策的制定都应当向社会公开并以相应形式组织公众参与,对于涉及专业的问题,要进行专家论证,综合专家与公众意见对法律规范和交通政策进行调整,使制定出的交通法律规范和政策具有科学性。

第四,行政效益原则的保障。"行政效益原则,是指行政主体的行政行为在实体合法与程序正当的前提下,尽可能做到高效率、高质量"[2]。行政效益原则体现了经济高速发展下依法治国的时代特色,作出任何行政行为都要考虑其投入和产出比,对于行政效益低下的行政行为应当进行改善。城市交通文明建设是城市文明建设的重要方面,政府在进行城市交通文明建设的过程中,一方面要协调城市交通文明建设方面的人力、物力,将资源首先用在矛盾最集中的领域;另一方面,对于已经实行的政策法规,也要对其中效益不明显的部分及时予以调整。

(2)民法基本原则对城市交通文明建设的保障

城市交通文明建设虽然需要行政部门的倡导与政策支持,但究其根本,城市交通文明建设最重要的主体依然是广大的市民群体,城市交通文明建设就是让交通文明的理念扎根于每个市民的脑海,让每个市民都积极践行城市交通文明行为。因此,民法基本原则在城市交通文明建设的过程中也发挥着举足轻重的作用。

第一,禁止权利滥用原则的保障。在我国,公民享有广泛的民事权利,但

---

[1] 周佑勇:《行政法原论》(第二版),中国方正出版社2005年版,第66-78页。
[2] 孟鸿志:《行政法学》(第二版),北京大学出版社2007年版,第66页。

民事权利的行使不是毫无界限的,权利行使的底线是不能损害他人的权利,否则即构成权利的滥用。城市交通文明建设就是要减少城市交通领域权利的滥用,如混乱停车、侵占他人停车位、不遵守交通秩序等行为。因此,禁止权利滥用原则是衡量城市交通文明建设成功与否的重要考察因素之一。

第二,公序良俗原则的保障。公序良俗是指经过长期社会生活实践形成的公共秩序与善良风俗,公序良俗原则是指民事主体的行为应当遵守公共秩序,符合善良风俗。公序良俗原则对公民的行为作出了高于法律的要求,即公民行为不仅要符合法律规定,还要不违背公序良俗。城市交通文明建设是在合法的基础上,倡导市民践行当地甚至全国普遍认同的交通领域公序良俗的行为。公民在交通出行中应当遵守公序良俗的规定,作出符合公序良俗的交通行为。

2."软法条款"的保障

城市交通文明建设包括城市交通法治建设与城市交通道德建设两个方面。在城市交通法治建设中,国家和地方已经颁布了一系列的硬法对城市交通行为进行规制,如《道路交通安全法》《道路交通安全法实施条例》以及各个地方为实施《道路交通安全法》所颁布的一系列地方性法规。但即使是在硬法规范中,也存在着相当多的法律责任缺位的软条文,如《道路交通安全法》第六条规定:"各级人民政府应当经常进行道路交通安全教育,提高公民的道路交通安全意识。公安机关交通管理部门及其交通警察执行职务时,应当加强道路交通安全法律、法规的宣传,并模范遵守道路交通安全法律、法规。机关、部队、企业事业单位、社会团体以及其他组织,应当对本单位的人员进行道路交通安全教育。教育行政部门、学校应当将道路交通安全教育纳入法制教育的内容。新闻、出版、广播、电视等有关单位,有进行道路交通安全教育的义务。"[1]该法条即是硬法中的宣誓性规定,虽未对违反法条的法律效果予以规定,但仍然起到对城市交通守法建设的指引作用。再如该法第二十一条规定:"驾驶人驾驶机动车上道路行驶前,应当对机动车的安全技术性能进行认真检查;不得驾驶安全设施不全或者机件不符合技术标准等具有安全隐患的机动车。"[2]本条规定了驾驶人员驾驶机动车行驶前应当对车进行检查,但未对违反规定的责任问题予以规定,这便是硬法中欠缺法律责任的"软

---

[1]《中华人民共和国道路交通安全法》第六条。
[2]《中华人民共和国道路交通安全法》第二十一条。

条款"。欠缺法律责任的"软条款"虽然不是完整意义上的法律规范[1],但却对城市交通文明发挥着重要的行为指引作用。可以说,城市交通文明建设既离不开硬法的刚性规范,也离不开硬法中"软条款"的弹性指引。

3. 行政裁量基准的保障

法律适用特别是行政执法活动,应当具备合法性与合理性。行政裁量基准正是立足于法律适用的合法性,为实现法律适用的合理性而建立的执法标准制度。从城市交通执法层面看,裁量基准属于软法的范畴,其具有软法的一般特征。需要指出的是,在城市交通文明建设中对执法行为予以细化的裁量基准应向社会公开,只有将城市交通文明建设过程中的执法行为准则——裁量基准置于公众的监督之下,才能保证其发挥客观、公正的执法效应。关于城市交通文明建设中裁量基准的具体原理及运用,已在上文中专门论述,此处不再赘述。

4. 公共政策的保障

公共政策是社会公共部门为解决社会公共问题,规范和指导有关机构、团体或个人的行动,在相关利益主体的广泛参与下所制定的行为准则。公共政策在城市交通文明建设中有着举足轻重的地位。一方面,中央出台相应政策倡导城市交通文明建设,如为了提升全民交通安全意识、法治意识和文明意识,推动"文明交通行动计划"深入实施,切实保障人民群众生命财产安全;又如公安部、中央文明办、教育部、司法部、交通运输部、国家安全监管总局在2015年以"拒绝危险驾驶、安全文明出行"为主题,在全国组织开展了122"全国交通安全日"的主题活动,并发布了《2015年"全国交通安全日"主题活动工作方案》。另一方面,地方也出台了各种公共政策,积极推进城市交通文明建设,如深圳市近些年每月发布的"交通文明指数",就是深圳市为推进交通文明建设而出台的地方公共政策。关于城市交通文明建设中公共政策的具体原理及运用,下文将进行详细阐述。

5. 相关技术标准的保障

城市交通文明建设既包括对公民交通文明意识的建设,也包括对交通设施的建设,交通文明建设离不开相关技术标准的指导。如住房与城乡建设部2013年12月发布的《城市步行和自行车交通系统规划设计导则》对步行空

---

[1] 按照传统法理学的理解,一个完整的法律规范通常由法定事实条件、行为模式和法律后果三部分组成。

间、步行环境、自行车空间与环境以及自行车停车设施设计都进行了详细的规定,对城市绿色交通的布局设计有着重要的影响;再如住房与城乡建设部在2016年7月批准发布的国家标准《城市停车规划规范》[1],对城市停车车位进行了详细的规划安排,对指导城市交通文明建设有着重大的意义。由此可见,相关技术标准也对城市交通文明建设起着规范和保障的作用。

二、城市交通管理主体的自我约束

城市交通管理主体的自我约束机制是指为了促进行政权的良性运行,维护相对方的合法权益,城市交通管理主体在"对其职权范围、职能属性和岗位特点进行深刻认识和反思的基础上,自我设定的防范、遏制和纠正其权力运行过程中可能存在的偏差的各种规则、标准及其实施方法和手段的总和"[2]。城市交通管理主体的自我约束机制通常表现为一种内部行政规范,如在法律的框架内行政机关具体制定的自我约束、自我规范的行政裁量基准(包括有关城市交通执法的细化标准),相关行政主体及其公务员的内部行为规范、纪律规范和职业道德规范,以及公务员内部层级制约关系等。

(一) 城市交通管理主体的内部行为规范

城市交通管理主体是履行交通执法、交通管理职权的行政主体,其执法规范的正确与否,不仅关系到交通行政相对人的权益,更关系到城市交通文明的创建。

目前,我国除了《道路交通安全法》《道路交通安全法实施条例》等法律法规对城市交通管理行为进行规定外,在交通管理部门内部,还有很多规范性文件对城市交通管理主体的管理行为进行着内部的自我约束。如交通运输部在2008年颁布的《交通运输部关于印发交通行政执法风纪等5个规范的通知》,其中包含了《交通行政执法风纪》《交通行政执法检查行为规范》《交通行政执法用语规范》《交通行政处罚行为规范》《交通行政执法文书制作规范》

---

[1] 参见《住房和城乡建设部公告第1180号——关于发布国家标准〈城市停车规划规范〉的公告》。

[2] 卢护锋:《行政自我控制机制研究》,《行政论坛》2011年第3期,第52页。

五类规范[1],这些规范都属于交通运输部发布的交通执法文明要求的规范性文件,是交通管理主体为规范执法权的行使制定的更为细化的自我约束规范,是交通行政权力运行的重要依据。

以《交通行政执法用语规范》和《交通行政处罚行为规范》为例。《交通行政执法用语规范》对表明身份、检查勘察、调查取证、制作笔录、进行处罚等交通执法行为时的执法用语进行了比较详细的规定,如第三条规定:"表明身份时,使用问候语,出示执法证件,并清楚地告知对方执法主体的名称。例如:你好!我们是××××××(行政执法主体名称)的执法人员,这是我们的行政执法证件,请看清。"第四条规定:"检查车(船)时,清楚明了地告知检查事项和检查依据。例如:我们依法在这里进行××××××(检查事项)检查,请你配合。"《交通行政执法用语规范》是针对我国个别执法人员执法手段粗暴、执法不文明的行为,而从交通执法用语角度所作的详细规定。这种文明和规范的执法用语能够起到提升执法水平、树立良好执法形象、促进交通文明的作用。

交通行政处罚是我国城市交通管理的重要手段和内容,其行使的规范、文明与否对城市交通文明具有重要的影响。鉴于此,交通运输部制定了《交通行政处罚行为规范》,该规范共有7个章节、81条,分别从总则、简易程序、一般程序、听证程序、执行程序、监督程序、附则作了更为细化的交通行政处罚程序性规定,对保证交通行政权力依法行使、保障城市交通文明建设具有重要的推动作用。

(二) 城市交通管理主体的内部考核与奖励

城市交通管理主体的内部考核与奖励机制,是为了促进交通管理主体依法行政和文明执法,由相应的交通管理部门对交通管理单位和工作人员的管理效果和管理水平进行考核评判,并在此基础上对作出突出成绩和贡献的单位和个人给予相应的表彰和奖励。这主要体现在中央和地方两个层面的相关规范性文件中。

1. 中央层面交通管理考核与奖励规范

2013年,公安部、中央文明办、教育部、司法部、交通运输部、国家安全监

---

[1] 参见《交通运输部关于印发交通行政执法风纪等5个规范的通知》(交体法发[2008]562号),现已全部失效。

管总局六部门发布了《"文明交通行动计划"实施方案(2013—2015)》,该计划明确要求严格考核,激励先进,明确规定要建立内部奖惩制度。即要求各地要建立实施"文明交通行动计划"科学考评机制,结合本地实施方案和工作目标,制订考核标准。省级"文明交通行动计划"领导小组每年要派出联合督导检查组以及专家团队,对各地实施成效进行明察暗访和考核评价。及时通报考评结果,对措施落实有力、实施成效显著的地区和部门,要予以表彰奖励;对工作不落实、成效不明显的地区和部门,要通报批评,确保实施工作取得实效。

此外,交通运输部其他相关文件也对此进行了规定,如《交通部关于推行交通行政执法责任制的实施意见》提出要建立交通行政执法奖励机制[1]。对行政执法绩效突出的单位和个人要予以表彰,以充分调动交通行政执法机构和交通行政执法人员提高执法质量和水平的积极性。《交通运输部关于全面深化交通运输法治政府部门建设的意见》第四十二条提出要抓好考核评价[2]。研究建立交通运输法治政府部门考评指标体系和考评办法,开展年度考评、建设周期中期考评等形式,采用量化打分的方式引导和推动法治政府部门建设。强化考评结果运用,探索推行包括将考评结果与投资建设补助资金挂钩在内的激励措施。对于考评等级为优秀的,予以通报表扬;对于考评等级为不合格的,及时通报,督促整改落实,对整改未见成效的,严格依纪依法予以问责。

2. 地方层面交通管理考核与奖励规范

我国很多地方也对交通管理考核与奖惩制度作出了规定。如江苏省公布的《不酒后驾驶——江苏文明交通行动计划(2008)》中提出:省五部门将定期对各地工作进展情况进行督察、通报,年底对各地工作进行考核验收并排名通报,对工作措施扎实、取得显著成效的地方给予表彰奖励,对工作不力、成效不大的地方予以通报批评。贵州黔西南州的《黔西南州文明交通行动计划实施方案(2013—2015)》也采取了类似的措施[3]。云南楚雄州则专

---

[1] 参见《交通运输部关于推行交通行政执法责任制的实施意见》(交体法发〔2007〕141号)。

[2] 参见《交通运输部关于全面深化交通运输法治政府部门建设的意见》(交法发〔2015〕126号)。

[3] 参见《州人民政府办公室关于印发〈黔西南州文明交通行动计划实施方案(2013—2015)〉的通知》(州府办发〔2013〕140号)。

门制定了《楚雄州2009年道路交通安全目标管理考核奖惩办法》，该规定从考核内容、考核办法、奖励与惩罚三个方面进行了较为具体全面的规定，如规定了先进、合格、不合格3个档次，按得分排名顺序评出一等奖1名、二等奖2名，三等奖若干名。奖金分别为：一等奖50 000元；二等奖30 000元；三等奖20 000元。被列为不合格单位的县市，要向州人民政府写出书面检查报告，并惩县市长500元、分管副县市长500元。[1] 这些规定能促使交通管理机关严格依法履行职责，切实提高责任意识和交通管理能力，保证城市交通文明建设的有序推进。

当然，上述已经建立的有关交通管理主体的考核与奖励制度还不够健全，主要表现为中央的规定过于笼统，缺乏执行性，而地方的规定又显得力度不够，科学性不强。如交通运输部在《交通运输部关于全面深化交通运输法治政府部门建设的意见》提出要建立交通运输法治政府部门考评指标体系和考评办法，开展年度考评，但是对于考评指标体系和考核办法，交通运输部并没有给出详细规定。而云南楚雄州制定的《楚雄州2009年道路交通安全目标管理考核奖惩办法》对交通安全目标管理考核的奖励与惩罚主要以金钱为主。首先，仅将金钱作为奖励与惩罚的手段本身就不科学；其次，该办法所规定的奖励数额和罚金数额，无论对于被奖的单位还是被罚的领导干部都是微不足道的，很难发挥好奖励和惩罚的功效。

（三）城市交通管理主体的纪律约束

城市交通管理主体的纪律约束机制主要来源于一般公务员的纪律规范和交通行政管理部门内部纪律规范两类制度的规定。所谓公务员纪律规范是指公务员违反法律、法规、规章以及行政机关的决定和命令，应当承担纪律责任并给予处分的规范。公务员纪律规范是公务员内部责任规范，"是行政机关对相应的外部责任规则的转化，也是本组织体系内部的实体性规则和程序性规则得以落实的最有效保障"[2]。

1. 一般公务员纪律规范

《中华人民共和国公务员法》（以下简称《公务员法》）第九章"监督与惩

---

[1] 参见《楚雄州人民政府关于印发〈楚雄州2009年道路交通安全目标管理考核奖惩办法〉的通知》（楚政通〔2009〕11号）。

[2] 崔卓兰、卢护锋：《行政自制之途径探寻》，《吉林大学社会科学学报》，2008年第1期，第25页。

戒"中第五十九条规定了共计18项的公务员"不得为"的行为规范[1],除却原有的政治纪律、工作纪律、廉政纪律、道德纪律四个方面[2],增加了有关加强公务员监督的规定,增加了"破坏民族团结和社会稳定""不担当不作为""违反家庭美德"等禁止性纪律规定[3],从内部和外部两个方面对公务员行为进行强化监督,以保障法定行政主体行政行为自制的实现。2007年颁布的《行政机关公务员处分条例》则是专门有关公务员纪律的行政法规,其通过对公务员违纪行为种类及处分措施进行详细规定,达到促进公务员群体自觉遵纪守法、自我约束的目的。交通管理部门是我国国家机关的一部分,其工作人员也是我国国家公务人员的一部分,因此其要遵守《公务员法》,受其约束。

除此之外,考虑到我国公务员大多数都是中共党员的这一现状,2019年9月中共中央印发新修订的《中国共产党问责条例》对促进公务员特别是其中的领导干部自律具有重要意义。该条例明确了问责的对象是党组织和党员领导干部。该条例通过明确问责种类和方式,能够很好地促进公务员慎用权力,敢于担当,以此促进行政自我约束。

2. 交通行政管理部门内部纪律规范

2008年交通运输部内部颁布的《交通行政执法风纪》对交通行政执法人员执行公务时或虽没有执行公务但着交通行政执法制式服装时的仪表、着装、具体的执法手势和服务态度等做出了详细规定,如第三条规定的"交通行政执法人员应当着装整洁、仪容端庄、风纪严整、举止文明";第十条规定的"在行政执法过程中,要求对方出示证件、接受检查及要求配合执行其他公务时,应当使用文明语言,出示全国统一的交通行政执法证件,可行举手礼"。这些规定就是交通管理主体内部的自我纪律规范。

此外,在一些城市交通文明建设规范中也有针对国家工作人员的纪律规范。如2016年5月18日,公安部交通管理局下发了《关于在公安交通管理行政处罚法律文书中增加被处罚人有关信息采集项目的通知》,该通知要求

---

[1] 以《中华人民共和国公务员法(2018修订)》版为准,该法2018年12月29日发布,2019年6月1日生效实施。

[2] 参见《公务员法》第五十九条。

[3] 中国人大网:《公务员法修订草案新增"违反家庭美德"等禁止性规定》,http://www.npc.gov.cn/npc/lfzt/rlyw/2019-01/24/content_2070975.htm,访问时间:2021年11月13日。

从 7 月 1 日起,各地在按照一般程序对交通违法行为作出行政处罚时,应当调查被处罚人的政治面貌和职业信息,并在制作公安交通管理行政处罚决定书时填写。对违反"十大类"交通违法行为的中共党员或国家工作人员,其个人面貌和职业信息被调查后,公安交管部门将及时向有关纪检监察机关进行通报。[1] 由于交通管理部门的大多数工作人员为中共党员,因此该规定对城市交通管理主体也有很大的适用效果。再如,河南省交通运输厅 2012 年制定了《河南省交通运输系统领导干部在交通基础设施建设领域中廉洁自律规定》,其中第九条明确规定:"有违反本规定的,可先予停职、调离岗位、免职、责令辞职等组织处理后,再按照有关规定追究党政纪责任"[2]。这类与公务员职业有特殊要求的纪律规定,能较好地约束交通管理相关领导干部的职权行为,防止其滥用权力和进行权钱交易,从而对改进城市交通管理的工作作风,保障城市交通文明建设具有重要作用。

(四)城市交通管理主体的行政问责

行政问责机制是制约和监督城市交通行政执法活动的一项重要制度。城市交通行政管理是城市交通行政机关的日常重要活动,其职权行使的规范与否关系到交通参与人的切身利益,也直接影响着交通部门的执法形象,决定着交通文明的建设水平。推行行政问责制度,对于构建交通行政执法标准和执法程序,规范和监督交通行政执法行为,强化交通行政执法责任,保证交通法律、法规和规章的正确实施具有重要作用。

目前,交通运输部已经初步建立了交通管理行政内部问责制度。如 2015 年《交通运输部关于全面深化交通运输法治政府部门建设的意见》提出要完善行政问责机制,加大违法违纪案件查办和责任追究力度,健全责令公开道歉、停职检查、引咎辞职、责令辞职、免职等问责方式和程序,建立交通运输重大决策终身责任追究制度及责任倒查机制,对决策严重失误或者依法应该及时作出决策但久拖不决造成重大损失、恶劣影响的,严格追究相关领导和人

---

[1] 参见中国网:《7 月 1 日起中共党员交通违法将通报给纪委》,http://www.china.com.cn/shehui/2016-06/02/content_38591325.htm,访问时间:2021 年 11 月 13 日。

[2]《河南省交通运输厅关于印发〈河南省交通运输系统领导干部在交通基础设施建设领域中廉洁自律规定〉的通知》(豫交文[2012]710 号)。

员的纪律或法律责任[1]。该意见从总体上对我国交通管理主体问责作了规定，是其他交通管理主体内部问责制度的依据和重要参考。

再比如2014年《交通运输部关于全面深化交通运输改革的意见》中从行政决策和交通工程质量管理两方面提出了问责要求，如提出健全交通运输依法决策机制，建立重大决策终身责任追究制度及责任倒查机制；完善公路建设工程质量与安全监督机制，建立健全工程质量终身负责制[2]。

2007年《交通部关于推行交通行政执法责任制的实施意见》也系统地提出了建立交通行政执法责任制的制度体系，针对交通执法责任追究，其明确规定：对于有违法或不当交通行政执法行为的交通主管部门、交通行政执法机构，可以根据造成后果的严重程度或者影响的恶劣程度等具体情况，给予限期整改、通报批评、取消评比先进的资格等处理；对于交通行政执法人员，可以根据评议考核情况或者过错形式、危害大小、情节轻重，给予批评教育、离岗培训、调离执法岗位、取消执法资格等处理。对交通行政主管部门、交通行政执法机构的行政执法行为在行政复议和行政诉讼中被认定违法和变更、撤销等比例较高的，对外部评议中群众满意程度较低或者对推行行政执法责任制消极应付、弄虚作假的，可以责令限期整改，情节严重的，可以给予通报批评或者取消评比先进的资格[3]。

除上述中央有关部门规定外，我国很多地方对交通管理主体内部问责制度也作出了规定。如江苏省2007年颁布的《江苏省交通行政执法责任追究若干规定》，提出了对不依法执法、滥用执法权的交通管理单位处以暂停该单位执法权、暂扣以及吊销执法证的处分，对滥用执法权的个人处以警告、记过等公务员纪律处分[4]。还有如广东河源市2008年制定了《关于对整治市区交通秩序实行问责制的规定》，对市区交通秩序实行问责制，即对市区建成区内的交通秩序管理划定职责范围，实行民警分片包干负责制度，市政府将组成督查组，不定期开展明查暗访。若执法片区存在车辆乱停乱放和闯红灯等交通违法现象的，按照数量的不同，责令相应执法民警、相关负责领导作出相

---

[1] 参见《交通运输部关于全面深化交通运输法治政府部门建设的意见》(交法发[2015]126号)。

[2] 参见《交通运输部关于全面深化交通运输改革的意见》(交政研发[2014]242号)。

[3] 参见《交通部关于推行交通行政执法责任制的实施意见》(交体法发[2007]141号)。

[4] 参见《江苏省交通厅关于印发〈江苏省交通行政执法责任追究若干规定〉的通知》(苏交法[2007]90号)。

应的检讨,严重的将进行职位调动[1]。

总体来说,我国交通管理主体的内部问责制度已经初步建立,中央和地方已经作出了较为明确的规定,但这些规定仍有不完善的地方,特别是问责的范围和相应的处罚方式规定并不明确。问责制度的关键在于明确责任范围,这是问责的前提和基础,而我国交通管理主体问责机制恰恰在责任规定上十分薄弱,由此可见,我国交通管理主体问责制度仍需要不断完善。

三、城市交通参与人的软法约束

城市交通参与人是相对于城市交通行政管理主体而言的,关于"交通参与人",我国并没有一个明确的定义与范围,但在理论界和实务界,提到交通参与人,一般主要指机动车驾驶人、非机动车驾驶人、行人以及乘车人。关于此点,本书前文已经论述,不再赘述。

城市交通参与人是城市交通的核心,在城市交通活动中,人的要素是主体要素,是权利的享有者和义务的承担者,也是行为的践行者和责任的承受者[2]。因此,有关交通参与人的交通行为的基础规范必须由法律法规进行规定。在我国,《道路交通安全法》对机动车驾驶人和非机动车驾驶人的驾驶行为、行人的交通行为、乘车人的乘车行为以及他们在交通活动中产生的权利义务关系进行了比较详细的规范。《道路交通安全法实施条例》,以及各地道路交通安全法实施办法也均对此进行了规定。可以说,交通管理相关法律法规,即"硬法"是我国对交通参与人交通行为的基本规定。

但是,由于城市的急速发展和城市规模的不断扩大以及城市交通的复杂性、变化性,城市交通管理中的新事物、新问题层出不穷,仅仅依靠传统"硬法"规制是难以完全适应社会发展的,城市交通的发展不可避免地需要种类丰富的"软法"进行补充。目前,我国关于交通参与人的规范已经形成软硬法混合并举的现状,其中软法规范主要表现为欠缺法律责任的软法条款、社会组织及基层组织自治规范、道德规范三种类型。

---

[1] 参见河源网:《河源市人民政府关于对整治市区交通秩序实行问责制的通知》,http://www.heyuan.cn/xinwen/shizheng/content/2009-01/13/content_27759.html,访问时间:2021年11月13日。

[2] 杨立新:《道路交通事故责任研究》,法律出版社2009年版,第61页。

（一）"软法条款"对交通参与人的约束

欠缺法律责任的软法条款是我国软法的重要组成部分，也是我国关于一般交通参与人软约束机制的重要组成部分。该类规范只规定了交通参与人应该怎么做或者不应该怎么做，但对于做或者不做的行为后果并没有进行规定。如我国《道路交通安全法》第六十四条规定："学龄前儿童以及不能辨认或者不能控制自己行为的精神疾病患者、智力障碍者在道路上通行，应当由其监护人、监护人委托的人或者对其负有管理、保护职责的人带领。盲人在道路上通行，应当使用盲杖或者采取其他导盲手段，车辆应当避让盲人。"但《道路交通安全法》并没有规定违反该条规定的处罚方式，只是规定了应该怎么做。因此，该条规定就是对机动车驾驶人的一个软法约束规定。

再比如 2016 年公安部新修订的《机动车驾驶证申领和使用规定》（以下简称《规定》）第七十二条第一款规定：年龄在 70 周岁以上的机动车驾驶人，应当每年进行 1 次身体检查，在记分周期结束后 30 日内，提交县级或者部队团级以上医疗机构出具的有关身体条件的证明[1]。根据该《规定》第十二条第（二）项的规定，申请机动车驾驶证应该符合一定的身体条件，即身高、视力、辨色力、听力、下肢、躯干与颈部等都要符合一定的标准。此举主要是为了驾驶安全的考虑，但并没有关于 70 周岁以上的机动车驾驶人如果没有进行身体年检将如何处理的规定。这种法律规范的表现就是欠缺法律责任的软法条，因而其对交通参与人也是起到一种"软法"上的约束力。

类似的软条款在《道路交通安全法》《中华人民共和国国防交通法》《道路交通安全法实施条例》《机动车驾驶证申领和使用规定》等法律法规中还大量存在。这些软条款虽然欠缺法律责任的规定，但是其顺应了我国弱化行政强制和行政处罚的改革趋势[2]，对我国交通参与人具有重要的规范、指引和教育作用。

但是，此类软法条款因欠缺法律责任的规定，往往导致其实效性大打折扣，在实践中很难被人遵守，造成"软法过软"的后果。因此必须对我国交通

---

[1] 参见《公安部关于修改〈机动车驾驶证申领和使用规定〉的决定》（公安部令第 139 号）。

[2] 参见姜明安：《完善软法机制，推进社会公共治理创新》，《中国法学》2010 年第 5 期，第 20 页。

管理法律法规中欠缺法律责任的软法条款进行重新审视,对于采用软性的法律规定即可达到行政管理的目的,则不应设置行政处罚或者行政强制等法律责任条款;而对于影响社会公众利益甚大,必须规定一定的法律后果,且由国家强制力保证实施的,则应对软法条款进行修改,设置一定的法律责任,推动"软法变硬"。

(二) 社会组织及基层组织的自治规范

党的十八届四中全会明确提出要推进多层次、多领域依法治理。发挥人民团体和社会组织在法治社会建设中的积极作用,要建立健全社会组织参与社会事务、维护公共利益、救助困难群众、帮教特殊人群、预防违法犯罪的机制和制度化渠道。支持行业协会商会类社会组织发挥行业自律和专业服务功能。发挥社会组织对其成员的行为导引、规则约束、权益维护作用。加强对在华境外非政府组织管理,引导和监督其依法开展活动[1]。这是党对社会组织加强自我规范、自我约束的新要求,也是国家治理方式改革的重要内容举措。

自治规范多为一定的组织成员共同民主协商制定的,是组织成员共同意志的体现,因此其对组织成员的规范作用更大。当前我国交通领域主要存在交通行业组织的自治规范,机关、企事业单位的自治规范以及基层组织的自治规范三种类型,下面分别阐述。

1. 交通行业组织自治规范对交通参与人的约束

行业组织可称为公法人,它是报经政府或者政府职能部门审批或备案之后而成立的,并且都要办理登记。"作为公共治理的主体,行业组织享有一定的自主权,表现之一就是制定自治规章,如行业协会章程、行业自律公约"[2]。我国交通行业门类众多,也存在很多的自治组织,其制定的自治规范对交通参与人影响甚巨。如成都市出租汽车协会为规范该市出租汽车的行为,制定了《成都出租车行业自律公约》,号召组织内全体成员,提升服务质量,要求出租汽车驾驶员在服务中做到车容整洁,规范着装,用语文明,以诚待人,周到服务,安全驾驶,礼让行车,下车提醒,拾金不昧,积极参与行业和

---

[1] 参见《中共中央关于全面推进依法治国若干重大问题的决定》。
[2] 程信和:《硬法、软法与经济法》,《甘肃社会科学》2007年第4期,第221页。

企业开展的文明创建活动,争做诚信、规范服务的优秀驾驶员[1]。该自律规范就是该行业实行自治的表现,它整合了行业组织成员的意志,能够促进出租车驾驶员自我规范、依法驾驶、文明经营。

2. 机关、企事业单位自治规范对交通参与人的约束

机关、企事业单位也是我国社会组织的一种,其为维护本单位声誉,保证本单位交通安全性与便捷性,也会基于本单位成员的要求制定相应的自治规范,以此促进大家共同遵守。如青岛市农业委员会为了进一步加强机关车辆和驾驶员规范化管理,确保安全行车、文明行车,保障各项公务活动正常开展而制定了《机关公务车辆及驾驶员管理办法》[2],该办法明确提出驾驶员要严格遵守车辆管理制度和交通法规,要提高驾驶员遵守交通法规意识和安全意识,做到安全行车、文明行车,并规定了相应的监督与惩罚措施。这些规定约束了该机关机动车驾驶员的行为,实现了单位自我规范与自我管理。

再如,我国很多大学占地面积较大,校园内道路复杂、车辆与行人较多,导致校园内交通事故频发。为了维护正常的教学、科研和生活秩序,改善校园道路交通环境,加强停车管理,保障交通安全,很多学校都制定了校园交通安全管理办法。如清华大学于2011年制定和实施了《清华大学校园机动车管理暂行办法》[3],规定进出校园的机动车须自觉接受门卫查询和管理,禁止无通行证机动车穿行校园、在校内停放。教学、科研、办公区域和学生生活区禁止摩托车通行。机动车在校园内须遵守国家交通法规和学校相关规定,服从学校保卫工作人员的指挥、管理,按交通标识行驶、停放。该办法强化了清华大学的校园交通管理,约束了校园内机动车驾驶人、摩托车驾驶人等交通参与人的行为,促进了校园交通安全与交通文明。类似的规定还有《东南大学道路交通安全管理规定》《南京邮电大学校园道路交通安全管理规定》《华东政法大学校园道路交通安全管理办法》等。

---

[1] 参见新华网四川频道:《成都出租车行业自律公约 坚决杜绝拒载绕道等违规行为》,http://www.sc.xinhuanet.com/content/2012-05/27/c_112043189.htm,访问时间:2021年11月13日。

[2] 参见青岛政务网:《关于印发机关公务车辆及驾驶员管理办法的通知》,http://www.qingdao.gov.cn/n172/n24624151/n24627095/n24627109/n24627123/140701141714245535.html,访问时间:2021年11月13日。

[3] 参见清华大学保卫部:《清华大学校园机动车管理暂行办法》,http://www.tsinghua.edu.cn/publish/bwb/1268/2011/20110224142251029555361/20110224142251029555361_.html,访问时间:2021年11月13日。

3. 基层组织自治规范对交通参与人的约束

对于城市交通来说,街道、小区、社区既是我国基层组织的一部分,也是我国城市交通的组成部分,城市小区内部交通也关系着整个交通秩序的维持以及城市交通文明建设的实现。目前,我国城市小区的道路交通问题日益突出,如江西一女司机醉酒驾驶一辆无牌越野小车连闯吉安市中心的两个小区大院,创下连撞 11 辆车、伤 1 人的"纪录"[1]。因此,城市的小区有必要加强小区内交通自治。对此,各地许多城市开展了有益的尝试。如渭南市临渭区国网渭南公司供电社区为加强小区交通管理,由社区牵头,会同公司车管所、物业公司、后勤保卫部等有关单位,成立了交通安全工作小组,建立了具有针对性和操作性的供电社区居民交通安全公约、驾驶员文明行车守则等自治制度,加强了对机动车、驾驶员的日常管理,规范了机动车管理和驾驶员登记手续,实行了车辆进出刷卡制度。同时,加大宣传,注重教育引导,增强居民交通安全意识,并根据小区的道路设立了禁止停车、停车让行、限速行驶等交通标志,规划了道路交通标线,在主要路口、出入口设立了减速带[2]。这些措施有效地规范了该小区内交通参与人的交通行为,保证了小区交通安全与秩序,提升了小区居民的交通文明素养。

(三) 道德规范的约束

文明本身就是一个颇具道德意味的概念,前文已有论述。交通参与人是交通的主体因素,是城市交通的核心。因此,对城市交通的治理,本质上就是对交通参与人的治理,而对人的治理,道德教育是不容忽视的方式。党的十八届四中全会明确提出,要坚持依法治国和以德治国相结合,国家和社会治理需要法律和道德共同发挥作用,既重视发挥法律的规范作用,又重视发挥道德的教化作用[3]。

我国很多交通不文明的现象更多意义上是道德层面的问题,如"中国式过马路"、向车外抛洒杂物、翻越栏杆、乱停乱放等,这些问题其实是交通参与人文明素养不高的体现,仅靠法律处罚是无法有效改变的,必须辅之以道德

---

[1] 参见搜狐新闻:《江西一女司机在小区醉酒驾无牌车撞 11 辆车》,http://news.sohu.com/20161213/n475703595.shtml,访问时间:2021 年 11 月 13 日。

[2] 参见华商网:《国网渭南供电社区获交通安全四创建示范社区称号》,http://weinan.hsw.cn/system/2014/06/26/051958634.shtml,访问时间:2021 年 11 月 13 日。

[3] 参见《中共中央关于全面推进依法治国若干重大问题的决定》。

教育。因此,对交通参与人的规范除了依靠法律法规外,还需要加强对交通参与人的道德规范,引导交通参与人自觉守法、文明交通。

我国有很多关于规范交通参与人行为的道德规范,如宁波市制定的《宁波地铁文明公约》,全文共40字,即"购票乘车,不带禁品;乘坐扶梯,右立左让;有序排队,先下后上;禁烟禁食,坐立端庄;轻声细语,关爱礼让"[1]。这一规定虽然极为简单,也不符合规范的范式要求,但其类似于口号式的道德号召,容易让交通参与人理解并记住,能够促进交通参与人自我规范。再比如泉州市委文明办、市交警支队联合泉州晚报发出的《文明出行自律公约》,号召广大交通参与者从自身做起,从每一步做起,严格自律,模范遵守以下公约:"出行遵守交通法规,服从交警指挥;驾驶机动车出行时,自觉做到礼让斑马线、按序排队通行、有序停放、文明使用车灯;步行或骑非机动车出行时,自觉做到各行其道、过街遵守信号,大家一起文明出行……"[2]。该公约其实就是一种欠缺强制力的道德规范。

除此之外,执政党和各级政府制定的公共政策也是我国一般交通参与人软约束机制的构成,鉴于后文会对此进行专门论述,此处不再赘述。

上述不同形式的"软"规范提高了我国交通参与人的交通文明素养,规范了交通参与人的交通行为,有效地促进了交通参与人自我约束、自我管理。但是由于我国城市交通的快速发展,城市交通新问题和新情况层出不穷,迫切需要继续推进交通参与人自我约束与自我管理的机制改革,不断丰富一般交通参与人软法约束的形式和内容,创新一般交通参与人的自治形式,完善一般交通参与人软法约束机制。

四、城市交通文明建设中的公共政策

为了有效地规范公共关系、解决公共问题,各国需要运用各种公共制度资源,存在于政法惯例、公共政策、自律规范、合作规范、专业标准、弹性法条

---

[1] 中国文明网:《40字宁波地铁文明公约出炉 地铁行文明行活动启动》,http://www.wenming.cn/jwmsxf_294/wmjtx/gddt/201606/t20160601_3408827.shtml,访问时间:2021年11月13日。

[2] 网易新闻网:《文明出行自律公约》,http://news.163.com/11/0117/05/6QJ0CQ3C00014AED.html,访问时间:2021年11月13日。

等载体形态之中的软法规范,在公域之治中从来都是不可或缺的[1],城市交通文明建设亦不例外。公共政策作为城市交通文明建设的保障形式,发挥着重要的调节作用。

(一)城市交通文明的公共政策概念

"所谓公共政策,是指由政府、执政党及其他社会政治团体制定的某些有关政治或社会管理措施的行为准则,其内容既涉及宏观的政治路线、政治方针、政治纲要,也包括中观与微观层面上的各项具体政治规定"[2]。公共政策较之于行政法律、法规、规章的法律效力较低,但是由于公共政策的公共干预性是基于社会发展问题的提出、公共政策方案的制定、公共政策方案的通过、公共政策方案的实施、公共政策方案的反馈这样一个完整的政策流动框架进行的,具有一定的科学性和合理性,能够在政府部门和社会公众的良好互动中,实现公共政策的不断完善和发展,因此,公共政策与法律之间具有一致的内在政治性。

城市交通文明建设需要遵循两种基本路径:一是依照法律法规对交通文明建设领域进行严格规制;二是依靠公民基本道德素养的提升进行主动优化。而城市交通文明的公共政策就是立足于城市文明发展的现状,力图由执政党、各级政府及其他社会政治团体制定有关促进城市交通文明建设的具体行为准则,在全国范围内培育促进城市交通文明建设的氛围,加强公民在交通文明层面的基本道德素养。可见,公共政策具有政治性、公共性、灵活性等特点。

(二)城市交通文明的公共政策类型

软法领域著名学者罗豪才教授认为,"经常冠以纲要、计划、规划、规程、指南、指导意见、建议、要求、示范等之名的公共政策,按照制定和实施主体的不同,可以分为国家性政策、社会性政策与政党性政策三种基本类型"[3],因此,本部分城市交通文明的公共政策也将从国家性政策、社会性政策和政党性政策三个方面展开论述。

---

[1] 罗豪才、宋功德:《认真对待软法——公域软法的一般理论及其中国实践》,《中国法学》2006年第2期,第3页。

[2] 周佑勇、尹建国:《行政裁量的规范影响因素——以行政惯例与公共政策为中心》,《湖北社会科学》2008年第7期,第139页。

[3] 罗豪才:《软法与公共治理》,北京大学出版社2006年第1期,第194页。

第一,有关城市交通文明的国家性政策。城市交通文明作为城市文明的一个重要组成部分,关乎着人、车、路不同主体的权益分配,国家机关从宏观层面上制定实施的公共政策可以对交通文明做出原则性的指示,为各地方政府机关的施政做出引导。例如,2010年1月26日,由国家文明委、公安部、交通运输部三部门发起的"文明交通行动计划",以"关爱生命、文明出行"为主题,以"公民交通出行的法制意识、安全意识、文明意识明显增强,交通事故明显下降,交通执法更加规范,交通管理更加科学,交通秩序明显改善,文明交通长效机制进一步完善"[1]为主要目标,重点围绕倡导"六大文明交通行为""摒弃六大交通陋习""抵制六大危险驾驶行为""完善六类道路安全及管理设施"四项活动,正式拉开了增强公民文明交通意识的动员大幕。作为一项促进城市交通文明建设的公共政策,行动计划在直辖市、省会城市和副省级城市以及一批重要的中等城市[2]试点开展后,2011年在全国范围内陆续推开,获得了良好的成效。

第二,有关城市交通文明的社会性政策。城市交通文明坚持以科学、民主、合法、便捷、安全、绿色等为基本原则,除却立法机关的制度保障和行政机关的宏观政策支持,社会公众才是城市交通文明建设的真正主体,社会性组织和团体的自发性活动可以有效弥补宏观性交通文明公共政策在基层区域范围内的实施漏洞。以城市公交车为例,公交车驾驶员作为重要的交通参与者,其安全行车意识、服务意识直接影响到公众的出行体验。公交车公司通过对行业系统内部驾驶员及其他工作人员进行的文明交通宣传教育,可以加强驾驶员的文明行车意识和服务意识;通过公交车公司组织的志愿者活动,让公众自身能够以管理者角色参与到倡导文明乘车的活动中,从而增强公众文明出行的引导作用,优化文明乘车的整体氛围。同样,出租车行业和轨道交通行业的文明交通行为和摈弃交通陋习行为也需要此类行业自治政策的供给。

第三,有关城市交通文明的政党性政策。城市交通文明建设本质上是一项民生工程,旨在通过交通文明的宣传引导,保障最广大人民群众的出行权益,助力城市文明建设。继十八届四中全会提出依法治国的总要求,党的十八届五中全会将创新、协调、绿色、开放、共享五大发展理念贯彻到社会主义

---

[1] 参见《中央文明办、公安部关于印发〈文明交通行动计划实施方案〉的通知》(公通字[2010]1号)。

[2] 参见《国务院关于调整城市规模划分标准的通知》(国发[2014]51号),"城区常住人口50万以上100万以下的城市为中等城市"。

现代化建设的进程中去,从而赋予城市交通文明建设以新的内涵和理念。全会提出要"不断推进理论创新、制度创新、科技创新、文化创新等各方面创新,让创新贯穿党和国家一切工作";"在增强国家硬实力的同时注重提升国家软实力,不断增强发展整体性";"推动低碳循环发展,建设清洁低碳、安全高效的现代能源体系";"增加公共服务供给,从解决人民最关心最直接最现实的利益问题入手,提高公共服务共建能力和共享水平";"运用法治思维和法治方式推动发展"[1],从而为各级政府以及社会公众指明了城市交通文明建设的大方向。

(三) 公共政策对城市交通文明的影响

城市交通文明建设的整个过程,除了受到法律、行政法规和规章的影响以外,还会受到不同层面公共政策的影响。因此,探讨公共政策对城市交通文明建设产生影响的原因及其表征非常必要。

1. 公共政策对城市交通文明产生影响的原因

其一,公共政策的价值目标对城市交通文明建设具有引导性。"公共政策体现了政府对特定时期社会形势的判断和行政任务的宣示,每项公共政策的出台实际上就确立了一段时期内政府各种活动的基本准则"[2]。城市交通文明除受到城市经济发展水平和区域法治的制约外,还不可避免地受到中央政府和地方政府不同策略层面的宏观调控和微观政策的影响。例如,前些年来我国北方地区深受雾霾天气的影响,国务院总理李克强在新一届国家能源委员会首次会议上提出了积极发展清洁能源,推动改善环境质量的重要政策指示,该政策指示直接影响到了国家总体城市交通规划和地方城市交通规划的布局。因此,大力发展公共交通、提倡绿色出行,就以一种隐形的政治行为内化到了城市交通文明建设的整体布局中。

其二,公共政策的制定过程能够最大程度地体现公众利益。公共政策的制定过程,始于社会公共问题的界定,发展于政策方案的抉择,终于政策方案的合法化。而社会公共问题之所以能够进入公共政策议程,主要原因为公众的利益诉求影响到社会的稳定与发展;政府部门为了缓解多方利益冲突,通过公共政策的制定,实现不同群体利益的重新分配。在公共政策进入到执行

---

[1] 参见《中国共产党第十八届中央委员会第五次全体会议公报》。
[2] 郑雅方:《行政裁量基准实质渊源——以公共政策为例》,《社会科学战线》2010年第9期,第252页。

阶段后,公众则以利益得到满足与否作为政策评价的主要标准,为政策是否需要调整优化提供依据。城市交通文明的公共政策是在参考整体社会政治环境的基础上,针对性地对土地空间利用、公共交通设施投放、不同地区的交通需求进行基础信息的搜集,通过不同层面的调控政策,实现不同利益群体之间、群体利益与个人利益之间的均衡,这能够在最大限度上满足公众的交通出行权益,具有一定的科学性、合理性和民主性。

其三,传统官僚体制运作机制下公共政策对城市交通文明建设的影响。官僚体制下各级政府身份地位的差异,决定了不同层级政府官员所拥有的权力和资源的分配,如何执行上级颁布的政策以获得个人利益的最大化成为其执政行为的最大动力。因此,在传统官僚体制下,"行政官员和政客都不是从法律而是从政策中寻找他们的授权。换句话说,他们是以政策为中心的"[1]。这是因为,首先,相较法律而言,公共政策调整社会关系的范围更广,法律不可能深入社会生活的方方面面;其次,公共政策的制定过程弱于法律的制定修改程序,也更易于受到行政长官的个人意志的影响;再次,相较于法律的强制性和惩罚性,公共政策可以通过财税、行政给付等优惠政策引导和约束社会公众的偏好、选择。因此,城市交通文明建设一方面需要在法律框架下进行严格规制,另一方面也需要公共政策调动社会公众的积极性进行交通文明素质的培养和优化。

2. 公共政策对城市交通文明产生影响的表征

不同的政策文件使得公共政策的触角可以深入影响城市交通文明建设,弥补城市交通文明建设法律法规的欠缺,提升城市交通文明活动落实的效率,保证城市交通文明主体权益分配的相对公平性。

第一,公共政策能够使城市交通文明建设活动落到实处。例如,2015年2月13日,南京市政府发布的《南京市绿色循环低碳交通运输发展规划(2014—2020年)》,明确指出要将轨道交通、常规公交、出租汽车、公共自行车的多模式立体公交体系塑造成为引导公众绿色出行的政策目标[2]。但是在实际的市场交易行为中,城市交通出行的公众选择偏好往往受到多种因素的影响,比如私家车出行的自由、方便、整洁、不受天气条件影响等因素往往

---

[1] 卡罗尔·哈洛、理查德·罗林斯:《法律与行政(上卷)》,杨伟东等译,商务印书馆2004年版,第165页。

[2] 参见《南京市政府关于印发〈南京市绿色循环低碳交通运输发展规划(2014—2020年)〉的通知》(宁政发〔2015〕39号)。

会影响公众,导致偏离城市绿色交通文明建设的目标。针对此,南京市政府出台了多项公共政策来促使该目标的实现,如 2016 年 3 月 13 日启动的"全民低碳出行、共创绿色南京"活动,该活动利用"互联网+"的大数据模式,通过"我的南京"App 手机平台推广全市绿色出行线上线下活动,以积分兑换礼品的方式激励市民选择公共交通出行,实现公共政策调整公众利益偏好选择的目的,真正使城市绿色交通的目标落到实处。

第二,公共政策能够提升城市交通文明建设活动的效率。"文明交通行动计划"作为对城市交通文明发展在一定时期内的展望或期望,在短期或中长期具有相对稳定性,并有一定的执行周期。受到传统官僚体制弊端的影响,城市交通文明建设倡导的各种具体活动,在实践过程中由于缺少有效的外部监督机制和内部惩罚措施,往往会被一拖再拖,从而降低交通文明建设主体对活动执行的积极性、主动性,影响活动执行的效率。因此,面对复杂多变的外部环境,相关公共政策的实行可以针对性地解决交通文明活动执行中的问题,例如,为了大力发展公共交通,财政部门实施的对公交企业的综合补贴、公交购车补贴等针对公共交通设施的资金投入政策,能够促进公共交通系统可持续发展,提升公共交通文明建设方案执行效率,提高交通文明建设参与者的积极性和主动性。

第三,公共政策能够保证城市交通文明建设主体权益分配的相对公平。例如南京市鼓楼区 2003 年提出的月光广场和阳光广场的停车场规划项目,本是针对"停车难"造成的道路拥堵问题提出的,意在将两个广场一万多平方米绿地的地下空间建设成拥有 2 000 个停车位的地下车库,但是因为小区居民担心地下工程开挖影响住宅质量而强烈反对,于 2005 年项目遭遇停滞;2011 年鼓楼区政府再度提出该项目的规划实施时又遭到多位建筑专家的联名反对,最终在区政府对多方利益权衡的基础上,作出了放弃该停车场项目规划的决定[1]。在公共政策的运作过程中,主要表现为政府通过对治理道路交通拥堵、居民停车诉求、公共绿地使用、市民居住环境体验等多项利益的权衡,停止了原定的项目规划,以实现对公共利益的调整和重新分配,这在最大程度上缓解了利益冲突,保证了交通文明建设主体权益的相对公平。

第四,公共政策的消极影响包括以下两个方面:一方面,公共政策可以

---

〔1〕 参见新华报业网:《一个停车场,缘何 10 年建不成》,http://js.xhby.net/system/2012/08/31/014354351_01.shtml,访问时间:2021 年 11 月 13 日。

保障城市交通文明建设活动落到实处、提升城市交通文明建设的活动效率、保证城市交通文明建设主体权益分配的相对公平；另一方面，其也容易受到我国传统官僚体制惯性的影响，无形中扩大公共政策的应用领域，导致公权力的无限扩张。相对城市交通文明建设的法律法规而言，公共政策具有相对灵活的特点，因此也更容易受到行政领导个人意志的左右。在城市交通文明建设活动中，若是过多引入公共政策作为评价城市交通文明建设优劣的考量因素，就会不断降低社会公众对城市交通文明建设活动的信赖感和期待可能性，反而会影响到城市交通文明活动的顺利开展与实施。此外，公共政策易受区域个案状况的影响、首长意志的左右以及缺乏充分的实践论证，往往会对城市交通文明建设的发展起到巨大的破坏作用。比如，近年多个城市出现的严重城市内涝问题，就是政府部门大力发展房地产业、过于追求城市外部形象，而罔顾城市基本水文地理特征所造成的；又如，一些政府官员为追求政绩，盲目扩路，而对一些具有文化保护价值的历史古迹进行野蛮拆迁、改造导致的文物破坏问题，都是不良公共政策对城市交通文明建设产生消极影响的表现。

（四）对公共政策的规制路径

公共政策的表现形式多种多样，从政府系统而言主要表现为中央政府政策性文件、地方政府的红头文件、专项行动文件、临时性政策文件等，本质上从属于行政规范性文件的范畴。城市交通文明的公共政策关乎城市交通发展、公众出行、经济社会发展等重大问题，如果总是试图通过政策反馈机制来检验实践中的问题，难免会造成公权力的不断扩张和社会公共资源的浪费，因此，有必要从以下几个方面规制城市交通文明的公共政策。一是完善规范性文件的备案审查制度，实现对规范性文件从程序性审查到实质性审查转变。二是加大对抽象行政行为的监督，新修改的《行政诉讼法》增加了对抽象性行政行为的审查，使得司法机关可对政策性文件进行切实的监督，这有助于制衡政府公共政策部门的权力。从备案审查制度和司法审查制度的角度出发，对城市交通文明公共政策所产生的负面影响，从源头上和实施结果反馈上进行监督，以最大程度发挥城市交通文明公共政策在城市文明建设活动中的积极作用。三是将影响面大、行之有效的公共政策及时上升到立法层面加以固化，通过法定程序实现社会问题的权威化和规范化，建立公共政策向法律法规转化的良性机制。

第五章

城市交通行政执法文明建设的法治化研究

城市交通执法是我国城市交通管理的重要内容,城市交通执法权的合法、合理行使关系交通参与人合法权益的保护,展现了城市交通文明的水平,深刻影响着城市交通文明建设。当前我国城市交通执法还存在很多问题,这些问题严重影响我国城市交通文明的建设进程。因此,推进城市交通文明建设,迫切需要规范城市交通执法,完善城市交通执法文明法律治理机制。

一、城市交通行政执法与城市交通文明建设的关系

要探究城市交通行政执法与城市交通文明的关系,首先应对城市交通行政执法的概念作出明确界定,厘清何为城市交通行政执法。

(一) 城市交通行政执法的概念、意义和基本要求

1. 城市交通行政执法的概念界定

城市交通管理部门是政府的组成部门,城市交通执法是我国行政执法的重要组成方面,所以对城市交通执法概念的界定需要首先明确什么是行政执法。

行政执法,作为一个法律概念,在行政法学教科书中较少有阐述,但在我

国行政法治实践中却是个出现频率较高的词汇[1]。我国理论研究者对行政执法的概念界定存在广义与狭义之分。广义说认为行政执法是相对于立法和司法而言的,是指行政机关对法律的执行和实施;狭义的行政执法仅指行政机关实施的行政处理行为,是相对于行政立法(行政机关制定行政法规和规章的行为)、行政司法(行政机关裁决争议的行为)而言的,不包括行政立法和行政司法[2]。当前我国多数行政法学者仍采用狭义行政执法的概念,认为行政执法是行政机关执行法律的行为,是主管行政机关依法采取的具体的直接影响相对一方权利义务的行为,或者对个人、组织的权利义务的行使和履行情况进行监督检查的行为[3]。此外,我国法律法规的规定也与狭义说的观点一致[4]。

我们认为,行政执法概念的广义说涵盖范围较为宽泛,将除行政立法和行政司法之外的行为全部纳入行政执法的概念并不符合行政执法本身的概念内涵,也不符合现实状况,如行政指导、行政合同行为就不能说是行政执法行为;反之,狭义说更能准确地揭示行政执法的内涵,即行政执法是具有行政执法权的机关和部门,为实现行政管理的目的,执行法律、法规、规章的行为。本书所研究的城市交通执法是行政执法在我国交通领域的具体体现,是我国行政执法的一部分。所以,城市交通执法的概念可以借鉴行政执法的概念,即城市交通执法是城市交通行政管理部门为保证交通安全、维护交通秩序,执行法律、法规、规章及其他规范性文件的行为,包括交通行政检查、交通行政处罚、交通行政强制等。

2. 城市交通执法的意义

伴随着我国城市化快速发展,城市机动车数量不断增长,城市道路规模不断扩大,城市人口不断增长,城市交通问题已成为当下中国普遍关心的社

---

[1] 在我国早期的教科书里,如罗豪才主编的《行政法学》(1989年版)一书中有专章研究"行政执法",之后的行政法研究都细化到具体行政行为的种类研究了,所以"行政执法"的概念在行政法学里被逐渐淡化、边缘化了。参见刘平:《行政执法原理与技巧》,上海人民出版社2015年版,第3页。

[2] 姜明安:《行政执法研究》,北京大学出版社2004年版,第1页。

[3] 罗豪才:《行政法学》,中国政法大学出版社1999年版,第133页。

[4] 如《广东省行政执法监督条例》规定行政执法就是行政执法主体依法履行行政处罚、行政许可、行政强制、行政征收、行政征用、行政给付、行政确认、行政登记、行政裁决、行政检查等行政职责的行为。《河南省行政执法条例》规定行政执法,是指行政执法机关在对公民、法人和其他组织实施行政管理活动中,执行法律、法规、规章的行为。

会问题。

交通管理的基本工作是执法工作[1],而城市交通俨然成了中国交通的代表,其执法的意义至关重要。首先,城市交通执法是交通法律法规在城市中得以实现的途径和重要保障。城市交通执法的好与坏,城市交通执法的程度与水平都决定了我国制定的交通管理法律法规的立法目的能否实现;其次,城市交通执法是保障和维护公民权利的重要手段,城市交通的安全、有序关系公民的人身和财产权利,需要公正严格的城市交通执法予以保障;再次,城市交通是我国国民经济发展与社会生活的重要基础,城市交通的安全、有序与便捷也深刻影响着我国经济社会有效运转和长远发展。

3. 城市交通执法的基本要求

法律的生命在于实施,法律的权威也在于实施。城市交通执法必须遵循一定的原则和标准,以保证城市交通法律法规的效用发挥。党的十八届四中全会通过的《中共中央关于全面推进依法治国若干重大问题的决定》明确提出要坚持严格规范公正文明执法的要求。城市交通执法作为行政执法的一种,也应遵循该要求。我国其他关于城市交通执法的规定,也有类似原则和要求,如公安部2008年印发的《交通警察道路执勤执法工作规范》第三条规定:"交通警察执勤执法应当坚持合法、公正、文明、公开、及时,查处违法行为应当坚持教育与处罚相结合"[2]。交通运输部于2010年实施的《交通运输行政执法评议考核规定》明确考核的基本标准为:"行政执法内容符合执法权限,适用执法依据适当;行政执法行为公正、文明、规范"[3]。这其实就是对严格、规范、公正、文明执法的一种考核要求。

严格、规范、公正、文明执法是有机统一的整体。其中,严格是执法基本要求,规范是执法行为准则,公正是执法价值取向,文明是执法职业素养[4]。严格执法是文明执法的前提和基础,严格执法不代表暴力执法,而是指在执法过程中,按照国家的法律、法规的指导思想、方针、原则、标准和程序,

---

[1]《公安部交通管理局关于印发〈关于加强交警系统执法规范化建设的意见〉的通知》(公交管[2008]215号)。

[2] 参见《公安部关于印发〈交通警察道路执勤执法工作规范〉的通知》(公通字[2005]84号)。

[3] 参见《交通运输行政执法评议考核规定》(中华人民共和国交通运输部令2010年第2号)。

[4] 郭声琨:《坚持严格规范公正文明执法》,http://opinion.people.com.cn/n/2014/1113/c1003-26013608.html,访问时间:2016年12月29日。

正确地运用法律,保障国家法律的正确实施。离开严格执法,文明执法就成了无本之木、无源之水。文明执法是严格执法的表现形式,强调文明执法并不等于放弃严格执法。相反,正确使用好行政执法手段,保证交通执法活动顺利进行,以达到纠正违法行为和保障合法权利的目的,恰恰是文明执法所追求的目标。交通行政执法过程中必须坚持严格执法与文明执法相结合,增强广大人民群众的法治观念,形成知法、守法、尊法的良好执法氛围。

(二) 城市交通执法与城市交通文明建设的关系

城市交通执法与城市交通文明建设之间有着密切的互动关系,这种互动关系集中表现在以下两个方面:

1. 城市交通执法促进城市交通文明建设

城市交通执法须遵守严格、规范、公正、文明的标准和要求。2010年中央文明办和公安部联合印发的《文明交通行动计划实施方案》要求在全国范围内开展文明交通行动计划[1],这一计划旨在提高公民交通出行的法治意识、安全意识、文明意识;减少交通事故;使交通执法更加规范,交通管理更加科学,交通秩序明显改善,文明交通长效机制进一步完善。这些目标的实现离不开严格、规范、公正、文明的城市交通执法。由此可以看出,城市交通执法的标准和要求与城市交通文明建设的目标是内在统一的,城市交通执法能够直接规范人们的不文明行为,从而有力促进城市交通文明。

为促进城市交通执法的规范和文明、保障城市交通文明,近年来我国颁布了一系列城市交通文明执法规范,如公安部2008年颁布的《关于加强交警系统执法规范化建设的意见》提出:"按照理性、平和、文明、规范执法的要求,以促进社会和谐作为执法工作的最终落脚点,既要严格执法,又要文明执法,努力实现执法的法律效果与社会效果的统一。在城市要把树立执法形象、改进执法态度作为首要任务。整改执法形象问题,要求民警执勤时警容严整,举止端庄,指挥交通动作规范,敬礼协调有力标准。整改执法态度问题,要求民警执勤执法及与当事人交流时保持表情平静,态度温和而不失严肃。整改执法用语问题,要求民警在执勤执法、受理群众求助时尊重当事人,使用文

---

[1] 参见《中央文明办、公安部关于印发〈文明交通行动计划实施方案〉的通知》(公通字〔2010〕1号)。

明、礼貌、规范的语言,语气温和不生硬,对当事人不理解的要耐心解释。"[1]这是对我国城市交通文明执法建设做出的具体性规定。同年,公安部交通管理局颁布的《交通警察道路执勤执法工作规范》,从执勤执法用语与行为举止、着装和装备配备、违法行为处理、现场处罚和采取强制措施、执法监督与考核评价等方面对城市交通执法作出了明确具体的规定,要求交通警察执法应当坚持合法、公正、文明、公开、及时,查处违法行为应当坚持教育与处罚相结合[2]。交通运输部还在 2008 年颁布了《交通行政执法风纪》《交通行政执法检查行为规范》《交通行政执法用语规范》《交通行政处罚行为规范》《交通行政执法文书制作规范》五部交通执法的规范性文件,对交通执法风纪、交通执法队伍的良好形象、交通执法规范文明用语、交通执法规范行为等作出了明确的规定。此外,地方也有大量类似的规定,如山西省运城市政府颁布《运城市文明交通行动计划实施方案(2013—2015 年)》。

总之,规范文明的城市交通执法,既是交通参与人等广大社会公众对城市交通执法活动的真切期盼,也是城市交通执法者自我约束和自我要求的内在价值导向。规范文明的城市交通执法能有效限制城市交通执法者执法权力的滥用,保证城市交通执法的理性、平和与文明,提高交通参与人对城市交通执法活动的认可度,有力促进城市交通活动的文明。

2. 城市交通执法文明是城市交通文明的重要组成部分

城市交通执法文明是城市交通文明建设中不可或缺的组成部分。近年来,我国城市交通执法中还存在很多暴力执法、随意执法等不文明现象。如济南交警在济南长途汽车总站严查无牌无证摩托车时殴打、拖拽女性市民事件[3],深圳大鹏交警跪压私家车车主,连续怒吼要求车主认错道歉事件[4],河南焦作交警在查处违法车辆时导致货车撞向一位年仅 16 岁女孩,并致女

---

〔1〕 参见《公安部交通管理局关于印发〈关于加强交警系统执法规范化建设的意见〉的通知》(公交管〔2008〕215 号)。

〔2〕 参见《公安部关于印发〈交通警察道路执勤执法工作规范〉的通知》(公通字〔2005〕84 号)。

〔3〕 凤凰网山东:《济南交警被指粗暴执法对待女市民回应:深入调查》,http://sd.ifeng.com/a/20160419/4468748_0.shtml,访问时间:2016 年 9 月 15 日。

〔4〕 腾讯新闻:《交警跪压车主被疑暴力执法 回应称车主不听指挥》,http://news.qq.com/a/20150412/019284.html,访问时间:2016 年 9 月 15 日。

孩死亡事件[1]，以及上海钓鱼执法事件等。这些问题既是城市交通执法不文明的表现，也是城市交通不文明的表现。城市交通文明建设迫切需要提高城市交通执法文明水平，城市交通执法文明也是我国城市交通文明不可或缺的重要组成部分。

城市交通执法对城市交通文明的重要性，可从我国中央以及各地的交通文明行动计划和方案中推出。如中央文明办和公安部在2010年联合发布的《文明交通行动计划实施方案》[2]，提出了保障城市交通文明的六大措施，其中大力整顿交通秩序和努力提高执法水平都属于城市交通执法层面的要求。该文件还明确提出在2010年全面启动文明交通行动计划，大力组织专项整治行动，集中解决日常交通行为中存在的突出问题，加强文明执法和科学管理，促进交通参与者知法、守法，提高行人、非机动车守法率，减少机动车驾驶人交通陋习及危险驾驶行为，完善道路安全设施和管理设施，发挥党政机关公务人员文明交通表率作用，提升执法规范化水平。由此可以看出，城市交通执法贯穿城市交通文明建设的全过程，是城市交通文明建设的重要手段。

二、城市交通行政执法存在的突出问题

新时代背景下城市交通执法立足于执法为民的工作理念，不断创新城市交通执法方式，有力推动城市交通执法文明建设。尽管城市交通执法文明已经取得显著提升，但当前我国城市交通执法仍存在不少问题，如交通执法主体方面存在着执法主体权限混乱、辅警辅助执法权威性不足等问题，交通执法行为方面存在着滥用行政处罚裁量权、执法程序不规范、执法缺乏有效监督等问题，交通执法方式方面存在着暴力执法、钓鱼式执法等问题。

（一）城市交通行政执法主体存在的问题

我国的城市交通行政执法主体主要包括各级交通行政机关[3]，法律、法

---

[1] 21CN新闻：《河南交警执法引车祸致女孩身亡被判违法赔10万》，http://news.21cn.com/domestic/difang/a/2016/0909/18/31527753.shtml，访问时间：2017年7月2日。

[2] 参见《中央文明办、公安部关于印发〈文明交通行动计划实施方案〉的通知》（公通字[2010]1号）。

[3] 交通行政机关主要指国务院交通主管部门和县级以上地方人民政府交通主管部门。

规授权的具有公共管理职能的交通管理机构[1],交通行政机关委托实施行政执法的机关[2],相对集中执法权的交通管理机构[3],以及法律授权对某些交通领域实施监督管理的有关部门[4]。表面上看,以上交通执法主体各司其职、各负其责,但实践中存在执法主体权限混乱、辅警辅助执法权威性不足等问题。

1. 执法主体权限混乱

由于我国各地交通运输地理条件的制约和区域经济发展不平衡,各地的城市交通执法体制并不统一,管理机构的设置和管理范围均存在较大的差异。

从横向看,交通系统内有公路路政、高速交警、道路运政、港航运政等执法主体。这些执法主体在执法过程中多存在权责重叠,如有的地方将路政、运政两方面的行政执法交由一个部门履行,有的地方将这两方面的行政执法分别由两个相关行政部门的下设单位履行。例如,对于货物超载车辆的处罚,交通运输部门根据《超限运输车辆行驶公路管理规定》和《中华人民共和国公路法》(以下简称《公路法》)的相关规定具有行政处罚权[5],而交警部门根据《道路交通安全法》第九十二条以及《道路交通安全法实施条例》第五十

---

[1] 在法定授权范围内,各级公路管理机构、道路运输管理机构、港航管理机构、海事管理机构可以实施交通执法行为。

[2] 交通行政机关在其法定职权范围内,可以委托其他机关实施行政执法,如船舶检验机构、港口管理机构、航道管理机构、交通基本建设工程质量监督管理机构等。

[3] 经国务院批准,省、自治区、直辖市人民政府根据精简、统一、效能的原则,可以决定一个行政机关行使有关行政机关的行政执法权。

[4] 这一类部门不是专门的交通行政执法机构,而是依照法律法规的授权,在与自身业务相关的范围内,对交通某些业务行使监督管理权,如城市管理行政执法机构。

[5] 《超限运输车辆行驶公路管理规定》第四条:"交通运输部负责全国超限运输车辆行驶公路的管理工作。

县级以上地方人民政府交通运输主管部门负责本行政区域内超限运输车辆行驶公路的管理工作。

公路管理机构具体承担超限运输车辆行驶公路的监督管理。

县级以上人民政府相关主管部门按照职责分工,依法负责或者参与、配合超限运输车辆行驶公路的监督管理。交通运输主管部门应当在本级人民政府统一领导下,与相关主管部门建立治理超限运输联动工作机制。"

《公路法》第五十条:"超过公路、公路桥梁、公路隧道或者汽车渡船的限载、限高、限宽、限长标准的车辆,不得在有限定标准的公路、公路桥梁上或者公路隧道内行驶,不得使用汽车渡船……"

第七十六条:"有下列违法行为之一的,由交通主管部门责令停止违法行为,可以处三万元以下的罚款……(五)违反本法第五十条规定,车辆超限使用汽车渡船或者在公路上擅自超载行驶的……"

四条的相关规定也可以对超限车辆进行处罚。另外对于道路上的摊贩,城市管理行政执法部门可以指定摊点,但城市交通管理部门可以根据《公路法》第四十六条的规定以侵占道路为由予以取缔。

从纵向看,交通执法主体同时受上级机关和同级政府双重领导,即各级交通执法主体既受上一级交通执法主体指导,又受当地同级政府管理。但是,对于交通执法行为的实施,具体分工却不明确,有的地方自上而下都是由两个相关行政部门下设单位履行,而有的地方从上到下却不统一,有分有合。

这种体制的不统一,容易引发执法主体之间的权责冲突,使交通行政执法在横向、纵向之间的配合和协调上容易出现问题。如交通秩序管理、交通事故处理、驾驶证件管理、车辆年审,均属于城市交通主管部门的工作,却划归公安部门管理。又如高速公路和地方公路路政、交警在执法上有冲突,市区执法总队和各区县交通局执法上有冲突,执法总队和路政、运政部门执法上亦有冲突[1]。这种执法上的冲突极易导致交通行政执法主体出现执法空白或执法密集的问题,直接降低道路交通行政执法的效率,浪费执法资源,不利于城市交通文明的建设。

2. 辅警辅助执法权威性不足

在我国城市交通管理领域,随着城市道路建设的发展和机动车辆的快速增加,城市交通管理任务日益加重。为了满足形势发展的需要,交通执法部门纷纷扩大执法队伍,招聘大量临时的辅助执法人员。由于是临时招聘的合同工,交通执法部门对辅助执法人员的管理没有像正式执法人员那样重视,更没有健全完善的管理制度,各项规章制度相对滞后,正规化程度相对较低。

一方面,在交通执法过程中,辅助执法人员规范执法意识薄弱,容易随意侵犯被执法者的合法利益。辅助执法人员往往服务意识不强,在处理交通违法行为时,态度粗暴蛮横,甚至对被执法人员暴力相向。如近年来经常出现的辅警暴力执法及其引起的暴力抗法事件,在社会上引起了很大的负面影响,严重扰乱城市交通管理秩序,影响城市交通文明的建设。另一方面,辅助执法人员大都缺乏交通执法的专业背景,业务能力相对较低,在执法过程中难以正确适用法律条款,甚至错用和滥用法律条款,导致行政相对人的不满,进而引发纠纷,导致行政复议或行政诉讼案件数量增多。辅助执法人员在交通执法过程中的不规范行为,还进一步导致其执法地

---

[1] 王忠权:《交通行政执法体制问题解析》,《中国公路》2015年第9期,第135页。

位、执法权限遭到社会和公众质疑。

(二) 城市交通执法行为存在的问题

1. 滥用交通处罚裁量权

交通行政处罚的裁量权,是指交警在法律法规规定的处罚原则或处罚范围幅度内,因事、因地、因时,给违法者以最适当处罚的一种执法权力[1]。交通行政处罚裁量权的存在,一定程度上保证了行政行为的灵活性和能动性,提高了交通管理行政效率,但其不当使用也易导致行政专断,如交通执法人员任意开罚单、按罚款数额上限罚款、违法处罚"打折""包月"、限定处罚对象等问题,影响城市交通文明建设。

(1) 任意开罚单

行政处罚是法律规定惩处公民和法人等行政相对人违法行为的一种手段,目的是使社会管理有序。然而,执法部门却将执法的手段和目的颠倒,为了处罚而处罚,以罚代教、以罚代管甚至是以罚谋利、以罚谋私。2016年10月21日,甘肃临洮交警90分钟内以同样的理由"实施掉头妨碍正常行驶的车辆和行人通行",开出每张20元处罚决定书共计75张,收取罚款1 500元。我国《行政处罚法》明确规定,对当事人的同一个违法行为,不得给予两次以上罚款的行政处罚[2]。公民、法人或者其他组织违反行政管理秩序的行为,依法应当给予行政处罚的,行政机关必须查明事实;违法事实不清、证据不足的,不得给予行政处罚[3]。而甘肃临洮交警却无视《行政处罚法》的规定,作出"一次开罚款单成沓"的违法行为,严重损害当事人的合法权益,影响城市交通文明的建设。

党的十八届六中全会公报指出,全党必须贯彻党的群众路线,为群众办实事、解难事,当好人民公仆。坚持问政于民、问需于民、问计于民,决不允许在群众面前自以为是、盛气凌人,决不允许当官做老爷、漠视群众疾苦,更不允许欺压群众、损害和侵占群众利益[4]。交通执法部门作为国家行政机关,

---

[1] 柯受勤:《谈正确行使公安交通管理行政处罚自由裁量权》,《公安学刊(浙江警察学院学报)》,2008年第6期,第97页。

[2] 参见《行政处罚法》第二十九条。

[3] 参见《行政处罚法》第四十条。

[4] 新华网:《中国共产党第十八届中央委员会第六次全体会议公报》,http://www.xinhuanet.com/politics/2016-10/27/c_1119801528.html,访问时间:2018年2月4日。

应切实维护法律的严肃性和公民的合法利益,在作出具体的行政处罚行为时应严格依照相关法律法规的规定,处罚有据。

(2) 按罚款数额上限罚款

我国目前的法律法规对交通行政处罚幅度的规定过于宽松,但是《行政处罚法》第五条第二款明确规定,"设定和实施行政处罚必须以事实为依据,与违法行为的事实、性质、情节以及社会危害程度相当"。《道路交通安全违法行为处理程序规定》第三条第二款也规定,对违法行为的处理应当坚持教育与处罚相结合的原则,教育公民、法人和其他组织自觉遵守道路交通安全法律法规。然而,在实践中,柔性执法方式通常不被执法者所青睐,罚款甚嚣尘上。而且由于处罚人员的不同、行政相对人的不同,以及地域政策的不同,相同的违法行为其处罚结果却差异巨大。如在道路两侧及隔离带上种植树木、其他植物或者设置广告牌、管线等,遮挡路灯、交通信号灯、交通标志,妨碍安全视距的,由公安机关交通管理部门责令行为人排除妨碍;拒不执行的,处二百元以上二千元以下罚款[1]。但在同一城市内,有的执法人员处以两百元的罚款,也有的执法人员处以二千元的罚款,行政处罚裁量基准的设定仍有待完善。

(3) 违法处罚"打折""包月"

国家政策明确规定,罚款不能与财政收入挂钩。但现实生活中,完成罚款的数额与相关领导的政绩挂钩,罚款带有一定的任务性。而且罚款与财政收入也有一定关系,为了增加地方财政收入,交通行政执法者希望违法者尽快接受处罚,缴纳罚款,而地方财政依据相关部门上缴的罚款数额"返点"等。如此,"罚款经济"在一些地方盛行,罚款"包月""打折",执法变"执罚",以罚代管等违法违规行为屡禁不止,严重扰乱了正常的执法秩序[2]。曾有媒体报道称,北京市交通执法总队在重点治理首都机场、北京西站、东直门枢纽等地区非法运营黑车的"三大秩序"集中夜查行动中,一些被罚的黑车司机可以"讨价还价"。据称,有位黑车司机被执法人员口头罚款 1.3 万元,但几经"讨价",最后缴纳罚款 7 000 元,罚款数额缩水近一半[3]。罚款"包月"现象如广

---

[1] 参见《道路交通安全法》第一百零六条。

[2] 人民网:《交通违法处罚"打折","卖"的是公共安全》,http://opinion.people.com.cn/n/2013/0730/c1003-22376619.html,访问时间:2017 年 2 月 9 日。

[3] 凤凰网:《北京黑车被查后被指可用贫困证减免罚款》,http://beijing.auto.ifeng.com/xinwen/2013/0923/7925.html,访问时间:2018 年 7 月 9 日。

东省境内的惠大高速原是惠州到大亚湾的主要通道,后来升级改造成高速公路,为方便沿线企业和村民,高速两边设计辅道,各出入口都有限行标志,全天禁行大货车和危化品运输车。但实践中,高速辅道却是货车事故频发路段,究其原因,在于交警违规执法,司机公开买路,一车一月500元。依法行政,是对行政机关提出的基本要求,而依法行政具体反映在交通行政处罚领域,便是交通执法机关依法处罚,严格按照法律法规的规定处罚。无论是罚款"包月",还是罚款"打折",都与依法处罚相悖,削弱了法的权威性,也不利于城市交通文明的建设。建设城市交通文明,须将交通安全和公众生命置于首位,执法者的处罚不能有半点折扣,必须严禁给违法者"开绿灯"的行为。

(4) 限定处罚对象

法律的平等性原则要求对任何合法的利益都应当给予平等保护,对任何违法行为都应当给予应有的处罚,不能因为不同的执法对象而采取不同的执法措施。《江苏省道路交通安全条例》第七章专门规定了违反道路交通安全的相应的法律责任,分别对行人、乘车人、非机动车驾驶人、机动车驾驶人的违法行为进行了专门规定,并对各种具体的违法行为制定了不同的处罚标准。执法者在执法的过程中,应该全面执行该法的规定。但在实践中,交通执法者并非对所有违法者的违法行为都一视同仁,其往往对于行人、乘车人的违法行为"视而不见",而仅仅对机动车驾驶人的某些违法行为进行处罚[1]。再如,交警在众多违章停车人中选择性地对部分人开具罚单[2]。这些都是典型的交通执法人员限定处罚对象的表现。法律面前人人平等,执法机关及执法工作人员在适用法律时,应当给予每个人平等保护,公平公正地执行法律,不能因人而异。交通执法人员限定处罚对象的做法无疑有违法律的平等原则,不利于城市交通文明建设。

2. 执法程序不规范

(1) 轻视执法程序

执法活动离不开程序,是否遵循程序影响着执法结果的合法性。执法程序必须符合法律所规定的步骤,不得任意遗漏,不得任意简化,不得任意省

---

〔1〕 徐文星:《警察选择性执法之规范》,《法律科学(西北政法大学学报)》2008 年第 3 期,第 29-36 页。

〔2〕 如皋新闻网:《天津交警选择性执法遭质问——精力有限难道是理由吗?》,http://www.fj.xinhuanet.com/news/2014-01/08/c_118884003.html,访问时间:2017 年 2 月 9 日。

略[1]。然而在现实的交通执法过程中,交通执法程序很容易被执法者所忽略。如《行政处罚法》第四十四条规定了行政机关在作出行政处罚决定之前,应当告知当事人拟作出的行政处罚内容及事实、理由、依据,并告知当事人依法享有的陈述、申辩、要求听证等权利;第四十四条、四十五条规定了当事人有权进行陈述和申辩。《道路交通安全法实施条例》第一百一十条规定,当事人对公安机关交通管理部门及其交通警察的处罚有权进行陈述和申辩。实践中,部分交通行政执法人员在执法时,往往不告知行政相对人享有的权利,拒绝当事人的陈述权、申辩权和知情权,剥夺行政相对人的合法权利,这无疑影响了执法结果的公正。

除此之外,交通行政执法机关存在滥用简易程序的问题。根据《交通运输行政执法程序规定》第六十条的规定[2],简易程序的适用有明确的限制条件。但在实践中,简易程序被随意滥用,大量不得适用简易程序的情形也以简易程序进行处理,影响执法结果的公平公正。程序是维护公民权利的重要保障,关系着公民的切身利益。轻视交通执法程序,无疑影响交通执法行为的公正性。交通行政执法程序公正,才能更好地维护社会的公平与正义,才能更好地建设城市交通文明。

(2) 法律文书制作不规范

有些执法人员书写法律文书字迹潦草,甚至还有错别字;填写处罚依据时用当事人看不懂的简称,如"交通部××号令××条××项"。还有些执法人员为了图方便,文书的填写事项不全,没有填写车型号、车牌号码、地址、执法人员所在单位及执法人员证件号等事项。在告知事项中,甚至连复议机关都没有填写。除此之外,执法人员对违法行为的定性不当,法律适用不妥,也是导致行政相对人质疑执法权威的原因之一。

(3) 执法语言艺术有待提高

对交通违法者而言,处罚结果显然是侵益性的,这就要求执法人员在对违法者进行处罚时,讲究语言艺术,从而顺利执法。而实际工作中,执法人员因缺乏沟通技巧,出现"冷、硬、横、推、拖"的现象,导致执法行为受阻,达不到交通违法处罚的效果。

---

[1] 张文显:《法理学》(第四版),高等教育出版社、北京大学出版社2011年版,第273页。

[2]《交通运输行政执法程序规定》第六十条:"违法事实确凿并有法定依据,对公民处二百元以下、对法人或者其他组织处三千元以下罚款或者警告的行政处罚,可以适用简易程序,当场作出行政处罚决定。法律另有规定的,从其规定。"

3. 执法缺乏有效监督

对行政权力的有效规制是近现代国家治理的应有之义[1]。为了加强交通行政执法监督,落实执法责任,提高执法水平,《道路交通安全法》第八十五条规定,任何单位和个人都有权对交警执法进行监督。《交通运输行政执法评议考核规定》具体规定了对交通执法机构和执法人员行使交通执法职权、履行法定义务的情况进行评议考核,但是这些规定仍不够细化和量化,如《交通运输行政执法评议考核规定》所规定的考评内容和指标不系统,关于行政执法评议考核档案的规定不完善。实践中,执法数量、执法质量以及日常和年终的相关考核评价情况和执法奖惩情况等信息未能记入执法档案,以至于年度执法评议考核只能以人工抽查评阅为主。然而,人工抽查评阅的方式工作量大、抽查范围小、时效性差,不能将执法评议考核工作融入日常执法中,难以及时发现执法过程中存在的典型性、普遍性问题。同时,由于缺乏对交通执法行为的实时监控和案件办理环节的全过程跟踪监督,也很难快速发现违法调查取证、滥用行政强制措施、执法谋私等社会反应强烈的不规范执法行为。

三、城市交通行政执法文明建设的法治化对策

在当前全面推进依法治国的大环境下,解决城市交通执法不文明问题,必须坚持法治思维和法治方式,运用法治途径去规范城市交通执法不文明行为,建立城市交通执法文明的法治化治理体制。只有这样,才能从根本上解决城市交通执法存在的问题,促进城市交通执法文明。

(一)明确城市交通执法主体

由于我国城市交通管理内容的复杂性,城市交通存在多头执法、权责不清的问题,这一方面造成城市交通管理机构臃肿,人员膨胀;另一方面也极易造成执法利益争夺,不利于执法效能的发挥,割裂执法管理职能的完整性,降低执法权威性。传统的城市交通执法体制已严重不符合我国建设法治政府、服务型政府的要求,必须改革我国城市交通执法体制,明确执法主体和执法权限。

---

[1] 蔡林慧:《试论中国行政监督机制的困境与对策》,《政治学研究》2012年第5期,第18页。

1. 中央政策导向

城市交通执法体制改革是我国一直以来比较关注的问题,我国中央决策机构和交通主管机关对城市交通执法体制改革进行了系统性的规定。国务院在2014年制定的《国务院关于促进市场公平竞争维护市场正常秩序的若干意见》涉及交通执法体制改革问题,提出要"改革监管执法体制,整合优化执法资源,减少执法层级,健全协作机制,提高监管效能;整合规范市场监管执法主体,消除多头执法;厘清不同层级政府及其部门的监管职责,消除多层重复执法。"[1]次年,交通运输部制定了《关于全面深化交通运输改革的意见》,对交通执法体制改革做了进一步的明确要求,按照减少层次、整合队伍、提高效率的原则,稳步推进交通运输综合行政执法,实行相对集中执法权,明确市县两级交通运输部门为主要的行政执法主体,省级交通运输部门保留必要的执法职责。

此后,中共中央、国务院在2015年颁布了《关于深入推进城市执法体制改革改进城市管理工作的指导意见》,其中明确要求要理顺管理体制、框定管理职责、明确主管部门、综合设置机构、推进综合执法、下移执法重心。交通运输部在2015年制定的《关于全面深化交通运输法治政府部门建设的意见》中对城市交通执法体制改革作出了明确规定,主要内容是根据不同层级交通运输部门的事权和职能,按照减少层次、整合队伍、提高效率的原则,合理配置执法力量[2]。省级交通运输部门主要行使执法监督指导、协调跨区域执法和重大案件查处职能,设区的市、县级市和区级政府不重复设置执法队伍。

2. 具体方案试拟

中央的改革方案为地方城市交通执法体制改革明确了方向,结合中央政策要求和我国地方的有益经验,我们认为城市交通执法体制改革应重点从以下三个方面着手:

(1) 整合执法职能。按照大部制改革的要求,将分散在市、县(市、区)的交通运输管理、干线公路管理、农村公路管理、道路运输管理以及高速公路管理等部门的行政处罚、行政强制、监督检查等职能予以整合,组建统一的交通执法机构承担上述职能。

(2) 精简执法机构。按照推进综合执法的要求和精简、统一、效能的原

---

[1] 参见《国务院关于促进市场公平竞争维护市场正常秩序的若干意见》(国发〔2014〕20号)。

[2] 参见《关于全面深化交通运输法治政府部门建设的意见》(交法发〔2015〕126号)。

则,将现有各级各类公路执法机构和道路运输执法机构予以整合,设置市、县(市)两级交通运输行政执法机构,统一机构名称,规范机构设置,明确职责任务。

(3) 从严核定编制。按照机构、人员编制总数不突破的原则,实行分级管理,市、县(市)级交通运输行政执法机构的人员编制分别由市、县(市)机构编制部门在省编制部门下达的总量内,根据定编标准核定。

(二) 规范城市交通执法行为

1. 完善城市交通执法正当程序规范

交通执法存在的处罚权滥用、文书制作不规范、执法行为不规范等问题,根源在于我国执法程序方面的法律法规不完善。我国历来对执法程序缺乏重视,绝大部分行政违法行为都源于缺乏执法程序保障,没有公正的程序必然导致徇私枉法、执法不公。我国关于交通执法程序方面的规定已经落后于社会现实,需要不断完善。经过多年的立法,交通立法虽然形成了初步体系,但从总体上看,交通执法程序立法依旧滞后,虽然行政处罚法、行政许可法等法律对部分行政执法程序作了规范,但这些规定比较零散、薄弱。

我国交通执法程序的规定主要以《道路交通安全法》为基础,以《交通运输行政执法程序规定》和《交通警察道路执勤执法工作规范》等为主要内容。但是既有的交通执法程序规定较为原则,难以起到指导效用。实践中,借助现代多媒体技术,城市交通非现场执法现象大量存在,但是我国《道路交通安全法》仅就一百一十四条对于非现场执法做了规定[1],且规定得比较笼统,没有对具体的执法程序作出规定。再者,我国交通执法行为丰富、种类众多,但我国交通执法程序立法主要针对交通执法检查行为和交通行政处罚行为进行规范,对于交通行政确认等执法行为并无相应的规范。此外,我国的交通执法程序规范并不统一,目前仍然以大量的行政规范性文件为主,这些规范性文件效力较低,且容易导致规范冲突。

鉴于以上原因,应完善城市交通执法程序规范,统一我国城市交通执法程序立法,使交通执法的全过程都受制于科学合理的行政程序,促进城市交通执法规范、文明。

---

[1]《道路交通安全法》第一百一十四条:"公安机关交通管理部门根据交通技术监控记录资料,可以对违法的机动车所有人或者管理人依法予以处罚。对能够确定驾驶人的,可以依照本法的规定依法予以处罚。"

2. 完善城市交通行政执法文书制作规范

交通行政执法文书是国家行使交通执法职权的具有法律效力的公文。交通执法文书制作的规范与否、质量高低,直接反映了我国交通执法行为的规范程度与执法水平,也直接影响着法律、法规的实施效果。

我国交通执法文书制作不规范,一方面是因为我国交通执法人员执法素质不高,执法行为随意;另一方面是因为我国的交通执法文书制度不完善,相关法律规范对交通执法文书制作的规定也不尽详细,交通执法人员在制作法律文书时拥有较大的裁量权。如《道路交通安全法》第一百零七条第二款对交通执法文书的规定:"行政处罚决定书应当载明当事人的违法事实、行政处罚的依据、处罚内容、时间、地点以及处罚机关名称,并由执法人员签名或者盖章。"该规定极为笼统,指导性不强,且仅规定了交通行政处罚文书一种类型,适用范围有限。对交通行政执法文书规定较为全面的是交通运输部制定的《交通行政执法文书制作规范》,该规范对行政处罚决定书、笔录、调查通知、委托鉴定、鉴定意见、车辆暂扣凭证、案件处理意见书等交通行政执法文书进行了详细规定,基本概括了交通行政执法文书的所有类型,但其仅为交通运输部的规范性文件,效力较低。在实践中,也存在地方政府制定交通行政处罚文书规范的情况,但制定的文书格式与交通运输部的规定并不一致。如对于当场行政处罚决定书,湖南郴州市交通局制定了与交通部运输不一样的文书范本[1]。交通执法文书法律法规相关规定的欠缺,导致实践中具体交通执法文书制作不规范,这无疑影响交通执法行为的规范程度与执法水平,以及相关法律法规的实施效果。因此,应在吸收和总结地方经验的基础上统一立法,完善我国交通行政执法文书制作规范的立法,对交通行政执法文书制作的主要程序和内容进行全国统一规定。在此基础上,允许一定级别的地方在上级机关批准的前提下,根据各自地区的交通特点对非主要程序和非关键内容进行特殊规定。同时,加大对交通执法人员执法文书制作的考核和评价,鼓励社会公众对不规范的执法文书进行监督举报,以促进交通执法文书制作的规范、文明。

3. 完善我国城市交通执法裁量规范

前文已经论述,我国城市交通执法中,存在着滥用交通处罚裁量权的问

---

[1] 郴州市交通运输局网:《关于启用新版交通运输行政处罚执法文书的通知》,http://jtj.czs.gov.cn/jtj/zwgg/content_296907.html,访问时间:2017年1月7日。

题,如任意开罚单,按罚款数额上限进行处罚,违法处罚"打折"等。出现这些问题,表面上是因为交通执法人员执法行为不规范,但更深层次原因在于我国交通执法裁量规范的不完善,突出表现为交通执法裁量权过大,执法规范和程序不够具体。如《道路运输条例》第六十三条规定,对于违反本条例的规定,未取得道路运输经营许可,擅自从事道路运输经营的,没有违法所得或者违法所得不足2万元的,处3万元以上10万元以下的罚款[1]。该条设置了3万元到10万元的自由裁量区间,其裁量权过大,并没有设置相应的违法情节,容易导致执法者滥用裁量权。

行政执法必须具体化。权力的具体化、细化既是对权力进行约束和规范的体现,也是文明的体现。因此,为促进我国城市交通执法文明,应完善城市交通执法裁量规范,科学合理地设置城市交通执法的裁量基准,针对法律条文中"弹性"条款和执法的"可操作性"内容,应进一步明确、细化,规范"弹性"操作空间。同时合理利用法律解释技术,对不确定法律概念进行合理性解释,以防不确定法律概念内涵的随意缩小或者扩大,以此来约束和规范城市交通执法行为,促进公正、文明执法。

(三) 完善城市交通执法监督

监督是制约权力和规范权力行使不可或缺的手段。要解决我国当前城市交通执法存在的问题,推进我国城市交通执法文明建设,必须构建完善的执法监督体系,以内部监督和外部监督为统筹,将内部监督手段和外部监督手段相结合,重点推进执法信息公开制度、行政执法责任制度建设。

1. 推进城市交通执法信息公开制度建设

执法信息公开是公民对执法活动监督的前提,也是交通参与者享有知情权的体现。当前我国城市交通执法信息公开制度并不完善,一方面,城市交通执法主体的执法权限、执法依据以及执法人员等信息都没有进行相应的公开;另一方面,交通处罚中的罚款问题,即罚款最终是否上缴国库,以及上缴时间等也没有进行公开。对此,应建立和完善城市交通执法信息公开制度,全面推进交通执法权力清单、责任清单和负面清单制度建设,已经公布权力

---

[1]《道路运输条例》第六十三条:"违反本条例的规定,未取得道路运输经营许可,擅自从事道路运输经营的,由县级以上道路运输管理机构责令停止经营;有违法所得的,没收违法所得,处违法所得2倍以上10倍以下的罚款;没有违法所得或者违法所得不足2万元,处3万元以上10万元以下的罚款;构成犯罪的,依法追究刑事责任。"

清单和责任清单的领域和地方要建立动态调整机制及时修改完善[1]。城市交通执法机关要主动公开执法职责和权限；要公开执法依据，即执法所依据的法律法规，法律法规发生变化的，执法权也要相应地进行调整和变化；要公开城市交通执法人员姓名、职务和执法证件等信息，明确执法人员、协警、辅警等人员性质；要公开执法的监督投诉方式，除了写信、电话外，还应借助网络通信交流方式。结合社会发展变化不断创新执法公开方式，如武汉交警借助视频直播平台，在网上直播查酒驾，吸引130万网友观看，30万网友为交警执法点赞[2]。在互联网时代下，通过网络直播查酒驾，既是对外公开执法程序、执法依据的一次行动，也是一次良好的交通安全和文明教育。

推进我国城市交通执法信息公开仍然需要在结合执法实践的基础上，创新执法公开方式，主动公开相关执法信息，让交通执法权力置于社会公众的监督之下，以促进交通执法监督制度的发展。

2. 健全城市交通行政执法责任制度建设

当前城市交通执法不规范的另外一个重要原因是交通行政执法责任制的欠缺。交通行政执法责任制要求交通执法者必须对自己的执法行为向交通行政相对人负责，对于违法执法、不文明执法的行为必须承担相应的责任，这也是权责统一的表现。我国目前已经初步建立了交通行政执法责任制度，交通运输部于2007年颁布了《关于推行交通行政执法责任制的实施意见》，提出重点加强交通行政执法责任追究制，但并未形成具体的制度体系。

党的十八届四中全会提出要全面落实行政执法责任制，严格确定不同部门及机构、岗位执法人员执法责任和责任追究机制，加强执法监督[3]。推进

---

[1]《交通运输部关于全面深化交通运输法治政府部门建设的意见》中明确提出要推行权力清单和责任清单制度，交通运输部建立和完善管理权力清单制度，积极探索责任清单和负面清单。按照中共中央办公厅、国务院办公厅《关于推行地方各级政府工作部门权力清单制度的指导意见》(中办发[2015]21号)的要求，尚未公布权力清单和责任清单的省级交通运输主管部门、依法承担行政职能的事业单位以及交通运输部设在地方的具有行政职权的机构要在2015年底前向社会公布，市县两级交通运输主管部门及依法承担行政职能的事业单位要在2016年底前向社会公布。已经公布权力清单和责任清单的领域和地方要建立动态调整机制及时修改完善。

[2] 长江云综合：《视频直播交通执法130万人在线收看武汉交警查酒驾》，http://news.hbtv.com.cn/p/230568.html，访问时间：2021年11月11日。

[3] 人民网：《中共中央关于全面推进依法治国若干重大问题的决定》，http://cpc.people.com.cn/n/2014/1029/c64387-25927606.html，访问时间：2021年11月11日。

我国交通行政执法责任制建设应重点完善我国交通行政执法责任追究机制。交通行政执法责任追究机制要对执法追究的范围进行具体概括规定,同时要对责任承担的形式作出规定,包括对行政相对人的赔礼道歉、赔偿损失、停止侵害等,还包括主管机关应采取的批评教育、书面检讨、警告、记过开除等公务员处分规定。

(四)推进城市交通执法公共治理

随着我国城市化的快速发展,城市交通发展日新月异,新问题和新内容层出不穷。当前的城市交通执法方式存在执法手段单一、缺乏柔性、执法力量不足等问题,难以适应城市交通的发展需要。因此,迫切需要创新交通执法方式,促进城市交通执法公共治理,达成完善交通执法、缓解交通执法压力和促进公民自觉守法的多重目的。

1. 健全城市交通执法的利益协调机制

城市交通参与人是城市交通管理的对象,其涉及城市经济社会生活的方方面面,牵扯的利益极为复杂。但是,长期以来,我国交通执法机关过于注重交通管理法规的实施与上级政策和领导旨意的执行,忽视交通参与人的利益表达,缺乏与交通参与人的有效互动,使执法过于僵硬与机械,导致交通参与人抵触交通执法。

因此,应吸引公民参与城市交通执法,健全城市交通参与人利益表达、利益协调、利益保护机制。在互联网时代,可以借助现代互联网技术,如城市交通视频网络执法制度、奖励拍摄交通违法举报制度等,吸引公民参与交通执法,推进城市交通执法公共治理。这样既可以达到交通执法的目的,也可以增强执法主体与执法相对人以及其他公民的互动,促进执法效果的实现。

(1)完善城市交通视频网络执法制度

我国各地已经就创新交通执法进行了有益的实践,促进了执法机关执法行为的规范,也对社会公众进行了交通法制宣传和交通安全教育。例如,我国交通罚款、扣分、暂扣驾驶证等处罚手段效果不明显,对此,深圳市增加了关于社会服务的处罚手段:机动车驾驶人违反道路交通安全法律、法规被处暂扣机动车驾驶证处罚的,可以申请参加有关部门安排的社会服务,提供社会服务一个小时折抵暂扣机动车驾驶证一天[1]。该执法方式既是将社会公共治理引入交通违法处理,也是丰富我国交通执法方式的一个创新。

(2) 完善奖励拍摄交通违法举报制度

奖励拍摄交通违法举报制度也是吸引公民参与监督举报交通违法行为、创新执法方式的表现。深圳市推行和完善了该项制度,其主要政策内容是随手拍违章、每月定量奖励,对交通违法行为的举报,每个月经查证属实数量达到20宗的,予以奖励100元,同一人每月奖励金额不超过500元。其次,设立"互联网举报中心"统一办理。深圳交警在机训大队设立了"互联网举报中心",设置了30个举报受理座席,对微博、微信、行车记录仪等互联网渠道来源的交通违法举报实行统一受理、统一审核、统一查办、统一发奖,并制定了规范的工作流程,实行系统化监督[2]。

健全城市交通执法的利益协调机制,可在完善奖励拍摄交通违法举报制度的基础上,全面推广深圳交通违法随手拍制度,以此推动交通执法方式的创新,吸引社会公众共同治理城市交通不文明现象。但是,在推进交通违法随手拍制度建设时,应明确制度适用的内容和界限,避免拍摄内容侵犯个人隐私。

2. 健全城市交通违法综合治理机制

城市交通涉及社会生活的各个方面、各个领域,仅靠城市交通管理部门执法,既难以解决我国城市交通存在的问题,也不利于城市交通执法文明的建设。因此,推进我国城市交通执法文明建设,应联合其他社会机构,推动城市交通综合治理。

(1) 完善交通违法信用惩戒制度

我国已经初步建立了个人征信制度。个人征信制度影响公民贷款、消费等行为,能有效促进个人自律。在交通执法领域,我国交通运输部颁布了《交通运输部关于加强交通运输行业信用体系建设的若干意见》[3],提出要完善

---

[1] 参见《深圳经济特区道路交通安全违法行为处罚条例》第四十八条:"接受安全教育或者重新接受驾驶技能培训应当在暂扣驾驶证期限内完成。因违法行为人的原因在暂扣期满未完成的,暂扣期限自动延长至完成为止。自暂扣之日起二十四个月内仍未完成的,吊销机动车驾驶证。"

[2] 新华网:《深圳升级交通举报机制 随手拍违法交警发"红包"》,http://news.xinhuanet.com/local/2016-04/29/c_128945656.html,访问时间:2021年11月11日。

[3] 交通运输部:《交通运输部关于加强交通运输行业信用体系建设的若干意见》,http://www.moc.gov.cn/zfxxgk/bnssj/zcyjs/201505/t20150521_1820878.html,访问时间:2021年11月11日。

信用评价体系建设,推进守信奖励和激励机制,失信约束和惩戒机制建设。该条规定为我国将交通违法行为纳入个人信用体系奠定了基础。

我国各地对此也进行了规定,如南京市 2016 年在其发布的《南京市交通秩序治理三年行动计划》中提出,将严重交通违法行为纳入个人信用体系。根据该计划,公民交通违法行为将纳入信用体系,影响求学、求职、职称评定、荣誉评定等事项。其中,公职人员交通违法,将一律抄告其所在单位和南京市文明办,作为公职人员日常评价和年度考核的依据,情节严重的将通过媒体公开曝光。中小学生闯红灯,予以批评教育,情节严重的将通告其所在学校,并纳入学生综合评价。对出租车、大客车等营运车辆而言,交通信用将纳入企业安全生产考核,并作为交通运输市场准入资格条件来进行规范[1]。

（2）完善机动车交强险费率浮动制度

我国机动车交通事故责任强制保险费率浮动制度,也是一项推进交通执法的社会治理制度。根据《机动车交通事故责任强制保险费率浮动暂行办法》[2],交强险费率根据上一年度是否发生交通事故以及交通事故的等级分为六个等级,如表 5-1 所示:

表 5-1 交强险费率等级划分

浮动比率			浮动因素
与道路交通事故相联系的浮动 A	A1	上一个年度未发生有责任道路交通事故	－10%
	A2	上两个年度未发生有责任道路交通事故	－20%
	A3	上三个及以上年度未发生有责任道路交通事故	－30%
	A4	上一个年度发生一次有责任不涉及死亡的道路交通事故	0%
	A5	上一个年度发生两次及两次以上有责任道路交通事故	10%
	A6	上一个年度发生有责任道路交通死亡事故	30%

从上表我们就可以看出,A1、A2、A3 是对文明交通行为的激励,如果做到上一个、两个或三个及以上年度未发生交通事故,交强险费率会相应地降

---

[1] 中国公路网:《南京:严重交通违法行为将纳入个人信用体系》,http://news.163.com/16/0812/12/BU93DQ5K00014JB5.html,访问时间:2021 年 11 月 11 日。

[2] 中国网:《机动车交通事故责任强制保险费率浮动暂行办法》,http://www.china.com.cn/city/txt/2007-07/02/content_8468222.html,访问时间:2021 年 11 月 11 日。

低。该规定可促使机动车驾驶人谨慎驾驶，规范驾驶，降低交通事故发生率，最终达到提升城市交通文明的效果。

综上所述，城市交通执法方式应与时俱进，不断创新，以适应不断发展变化的城市交通执法环境，并且在创新交通执法方式中，要吸引社会公众参与，增强与交通参与人的互动，同时要联合其他机构和部门，统筹推进交通执法社会综合治理。

第六章

城市交通文明建设的刑法保障

刑法作为法律体系中重要的社会治理规范,一直是形塑城市交通文明的重要手段,通过罪与刑的惩治逻辑来预防严重危害交通文明的行为,继而从最后防线意义上维护交通文明。作为维护城市交通文明的最严厉的规范机制,城市交通文明的刑法形塑有其自身的独到之处,体现为刑事实体法与程序法相结合、交通专门犯罪治理与一般犯罪治理相结合以及危险预防与实害禁止相结合的主要特征。而随着我国城市交通建设的飞速发展,交通领域体现出系统性、全局性的风险高发和难以预测的风险社会特征[1],这一现象对交通文明的威胁日益加重,因此刑法作为城市交通文明的形塑机制必须对这种风险高发态势做出相应调整。刑法关注风险社会态势下,风险的系统性、不可预测性、专业认识性、抽象性和集合性特点给交通文明刑法形塑机制带来的影响,因而,在完善以危险驾驶罪为核心的交通犯罪体系、明确醉驾犯罪证据标准认定以及酒精临界值的刑事诉讼保障机制等方面进一步完善城市交通文明的刑罚形塑机制,能够与交通文明建设的具体时代需求相协调。

一、城市交通文明建设刑法形塑机制的特质

交通文明是作为刑法保护目标的社会公共规范基础的重要组成部分,一

---

[1] 苏彩霞:《"风险社会"下抽象危险犯的扩张与限缩》,《法商研究》2011年第4期,第30-32页。

直是刑法所要维护的法益之一。而刑法形塑城市交通文明机制主要通过将危害交通文明行为规定为犯罪并施以刑罚来实现，所以这一机制围绕刑法规定的特征展开，存在诸多有别于其他形塑手段的独特之处。

（一）刑事实体法和程序法相结合的交通文明形塑

交通文明的刑法形塑机制涉及刑事实体法和刑事程序法（诉讼法），两者缺一不可。刑事实体法提供交通文明相关的犯罪与量刑的具体标准，是刑法为保护交通文明而发挥威慑、正面引导和再犯防止等功能的关键形塑方式。但刑事实体法发挥作用的前提是对交通领域犯罪行为的司法定罪量刑，这就不得不依靠刑事诉讼程序，依靠刑事程序法的实施。刑事程序法以刑事诉讼为中心，提供确定犯罪与量刑过程中正当诉讼程序的标准，包括关键的证据搜集和认定程序、审判程序等。所以，交通文明刑法形塑机制的发挥是刑事实体法和程序法共同作用的结果，在这一过程中两者缺一不可。

刑事诉讼法作为刑事程序法对刑法的实现起到基本的保障作用：一是就组织保障而言，刑事诉讼法通过对刑事诉讼过程中参与的机关和其他主体的全面规定为定罪量刑程序提供了基本组织保证；二是就公平参与而言，刑事诉讼法通过对参与主体的权力、权利以及义务的全面而明确的规定，为各诉讼参与主体在刑事诉讼程序中的参与和权利表达提供充分保障，也能保障全面搜集可靠证据，最大化还原事实；三是就诉讼效率而言，刑事诉讼法通过对诉讼程序全过程的详尽规定保证了定罪量刑进程的顺利有效进行，有助于刑法功能的实现[1]。同时，在刑事诉讼过程中，以刑事诉讼法为核心的刑事程序法体现了自身独立的价值，正当程序可以保障所有的诉讼参与人都能在通过刑法维护交通文明过程中尽可能地保护自身权利，实现公平正义的文明期待。

（二）交通专门犯罪治理与一般犯罪治理相结合的文明秩序维护

目前刑法中规定的涉及城市交通的犯罪既有专门适用于交通领域针对交通文明法益的专门犯罪规定，也有不是专门适用于交通领域、也非仅针对交通文明法益而是针对一般人身财产或公共安全法益的一般犯罪规定。交

---

[1] 汪建成、余诤：《对刑法和刑事诉讼法关系的再认识——从刑事一体化角度观察》，《法学》2000年第7期，第19-23页。

通领域内危害安全的犯罪行为不仅可能威胁交通文明而构成交通文明领域的专门犯罪，还可能在交通领域威胁一般的人身、财产或公共安全法益，如道路驾车故意撞人行为直接威胁人身安全，所以也可能构成一般犯罪。从严密保护法益的角度出发，交通文明的刑法形塑不仅可以通过交通专门犯罪规定而且可以通过一般犯罪规定进行形塑。

刑法中交通领域的专门犯罪明确针对交通文明法益，包括破坏交通工具罪、过失破坏交通工具罪、破坏交通设施罪、过失破坏交通设施罪、危险驾驶罪和交通肇事罪六种犯罪。这六种犯罪按照犯罪行为属性和对交通文明秩序维护的影响可分为两大类：一是物质破坏型交通犯罪，刑法通过这些犯罪来禁止对交通工具和设施等物质条件的破坏以间接维护交通文明秩序，包括破坏交通工具罪、过失破坏交通工具罪、破坏交通设施罪、过失破坏交通设施罪四种犯罪，其特点是犯罪行为并非直接造成交通文明秩序的破坏，而是间接通过对工具和设施的破坏来增加交通文明秩序破坏的风险，对这些行为的入罪是通过保护交通工具和设施的方式间接维护交通文明秩序。二是危险驾驶型犯罪，即以危险的驾驶行为及其造成的危害后果为内容的犯罪，其规范保护目的是直接维护交通文明秩序，包括危险驾驶罪和交通肇事罪。其特点是，一方面将直接威胁交通文明的驾驶行为规定为危险驾驶罪，另一方面对造成严重危害后果的危险驾驶行为单独规定为交通肇事罪加重处罚。

由《中华人民共和国刑法修正案（八）》（以下简称《刑法修正案（八）》）设立，《中华人民共和国刑法修正案（九）》（以下简称《刑法修正案（九）》）扩张的危险驾驶罪是交通领域用以维护交通文明法益的专门犯罪，危险驾驶罪规定的行为都是交通领域实践中严重威胁交通文明的典型行为，如危险驾驶、追逐竞驶、客运或校车严重超载超速、违规运送化学品威胁公共安全等，体现出符合交通风险预防规律的精准设定预防目标、高效维护交通文明秩序的专业性和专门性。同时这也表明在刑事立法日益专业化的趋势下，专门犯罪越来越成为刑法规范的重点。

此外，在维护交通文明秩序过程中，其他具有一般适用性的犯罪也可以用于交通文明领域，比较常见的有以危险方法危害公共安全罪、故意杀人罪和故意伤害罪。目前，司法解释中明确将比较严重的交通肇事中体现出危害公共安全法益、对交通领域人身财产危害的结果能够认识并持希望或放任态度的故意行为，比如醉酒驾车连续冲撞，认定为超越交通肇事罪，直接构成一般性危害整体公共安全的以危险方法危害公共安全罪[1]。

（三）危险预防与实害禁止相结合的交通文明保障

交通领域的犯罪呈现出明显的实害型犯罪和危险型犯罪相互补充的特点，交通文明的刑法形塑机制一方面强调禁止交通领域发生实际的人身财产损害，而对发生实害后果的犯罪如交通肇事罪相对于危险犯加重处罚；另一方面提前对即将发生实际损害的交通文明危险进行前置预防，将前置危险预防与重点实害禁止机制结合起来保障交通文明。实害犯是指以发生对法益实际损害为必备构成要件要素的犯罪，传统刑法考虑到刑法谦抑性原则，以实害犯为中心，以禁止实害为必要而限缩刑法形塑的范围。但实害犯在认定时的复杂考量对较为宏观的法益如交通文明来说认定非常困难，不能起到很好的安全保障效果，因此，刑法逐渐引入危险犯概念，将处罚的犯罪行为阶段提前到行为产生危险之时，这样可以更好地防患于未然。其中又分为具体危险犯和抽象危险犯两类，具体危险犯是以行为所造成的实际危险状态为必备要件的犯罪形式，抽象危险犯是将危险属性隐含在行为危险中而无须另行认定危险的犯罪形式。从谦抑性考虑，具体危险犯应优先于抽象危险犯设置，因为其更能限制犯罪的认定范围，减少扩张适用。《刑法修正案（八）》之前，刑法规定的交通犯罪中只有破坏交通工具罪和破坏交通设施罪是具体危险犯，以产生特定的危害交通文明的危险状态为前提，其他皆是实害犯，体现了实害犯的中心性。但《刑法修正案（八）》增设了危险驾驶罪，并规定了以醉驾为代表的抽象危险犯，使得处罚阶段进一步从实害或具体危险状态前置到行为发生阶段。《刑法修正案（九）》更是进一步扩大了危险犯的适用范围，危险犯特别是抽象危险犯的比重进一步增大。与前者相比，《刑法修正案（九）》中增加了两种危险驾驶罪的情形，即超过额定乘员载客或严重超过规定时速行驶的、违反危险化学品安全管理规定运输危险化学品的，均被纳入危险驾驶罪范围。交通文明领域的刑法形塑逐渐增加危险犯的比重，逐渐从实害犯中心向危险犯中心转换。

将交通文明中的危险驾驶行为的入罪不法基准设计为危险犯甚至抽象危险犯——即仅凭丧失安全驾驶能力而驾车的行为来推定或拟制作为可罚

---

[1] 2009年9月11日颁布的《最高人民法院关于醉酒驾车犯罪法律适用问题的意见》规定："今后，对醉酒驾车，放任危害结果的发生，造成重大伤亡的，一律按照本意见规定，并参照附发的典型案例，依法以危险方法危害公共安全罪定罪量刑。"

性根据的对公共交通文明法益的一般危险——是诸多发达法治国家的立法通例。这种二战后颇为兴盛的危险犯抽象化和行为化立法模式典型地体现了面对风险高发的刑事政策的发展特性：即为了应对严重和难以预测的社会风险，尽可能提前预防危险行为向实害之转化从而将法益抽象化和保护前置化，因此，带来了实害犯不法标准向危险犯扩展的趋向。而危险犯作为独立的犯罪典型模式，其体现的超越结果认定的行为不法基准一方面可将大量超个人法益保护概念化从而扩展法益范畴，另一方面可将保护阶段提前至产生危险的纯行为阶段以大幅前置刑事不法的涵摄边界，满足了风险高发的提前预防需求，从而成为当下社会法益保护和规范维系越来越倚重的应对良策[1]。道路交通系统作为风险高发的经典场域体现了事故风险多重因素和交错连接的特点，道路交通事故的因果关系和交通行为风险判断向来存在大量的判断疑难，等到事故发生再行保护往往为时已晚且难以分清责任，因此亦存在提前预防之保护需求。特别是就醉驾等具备高度交通文明风险性的行为以抽象危险犯的模式入罪可以机能性地有效满足风险前置的特殊要求：首先可以不局限于具体法益保护范畴而将道路交通文明作为一体的抽象法益进行保护，方便从危险行为中直接推定对抽象法益的侵害危险，进而可以将推定存在抽象交通文明风险的行为直接入罪，即以纯行为不法的规范介入方式避免具体因果的判断难题，从风险产生时即避免风险向人身财产损失等实害之转换。

然而，尽管抽象危险犯为风险社会情势下的刑事规范保障提供了更有效的技术手段，但对其采用却需持审慎的态度，其原因在于抽象危险犯伴随而来的刑事可罚性范围扩大和对抽象性超个人法益的强调与刑事法传统所着重之法益侵害论相背离，从刑事谦抑的原则出发，抽象危险犯之适用实属应对社会风险以维系法益保障的无奈之举。

二、城市交通文明刑事立法保障的不足与完善

近年来，以危险驾驶、危险方法危害公共安全行为为代表的交通领域犯

---

〔1〕 苏彩霞：《"风险社会"下抽象危险犯的扩张与限缩》，《法商研究》2011年4期，第30-32页。

罪问题可谓层出不穷,譬如"重庆公交车坠江事故"[1]"安顺公交车沉河事件"[2],又如,利用交通工具进行犯罪的数起"滴滴顺风车杀人案"等,目前这些犯罪问题已经成为我国道路交通文明的重大威胁,我国道路交通文明形势非常严峻。目前,刑法中规定的涉及城市交通的犯罪既有专门适用于交通领域、专门针对交通文明法益的专门犯罪,也有不是专门适用于交通领域、也非仅针对交通文明法益而是针对一般人身财产或公共安全法益的一般犯罪。虽然刑事立法对破坏交通设施和工具等行为规定了交通犯罪,并进一步对直接严重威胁交通文明的行为规定了危险驾驶罪和交通肇事罪的专门犯罪来追究刑事责任和施加刑罚[3],但是,从交通犯罪专门立法的科学性和体系性要求的角度,目前的交通犯罪专门体系仍不完善,这已经成为限制交通文明的刑法形塑发挥作用的关键不足。

因此,要完善刑法形塑机制,就必须完善以危险驾驶罪为核心的交通犯罪体系。一方面,危险驾驶罪作为直接规定交通违法行为的危险预防犯罪,在风险社会前置预防需求越来越强力的情况下,越来越成为整个交通犯罪体系的核心罪名,实践中犯罪数量较多。但其自身从专业性和科学性的角度出发还有需进一步完善之处。与我国对危险驾驶行为只在危险和实害意义上区分危险驾驶罪和交通肇事罪两罪化且两罪界分不明不同,许多国家通过几个罪名更加详尽地对危险驾驶罪的不同程度进行了层次区分,设定不同罪名和对应量刑,立法体系性更加清晰。另一方面,危险驾驶罪周边犯罪不够周延,易混淆不同危害交通文明的行为法益。比如肇事后逃逸在《刑法》中仅作为交通肇事罪加重情节处罚,但是,其侵害的法益其实与危险驾驶并不相同且具有独特性,但却未予以单独考虑。这造成了交通肇事罪认定一系列难题。所以,必须从交通专业化的角度完善以危险驾驶罪为核心的交通犯罪体

---

[1] 在重庆公交车坠江事故中,乘客刘某和驾驶员冉某之间的互殴行为,造成车辆失控,致使车辆与对向正常行驶的小轿车撞击后坠江,造成重大人员伤亡。因此,乘客刘某和驾驶员冉某的互殴行为与危险后果具有刑法意义上的因果关系,两人的行为严重危害公共安全,已符合《刑法》第一百一十五条中以危险方法危害公共安全罪之规定。

[2] 在安顺公交车沉河事件中,犯罪嫌疑人系该公交车驾驶员张某某,因对生活不满,为制造影响,针对不特定人群实施危害公共安全个人极端犯罪,造成21人死亡,15人受伤,公共财产遭受重大损失。

[3] 在严重的危险驾驶致人重大伤亡的案件中,法院除了适用交通肇事罪的规定之外,对造成特别严重危害后果的案件,更适用故意杀人罪(张金柱案)和以危险方法危害公共安全罪(孙伟铭案)等刑罚最高可至死刑的犯罪规定,对肇事者予以重判,以示严惩和威慑。

系,只有如此才能科学和专业地实现对交通文明的刑法形塑。而借鉴国外立法尤其是与我国立法模式类似而交通犯罪体系又比较系统和专业的德国立法,可以完善我国交通犯罪体系。

(一) 以危险驾驶犯罪为核心的体系规定模式借鉴

鉴于危险驾驶的危害性,西方发达的法治国家基本上都立法详细地规定了危险驾驶犯罪,比如,日本在2001年通过修正案的形式在其《刑法典》二百零八条补充了五种危险驾驶致死伤罪的规定,采取列举式模式进一步明确犯罪构成并加大对危险驾驶致人死伤的法定刑幅度。而英国在其《道路交通法》中规定了各种危险驾驶犯罪,将醉酒和药物驾驶、疏忽危险驾驶、驾驶致人死亡分别定罪,罪名规定同样严密。相对于其他发达国家的刑法规定,《德国刑法典》是规定危险驾驶犯罪的体系化的完善代表:首先,其第315条c款规定了包括醉酒驾驶和超速驾驶在内的两大类共九种具体行为的道路危险驾驶罪,并且详尽规定了犯罪的主观状态(故意和过失皆可构成本罪)和犯罪完成形态(未遂标准)的问题。其次,其刑法典第316条则单独规定了专门的"酒精和药物影响驾驶罪",作为对第315条c款的补充规定。最后,其142条还专门针对交通事故发生后未尽说明和等待义务的逃逸行为规定了单独的擅自逃离肇事现场罪。从这些完善的规定中可以看出完整的交通犯罪体系的规定模式:

第一,《德国刑法典》规定了单独的危险驾驶罪,其客观方面采取列举式的规定模式,详尽列明了可以入罪的各种危险驾驶行为。其第315条c款一共列明了两大类危险驾驶行为:第一类是丧失驾驶能力的行为,包括醉酒驾驶和服药驾驶、因精神和身体上缺陷而无法安全驾驶共两种情形;第二类是违反交通规则的行为,包括错误占道、十字路口或视线不良时超速驾驶、视线不良时不靠右行驶等七种情形。这种规定模式的好处是罪状明确,定罪标准客观清晰,缺点是缺乏灵活性,无法及时应对新出现的危险驾驶行为形式,比如现在备受诟病的开车打手机现象就无法涵盖在内。与之恰好相反,英国的危险驾驶罪对危险驾驶行为的罪状采取了抽象概括式规定的形式。其所谓的"危险驾驶"是指如果在一个有能力又审慎的司机看来,在某交通工具处于可能造成危险的状态下,行为人仍然驾驶的行为[1]。这样的总括式规定的优点是可以应对未来出现的各种新的危险驾驶的行为,但缺点是缺乏明确性,可能给予法官比较大的自由裁量权。要想取得理想的规范效果,应该将列举式和总括式两种模式结合来规定危险驾驶罪的具体罪状。

第二,为了更有效地预防人身和财产免受交通肇事的侵害,德国刑法在危险驾驶罪的客观方面采取了"危险犯"的标准,不要求危险驾驶造成人身伤亡或他人财产损失的实害结果才能入罪,只要产生了足以造成人身伤亡和财产损失的危险即可构成危险驾驶罪[2]。相对于只处罚交通肇事行为的实害犯标准,"危险犯"的标准毫无疑问将处罚的范围加以扩大、处罚的时机提前到发生交通事故之前,这样可以更好地实现预防交通事故的目的,因而其对交通文明法益保护的力度也更强。这与多国法律规定的危险驾驶犯罪标准相一致,代表了一种立法趋势。

第三,就危险驾驶犯罪的主观状态来看,德国认为故意和过失的心理状态都可以构成本罪。《德国刑法典》第315条c款规定"(危险驾驶)过失造成特定危险和过失的危险驾驶行为并过失造成特定危险的"[3]都构成危险驾驶罪,其处罚相对于故意危险驾驶而危及他人人身和财产安全的行为要轻微一些。由此可见,不管是故意还是过失实施法定九种危险驾驶的行为,造成特定的人身伤亡和他人财产损失的危险,都构成危险驾驶罪。所以,故意和过失都被囊括在危险驾驶犯罪的主观状态之中,而且德国刑法非常明确地将对行为和对危险后果的不同心理状态分开,并且是故意与过失皆可,不同的心态在量刑时存在差异。这样明确的主观心理状态层次区分使得适用法律认定罪犯主观状态时,可以非常明确清晰[4]。

第四,针对作为交通肇事主要诱因的酗酒或者吸毒(或摄取违禁药物)后驾驶现象日益突出,德国刑法专门在其第316条规定了"酒精和药物影响驾驶罪":"驾驶交通工具者如果其酒精或药物的消耗量使其处于不能安全驾驶的情况,又未依第315条c款(即前述危险驾驶罪的规定)处罚的,应处一年以下有期徒刑或罚款。"可以看出,德国刑法中的这个规定并不要求醉酒和服

---

[1] 魏汉涛:《危险驾驶刑法规制之比较与省思——兼评〈中华人民共和国刑法修正案(八)〉》,《江汉大学学报(社会科学版)》2011年第4期,第67—72页。
[2] 林山田:《刑法各罪论(下册)》,北京大学出版社2012年版,第301页。
[3] 《德国刑法典》,徐久生、庄敬华译,中国方正出版社2002年版,第156页。
[4] 张明楷:《刑法学》,法律出版社2003年版,第566页。

药驾驶的行为有造成人身伤亡或财产损失的危险才能定罪,只要是行为人因为酗酒或者服药到达无法安全驾驶的程度即构成本罪。这样的规定着眼于驾驶行为时的特征,具有"行为犯"的性质。而造成"无法安全驾驶的情况"之判断并非以"驾驶人神智是否清醒"等主观标准为依据,而是要通过酗酒达到的体内酒精浓度含量和药物的数量来计算,其标准通过固定的交通法律加以明确规定,只要驾驶者体内酒精含量达到了交通法律规定的客观含量标准,都可以被定罪。这种以驾驶者身体内酒精含量作为损害驾驶能力依据的做法具有客观易度量的特点,增强了罪名的可操作性和稳定性。这与德国刑法第315条c款规定的危险驾驶罪中的醉酒或服药驾车行为有明显不同——危险驾驶罪中的醉酒或服药驾车行为要求必须危及他人的人身、生命和财产安全,达到"危险犯"的标准。因此在德国刑法中,对醉酒和服药驾驶的定罪,造成特定人身、生命和财产危险的适用第315条c款,未造成特定危险的适用第316条。而德国刑法第316条不以危险为条件的规定模式就是所谓的"零容忍"规则。采取同样立法模式的国家有许多,如英国在其《道路交通法》、芬兰在其刑法典中也都有同样的规定[1]。这些规定都不要求实际损害甚至实际危险的发生,只要测试驾驶人酒精含量或者药物含量达到使行为人丧失驾驶能力的固定标准即可定罪,大大加强了对单纯醉酒和滥用药物的驾驶行为进行惩处的力度,防范交通事故于未然。

第五,德国将交通肇事后逃逸的行为与危险驾驶行为区分开,单独定罪。《德国刑法典》第142条的"擅自逃离肇事现场罪"规定:"交通肇事参与人在发生交通事故后,在下列情况下离开肇事现场的……1. 应说明自己的身份、车辆情况,或该人的行为与发生的事故有关而应陈述以证实身份、车辆和参与方,但未说明或陈述就离开的。2. 在没有人证实之前,根据实际情况应等待相当时间,未等待就离开的"构成本罪。即使并无任何人员伤亡和财产损失发生,仅仅是逃逸本身作为一种不负责任的行为,都是一种犯罪。这种定罪模式特点是将逃逸行为与造成交通事故的危险驾驶行为分开对待,认为其本质上是一种不负责任的不作为,从而在立法导向上加强了对交通肇事者诚实和救助义务的强调,无疑能尽量减少交通肇事的危害性,保障受害人的权

---

〔1〕 Armbrüster, Christian. Grenzen für Grenzwerte der Fahrsicherheit—Die Gefährdung des Straßenverkehrs durch Alkohol, Arzneimittel und Drogen. Juristische Rundschau, 1994, (5): 189.

利受到最大救济[1]。这是因为如果交通肇事者都能尽量负担其诚实和救助义务,那么可使交通肇事所造成的财产损失和人身伤害都能得到最大程度的减轻,受害人也能最大限度地进行求偿。

(二) 危险驾驶犯罪规定之特点与不足

我国刑法对危险驾驶罪的增设和修改体现了刑事专门化立法的进步,弥补了交通肇事罪规定仅造成实害才处罚的过于狭窄的规范范围的缺点,形成了危险驾驶罪和交通肇事罪并存的双罪体系。单与国外尤其是德国相对复杂的危险驾驶犯罪体系相比较,这样的规定有自身的特点,但同时亦有其不足。

第一,规定的危险驾驶犯罪行为目前共有醉驾、追逐竞驶、客运和校车严重超载超速以及违规运送化学品危及公共安全四种典型行为,采取的是列举式的规定模式。这四种行为是我国危险驾驶诸行为中最突出、最容易造成交通事故的行为,将之纳入刑法规制、设置较重的刑罚可以突出打击重点,更有效地发挥刑法的威慑力。但是,是否仅规定这四种危险驾驶行为值得商榷。现实中除了此四种行为之外,像无驾驶能力强行驾车、错误超车、逆向行驶、超载行驶以及近距刹车等都是容易造成交通事故的危险驾驶行为,其所造成的危害甚至超越上述四种行为。仅将刑法中危险驾驶罪的行为局限于此四种行为略显片面[2]。置其他同样危险程度的危险驾驶行为于不顾,会造成刑罚与行政处罚的不均衡,进一步会导致刑罚处罚的不公平性,不能全面预防和震慑危险驾驶行为。对比德国详细列举危险驾驶犯罪的有效经验,我国刑法中的危险驾驶罪仅列举四种行为有些狭窄。

第二,我国危险驾驶罪的规定中,对不同行为分别规定了不同的定罪标准,但有一些标准不清晰。一是追逐竞驶需达到"情节恶劣"的程度,才构成犯罪,即采用"情节犯"标准。但是,仅用"情节恶劣"四个字作为定罪标准过于模糊,导致该条规定的严谨性和可操作性相对较弱,也不符合刑法严谨性的要求。而危险驾驶罪仅用"情节恶劣"作为重要的定罪标准,仅从法条上无法确知情节上达到什么程度才算是恶劣:是行为造成的特定的危险、特定的

---

[1] Brown Ivan D B, Alan K. Copeman. Drivers' attitudes to the seriousness of road traffic offences considered in relation to the design of sanctions. Accident Analysis & Prevention, 1975,(1): 24.

[2] 李川:《论危险驾驶行为入罪的客观标准》,《法学评论》2012年第4期,第116页。

危害结果还是行为本身的某些特征才是"恶劣"的标准,这些都无法从条文中知晓,这显然会导致法条的不可预测性,也会带来司法中应如何确定危险驾驶罪的难题,不如德国采用的"危险犯"的标准明确[1]。二是对醉酒驾车行为采用"举动犯"的标准,即只要醉酒驾车即构成犯罪。然而,何为"醉酒"?驾驶者体内酒精浓度到什么程度才构成本条规定中的"醉酒"尚无明确答案,这无疑使得该条罪状具有了空白性。而目前《道路交通安全法》中的醉酒标准是由国家质监局发布并实施的《车辆驾驶人员血液、呼气酒精含量阈值与检验》国家标准。但这种国家标准作为一种行政规范性文件,其能否直接被作为国家基本法之一的刑法中的"醉酒"标准,尚存疑问。如空白罪状需借助行政性规范才能加以确定,则与罪刑法定原则相悖,实则是将一定立法权违规放置于行政权力之手中,存在相当不确定性。三是客运校车严重超载超速所规定的严重性要求也是极模糊的,从中无法知道严重的实质标准为何。只有违规运输化学品典型地体现了危险犯的形式,才能相对明确地以危及公共安全为指标。

第三,危险驾驶罪对主观心态规定模糊,容易造成法律认定时的矛盾和困难。危险驾驶行为往往伴随着复杂的心理状态,可以分为对行为和对危险结果不同的认知状态。而危险驾驶罪的心理状态无法明确是故意还是过失,参考《德国刑法典》的具体规定,危险驾驶行为可能产生三种主观心态:即故意实施危险驾驶行为并对造成危险结果的危险持间接放任的心态;故意实施危险驾驶并对造成危险结果的危险持过失的心态;对危险驾驶行为持过失的心态并且对危险结果的发生也持过失的心态。这三种心态所体现出的行为人的主观危险性各有不同,因此刑事责任应有差异,所以《德国刑法典》对其有差异化量刑的规定。而我国危险驾驶罪的主观心态无法从法条上看出,其所规定的犯罪的主观心态是包含上述三种情况,还是仅指其中主观危险性最小的过失危险驾驶并对危险发生持过失的心态,需要进一步明确。而且上述三种主观心态的犯罪行为其刑事责任应有差异,需要在量刑时有所区分[2]。相对于德国刑法这种精细化的主观心态的规定,我国《刑法》中的危险驾驶罪

---

〔1〕 李川:《适格犯的特征与机能初探——兼论危险犯第三类型的发展谱系》,《政法论坛》2014年第5期,第70页。

〔2〕 Armbrüster,Christian. Grenzen für Grenzwerte der Fahrsicherheit—Die Gefährdung des Straßenverkehrs durch Alkohol, Arzneimittel und Drogen. Juristische Rundschau, 1994, (5): 189.

需进一步明确其主观心态。

第四，对认识受限型驾驶行为，只规定了醉酒驾驶构成犯罪。但对同醉酒驾驶有同样危害性的过度摄取毒品或药物驾驶（即服药驾驶）则没有规定。纵观包括德国刑法在内的世界各国刑法皆将醉酒驾驶和服药驾驶共同进行规定，皆因二者都是由于外界物质作用于神经系统影响了驾驶者的控制驾驶行为的能力，引发无法安全驾驶的问题。二者行为性质相同，对社会的危害性相同。诚然在我国服药后驾驶的行为尚不突出，但如果仅因为醉酒驾驶问题比较突出，就在刑法规定中忽视同样具有危害性的服药驾驶的行为，那么无法有效地全面预防危险驾驶行为，因此值得商榷。对酒驾和药驾，应该同样视之，都加以规定。

第五，对交通肇事后逃逸的行为并未单独定罪。单独的肇事逃逸行为应该是交通犯罪处理的重要组成部分。在我国的刑法规定中，交通肇事后逃逸行为作为交通肇事罪的一个量刑加重情节，实际上是将交通肇事的危险驾驶行为与逃逸行为混为一谈。逃逸行为与危险驾驶行为其实是两个行为，逃逸行为之故意心态是出于对责任承担的恐惧和害怕，从而对逃避行为持希望或放任的心态。这与危险驾驶的主观心态是完全不同的，是一种新的罪过。而且逃逸行为与危险驾驶行为亦不具有因果上必然性，危险驾驶行为并非一定会体现为逃逸行为，因此二者不是直接关联的，而是相对独立的[1]。更重要的是，交通肇事行为和逃逸行为性质根本不同，交通肇事行为违反的是交通法规规定的安全驾驶义务，是一种违法作为；而交通事故后的逃逸违反的是对自己的肇事后果的承担义务，是一种逃避应该举证和救助的作为责任而不作为的行为。将逃逸行为仅作为一个加重情节，无疑混淆了二者的性质。例如对于那些并未造成危害结果仅仅是逃逸的行为就没办法被交通肇事罪中的逃逸情节囊括，既降低了对逃逸行为处罚的广度和力度，也不利于交通肇事后责任的承担和损失的减轻。

（三）我国危险驾驶犯罪立法体系之完善

鉴于以上对危险驾驶罪及其周边行为的规定的分析，借鉴西方国家特别是德国对危险驾驶犯罪的体系性规定，我国的危险驾驶犯罪立法体系可以从

---

[1] 喻贵英：《交通肇事罪中四种"逃逸"行为之认定》，《法律科学》2005 第 1 期，第 66 - 70 页。

以下方面进一步完善:

一是在客观方面对危险驾驶罪的罪状进行全面规定,且采取列举式和总括式相结合的规定模式。一方面,无论是德国刑法典还是日本刑法对危险驾驶的行为构成的犯罪都进行了细致化的列举规定。危险驾驶的行为种类具有多样性,列举式的规定有利于明确危险驾驶的范围,从而增强刑法适用的明确性,减少司法适用的模糊性。我国刑法可以参考德国刑法的模式,明确规定无技能驾驶、妨害驾驶、无视信号等与现有危险驾驶罪行为同等危险的行为属于危险驾驶罪[1]。而另一方面,文无尽善、事无尽美,列举式规定亦有其自身的缺陷,即无法涵盖层出不穷的新型同类行为。危险驾驶的行为之列举也存在这样的问题,因此法律中也在明确列举之后,对危险驾驶犯罪的行为性质进行总括性规定,如参考英国的法律,规定危险驾驶行为为"违反驾驶谨慎义务,造成人身伤亡和财产损害的危险的行为"。

二是刑法上对危险驾驶行为的入罪标准方面,应将两种行为所采用的"情节犯"和"举动犯"的不同标准一致确定为"危险犯"的标准,以危及公共安全为指标。参照多国特别是德国的经验,"危险犯"的规定模式显然比模糊的"情节犯"和"行为犯"更明确和科学[2]。危险驾驶罪的客观方面应扩大为只要是造成了人身伤亡和财产损失的危险可能性的违规驾驶行为(包括规定的四种行为)都应加以入罪,由此限定了"危险犯"的标准。而对危险的认定可通过人大的立法解释针对不同的危险驾驶行为加以明确:如追逐竞驶到何种时速可达到危险的标准,驾驶员酒精含量达到何种标准即可视为造成危险存在的醉酒驾车,超载超速严重的标准是什么等。同时"危险犯"的规定模式也区分了危险驾驶罪和交通肇事罪,使得二罪可以相互补充和配合。根据"危险犯"和"实害犯"对犯罪结果的不同要求,对于造成重大人身伤害和财产损失的实害后果的危险驾驶行为,由于其危害性较大,按照交通肇事罪的规定处罚较重。而对于只是造成可能性人身和财产的危险尚未造成实害结果的按照危险驾驶罪来定罪处罚,由于其尚未造成物质性危害结果,因此刑事责任相对较小,处罚也较轻。

三是应对危险驾驶罪的主观方面加以明确具体的规定。参考《德国刑法典》对危险驾驶犯罪主观心态的详细规定,应将故意实施危险驾驶行为并对

---

[1] 黎宏:《日本刑法精义》,法律出版社 2008 年版,第 307 页。

[2] Elvik R, Christensen P. The deterrent effect of increasing fixed penalties for traffic offences: The Norwegian experience. Journal of Safety Research, 2007(6): 692.

造成危害结果的危险持间接放任的心态、故意实施危险驾驶并对造成危害结果的危险持过失的心态、对危险驾驶行为持过失的心态并且对危害结果的发生也持过失的心态都纳入危险驾驶罪主观心态的范围。当然我国的刑法中规定的故意和过失仅针对是否发生特定结果的心理态度，这与德国刑法中主观心态主要是针对犯罪构成要件行为有所不同。所以在本罪法条中所明示的主观心态也应明确仅是对是否发生人身财产损害的危险的态度。所以危险驾驶罪的故意是指明知自己的危险驾驶行为会发生人身和财产损害的危险，却放任这种危险发生；而危险驾驶罪的过失是指应当预见自己的行为可能发生人身和财产损害的危险，因为疏忽大意而没有预见，或者已经预见而轻信能够避免，以致发生这种危险。此外，在同样的客观行为的情况下，间接故意要比过失的心态体现更多的人身危险性，刑事责任应该更重，所以在量刑时应体现差异性。

四是应将造成交通事故后的逃逸行为单独确定为交通事故逃逸罪。交通事故逃逸的情形其实非常复杂，既有可能是为了不履行救助义务，也有可能是为了躲避举证、逃脱侵权责任。而这些驾驶人为了逃避应当承担的责任而故意采取的不作为的行为在性质上与错误作为的危险驾驶行为有明显区别，很难为危险驾驶罪所涵盖。借鉴西方国家的立法经验，可以将造成交通事故的驾驶人不负告知责任、谎报个人情形并逃脱以及对人身财产损失不救助等逃避交通事故责任的行为单独定罪，这样就能对造成事故的驾驶人起到明确的威慑作用，使得其更加有效地采取措施维护受害人的损失免受进一步恶化，也有利于受害人未来有效求偿保护自身权益。

危险驾驶罪的规定迈出了完善危险驾驶罪立法体系的重要一步，对我国危险驾驶犯罪体系的形成有里程碑式的意义。然而，从专业性视角而言，只规定了四种危险驾驶行为的危险驾驶罪的规定相对简单且周边缺乏配套规定，难以对威胁交通文明的行为进行全面的威慑和预防，所以未来需要在其基础上参考他国的立法进一步加以完善，从而建立起我国专门的交通文明犯罪体系。

三、城市交通文明刑事司法保障的问题与对策

交通文明形塑的专业性和独特性在交通专门犯罪的认定和适用程序中体现出来，是一般的诉讼程序所无法涵盖和规定的。在刑事一体化的要求

下，以及实体法中的专门犯罪体现交通领域专业性和独特性的同时，在程序法具体对犯罪的认定过程中也必然要求凸显交通领域特殊性和专业性，而这需要结合刑事实体法专门设计和考量。作为交通文明领域形塑机制的一部分，从刑事实体法和程序法一体化的机制要求出发，交通刑事诉讼程序必须紧密结合交通专门犯罪的特点和专业色彩，通过吸纳考量这类犯罪认定过程中所涉及的交通领域特殊境况和交通专业知识规律，制定出科学的符合交通领域实际的专门程序规则。这一特殊专门程序主要集中于两个方面：一是证据标准的认定机制，特别是醉驾犯罪的证据标准的认定机制。这是因为醉驾构成危险驾驶罪的认定不仅是所有交通犯罪认定中最为常见、数量最多的，而且是整个交通专门犯罪中最具争议、最能体现出交通专业性的犯罪认定问题。醉驾认定适用的酒精临界值标准具有非常强的交通专业特殊性和专业性，且是实体法与程序法的交叉之处（对于实体构成要件或程序认定标准意义而言），其认定标准需要从一体化的视角，结合交通专业认识进行专门分析和设置，其中包括酒精临界值标准的证据性认定问题。二是交通犯罪案件中酒精临界值的刑事诉讼保障机制。由于酒精临界值的确定关系到罪与非罪，因此需要采用严格证据标准。相较之下抽血检定方式更为科学，但涉及对犯罪嫌疑人人身健康权侵害之可能，应借鉴德国经验，在立法上采取严格的刑事诉讼保障机制。

（一）醉驾犯罪证据标准专门认定

我国目前的刑事司法实践中对入刑醉驾标准沿用旧《道路交通安全法》之行政执法认定基准，即按照公安部起草、国家质量监督检验检疫总局发布的《车辆驾驶人员血液、呼气酒精含量阈值与检验》(GB 19522—2010)的国家标准（以下简称国标）之规定，车辆驾驶人员血液酒精含量值达到80 mg/100 ml及以上就符合醉酒之标准，而车辆驾驶人员血液酒精含量值达到20 mg/100 ml以上未满80 mg/100 ml的为饮酒后驾车[1]，驾车行为虽然不构成醉酒驾车触犯刑责，但仍依《道路交通安全法》予以行政处罚。醉驾犯罪采用酒精临界值标准的依据是个专业问题，究竟交通文明领域对这一临界

---

[1]《车辆驾驶人员血液、呼气酒精含量阈值与检验》标准中称为"饮酒驾车"，而《道路交通安全法》中称为"饮酒后驾车"，其指示的酒精临界值相同，由于司法实践中常将此种情形称为"酒后驾车"，本书下文采用"酒后驾车"或"酒驾"之称谓，并将其与醉酒驾车之"醉驾"行为区别开。

值的认定依据是什么？作为证据标准怎么适用？为达到这一标准如何采样？都需要进一步通过专门程序机制的设立来进行回答。

醉驾犯罪酒精临界值作为用来证明醉驾犯罪构成符合性的证据要素时，其具体的适用标准、证明效力和证明方法就成为司法领域的证据法问题，由司法机关具体把握。我国司法实践中将这种酒精临界值作为绝对标准适用，驾驶人员血液酒精含量达到这一标准就构成犯罪，未达到就不构成犯罪。然而，由于交通领域危险判断的特殊性，这种绝对性认知就引发了许多难题，既不能说明酒精含量超过临界值但没有交通危险的行为为什么仍然构成危险驾驶罪，也不能说明酒精含量未超过临界值但已经不胜酒力造成交通危险的行为为什么不构成危险驾驶罪。因此，酒精临界值对危险驾驶罪中醉驾危险性的证明标准到底为何？

1. 德国专门酒精值证据标准的认定借鉴

德国最高院刑庭在长期实践中结合交通领域的特殊性和专业性逐渐形成了针对"绝对不能安全驾驶"和"相对不能安全驾驶"两种情境而采用不同证据判断指标的判例指导原则。当驾驶人血液酒精含量达到 110 mg/100 ml 的临界值及以上的，法官即可认为酒精浓度证据已可证明行为人"绝对不能安全驾驶"，无须其他证据配合就可判定行为人至少构成德国刑法第 316 条之酒后驾驶罪[1]。而当血液酒精含量达到 30 mg/100 ml 及以上但未及 110 mg/100 ml 时，仅认为驾驶人安全驾驶能力堪虞，行为人的意识和控制能力皆会受到酒精影响，存在醉酒而不能安全驾驶的可能性。但其醉酒程度是否能达致酒后驾驶罪犯罪构成要件所要求的危险，须配合其他境况证据如人体平衡实验结果不具备行为控制能力来证明[2]。

而之所以在证据法意义上区分"绝对不能安全驾驶"和"相对不能安全驾驶"两种酒精临界值，是由于这两种酒精临界值恰恰划分了两种不同的驾驶能力受损可能性和证据效力条件区间。正如 Horn 的观点所论，根据血液酒精临界值所区分的"绝对不能安全驾驶"和"相对不能安全驾驶"并非危险程度上的划分或醉酒状态的直接区分，而只是在证据准则的意义上区分了体现不同的证明要求和证据内容的两种条件情形[3]。

---

[1] 德国法院判例 BGHSt 21,157.

[2] 德国法院判例 BGHSt 25,360(364).

[3] Rudolphi H J, Horn E, Samson E. Systematischer Kommentar zum Straf gestzbuch (SK-StGB)[M]. Köln: Luchterland,1984,316-317.

需要注意的是,虽然德国司法实践认为达到"绝对不能安全驾驶"之酒精临界值标准可以直接证明驾驶人不能安全驾驶,达到入罪标准,但在证据法上"绝对不能安全驾驶"的酒精临界值的证明力不能视作是一种法律推定,而只是法官根据科学性经验法则而形成的高度确信:即科学已验证了达到此种较高酒精临界值的情形下行为人无法再具有安全驾驶的认识和控制能力。所以判例法中法官对此种酒精临界值的效力确认并非来自规范确认,而是来自科学经验法则。此种对酒精临界值的确信一旦形成,无须反复验证其科学性和证明力,而是依靠科学验证的先例形成约束力。而且此种约束力一旦形成,可以排除个案中具体的间接反证[1]。

但"相对不能安全驾驶"之酒精临界值需与境况证据综合推论才能证明酒后驾车达到不能安全驾驶的刑事归责程度[2],因此允许反证推翻之可能性。"相对不能安全驾驶"的酒精临界值与"绝对不能安全驾驶"不同,其仅能证明存在不能安全驾驶的可能性而非确定性,而具体是否具有安全驾驶之能力须配合其他境况证据才能确定。如在驾驶能力检验结论为不能安全驾驶的境况证据配合情形下,才能综合证明构成酒后驾驶罪。由于此时酒精临界值标准仅提供一种可能性,因此如有比境况证据效力更优先之反证存在,则可以排除犯罪构成要件的符合性而不予以归责[3]。

2. 我国的酒精临界值认定的专业标准

而我国的司法实践中,往往将国标中两个酒精临界值(20 mg/100 ml 和 80 mg/100 ml)视为区分"醉酒"和"酒后"的绝对标准。即同样是以两个酒精临界值划分的两个酒精含量值区间(不少于 80 mg/100 ml 以及 20 mg/100 ml—80 mg/100 ml),我国司法实践将这两个酒精含量值区间视为直接区分驾驶控制能力差别的实体性界分,而非证明条件差别:机动车驾驶者酒

---

[1] 魏大喨:《台湾高等法院1999年度上易字第四八五六号判决补充理由——"刑法"第一百八十五条之三酒后驾车不能安全驾驶之刑事责任》,《台湾法学杂志》2000年第8期,第65-75页。

[2] 境况证据不必须是自身足够证明犯罪要件成立之直接证据。只要结合其他证据可以在逻辑链条上环环相扣地证明犯罪成立,即符合要求。反证某一境况证据的不成立,打破证据链条,当然亦可作为有效的开罪证据。

[3] 这种理论的一种现实应用就是美国许多州所采取的与相对不能驾驶相类似的"可推翻的法律推定"之酒精临界值。当达到此酒精临界值时,推定行为人达到醉酒状态,处于酒精实际影响下。但只要辩方能举出比控方具有更强说服力的优先证据(preponderance evidence),比如驾驶能力的当时测试情况表明行为人更能表现出操控驾驶的能力,即可以推翻此种推定。而达到更高的类似于绝对不能驾驶的酒精临界值时,则视为"不可推翻的法律推定"。

精含量值大于 80 mg/100 ml 可以从绝对意义上认为行为人已经丧失安全驾驶机动车能力从而造成了抽象危险而可予以刑事归责;而酒精含量值位于 20 mg/100 ml—80 mg/100 ml 之间的机动车驾驶者也可以绝对地认为其尚未完全丧失安全驾驶机动车之能力,其所造成的危险尚未达到刑事规制的程度,因此只是酒驾行政违法行为。

我国将酒精临界值作为证据标准的认定过于绝对,认为用法规推定的形式就可以满足证据标准的合理性要求,忽视了其背后的科学规律性。对证据标准的绝对性认定并非如实体法般来自法律的强行推定,而是来自对科学经验法则的确信[1]。因此,之所以可以认定驾驶人酒精含量高于80 mg/100 ml 的可视为绝对的醉酒驾车,是因为这个标准是经过科学验证的符合人类经验认识的规律性法则,即科学试验已经表明了人类酒精含量高于 80 mg/100 ml 的会完全丧失安全驾驶机动车之能力,由此,对科学经验法则的信任使得司法机关无须再去个案中具体考察行为人是否实际上完全丧失驾驶机动车之能力从而置交通文明于显见危险之中。当然,这种经验法则并非必须是直接的科学实践经验总结,也可以是参考各国科学经验标准的间接经验,只要其性质上是受到认可的科学验证,就具备作为经验法则的可靠性。

对我国的两个酒精临界值在性质上也应视为体现不同的证据证明条件要求的具体境况划分。应参考德国经验建立双层的绝对/相对不能安全驾驶之酒精临界值证据标准体系。一方面,80 mg/100 ml 的醉酒临界值标准同于德国司法实践中的"绝对不能安全驾驶"的酒精临界值标准,血液酒精含量在此标准之上的机动车驾驶人即可证明其醉驾行为成立。而与德国的"绝对不能安全驾驶"的酒精临界值标准之法源不同,我国目前的数值标准是由行政法律文件规定而非来自司法机关的判例法则。司法机关对行政法律文件的适用具有可选择性,如认为该国标的醉酒标准体现了科学准则而希望沿用,使之成为普遍证据准则且形成司法约束力,借鉴德国经验形成一定的判例法指导原则不失为有效途径。我国最高人民法院正搜集醉驾犯罪案例以形成指导判例,正是此种模式的体现。另一方面,借鉴德国经验,可将国标中规定的 20 mg/100 ml 视为德国司法实践中证据法意义上的"相对不能安全驾驶"酒精临界值标准,此种标准并非在实体法意义上排除醉驾犯罪的成立可能

---

[1] 基于科学经验法则形成的司法确信在西方证据法理论上视为是对自由心证原则之限制,在我国对自由心证地位尚未明确的情形下,可将科学经验法则之证明力来源视为经验法则的可靠性。参见蒋贞明:《论经验法则的适用与完善》,《证据科学》2011 年第 2 期,第 178 页。

性,而是仅在证据法意义上表明酒精浓度位于 20 mg/100 ml—80 mg/100 ml 之间的驾驶人在其他境况证据之配合下,可以达致醉驾入罪程度的证明力(如驾驶意识能力测试结果为丧失驾驶能力),亦可以因为境况证据反证不构成醉驾犯罪(如驾驶意识能力测试结果为削弱的驾驶能力而非丧失)。而公安人员此时负有查明证据、为公诉机关提供情境证据的相关义务,而非简单的因为血液酒精浓度值低于醉酒标准而放弃提请公诉之可能性。

此外,就是否允许反证的问题上,相当于"绝对不能安全驾驶"的酒精临界值标准在证据法上的证明力具有绝对性,可以排除境况证据之反证,这是前述基于科学经验法则形成的司法确信。但饮酒驾驶的酒精临界值标准并非具有证据法上的单独证明力,需配合其他境况证据,因此,应允许其反证的可能性。这是由于基于科学研究结论仅表明的是血液酒精浓度达到"绝对不能安全驾驶"酒精临界值之上者几乎皆丧失了安全驾驶能力,但未达该临界值者是否都没有丧失安全驾驶能力则并未加以科学验证从而不可直接推论[1]。总之,我国的醉驾和酒驾酒精临界值标准仅是区分不同证据证明规则的两种证据条件,前者证明醉驾犯罪成立不需要其他境况证据配合,达到此酒精临界值标准本身即能证明醉酒不能安全驾驶已构成危险驾驶罪;而后者在达到酒后驾驶酒精临界值标准之外还需配合其他证据方能证明达到醉酒不能安全驾驶入罪程度。

(二) 交通犯罪案件中酒精临界值的刑事诉讼保障机制

由于酒精临界值是刑事法上证据标准问题,因此确定驾驶人酒精浓度值就成为证据提取之刑事程序问题。驾驶人酒精浓度值在技术上有呼气检定和抽血检定两种方式,科学普遍认为后者较前者更准确可靠,因此,出于刑事证据的严谨性要求,德国刑事司法实践上的酒精临界值标准都是针对血液酒精值而言[2]。我国的《车辆驾驶人员血液、呼气酒精含量阈值与检验标准》规定了呼气酒精浓度和血液酒精浓度可以自主换算,将二者的有效性和证明力等而视之。然而,如前所述,呼气酒精浓度面临诸多干扰因素,因此,

---

[1] Kretschmerbaeumel E. Drinking and driving in Germany: Behavioural patterns in influencing factors—a temporal and cross-cultural comparison. Alcohol, Drugs and Traffic Safety, 1993(2): 1011-1016.

[2] 这点明显比德国《道路交通法》中酒后驾驶违法行为认定标准在血液酒精值之外允许采用呼气酒精值更严格。

相对于血液酒精浓度值其精确性较差[1]。当酒精浓度值成为证明醉驾行为罪与非罪之关键证据时,具有区分犯罪成立与否的重要意义,如证据本身存有模糊性之疑问,显然无法作为定罪的确证证据。因此,我国应以更精确的血液酒精浓度值增强证据之严谨性,最大限度地排除定罪模糊性。值得一提的是,公安部制定的《公安机关办理醉酒驾驶刑事案件程序规定(试行)》和部分地方试行的醉驾刑案程序中,规定了呼气酒精测试结果达到或者超过醉驾标准或拒绝呼气酒精测试的,需强制抽血采样测试血液酒精含量并以之为证据。这进一步承认了血液酒精含量值的可靠性和权威性,但这是以呼气酒精含量测试为先导条件的。在呼气酒精含量测试受干扰或者只达饮酒临界值标准的情形下,仍可能放纵醉驾犯罪。因此,未来应在立法和司法上进一步明确将血液酒精含量值作为定罪的唯一采信证据地位,增强证据采信标准之明确性。

同时,血液酒精浓度值虽然相对精确,但其获取往往需要实施抽血这种侵入式的强制身体检查,相对于一般搜身取证更容易侵害人身自由、健康和隐私等基本权利,需要《刑事诉讼法》以特别程序加以倾斜性保护。因此,德国的《刑事诉讼法》第81条a款专门规定了此种强制身体侵入搜证之特别程序:一是该程序得由医疗专业人员按照特定的医疗操作规则予以实施,杜绝操作不当对被检查人身体造成伤害;二是该法以健康保障为限,规定在不危害到行为人健康的前提下,无须取得驾驶人同意即可强制实施检测,但对不是必要采信证据形式之呼气酒精测试则允许驾驶人拒绝检测而不得强制;三是从对自由权之严格保障角度出发,规定通常只有在法官发出授权命令情形下才能由警察进行检查,在紧急情况下检察官也有权为之,但排除警察在无授权情形下强制抽血检查的可能性。四是该法还规定为追究醉驾犯罪所取得的血样证据仅可以应用于血液酒精浓度值检测而不能应用于其他目的,且不用时需立即销毁。

我国公安部虽然制定了《公安机关办理醉酒驾驶刑事案件程序规定(试行)》,但仍然继续沿用行政执法相关做法,只是在技术名称上将以前的行政采证程序改为刑事采证程序,并规定了与刑事诉讼具体规定的侦查程序之对接步骤。然而,其在规定中更多强调公安机关所拥有的强制人身职权,对受

---

[1] 参见翁景惠、游明灿、何敏群:《干扰呼气酒精测试物质之探讨》,《刑事科学》2000年第9期,第15-22页。

到强制的犯罪嫌疑人之权利保护规定较少,这表明司法实践尚未将强制血样采证提升到刑事程序法意义上之人身权倾斜性保障的程度。一方面,这是由于我国刑事诉讼体系中司法机关之分工与权限层级与德国不同,公安机关之自侦权相当广泛,无须在检察机关和审判机关领导下即可开展包括人身证据采集的证据搜证工作;另一方面,《刑事诉讼法》中对强制身体检查规定非常简单,仅有第一百三十条之规定[1],且更多强调公安机关作为侦查机关的强制人身采证权力和犯罪嫌疑人配合义务,除此之外并无对犯罪嫌疑人接受人身强制采证程序的权利保障措施。前述公安部的部门规章虽然规定较为细致,但往往从自身侦查工作便宜性角度出发来作出规制,主要内容仍然是公安侦查人员的操作规程,欠缺对犯罪嫌疑人权利加以特定保护的规定。但对血液酒精测试必需的侵入性抽血程序而言,在采用具有人身自由和健康的基本权利威胁性之采证方式时,实有必要施加比行政执法程序更加严格的程序限制,从而体现刑事诉讼法之倾斜性保护。

借鉴德国的相关经验,对这种有可能对人身健康、自由和隐私权等基本权利造成严重伤害的侵入性采证程序应由立法机关在作为刑事程序基本法的《刑事诉讼法》中作出专门的规定,而不能依靠部门规章加以规制。一方面这是法律效力层级的要求,另一方面也是防止部门利益之彰显而忽视犯罪嫌疑人基本权利的情形发生。此外,由于侵入性的人身搜证措施与一般无身体伤害之虞的外部人身搜证措施相比,明显具有侵害行为人人身健康权这一重大基本权利的威胁性,故与非侵入性人身搜证措施的法律规定和限制相比应更加复杂和详尽,应单独用专门条文区别规定。目前我国《刑事诉讼法》将人身检查搜证程序一体规定的方式并未注意到这种差别,未来应做进一步修正完善,用单独条款规定侵入性人身搜证程序。

以血样采集为例,应在如下程序上进行完善:首先,应该在保障被检测人身体健康的前提下实施此种抽血检验,只有在此种情形下方能强制进行抽血检测,而不以被检测人同意为必要。我国《刑事诉讼法》中仅规定必要时可以强制实施身体检查,但必要的情形是否包括保障身体健康为前提则没有加以明确。出于人身健康权之保护目的,在对被检测人身体健康有伤害之虞的情形下,应以取得被检测人同意为前提。其次,应立法明确以血样采集和检

---

[1] 参见《刑事诉讼法》第一百三十条:侦查人员执行勘验、检查,必须持有人民检察院或者公安机关的证明文件。

测为代表的侵入性人身搜证措施由医疗专业人士依据医学操作规程为之,这是对被害人健康权保障的基本要求。我国《刑事诉讼法》人身搜证条款中对此也没有规定,因此无法排除存在非专业操作从而损害被检测人人身健康权的可能性。再次,应进一步在刑事诉讼法中规定由公安机关在检察机关授权和监督下采取此种行为,以保障血液采样程序中犯罪嫌疑人之人身权利受到完整保护和监督。虽然在我国公安机关的侦查权力行使并非以检察机关授权和领导为必要,但检察机关在我国具有法律监督主体之地位,检察机关完全有职权监督公安机关的职权行使。作为对人身基本权利有严重侵害之虞的采证程序,检察机关的介入监督十分必要。最后,应规定符合证据采证程序之血样专案专用,不得挪作他用或长期擅存。采取专案专用的严格保障措施可以防止血样采证后侵害犯罪嫌疑人隐私权利的情形之发生。被检测人之隐私权作为基本权利,应得到与人身自由权和健康权相同程度的保障。

第七章

城市交通拥堵的法律治理研究

随着城市化、机动化进程加快,城市机动车保有量不断增长,但受到城市空间限制,城市道路的增长率远远落后于机动车保有量的增速,交通拥堵成为一类典型的"城市病"。交通拥堵不仅严重影响交通效率,浪费大量的时间成本和社会资源,同时也会诱发交通参与者的戾气,与便捷、高效、安全、有序等交通文明的要求相去甚远。为缓解交通拥堵,各地纷纷出台了相关治理措施,但在合法性、合比例性等方面存在诸多问题,需要认真检讨。

一、城市交通拥堵治理措施的基本类型

交通拥堵本身是不文明的典型体现,但本章所着重关注的并不是拥堵本身,而是把公权力为解决拥堵问题所采取的一系列措施,放在城市交通文明的坐标之下逐一测量、检视。在笔者看来,各地出台的拥堵治理相关措施主要包括以下几种类型:第一,从根本上控制机动车的数量;第二,划分区域,限制外地机动车进入本区域,实际上同样起到了控制机动车数量的效果;第三,降低机动车的使用强度,从而在数量恒定的情况下减少单位时间内机动车的密度;第四,借助经济手段,通过征收拥堵费等措施调控机动车的使用强度。

（一）机动车数量调控

相比于尾号限行等措施而言，机动车数量调控在一定意义上属于交通拥堵的源头治理。北京、天津、杭州、深圳等地先后制定出台了小客车数量调控相关规定，各地的规定存在一致性，同时也存在一定差异。在调控内容上，尽管北京市的规定突出"数量调控"，天津市、杭州市的规定突出"总量调控"，深圳市的规定突出"增量调控"，但这只是形式上的差异，核心内容则是一致的，均为"增量调控"。至于增量如何确定，则存在两种方式：其一，相对增量。对此，《北京市小客车数量调控暂行规定》第二条第二款作了明确规定：小客车年度增长数量和配置比例，由市交通行政主管部门会同市发展改革、公安机关交通管理、生态环境等相关行政主管部门，根据小客车需求状况和道路交通、环境承载能力合理确定。其二，绝对增量。天津、杭州、深圳等地均在相关规定中明确了增量额度，以12个月为一个配置周期，天津市每个周期配置额度为10万个，杭州市每个周期配置额度为8万个，深圳市每个周期配置额度为10万个。

在调控方式上，各地均将指标管理作为最主要的方式，指标的类型也大致相同，包括增量指标、更新指标和其他指标等。但是，在最核心的增量指标配置上，各地做法具有显著的差异，只有北京市规定全部以摇号方式无偿分配；天津、杭州、深圳等地均规定同时采取摇号、竞价的取得方式。而且摇号和竞价方式的比例也不尽相同。天津市规定，节能车指标全部以摇号方式配置，普通车指标摇号和竞价的比例为5∶4；杭州市规定，摇号和竞价的比例为4∶1；深圳市规定，电动小汽车指标全部以摇号方式配置，普通小汽车指标摇号和竞价的比例为1∶1。可以看出，摇号仍是增量指标配置的主要方式。

（二）机动车进入限制

机动车的进入限制，最典型地表现在对于外地车辆的管理上。目前，北京、天津、杭州、深圳等地均有此类规定。其中，北京市实行外地车辆进京通行证制度，外省市核发号牌的机动车进入六环路（不含）以内道路行驶的，须办理进京通行证件。进京通行证有效期为7天，可延期一次，延长期限为5天。办理进京通行证件后，外地车辆在京行驶仍然受到以下限制：（1）与本地车辆一样，遵循尾号限行规定；（2）每日6时到22时，禁止在二环路（主路）及特定路段行驶。天津市对于外地车辆的限制措施是：（1）与本地车辆一样,遵循尾号限行规定;(2)工作日早晚高峰时段,禁止外埠牌照机动车在外环线(不含)以内道路通行。杭州市规定,工作日早晚高峰时段,在本地车辆错峰限行范围及其他指定道路区域,实行外地车辆全号段禁行。深圳市规定,工作日早晚高峰期间,福田区等四个行政区域内的所有道路禁止外地车辆通行。

可以看出,各地对于外地车辆进入本埠行驶,大多规定了相比于本地车辆更为严苛的限制:或者扩大了限行道路区域,或者延长了限行时段,或者直接划定了禁止外地车辆行驶的"禁区"。总体而言,在本地车辆一般性限行措施之外,往往又对外地车辆增设了特殊性限制。

除了对于外地车辆的管制措施之外,近期引发社会热议的"网约车"新政也反映了机动车进入限制的另一个侧面。目前,北京、上海等地出台网约车管理规定,明确要求网约车驾驶员具有本市户籍,运营车辆在本市注册登记,并对车辆轴距等作出了一系列限制,此即媒体所称的"京人京车""沪籍沪牌"。上海市交通委员会解释称,要求车辆具有本市牌照,主要是考虑到网约车的地域性服务特征和适度发展原则。此外,依据上海目前的车辆限行措施,只有本地车辆才能提供全时段全路段的出行服务,要求网约车驾驶员具有本市户籍,主要是基于人口规模管控的需要。对此,舆论并不十分认同,学界专家也认为,政策制定者应当明确政策的基本目标,尊重网约车的市场功能,以竞争思维制定网约车细则。

(三)机动车使用限制

机动车的使用限制,主要是指尾号限行和单双号限行措施。所谓尾号限行,是指机动车按号牌尾号分组停驶的制度。以北京市为例,根据市政府关于实施交通管理措施的通告,本市范围的公务用车按车牌尾号每周停驶一天(0时至24时),范围为本市区域内所有道路;其他机动车实行按车牌尾号工作日高峰时段区域限行措施,限行时间为7时至20时,范围为五环路以内道路(不含五环路)。机动车车牌尾号分为五组,每13周轮换一次限行日。天津市的规定与北京相类似,杭州则实行"错峰限行"交通管理措施,仅在工作日早晚高峰时段实施限行。

对于违反尾号限行管理措施的行为,各地均规定了相应的处罚标准。北京、天津等地规定,违反限行规定的,仅处罚款不记分,且3小时内驶出限行区域的,只记一次处罚。杭州市在实行"错峰限行"措施之初,规定了3个月的劝导教育期,这是政策制定者给予社会公众的调适时间,教育期内违反限行规定的,不予处罚。深圳市规定,针对外地号牌车辆违反限行规定的,每个工作日仅处罚一次,并且自第三次起开始处罚。一台车在一个工作日限行时段内,无论行驶在几条限行道路被记录的,只认定为一次行驶记录。可以看出,各地对于违反限行的处罚规定相对科学。此外,比较充分地考虑到了执法的人性化。例如,杭州、深圳等地均规定,因抢救危重病人、救助危难等原因违反限行,及时申报并经核实的,免除处罚。

单双号限行相比于尾号限行而言,是一种限制程度更强的交通管理措施,一般临时性地实施于重大活动等特定期间。例如,在2008年奥运会、2014年APEC会议、2015年田径世锦赛等期间,北京市均实行了单双号限行的临时管理措施;杭州市在G20峰会期间,也采取了机动车"单号单日、双号双日"行驶措施。除了举办重大活动期间以外,为应对大气污染预警,地方也可能实施单双号限行。据媒体报道,从2016年10月31号到11月19日,兰州已经连续出现19天污染天气。兰州市政府决定启动大气污染橙色预警,并从20日起实行机动车单双号限行措施,待橙色预警解除后,恢复至原来的尾号限行措施[1]。衡水、保定、石家庄等城市也先后实行单双号限行措施,但这几个城市的单双号限行更像是常态化而非临时性的措施。例如,石家庄市规定,从2016年11月17日到年底的45日内,主城区全面实行机动车单双号限行;衡水市则规定,单双号限行措施的解除时间"另行通知"。

(四)机动车收费调控

以上论及的交通拥堵治理措施,无论是机动车数量调控、进入限制还是使用限制,根本思路都是一致的,即"基于限制的治理模式",借助行政权力干涉公共资源的调节与分配。相对而言,机动车收费调控则采取了更柔性、更温和的方式,通过经济手段引导公众的行为选择。

差别化停车收费是机动车收费调控的一个重要方面。国家发改委等七部委联合发布的《关于加强城市停车设施建设的指导意见》(发改基础〔2015〕1788号)明确提出,要统筹动态交通与静态交通,将停车管理作为交通需求管理的重要手段,采用差别化的停车供给策略。所谓差别化停车收费,是指

---

〔1〕 参见焦健:《兰州污染天气持续19天 今日启动机动车单双号限行》,http://news.sohu.com/20161120/n473649252.shtml,访问时间:2020年11月11日。

整体上按照城市中心区域高于外围区域、道路停车高于路外停车的原则,根据不同区域、时段,实行差别化的停车收费标准。差别化停车收费的着眼点在于静态交通,通过控制静态交通的密度,降低动态交通的拥堵程度。当前,我国许多城市都采取了差别化停车收费政策,例如,根据济南市关于停车收费有关问题公开征求意见的公告,济南市拟对市内六区及高新区停车收费进行调整,2元/小时的收费标准不再执行。停车区域重新划分为核心区、一类区、二类区、三类区4类,实行差别化的停车收费标准[1]。当然,关于停车区域差别化的具体操作标准,"城市中心区域高于外围区域"只是提供了一个大致原则,究竟是按照商业区(商圈)还是主干道进行划分哪个更为科学,实践中并未完全统一。

此外,征收拥堵费也是交通拥堵治理的一项重要措施。新加坡是世界上第一个实行拥堵收费的国家,为了限制机动车的使用强度,新加坡于1975年启动了拥堵收费政策,并一直延续至今。之后,伦敦于2003年开始实施征收拥堵费的政策。从新加坡和伦敦的经验来看,拥堵收费并不是一项孤立的政策,而是需要以先进的技术手段、完备的路网设施等作为依托和支撑。就我国而言,北京、上海、广州等城市也先后开展了拥堵收费的相关探索。例如,有上海市人大代表建议:外省市牌照的机动车辆进入上海外环线以内,允许两天内不收取道路拥堵费;连续行驶或停放至第三天起,应收取每天100元道路拥堵费[2]。应当说,拥堵收费不失为治理交通拥堵的一剂药方,但北京、上海与新加坡、伦敦的客观情况不同,公共交通、路网设施、技术手段等各方面的条件也存在差异,征收拥堵费的药方能否对症,目前国内大城市中还缺乏可供参考的样本。这也说明了征收拥堵费的客观条件并不十分成熟,何时落地、如何操作,都考验着城市管理者的决策智慧。

二、城市交通拥堵治理措施的合法性审视

交通拥堵治理各项措施与社会公众密切相关,自实施之初即面临着合法性、正当性等各方面的质证与诘难,其中,围绕机动车常态化限行措施的争议

---

[1] 参见王兴飞、张亚楠:《济南差别化停车收费第四次征民意:不同区域价格不一》,《齐鲁晚报》2016年6月14日。

[2] 参见俞立严:《上海拟研究外牌车进外环收拥堵费,人大代表建议每天100元》,https://www.yicai.com/news/4691259.html,访问时间:2020年11月11日。

最为典型。本部分即以常态化限行为样本,建构拥堵治理措施之合法性审视的分析框架。

(一) 常态化限行措施的性质厘定

机动车常态化限行在法律上应当如何定性? 有观点提出,单双号限行作为一种交通管制措施,所关涉的并不是机动车所有者的物权,而是公共资源的利用与分享问题。常态化限行并没有剥夺机动车的所有权,只是限制了车主使用公路等公共交通设施,很显然,公共交通设施并不在机动车所有者的权利范围之内[1]。这一观点具有一定的迷惑性,因为车主在行使机动车所有权的使用权能时,不可避免地要利用公共交通设施,机动车的使用与公共道路的利用关联如此密切,以至于可以衍生出"限制道路通行权并非限制物权"的解释逻辑。但究其本质,仍然是一个似是而非的结论。

权利并不能够在真空中自然地得到实现,必须借助于外部的物质资源和条件。以健康权为例,其之所以被认为是一种积极人权,正是由于其在本质上受制于经济发展和可资利用的其他资源条件;国家对健康权负有"逐步实现"的义务,其正当性来源也在于经济社会发展水平的客观制约性。实际上,不仅经济、社会领域的积极权利依赖于客观资源条件,消极人权如政治自由等,亦并非只需国家予以消极尊重即可自然实现,同样需要借助于一定的物质资源。"如果按照这个思路,几乎所有的基本权利都可以被看作是一种'公共资源使用权',而这是无意义的,这将使得宪法将不同生活领域类型化为各单项基本权利的意义完全丧失,使得个人权利保障重新成为一个混沌模糊的问题"[2]。基于此,"单双号限行不是车主的权利问题"的观点并不成立。

更为普遍的观点认为,常态化限行侵犯了车主的物权,构成了对机动车所有权的征收。这一论断的逻辑基点是准确的,因为私人财产权都伴随着社会义务,其行使应当有益于社会公共利益。国家为了增进公共福祉,可以对私人财产权施加合法的限制。

在这一点上,车主对机动车的使用尤为典型。不同的私人财产,由于性质、利用方式的不同,所承担的社会义务程度也存在很大差异。例如,所有权人在私人空间行使对书籍的物权时,完全可以按照自己的个人意志自由使

---

[1] 参见薛涌:《单双号限行不是车主的权利问题》,《中国青年报》2008年9月2日。
[2] 张翔:《机动车限行、财产权限制与比例原则》,《法学》2015年第2期,第11-17页。

用、处分,很难想象需要承担某种明确的社会义务。这是私人财产使用的一端,体现了极强的"私使用性"。而车主对机动车的使用恰恰处于另一个极端,其几乎不可能在私人空间内进行,而是要利用公共道路、占用公共空间,排放的尾气也会造成空气污染。换言之,机动车的使用不可避免地要与公共空间发生联系,与其他社会主体的生活发生联系,产生一定的外部效应(包括外部正效应,但外部负效应更显而易见)。有学者援引德国基本法中的"社会国原则",认为机动车不同于其他生活资料,属于具有强烈社会关联性的财产,通过法律对其进行的限制相对可以更强,也更容易被认为是合宪的[1]。

以上的论述重点在于澄清:机动车常态化限行并不是一个特殊的事物,而是同样发端于财产权的社会义务;同时,各种生活资料、私人财产的"私使用性"与"社会关联性"之间,并没有性质上的区分,只是程度上存在差别。那么,作为具有"强烈社会关联性"的机动车,对其作出的常态化限行措施是否"更容易被认为是合宪的"?

对此,必须回到财产权社会义务与准征收的界限上来。"就一个立法行为而言究竟要如何界分其为一个(应予以补偿的)征收行为抑或为一个不必予以补偿的、单纯的财产权限制之行为? 质言之,当立法者规定一项限制某种财产权利之条款时,如何决定其属于征收条款(必须增列补偿之条文)或是属于'财产权内容及其限制'之条款?"[2]为了准确厘定社会义务与准征收的界限,理论和实务上发展出了诸多学说。其中,个别侵犯理论将征收视为对特定私人财产权的个案性侵害,如果通过立法对人民的财产权进行概括的、一律的侵犯,则属于社会义务的内容;特别牺牲理论认为对私人财产权的侵犯如果违反了宪法上的平等权,应当认为准征收;实质减少理论认为征收是对财产权的实质现状及内容的侵犯,以至于依该权利本质极为必需的经济性功能已经被剥夺或严重地被侵犯;可期待性理论认为社会义务仅是极为轻微的限制,可以期待人民忍受,征收则是对私人财产权极为严重的侵犯。

不难看出,以上判断标准之间并不能够很好地贯通,无法得出一致性的结论。例如,根据个别侵犯和特别牺牲理论,常态化限行是针对本行政区域内的所有机动车平等实行的交通管制措施,属于概括的、一律的限制,并不违反宪法平等保护原则,属于机动车所有人应当负担的社会义务。根据实质减

---

[1] 张翔:《机动车限行、财产权限制与比例原则》,《法学》2015年第2期,第11-17页。
[2] 陈新民:《德国公法学基础理论》,法律出版社2010年版,第475页。

少理论,机动车作为一种生活资料,其本质功能就在于代步通行,常态化限行恰恰严重限制了这一功能,显然属于准征收。根据可期待性理论,常态化限在性质上属于社会义务或是准征收,完全取决于社会公众的接受程度:如果社会公众接受程度高,常态化限行属于社会义务;反之,即相应转为准征收,这显然是不合逻辑的。由此可见,认为"常态化限行构成对机动车所有权的征收",首先即面临准征收判断标准不明确的质疑。

此外,将常态化限行认定为准征收,在现行征收法体系中很难找到充分的依据。我国《宪法》第十三条第三款规定:国家为了公共利益的需要,可以依照法律规定对公民的私有财产实行征收或者征用并给予补偿。本条款中所指的征收、征用,是指行政主体凭借国家行政权力,根据社会公共利益的需要,向相对人强制性取得或使用私人财物的情形。换言之,在典型的征收、征用概念界定下,准征收概念无法与之很好地调适。即使勉强赋予常态化限行以准征收的名义,对于交通管制权力行使限制等问题,也很难有进一步的推进和突破。

在此意义上,笔者认为,不必过分纠缠于常态化限行的法律定性问题,而应当更加关注补偿条款。实践中,地方政府往往采取减征车船税等相关税款的方式,作为对机动车限制通行的补偿。然而,车船税本身便是对行驶于公共道路的机动车(或航行于河流湖泊的船舶)计征的一种使用行为税,在常态化限行之下,机动车的使用行为受到限制,作为使用行为税的车船税自然也要随之减征。因此,减征相关税款在性质上绝非"补偿",仅仅只是依法应当的"减征"。从这一点来看,现行的补偿标准并不合理,起码是一种不充分、不足量的补偿。

(二) 地方立法授权的可行性之辩

在现行法律体系下,依法限制机动车通行的法定情形包括以下几种:(1)根据道路和交通流量的具体情况,对机动车、非机动车、行人采取疏导、限制通行、禁止通行等措施(《道路交通安全法》第三十九条);(2)遇有大型群众性活动、大范围施工等情况,可以采取限制交通的措施(《道路交通安全法》第三十九条);(3)遇有自然灾害、恶劣气象条件或者重大交通事故等严重影响交通安全的情形,采取其他措施难以保证交通安全时,可以实行交通管制(《道路交通安全法》第四十条);(4)依据重污染天气的预警等级,可以采取责令有关企业停产或者限产、限制部分机动车行驶等应急措施(《大气污染防治法》第九十六条)。

其中,与作为治堵措施的常态化限行密切相关的是第一种情形,也即《道路交通安全法》第三十九条前半句的规定。那么,该条文能否成为支撑常态化限行合法性的充分依据?学者对此存在不同见解。有观点认为:长期限行在法律上基本成立。我们一直把《道路交通安全法》第三十九条理解为临时性的疏导、限制、禁止,比如说跑马拉松等。现在出现了新情况,如果真的要将车辆限行固定成为一个制度,这个条文所包含的意思就不是临时性的,而是长期的,甚至可以成为永恒的[1]。该学者同时也承认:将条文理解为既包括临时也包括长期,这方面的理由还有点勉强,只能说是基本上成立。另一种观点则直截了当地提出质疑:《道路交通安全法》第三十九条只是临时通行限制措施的依据,长期限行于法无据。行政机关如果要对公民的财产权利和"行"的方式加以限制,无疑要有法律规定作为依据,这就是防止行政机关滥用权力的法律保留原则[2]。我们认为,从语义上来分析,《道路交通安全法》第三十九条的规定是很明确的,采取限制通行措施的前提只是"根据道路和交通流量的具体情况",这显然是一项临时性措施。如果认为该条文包含长期限行,便不再是根据"具体情况",而是根据道路和交通流量的"一般情况"或"统计情况"而采取限行措施。从"具体情况"的表述中,无论如何扩大解释,也无法合理地解释出包含"一般情况"或"统计情况"的含义。换言之,认为《道路交通安全法》第三十九条包括临时和长期两种情形,已经超越了法解释的界限。综上所述,《道路交通安全法》第三十九条的规定,无法成为常态化限行的法律依据。

一方面,城市管理者对于机动车限行有迫切需求;另一方面,限行措施缺乏上位法依据,仅由各地政府命令设定,合法性饱受质疑。在此情形下,我们认为,可以通过制定地方性法规,为机动车限行提供法律依据。首先,交通拥堵治理作为城市建设与管理方面的内容,属于典型的地方立法事项。其次,在现行法律体系中,常态化限行很难被认定为准征收。据此,在立法权限上,地方性法规对于机动车限行的规制并不受《立法法》"对非国有财产的征收、征用"有关条款的限制。此外,根据原《中华人民共和国物权法》(简称《物权法》)第七条、第八条规定,物权的取得和行使,应当遵守法律,尊重社会公德,

---

[1] 参见党小学、程晶晶:《"长期限行,我看行"——专访国家行政学院杨小军教授》,《检察日报》2008年9月10日。

[2] 参见刘莘:《长期限行尚无法律依据》,《检察日报》2008年9月10日。

不得损害公共利益和他人合法权益；其他相关法律对物权另有特别规定的，依照其规定。地方性法规对于机动车限行的规定，正是根据上述两个条文，基于"公共利益和他人合法权益"的需要而作出的。所谓"其他相关法律对物权另有特别规定"，应当是指法定的特别物权类型，对于机动车使用进行的规制，显然不属于同一层面上"对物权的特别规定"。据此，原《物权法》第七条、第八条亦非机动车限行地方立法的法律障碍。

在机动车限行地方立法的问题上，值得认真审视的是《立法法》设定的"不抵触"原则：地方性法规可以根据本地具体情况和实际需要作相应规定，但不得同宪法、法律、行政法规相抵触。那么，在缺乏上位法依据的情况下，对常态化限行进行地方立法是否还有必要讨论抵触的问题？或者说，此时是否存在抵触的可能？这实际上涉及对"上位法"概念的不同理解。

严格论者认为，"上位法"是指整个领域，只要上位法对于该领域内的某一事项作了规定，即应当理解为对于整个领域作了规定。这包含以下几种情形：(1)上位法对于某一领域作了专门立法；(2)某一领域没有系统地专门立法，但相关法中的若干条文作了规定；(3)上位法对于某一领域没有作出规定。第一种是最为典型的情况，在此不作详述。就第二种情形而言，机动车限行立法即为适例。国家层面上并未就机动车限行作专门立法，仅在《道路交通安全法》和《大气污染防治法》有关条文中作了简单规定。按照严格论的观点，应当认为立法者对于该特定领域仅欲作上述规定，即：限制通行措施仅适用于根据道路和交通流量的具体情况，遇有大型群众性活动、大范围施工等情况，遇有自然灾害、恶劣气象条件或者重大交通事故等严重影响交通安全的情形以及依据重污染天气的预警等级等情形。下位法的规定也必须在上述规定的情形范围内，即使是上位法未规定的空白领域（如常态化限行）也不能涉及，否则即构成与上位法的抵触。对于第三种情形，应当与第二种情形作同样理解，上位法对于某一领域没有作出规定并非立法漏洞，而是立法者对有关情况进行考量后主动不作规定，这一虚拟存在的"立法意旨"同样拘束着下位法。宽泛论者认为，"上位法"指向的仅是"具体事项"，下位法只需要在上位法规定的事项上不抵触即可，就该领域的其他事项，仍可以自由作出规定。具体到机动车限行立法上，常态化限行显然不属于《道路交通安全法》和《大气污染防治法》有关条文规定的情形，根据宽泛论的观点，地方性法规完全有权作出规定。

应当说，严格论和宽泛论都存在一定的问题。是否抵触的判断标准，应当在"宽严之间"权衡确定。综合考虑上位法的客观目的以及立法权的下沉趋势,初步的结论是,机动车限行立法符合地方性法规的权限范围,由地方立法进行规制,具有客观上的迫切性以及法理上的可行性。

三、城市交通拥堵治理措施的合比例性考量

城市交通拥堵治理措施不仅应当遵守合法性原则,更应当符合合理行政原则的具体要求。

(一) 合目的性:多重政策目标的叠加

在比例原则的坐标系中,首先值得考量的问题是:机动车限行等各项措施的政策目的是什么?这是一个前提性问题,也是继续讨论政策有效性等问题的基础。从表面上来看,限购、限行等措施均属于交通拥堵治理措施,这似乎是显而易见的,根本算不上一个问题。其实则不然,仔细分析各项政策细节即可发现,政策目的永远不是纯粹的拥堵治理。例如,各地在采取机动车限行措施时,大多规定新能源汽车不受限行措施的限制,这就使得限行措施的目的变得模糊起来:在造成拥堵方面,新能源汽车显然与其他机动车一样,并不存在程度上的差别;限行措施将其区别对待,可能是考虑了新能源汽车污染较小以及发展新能源产业的需要。再如,停车管理意在解决城市停车难、车位少等停车问题本身,还是以停车管理作为手段,侧面迂回解决城市中心区拥堵问题,其政策目的有待进一步思考。

我们认为,在社会管理实践中,一项政策之上加载多重目标很正常,相反地,单一目标政策反而少见,且一定意义上也是不经济的。多重目的政策的有效实现,关键在于不同目标之间有机调和的可能性。两个政策目标之间,无外乎存在以下几种关系:(1) 近乎同向。这对于决策者而言是最简便的一种情形,一项政策可以叠加多重目标,相互之间互不干扰,同时实现。(2) 方向交叉。这是最常见的一种情形,绝大多数情况下,不同政策目标之间总是呈现交叉型方向。此时,最关键的是区分目标的层次、次序和重要性,以第一次序的目标为主目标,其他目标为次目标,主目标和次目标在政策中占据不同的权重。只有在不影响主目标实现的前提下,方可有限度地附带实现其他次目标。(3) 近乎反向。这是另一种极端情形,近乎反向的两个目标不应当负载于同一项政策之上。

以机动车限行政策为例，拥堵治理和大气污染治理两个目标的同向性是很强的，可以并存于相关政策之中。将新能源汽车排除在限行措施规制范围在外，既不是出于拥堵治理的目的，也不是出于大气污染治理的目的，因为新能源汽车至多只是污染较小，对于大气污染治理并没有正向的促进。据此，限行政策还负载了发展新能源产业的目标，正是这一目标，引发了政策内部的不协调。此外，近期社会热议的"网约车"新政之所以引发质疑，也是由于政策目标上的问题：政策制定者在一部规范"网约车"的法规中加入了"控制城市人口规模"的目标，本来二者在一定程度上可以共存，但控制人口的目标所占权重过大，以至于严重冲击了"网约车"管理的基本目标，致使政策目标之间混淆不清、层次不明。

（二）有效性：政策效度的量化分析

与政策措施的合法性、合目的性相比，政策有效性所关注的指标更为务实，即：某项措施能够在多大程度上缓解交通拥堵。所以，对政策效度的评价更多是技术性而非价值性的。那么，旨在治理交通拥堵问题的各项措施是否切实发挥了预期功效呢？对此，抽象定性讨论是不充分的，需要进行政策效度的量化分析。

在拥堵治理政策的量化评价体系中，交通指数（交通拥堵指数、交通运行指数）是一个重要的概念，它是综合反映道路网畅通或拥堵的概念性指数值。交通指数取值范围为 0—10，分为五级。其中 0—2 对应"畅通"，表示交通运行状况良好，基本没有道路拥堵，可以按道路限速标准行驶；2—4 对应"基本畅通"，表示交通运行状况较好，少量道路拥堵，比畅通时多耗时 0.2 至 0.5 倍；4—6 对应"轻度拥堵"，表示交通运行状况较差，部分环路、主干路拥堵，比畅通时多耗时 0.5 至 0.8 倍；6—8 对应"中度拥堵"，表示交通运行状况差，大量环路、主干路拥堵，比畅通时多耗时 0.8 至 1.1 倍；8—10 对应"严重拥堵"，表示交通运行状况很差，全市大部分道路拥堵，比畅通时多耗时 1.1 倍以上。

以北京市为例，根据北京市交通委员会公布的数据，我们选取了 2013—2015 三个年度 5 月份的交通数据作同比分析。2013 年 5 月，交通指数维持在"轻度拥堵"水平，周一早高峰、周五晚高峰以及降雨天气下城市交通拥堵情况较为严重。工作日高峰平均道路交通指数为 5.5，环比下降 1.8%，同比增长 5.8%。工作日平均"中度拥堵"以上持续时间为 1 小时 30 分钟，环比减少 30 分钟,同比增加 20 分钟[1]。2014 年 5 月,工作日月平均交通指数为"轻度拥堵"(5.8),同比增长 5.5%,环比基本持平。其中,早高峰交通指数 5.7,同比持平;晚高峰交通指数 5.8,同比增长 9.4%[2]。2015 年 5 月,全路网工作日高峰时段月平均交通指数为"中度拥堵"(7.2),同比上升 24.1%,环比下降 2.3%。其中,工作日早高峰平均指数为"中度拥堵",同比上升 24.6%,环比基本持平;工作日晚高峰平均交通指数为"中度拥堵",同比上升 24.1%,环比下降 5.6%。[3]

如果仅考虑与去年同期相比的同比变化率,可以简化为表 7-1:

表 7-1 2013—2015 年 5 月份交通指数同比变化

	2014 年 5 月	2015 年 5 月
工作日月平均交通指数	同比增长 5.5%	同比上升 24.1%
早高峰交通指数	同比持平	同比上升 24.6%
晚高峰交通指数	同比增长 9.4%	同比上升 24.1%

从表中很容易看出,2014 年 5 月相比去年同期、2015 年 5 月相比去年同期,无论是工作日月平均交通指数,还是早、晚高峰交通指数,整体上呈现增长趋势。这是否意味着尾号限行等拥堵治理措施未能发挥预期效果?我们认为,不能作如此结论。诚然,政策有效性分析需要量化,需要依赖于客观数据,但不能唯数据化,不能局限于数据呈现出来的表象,进而得出偏颇的结论。例如,北京市自实施机动车摇号政策以来,本地车牌机动车数量毫无疑问得到了有效控制,但与此同时,许多人开始使用外地车牌。据粗略估算,北京市保有的机动车之中,近 1/3 为外地车牌机动车。这就使得机动车数量控制政策缓解拥堵的效果被大大稀释。再如,为应对尾号限行政策,许多对使用机动车有强烈需求的人开始购买第二辆车,这反过来又给机动车数量控制增加了压力。此外,还有一些非常偶然的因素,如节假日、雨雪天气等,同样可以导致交通指数的明显波动。

基于此,笔者认为,对于治堵政策的有效性分析,数字化只是基础,在数字化基础上,还应当做到精准化,这也是政策有效性分析的难点所在。因为

---

[1] 参见北京市交通委员会:《2013 年 5 月道路交通运行情况分析报告》,https://www.bjtrc.org.cn/Show/index/cid/3/id/236.html,访问时间:2021 年 11 月 11 日。

[2][3] 参见北京市交通委员会:《2014 年 5 月道路交通运行分析报告》,https://www.bjtrc.org.cn/Show/index/cid/3/id/272.html,访问时间:2021 年 11 月 11 日。

各项政策并不是孤立的,而是相互联系、相互影响的,有可能相互助成,如外部车进京限制有利于控制机动车总体数量;也有可能相互牵掣,如尾号限行给机动车数量控制带来的压力。政策有效性的量化分析仅仅展示各个因素相互作用、影响后的整体状态是不充分的,而应当分别展示各项政策对于缓解拥堵的实际贡献率,以及影响实际贡献率的变量因素。换言之,政策有效性分析应当控制变量、解剖麻雀,唯有如此,有效性分析本身才可能"有效",才能够给政策的正当合理性提供技术层面的支撑。

四、治理城市交通拥堵的对策思路

(一)拥堵治理的权力边界厘定

交通的便捷、通畅毫无疑问是一项重要的公共利益,政府出台的各项治堵措施,也都是为了实现这一公共利益。但是,目的的正当性并不能当然地推导出手段的正当性,公权力所采取的手段在形式上要合法,在实质上则要正当,"基于公共利益的需要"不能成为恣意行政的托词。从权利行使与限制的原理来讲,立法者可以对公共利益与私人权利进行比较与权衡,如果立法者认为正当,可以基于公共利益的目的,在一定程度上限制特定的私人权利。例如,根据《道路交通安全法》第四十条的规定,遇有自然灾害、恶劣气象条件或者重大交通事故等严重影响交通安全的情形,采取其他措施难以保证交通安全时,可以实行交通管制。在此情形下,公众对于机动车的使用权就必须暂时让位于交通安全的公共利益。

需要明确的是,这种对权利、利益的取舍判断是立法者作出的,是立法裁量的过程;如果没有法律、法规的依据,行政主管部门无权作出此种判断。特别是涉及限制或剥夺公民权利的情形,单纯的社会公益因素显然难以支撑一项政府规制全部的合法性与正当性。对于交通拥堵治理措施而言,无论其形式上如何多变,只要立法者未对私人权利作出相应限制,那么,私人权利所及之处,便是政府各项政策措施的边界所在。

例如,机动车常态限行之所以在正当性上引发质疑,正是因为超出了交通管制的几种法定情形,不免有行政机关自我授权的嫌疑,并且稍一越界便很有可能直接侵害机动车物权。这也是一些地方政府积极争取人大立法,以期获得政策合法性依据的原因。"网约车"新政也是一个典型的例子。今年

10月8日,北京、上海、广州、深圳4个城市发布"网约车"新政,10月9日,天津、杭州、重庆3个城市也随之发布,各个城市的新政对于司机资质、车辆标准均作了不同程度的限制。学界认为,根据《行政许可法》第十五条第二款的规定,地方性法规和省级政府规章可以设定行政许可,但不得限制其他地区的个人或企业到本地区从事生产经营或提供服务,不得限制其他地区的商品进入本地区市场。"网约车"新政的限制性要求与上述规定并不一致,存在合法性疑问。笔者也认为,"网约车"新政或许存在城市定位、人口调控等多方面因素,但仅就正当性根据来说确实不够充分。新政内容与行政许可法的上述规定如何协调,仍然是主管部门必须思考并且需要认真回答的问题。

(二)基于法定决策程序的正当化

2014年3月25日晚上7点,杭州市政府召开新闻发布会,宣布自3月26日零时起,全市实行小客车总量调控管理。2014年12月29日,深圳市政府发布通告,决定从当日18时起,在全市实行小汽车增量调控管理。相比于杭州市"限购令"而言,深圳市的"政策突袭"更为彻底。"政策突袭"从管理的角度来看可能非常有效,但对于程序正义和政府公信力却会造成不可避免的损害。

十八届四中全会明确提出,推进重大行政决策法治化,重大决策实行公众参与、专家论证、风险评估、合法性审查、集体讨论决定等法定必经程序。交通拥堵治理政策社会涉及面广、专业性强、与社会公众利益密切相关,是典型的重大行政决策,应当遵循公众参与、专家论证等决策程序,这也是拥堵治理政策正当化的程序进路。

公众参与程序要注意几个关键问题:(1)公众遴选。除了开放式征求意见外,如果采取座谈会、论证会、听证会的形式,应当按照广泛性和代表性原则,分不同利益群体按比例确定公众代表。(2)公众范围。某些交通拥堵治理措施具有明显的外部效应,例如,限制外埠机动车进入本地区的政策,针对的主要就是本行政区域之外的相对人。对此,公众范围应当按照决策事项的影响范围来确定,而不限于本行政区域内。(3)参与时限。从各地重大决策规定文本来看,关于参与时限有两种规定方式:一是不作具体规定,由行政机关裁量把握;二是规定不得少于20日、15日甚至7日。但无论如何,如前述杭州、深圳等城市"限购令"的突然袭击,明显不符合公众参与的原则。除了参与时限外,应尽可能全面公开决策相关资料,提高公众对决策事项的了解程度,这在一定程度也可以提高公众参与的充分性、有效性。(4)参与效力。决策机关应当充分尊重公众意见,不仅要说明采纳的意见,也要说明未采纳的意见及理由,并集中或逐一向公众反馈。

交通问题本身是一个技术性问题,相应地,交通拥堵治理对于技术性也有着很高的要求,这就需要借助专家论证来实现决策的科学性。值得注意的是,专家论证程序本身也是需要制度保障的。其一,专家要保持技术理性。根据湖南省重大决策专家咨询论证办法的规定,咨询专家应当从正反、利弊等方面对重大行政决策方案草案进行全面论证,内容一般包括重大行政决策的必要性、可行性、经济社会效益、执行条件、对环境保护等方面的影响和其他必要的相关因素研究,以及进行社会稳定风险评估。其二,要赋予专家论证意见以一定的法律效力。广东省重大决策专家咨询论证办法规定,行政机关要将专家论证意见建议作为重大行政决策的重要依据,对合理可行的予以采纳并落实到决策中。并且规定,对专家提出的合理可行的咨询论证意见建议不予采纳而导致决策不当,造成损失或不良影响的,追究有关行政机关和责任人的责任。这就明确了专家论证的法律地位和效力,并通过法律责任条款予以保障,畅通了专家理性进行决策的通道。

(三) 公共交通的技术理性路径

从国际大城市交通发展历程来看,各国城市都曾将大规模建设道路基础设施作为改善交通的基本对策。但经验表明,这一思路并不能有效地解决交通拥堵问题。扩大道路设施供给在短期内可能会对缓解拥堵起到十分明显的作用,但从长远来看,道路设施供给扩张本身将会进一步刺激社会公众选择小汽车出行的方式。由此,交通拥堵—增加道路资源供给—新一轮交通拥堵—再次增加道路资源供给,旨在治理交通拥堵的思路反而反向刺激了小汽车出行的需求。在1940—1950年大规模交通基础设施建设阶段后,新加坡、伦敦采取拥堵收费、总量控制等交通需求管理的方式,东京、巴黎等城市则开始发展公共轨道交通,为交通拥堵治理探索积累了很好的经验。我们认为,相比于公共交通而言,小汽车单位人、单位里程占用的道路资源过多,因此,拥堵治理的核心在于交通出行结构的内在调整,应当将优先发展公共交通作为缓解交通拥堵的治本之策。

2005年,国务院转发了建设部等六部门联合制定的《关于优先发展城市公共交通的意见》,提出应当确立公共交通在城市交通中的优先地位。《国务院关于城市优先发展公共交通的指导意见》(国发〔2012〕64号)进一步提出,优先发展城市公共交通,应当加强公共交通用地综合开发、加大政府投入、拓宽投资渠道、保障公共交通路权优先,等等。各地政府也先后出台了实施性政策,如北京市明确提出了优先发展公共交通的"两定四优先"政策,即:确定发展公共交通在城市可持续发展中的重要战略地位,确定公共交通的社会公益性定位;给予公共交通设施用地优先、投资安排优先、路权分配优先、财税扶持优先。优先发展公共交通的"优先",不应当只是顶层设计的优先,而应当成为具体制度保障下的优先。例如,拓宽投资渠道,鼓励社会资金参与公共交通基础设施建设和运营。再如,尽管政府文件中多次提及"路权优先""路权分配"的概念,但实际上,"路权"本身并不是一个法定概念,并没有法律上的明确界定。笔者认为,城市道路资源分配向公共交通倾斜,保障人而非车的出行优先权,不应停留在政策话语或应然权利的层面上;人的路权优先、公共交通路权优先,正是城市交通文明的重要体现。

第八章

城市交通污染的法律治理研究

在我国经济社会飞速发展和城市化进程进一步加快的背景下,城市交通在方便生活和推进城市化过程中日益显现其重要性。但快速发展的城市交通在带来便捷的同时,也伴生了大量严重的生态环境问题。机动车能源消耗、尾气排放、噪声污染、废旧汽车污染、雾霾和道路扬尘污染等已成为城市环境的主要污染源,使人类生存环境负担日益加重。为了应对城市交通污染,实现节能减排、加强城市环保,绿色交通发展被提上议事日程。我国城市交通污染现状如何?城市交通污染治理中存在的突出法律问题有哪些?如何从法治保障视角对我国治理城市交通污染提出对策?这些都是本章要解决的问题。

一、我国城市交通污染的基本现状

改革开放以来,随着城镇化战略的推进,城市人口快速增加,社会经济活动活跃,城市居民出行频率大大提高。在国家将汽车产业作为国民经济支柱产业的助推下,机动车拥有量增长迅猛,驾驶人员数量大幅提升。截至2020年上半年,全国机动车保有量达3.6亿辆,汽车占机动车的比率达75%,已成为机动车主体。从分布情况看,全国汽车保有量达到百万辆以上的城市有69个,达到200万辆的城市有31个,而达到300万辆的城市有12个,分别为北京、成都、重庆、上海、苏州、深圳、郑州、西安、武汉、东莞、天津和青岛。与此同时,全国新能源汽车保有量达 417 万辆,占汽车总量的 1.54%,与 2019 年年底相比新增 36 万辆。[1] 迅速攀升的汽车保有量,使我国快速进入汽车社会。由此引发的较为严重的城市交通环境污染问题,突出表现为交通能耗高、交通尾气排放严重、交通噪声危害大、废旧汽车污染严重、雾霾和道路扬尘严重五个方面。

(一) 交通高能耗问题突出

一个绿色健康的城市生态交通系统必然要求能源节约,高能耗的交通不可持续,也不利于生态城市绿色交通的构建。伴随着城市化进程和居民驾驶机动车出行的大量递增,交通行业资源消耗的增长速度高于整个社会平均能源消耗速度,成为我国增长速度仅次于生产消耗和工业消耗的事项。在城市交通系统中,我国以燃油为动力的交通工具占主导地位,"交通运输行业汽油、煤油、柴油和燃料油 4 种油耗叠加在一起,占全社会油耗的比重已超过 70%。"[2] 过高的交通油耗给城市的生态交通建设带来巨大的压力,交通节能减排形势严峻。因此,以交通能耗的降低为抓手,可以给全社会的节能带来显著的效果,起到决定性的作用。在交通能耗中,占大部分比重的是化石能源,而化石能源又会通过汽车尾气给大气造成污染。因此,交通领域缓解生态环境危机的关键举措在于对能源使用结构进行调整。我国未来的城市化进程将会进一步加大交通能耗的增长,交通节能势在必行,它将会为全面节能减排发挥重要作用。

(二) 交通尾气排放污染严重

近年来,面对严峻的大气污染现状,我国政府在减少污染物排放方面采取了很多积极措施,试图减轻或者恢复对大气环境造成的破坏,但应当指出,我国的大气环境状况距离根本性改善的目标还比较远。

2020 年 5 月,生态环境部发布的《2020 中国生态环境状况公报》(以下简称《环境公报》)指出,在大气环境质量方面,全国 337 个地级及以上城市(以下简称 337 个城市)中只有 202 个城市环境空气质量达标。337 个城市平均

---

[1] 参见公安部:《2020 年上半年全国机动车保有量达 3.6 亿辆》,https://www.mps.gov.cn/n7944517/n7944597/n7945888/c7478787/content.html,访问时间:2020 年 11 月 10 日。

[2] 刘建翠:《中国交通运输部门节能潜力和碳排放预测》,《资源科学》2011 年第 4 期,第 641 页。

优良天数比例为 87.0%,细颗粒物(PM$_{2.5}$)年平均浓度为 33 微克每立方米,与 2019 年相比略有下降。465 个开展降水监测城市的酸雨频率平均为 10.3%,比 2019 年上升 0.1 个百分点。[1] 酸雨城市比例为 34%,比上年上升 0.7 个百分点。酸雨区面积约 46.6 万平方公里,占国土面积的 4.8%,主要分布在长江以南、云贵高原以东地区。[2]

交通行业的特点决定了其发展必然伴随着高污染和高能耗,城市环境问题的恶化与城市交通尾气污染之间密不可分,特别是在我国机动车保有量逐年攀升的背景下,机动车使用过程中产生的废气已成为城市大气污染的主要来源之一。生态环境部发布的《中国移动源环境管理年报(2021)》(以下简称《环境年报》),公布了 2020 年全国移动源污染排放状况。《环境年报》显示,细颗粒物、光化学烟雾污染是我国大中城市空气污染的重要组成部分,而机动车尾气污染是细颗粒物、光化学烟雾污染的重要源头,交通污染防治的工作日益迫切。2020 年,四项污染物通过机动车排放初步核算高达 1 593 万吨。其构成分别为:一氧化碳 769.7 万吨,碳氢化合物 190.2 万吨,氮氧化物 626.3 万吨,颗粒物 6.8 万吨。[3] 可见,机动车尾气污染已经对环境产生深刻的影响,对其防治已经成为我国大气污染防治工作的关键所在。

(三)交通噪声污染危害大

随着我国经济社会的快速发展,人们生活条件的改善,城市机动车保有量快速攀升,交通噪声已成为城市发展主要环境污染公害之一,对城市居民的身心健康和日常生产生活产生了重要影响。《环境公报》指出,开展功能区声环境监测的 311 个地级以上城市各类功能区昼间达标率为 94.6%,夜间达标率为 80.1%。324 个地级及以上城市开展昼间道路交通声环境监测的等效声级平均值为 66.6 分贝。227 个城市评价等级为一级,占 70.1%;83 个城市为二级,占 25.6%;13 个城市为三级,占 4.0%;1 个城市为四级,占 0.3%;无五级城市。[4] 道路交通噪声是一种非稳态的噪声,它的声级一般介于 60—85 分贝,声级较高,是社区噪音最主要的来源。交通噪声主要来自发动机的噪声,而喇叭、警报器和播放器等的声音更加剧了噪声污染。城市道路

---

[1] 参见生态环境部:《2020 中国生态环境状况公报》,第 7-9 页。
[2] 参见生态环境部:《2020 中国生态环境状况公报》,第 15 页。
[3] 参见生态环境部:《中国移动源环境管理年报(2021)》,第 4 页。
[4] 参见生态环境部:《2020 中国生态环境状况公报》,第 43-44 页。

交通噪声产生的不利影响范围较广,涉及人身健康、生态环境、建筑物的稳定性、道路附近房屋和土地价格等诸多方面。

(四)废旧汽车污染不容忽视

报废汽车回收拆解和再生利用是资源循环利用的重要环节,《环境年报》指出,2020年报废机动车回收拆解数量仅239.8万辆,无法完全跟上报废汽车的数量,报废汽车的处理将是一个重要问题。以轮胎污染为例,大量废旧轮胎的集中露天放置,既占用宝贵的土地资源,又容易成为垃圾场,还可能引发火灾,污染环境。我国轮胎产量已连续10多年居世界前列,每年产生的废旧轮胎也是全球第一。与发达国家相比,我国废旧轮胎安全事故及污染问题严重,目前报废汽车拆解企业的技术水平相对较低,拆解作业中导致的二次环境污染现象较为严重。随着我国人民生活水平的提高,报废机动车逐年增多,如果对报废车辆不及时进行处置和回收,就会占用堆积场地,在风雨侵蚀下,报废车辆很快会失去循环利用的价值,不仅浪费资源,还极易引起火灾,并容易造成二次污染。[1]因此,对废旧机动车的治理已经成为环境治理中的紧迫问题。

此外,废旧机动车的主要组成成分为金属材料如铸铁、钢板、铝与铜及其合金、锌、铅等,非金属材料如塑料、玻璃、橡胶、涂料、皮革、纤维等。报废汽车不能及时回收利用,一些重金属将长期滞留于环境中,破坏生态环境,并随时可能通过一些渠道进入人体,给人们健康带来威胁。涂料主要用于车身的防腐及美化外观,虽然含量很少,但如处理不当,也会造成环境污染。废旧汽车里的空调冷冻液、防冻液、刹车油等液体物质也都是严重的污染源,国内缺乏专门回收公司进行处理,这些液体一旦泄露会破坏大气臭氧层,破坏地球的免疫系统,造成环境污染。

(五)雾霾和道路扬尘污染急需整治

"雾霾"曾经一度成为我国人民关注的话题,2013年1月,4次雾霾笼罩30个省(区、市),在北京,仅有5天不是雾霾天。2016年12月,入冬后最持久的雾霾天气来临,多个城市到达严重污染级别,影响范围包括京津冀、山

---

[1] 张丽玮、翁迪凯:《废旧轮胎每年超千万吨"黑色污染"急剧增加》,http://zj.people.com.cn/n/2015/0409/c186984-24435813.html,访问时间:2018年7月25日。

西、陕西、河南等 11 个省市在内的地区。为此，2017 年，李克强总理亲自将"坚决打好蓝天保卫战"写入政府工作报告。2018 年 6 月 27 日，国务院印发了《打赢蓝天保卫战三年行动计划》，提出要积极调整运输结构，发展绿色交通体系。

雾霾天气现象会给气候、生态环境、健康、经济、交通安全等方面造成显著的负面影响。从雾霾"元凶"来看，除了气象条件、工业生产、冬季取暖烧煤、机动车尾气排放、工地扬尘外，道路扬尘也是雾霾产生的重要因素。各地 $PM_{2.5}$ 污染来源中，相当一部分来自工地和道路扬尘。建设工地扬尘由于易于被肉眼发现，因此采取的防治力度大，治理措施相对完备。而路面灰尘经车辆碾压后，颗粒微小，肉眼难以察觉，导致对道路扬尘的重视程度和治理力度不足。

二、城市交通污染治理中的法律问题

（一）缺乏法治思维和绿色交通理念

城市交通环境恶化是经济社会发展到一定阶段的产物。我国政府一直高度关注城市交通环境问题，为此启动了不少的科研课题，并取得较多成果。但由于技术的滞后性和局限性，交通环境难以得到根本性的改善。"实践证明，没有技术不行，但过分依赖技术甚至单纯依靠技术解决城市交通环境恶化的思路也行不通，而法律制度的前瞻性特点可以弥补这一不足"[1]。

包括欧盟、美国、日本、韩国、新加坡在内的发达国家和地区，其大中型城市人均拥有机动车数量比我国还高，却没有出现严重交通拥堵现象，根本原因不在于其城市交通环境治理技术、人力、物力比我们好、比我们多，而在于其法治思维和制度保障，以及基于制度保障而形成的整个社会健康向上的绿色交通理念和交通文化。所谓绿色交通，"它是人们对交通可持续发展确立的理想目标，意在发展多元化的交通体系，减少交通拥挤、降低大气污染、促进社会持续公平发展、节省交通费用的交通运输系统"[2]。从我国现状来

---

[1] 范冠峰：《我国城市交通环境绿色发展的法治化路径研究》，《齐鲁学刊》2015 年第 2 期，第 105 页。

[2] 周珂、张卉聪：《论我国城市绿色公共交通的法制化》，《法学杂志》2014 年第 2 期，第 102 页。

看,目前仅仅是把绿色交通视为交通领域的重点发展目标之一,仍缺少具体的引领城市低碳出行、绿色出行,治理交通污染的配套法律制度措施,绿色交通理念尚未在城市交通污染治理布局中得到充分体现。

(二) 法律规定不完善

有法可依是法治交通的前提和基础,从我国城市交通环境污染防治的法律规定看,主要存在以下突出问题。

1. 缺乏明确的政府环境责任制度

政府在城市交通污染防治工程中的重要性毋庸置疑,无论是相关规则的制定,还是执行都离不开政府。尽管目前政府出台了不少的政策法规,但我国城市交通污染仍然不容乐观。究其原因,很重要的一个点在于政府环境管理责任制度不健全。以《环境保护法》为例,该法第六条第二款规定:"地方各级人民政府应当对本行政区域的环境质量负责。"第八条规定:"各级人民政府应当加大保护和改善环境、防治污染和其他公害的财政投入,提高财政资金的使用效益。"第九条规定:"各级人民政府应当加强环境保护宣传和普及工作,鼓励基层群众性自治组织、社会组织、环境保护志愿者开展环境保护法律法规和环境保护知识的宣传,营造保护环境的良好风气。"但在该法第六章法律责任中,并未明确规定如果违反上述规定,政府应该如何承担责任。因此,难以对政府形成有效的责任监督。此外,环境保护因素未能在政府的宏观决策中得到应有的重视。现行《中华人民共和国环境影响评价法》(以下简称《环境影响评价法》)规定的环评对象主要限于建设项目和规划,没有将政策(包括立法)纳入环评范围。[1] 政府在制定汽车产业及城市交通的相关政策时,没有充分考虑政策实施可能对大气、噪声、土壤、水体等生态环境造成的影响,容易造成政策本身与环境保护及节能减排目标的脱节,从而影响政府决策的科学性、生态性和有效性。

2. 相关立法层次和内容有待提升和完善

从我国现有法律体系看,缺乏城市交通污染防治的专门性法律,现有相关规定零散地分布在有关的法律、行政法规、规章及规范性文件中,立法层次不高,不能为控制交通污染提供有力的法律支撑,也难以为各地方根据各自

---

[1] 刘秋妹:《城市交通大气污染困境突围的制度设计》,《党政视野》2016年第5期,第34页。

实际情况制定地方性法规和规章提供上位法依据。即使已有的这些法律规范，其规定也不够完善。首先是可操作性不强。以《环境保护法》为例，该法从法规类型看，属于环保综合规定，其内容总体呈现基础性和原则性特点，对某一领域的污染防治工作难以详尽作出规定。《大气污染防治法》第四章第三节对机动车污染防治进行了较为详尽的规定，但较多偏重技术层面，对燃油机动车数量控制、绿色低碳出行等没有提出切实可行的措施。其次是缺乏相关责任规定。《环境噪声污染防治法》第五章"交通运输噪声污染防治"中，用了5个条款对在市区范围内行驶的机动车辆、声响装置的使用方式、行驶范围和时间等做了强制性规定，但只对使用声响装置规定了责任，对除此之外的违反其他强制性规定的行为没有规定任何法律责任。国务院2019年4月22日公布的《报废机动车回收管理办法》第十四条中提到："拆解报废机动车，应当遵守环境保护法律、法规和强制性标准，采取有效措施保护环境，不得造成环境污染。"但是对于违法行为的责任追究主体、程序和处罚标准、责任形式等也都未规定。

3. 缺少有效的财税政策激励机制

环保领域财税激励机制的建立目的是通过相应的财税政策，对城市交通领域的生产和消费行为主体的利益关系进行调整，合理引导其行为符合资源节约和环境友好的要求。相关激励机制主要由具体的财税制度来规定。但从现有政策法规来看，这类机制还没有很好地建立起来，对相关主体行为的引导作用还不明显。主要体现为以下两个方面：第一，对流动污染源排放污染物未予征税。《中华人民共和国环境保护税法》（以下简称《环境保护税法》）虽然规定了环境保护税，但是第十二条第（二）项规定"机动车、铁路机车、非道路移动机械、船舶和航空器等流动污染源排放应税污染物的"，暂予免征环境保护税。第二，节能减排缺乏鼓励措施。表现之一，机动车消费环节征税主要限于车辆购置税和使用税，计税主要按照车辆价格计算，未能充分体现机动车的能耗及排量等因素，对节能减排的正向激励作用不明显。表现之二，从噪声污染防治和交通节能看，片面强调行政强制，没有形成以行政强制为主导，以行政指导和经济刺激为补充的综合管理体系。单纯的行政强制容易导致相对人的对抗情绪，降低执法效率。表现之三，汽车报废回收价格过低，国家补助标准太低。比如按照《关于进一步促进本市老旧机动车淘汰更新方案》（京政办发〔2011〕42号）的规定，6—10年的小客车报废补助由7 000元/车提高至9 500元/车，10年以上的小客车由6 500元/车提高至

9 000元/车。补偿标准太低,导致大量报废车转入二手车市场,进一步加大交通污染。

4. 绿色低碳交通结构法律保障不足

绿色交通要求以发展公共交通为主,鼓励非机动交通,限制小汽车的发展。然而相比其他发达国家和地区,我国目前城市交通出行的方式中,公交出行所占比例还是较低。从法律层次上看,尽管在2005年国务院办公厅就转发了建设部、发改委、科技部、公安部、财政部、国土资源部发布的《关于优先发展城市公共交通的意见》,后来2012年12月29日国务院又发布了《关于城市优先发展公共交通的指导意见》,但这两个文件都属于规范性文件范畴。目前从国家层面看,还没有专门规范城市公共交通的法律和全国性行政法规出台,这使得我国在推行公交优先、绿色发展的战略方面缺乏专门法律法规的强力保障。此外,对于非机动车和行人出行空间日益被侵占,交通事故处理中非机动车、行人与驾车者之间的权利冲突,现有的法律规范没有给予较好的维护和平衡,致使非机动出行方无论是在物质条件还是在权利维护等方面均处于明显的弱势。

(三) 绿色交通执法体制不顺

我国城市交通行政执法体制虽有明显改善,但受多种因素影响,还存在不少问题,主要表现为:

1. 执法权限不清

目前城市交通相关管理部门较多,比如交通行政部门内部就存在道路运政、公路路政、航道行政、水路运政、地方海事行政、港口行政、工程质量监督管理等诸多部门,这些部门都可行使行政处罚权以及开展与行政处罚相关的行政检查、行政强制等执法职能活动。而公安交通警察部门则主要负责车辆管理、驾驶员管理和维护交通秩序等工作。从上述部门的职责来看,存在分工不清、重复处罚、多头执法、逐利执法等问题。"比如处理公路超限超载行为,由于执法目的不同,公路路政、道路运政、公安交通等部门都可以实施检查和处罚,这不仅违反了行政处罚法'一事不再罚'的原则,而且造成公路'三乱',导致'执法扰民'等后果,影响了交通行政执法部门的形象"[1]。执法权

---

〔1〕 范冠峰:《我国交通行政执法体制的弊端及其克服》,《理论探索》2009年第2期,第136页。

限不清的问题,已经严重阻碍城市交通管理健康发展,也成为妨碍城市生态交通建设的不利因素。

此外,环保、公安、交通运输、物价、质检等涉及机动车尾气监管的部门仍未形成有效的、顺畅的监管机制,导致路查、主要路段限行、对燃料质量和加油站的监管以及对机动车维修企业排气污染维修活动等的监管工作一直未能有效开展,对于黄标车限行的规定也未启动。由于监管不到位,不可避免地让一些不法分子钻空子,引起群众不满。

2. 缺乏执行制约手段

近年来,从中央到地方都在积极开展交通运输综合执法探索。比如2020年12月,国务院办公厅发布《关于交通运输综合行政执法有关事项的通知》(国办函〔2020〕123号),要求各地要认真贯彻落实《交通运输综合行政执法事项指导目录》,明确交通运输执法要求、交通运输综合行政执法职能。2020年底,四川在省级层面成立了交通运输综合行政执法总队,其可集中行使以前交通运输领域公路路政、道路运政、水路运政等7支执法队伍分散的行政执法职能。但关于交通运输综合行政执法的法律和操作性强的规范性文件较少,这导致交通行政执法人员面对无理取闹、拒不配合的违法相对人等情形,缺乏有效的执法手段,助长了违法人员的嚣张气焰。

(四) 缺乏有效的公众参与和执法监督

构建绿色法治交通需要全社会力量的共同参与,只有全社会共同培育和践行绿色交通、法治交通,我们的交通环境才能文明发展,交通文明建设才能步入正轨。目前,交通文明建设在社会参与和监督方面还存在诸多问题。

1. 节能和环保意识的教育培养欠缺

交通参与者法律意识不强、节能环保意识薄弱是当前交通文明建设存在的突出问题。在机动车走入寻常百姓家的同时,交通文明的培育和交通规则习惯的养成教育却没能同步跟上。与发达国家将汽车定位为代步工具不同的是,我国居民的交通消费观念还存在着将小汽车视为一种身份、地位和财富的象征。人们纷纷以驾驶私家车出行为荣,致使机动车保有量持续攀升,即使短距离出行人们也常常选择以车代步。过多依赖小汽车出行的现象,也反映出居民的节能环保意识不强,人们并未形成为自身行为产生的资源环境影响付费的观念,进而导致城市交通拥堵日益严重,能源环境问题日益严峻。

2. 绿色交通行政执法监督不力

随着依法治国的不断推进,"将行政执法权力关进制度的笼子"成为行政执法监督的重要目标。为此,我们制定出一系列监督行政机关执法的制度,这对督促行政执法机关及其工作人员依法行政具有积极作用。但是,目前行政执法监督还存在法律法规不健全、监督体制不完善等一系列问题。一些重要的监督法律尚未出台,《宪法》中规定的诸多监督权利还缺少专门的法律规范具体落实。[1] 未形成严密有序、分工合理、协调互动的行政执法监督机制和责任落实追究制度。[2] 在交通行政执法监督领域中,同样存在监督力量不足、监督不到位、监督权虚置等问题,致使权力滥用等现象屡禁不止。举例而言,交通部和各省级交通主管部门设置的法制工作机构虽然集执法和执法监督职责于一身,但是其执法监督的效果却不尽人意,这与其机构设置中的人员配置不合理密切相关。

三、城市交通污染治理的法治对策

(一) 树立法治思维、形成绿色理念

科学的行动会产生良好的效果,而科学的行动本身离不开科学的理念的指导。当前,我国城市交通管理存在两种理念:一是技术至上理念,强调用技术来解决各种问题;二是政策主导理念,提倡通过出台各种政策解决现实中存在的问题。平心而论,技术至上在功能上只能充当灭火队员,无法从根本上解决城市交通污染治理难题,与此同时,政策主导也面临着红头文件泛滥的问题。可以说,无论技术至上理念抑或是政策主导理念,二者都是人治思维的具体展现。当下,法治已经成为世界各国的普遍选择。党的十八大将法治确立为治国理政的基本方式,这标志着我国的治国方略从政策之治转为法律之治。"运用法治思维,实行依法治国,从政策之治到法律之治,是治国方略的根本转变。具体到城市绿色交通发展方面,也应运用法治思维和绿色理念,制定相关法律法规,严格依法治理"[3]。当然,"交通法治建设过程中

---

[1] 参见宋斌:《交通行政执法研究》,山东大学2007年硕士学位论文,第19页。

[2] 参见杨华:《道路交通综合行政执法体制模式研究》,长安大学2015年硕士学位论文,第18页。

[3] 范冠峰:《我国城市交通环境绿色发展的法治化路径研究》,《齐鲁学刊》2015年第2期,第105-106页。

要注重其系统性、整体性、协同性"。[1]譬如,在环境问题的解决上,只有通过道路规划建设和城乡规划部门、环保部门等部门的协同共进,才能达成良好的治理效果。

(二) 完善交通领域相关立法

1. 明确政府相关责任

明确政府交通环境污染防治领域的相关责任,可从以下两方面着手:一是完善对地方相关行政人员的追责制度。具体而言,应在《环境噪声污染防治法》《大气污染防治法》《中华人民共和国节约能源法》以及废旧汽车回收等相关法律法规中,明确政府领导干部和相关管理人员在生态交通环境保护方面不作为、乱作为等失职渎职行为的法律责任。对政府领导干部和相关管理人员不作为、乱作为的行为进行问责。同时,还应贯彻"绿色GDP"理念,将大气污染防治、环境噪声污染防治和交通节能减排情况作为政府年度考核指标,对未达标者依法给予党纪政纪处分,情节严重者依法移交司法机关追究法律责任。总之,法律规范的涵涉范围不仅应包括规制企业以及社会个人的环境污染行为,还应包括治理政府不作为、乱作为的现象。

二是建立环境评价制度。具体实施措施上,应积极推进《环境影响评价法》的修订工作,将政策环境评价制度纳入其中,将政府的宏观决策纳入法治化和绿色生态考核。相对于项目环评和规划环评,政策环评具有更高层面的意义。《环境保护法》第十四条明确规定,国务院有关部门和省、自治区、直辖市人民政府组织制定经济、技术政策,应当充分考虑对环境的影响,听取有关方面和专家的意见。这一规定明确了政策环境评价的法律地位,也为下一步在《环境影响评价法》中增加政策环评的具体规定提供了上位法依据。因此,在依法治国、科学发展和推行生态文明的战略背景下,有必要将包括绿色交通在内的各类政策和立法纳入环境影响评价的范围之内。

2. 加强城市交通污染防治的配套制度建设

一方面,应完善《大气污染防治法》交通污染控制配套制度。《大气污染防治法》自实施以来,实践中企业的污染物排放监测数据造假、环境质量监测数据造假等现象仍时有发生。因此,应加强相关的法规建设,编制大气污染防治权力清单,加大对数据造假的惩罚力度。另外,可以积极推进环境公益

---

[1] 湛中乐:《法治交通建设的理论思考》,《汽车与安全》2014年第5期,第69页。

诉讼等制度的实施,为包括交通污染在内的大气污染防治提供有力制度支撑。

另一方面,应出台《城市交通污染综合防治条例》。在《城市交通污染综合防治条例》内容上,应包括城市交通污染防治的基本任务、基本方针、污染预防、污染治理、环境管理、环境检测与科研、奖励与惩罚等多方面内容。除此之外,应明确将交通政策和法律纳入环境影响评价之中,并将相关节能减排情况纳入年度考核。

3. 健全节能减排的税费政策及经济激励机制

当前,应完善城市交通污染的经济激励机制。应充分利用经济学原理,通过财税和经济措施,将环境管理行为和市场机制结合,共同对市场主体进行利益驱动引导。

一方面,应将机动车等移动污染源的排污行为纳入征税范围。现有的《环境保护税法》尽管涉及城市交通移动污染源的排污问题,但将其纳入暂时免于征税范围的做法不利于城市交通污染的控制。因此,有必要取消对机动车等移动污染源的排污行为的征税豁免,将其纳入征税范围之内,并制定相关征税标准。

另一方面,应加大经济激励力度。具言之,应注重污染控制,在新车购置税和使用税的计算方式上,应加大对能耗和二氧化碳等的排放量等因素的考量。另外,在倡导新能源汽车的使用上,应加大经济激励的力度,使电动汽车等新能源车辆在市场上具有更明显的价格优势,引导大众形成节能减排消费的观念。另外,在噪声污染防治和废旧汽车回收等方面,应加强行政指导和经济刺激,充分利用经济手段和非强制行政手段,调动群众的积极性。

4. 完善城市生态交通立法

良好的城市生态交通在缓解城市交通拥堵、推进交通节能减排、改善大气环境上具有不可替代的重要作用。可从以下三方面完善生态交通法律体系。

一是修改自行车和行人交通相关立法,鼓励非机动方式出行。国家层面,应制定法律或者行政法规,对自行车的生产管理、市场准入、登记管理、路面管理等内容进行明确规范。比如,对目前共享自行车存在的普遍性问题应明确予以规定,其中对于提供共享自行车服务的企业资质、公共自行车的使用年限、服务适用人群、用户责任、保险要求等事项,国家应制定强制性规范,使共享自行车行业发展有法可依。同时,应修改《城市步行和自行车交通系统规划设计导则》的相关内容,大力开展城市步行和自行车交通系统示范项目工作,加大对行人和非机动车空间的维护,保障非机动车和行人的权益。

二是出台《城市公共交通法》,构建高效、环保的公共交通体系。《城市公共交通法》应遵循优先发展公共交通的理念,确立绿色发展、方便群众等基本原则。应将绿色理念融入城市总体规划和发展战略中,对符合节能减排要求的新型公共交通工具,在生产、消费等方面应给予政策和资金扶持。另外,对公共交通的规范建设、经营许可、运营管理、运营服务、监督检查、法律责任等事项应作出统一规范,为各地城市公共交通地方性法规的制定和执行提供指引,保障在全国范围顺利构建高效、环保的公共交通体系。

三是完善节能环保汽车产业相关立法。目前关于新能源汽车产业的相关立法,主要有国务院办公厅2014年发布的《关于加快新能源汽车推广应用的指导意见》(国办发〔2014〕35号)、2020年11月2日发布的《新能源汽车产业发展规划(2021—2035年)》(国办发〔2020〕39号),以及其他规章和规范性文件。可以看出,节能环保汽车产业的相关立法层级较低。因此,应提升节能环保汽车产业的立法级别,为节能环保汽车产业发展提供法律保障。另外,还应"构建由政府牵头、研究机构和企业共同参与研发的产学研平台,出台有利于新能源汽车生产、销售和维修的配套鼓励政策,进一步推进各类电动汽车充电站、天然气加气站等基层配套设施的建设,为新能源汽车的广泛使用创造条件。"[1]

(三)构建绿色交通执法体制

"徒法不足以自行",要让城市绿色交通法律规范真正发挥作用,除了需要人们守法和法律监督以外,也离不开交通行政执法体制的完善。因此,应从建立绿色交通综合执法机构和组建高效的综合行政执法队伍两个层面构建绿色交通执法体制。

一方面,应建立绿色交通综合执法机构。研究发现,现行交通执法体系仍存在多头执法、重复执法、多层执法等问题,因此,应建立精简统一、高效的绿色交通综合执法机构。近年来,我国在交通法制层面的成绩有目共睹。在法律层面,我国于2019年4月对《行政许可法》进行了修订,并于2021年1

---

〔1〕 参见付丽、杨顺顺、赵越、陈鸿汉:《基于绿色交通理念的城市交通可持续发展策略》,《中国人口·资源与环境》2011年第S1期,第370页。

月对《行政处罚法》进行了修订。在法规和规范性文件层面,2000年国务院办公厅发布了《关于继续做好相对集中行政处罚权试点工作的通知》,2002年国务院发布了《关于进一步推进相对集中行政处罚权工作的决定》,2018年11月和12月中共中央办公厅、国务院办公厅先后印发了《关于深化交通运输综合行政执法改革的指导意见》和《关于深化生态环境保护综合行政执法改革的指导意见》,2020年3月和12月国务院办公厅先后发布了《关于生态环境保护综合行政执法有关事项的通知》和《关于交通运输综合行政执法有关事项的通知》。上述法规和文件为绿色交通综合执法机构的建立提供了法律依据,也为交通运输综合行政执法工作的开展指明了方向。

另外,我国交通体系具有点多、面广、流动、分散的特点,为建立高效、完善的绿色交通综合执法机构和体系,应采取以下措施:一是设立国家统一的交通综合行政执法机构。将交通部门内部的征稽、路政、运政、航政等相关执法队伍进行整合,形成综合执法队伍,并赋予执法主体资格,从而解决多部门执法、多龙治水的问题。二是合理设置执法层级。适当减少行政层级,科学设置每层级的综合行政执法机构,推进执法力量下沉、重心下移,减少多层执法产生的问题。三是进一步明晰职责范围,将行政管理职能和行政执行职能进行分类,行政处罚、行政强制等职能由专门的执法机构行使。将各层次管理机构职责范围进行适当调整,抽调各级力量充实基层。同时,要协调好和相关执法部门的关系,充分发挥公安交通部门的积极作用。"通过综合执法,减少多头执法、重复处罚,消除执法空白区域和真空地带,促进公正廉洁执法"[1]。

另一方面,应组建高效的综合行政执法队伍。要真正发挥法律的预期作用,除需要法律制度层面的保障之外,执法者的素质也非常关键。行政执法就是"指行政主体(包括主管行政机关和经合法授权、具有行政职能的非行政机关组织)依法对行政相对人采取的具体的直接影响其权利义务,或者对相对人权利的行使和义务的履行情况进行监督检查的具体行政行为"[2]。交通行政执法具有很强的专业性、技术性、法律性特点,且自由裁量权限较大。因此,应引导交通执法队伍逐步实现正规化、专业化、规范化。具体措施上,可以通过建立公开招聘制度、加强日常培训考核、完善行政执法责任制等方式实现。另外,应建立行政执法责任制,围绕具体行政执法行为的各个环节

---

〔1〕 王忠权:《交通行政执法体制问题解析》,《中国公路》2015年第9期,第135页。
〔2〕 孟鸿志:《我国行政执法的概念、存在的问题及对策》,《中国煤炭经济学院学报》2000年第1期,第74页。

分解和确定行政执法责任。当然,如果相关执法行为被认定为违法或被变更、撤销的,可视情节和后果严重程度,依法给予相应行政人员处分,其中给相对人造成损失的,应依法及时兑现国家赔偿。

(四) 强化绿色守法意识

除前述客观因素之外,人们的规则意识薄弱也是造成城市交通问题的重要原因,而规则意识只能通过制度的约束来养成。良好的城市绿色交通环境需要广大市民的积极参与,因此,强化参与者的绿色守法意识是实现交通文明的重要一环。

政府应积极采取有力措施强化人们绿色交通守法意识。一方面,应加强环境保护知识的普法教育,提高广大市民遵守绿色城市交通规则的自觉性。让市民主动选择绿色交通方式出行,减少人为造成的交通拥堵,减少能源消耗。另一方面,可动员全社会参与到纠正违法交通行为的活动中来,通过市民的亲身实践强化自身的守法意识。同时,鼓励人们对冒黑烟、乱鸣笛、不按规定处理废旧车辆污染环境、违反交通规则等行为进行举报,使违法者受到应有处罚,促使违法者提高守法意识。

(五) 加强对绿色交通执法的监督

为更好地维护公民、法人和其他组织合法权益、督促行政机关履行法定职责、预防和纠正执法过错,应加强对绿色交通执法的监督。建立和完善绿色交通监督体系,对有效保障交通执法机构严格执法,使绿色交通法治建设落到实处,具有重要意义。针对绿色交通行政执法监督中存在的问题,应从以下两个方面予以实践。

一是加强内部监督。现阶段,交通法制工作机构往往集执法和执法监督职责于一身,不合理的机构设置导致难以有效发挥执法监督的作用。因此,应将执法监督机构与原有执法机构相分离,并设置专门的交通监督机关。同时,实行监督职责问责制,保证监督机关及其人员能够依法监督。

二是加强外部监督。"行政公开在现代社会有着加强行政监督、防止行政腐败、建设开放政府、廉洁政府的功效"[1]。城市交通行政主管部门和相关执法机构应该积极将城市交通执法主体资格、执法依据、有关行政决定等

---

[1] 王万华:《行政程序法研究》,中国法制出版社 2000 年版,第 174 页。

信息向社会公开,积极接受外部监督。社会监督可以反向激励城市绿色交通执法人员不断提高自身的执法水平。具体举措上,一方面可以借鉴国外议会监督专员制度,在各级人大设立专门监督委员会,由后者提名和产生监督专员,受理群众对包括交通在内的相关举报和投诉。另一方面可聘请人大代表、政协委员及社会各界的代表作为绿色交通监督员,公开举报电话和举报信箱,对交通综合执法行为进行有效的社会监督。

第九章

城市机动车停车治理研究

在城市交通系统运行过程中,机动车的运行状态呈现出运动与静止交替出现的特点,车辆到达目的地后需要停放,因而也可以将交通运行的过程看作是一种动静交替的循环过程。由此,依据城市交通流状态,城市道路交通可以分为动态交通和静态交通两部分,二者既相互促进又相互制约。其中,静态交通是所有停车行为和停放状态的总称,是指人们为完成出行目的而产生的停车行为和车辆在不同区域、不同停放场所的停放状态。静态交通系统不仅包括停车场地的安排与管理,更涵盖了停车政策、停车方式和公众出行方式等多方面内容。在人们广泛关注交通拥堵问题、讨论动态交通的良好运行的同时,交通参与者的停车行为、车辆停放状态以及与之相关的行政执法所引发的问题也逐步进入公众视线。本章内容集中于静态交通中的机动车停车,重点在于研究机动车停车对城市交通文明建设的影响,分析当前实践中存在的问题及成因,进而提出相应的治理对策。

一、机动车停车与城市交通文明建设的关系

(一)机动车停车的概念界定

1. 机动车停车的概念

车辆分为机动车和非机动车,《道路交通安全法》第一百一十九条对"机

动车"和"非机动车"分别进行了定义。根据《道路交通安全法》的规定,"机动车"是指以动力装置驱动或者牵引,上道路行驶的供人员乘用或者用于运送物品以及进行工程专项作业的轮式车辆。而"非机动车"是指以人力或者畜力驱动,上道路行驶的交通工具,以及虽有动力装置驱动但设计最高时速、空车质量、外形尺寸符合有关国家标准的残疾人机动轮椅车、电动自行车等交通工具。

机动车和非机动车的停放都是城市静态交通体系的组成部分,但机动车停车对交通秩序与安全的影响远远大于非机动车停车。以城市中最常见的非机动车——电动自行车为例,根据 2019 年 4 月 15 日开始实施的《电动自行车安全技术规范》(GB 17761—2018)的规定[1],电动自行车的整车质量(含电池)不得超过 55 千克,与质量普遍可达 100 千克以上的摩托车和以吨计重的汽车相比,电动自行车实属易挪动的较小型交通工具。非机动车停放较为方便,基本不受场所限制,即使个别非机动车存在不文明停车现象,也可以通过挪车等方式消除不良影响。但机动车难以挪动且占地面积大,机动车的体积、质量决定了其不合理的停放将会严重影响动态交通的顺利运行。文明的机动车停车行为和停放状态取决于停车场所的设置、制度的完善、驾驶员的素质等多方面因素,其中的每一种因素都值得深入研究。

2. 机动车停车场地的类型

机动车停放的场所与机动车停车状态和停车行为息息相关,不同类型停车场所的规划建设、管理模式和收费标准都不尽相同。因此,要研究机动车停车问题,首先要厘清机动车停车场地的类型。根据不同的标准,机动车停车场地可以划分为不同的类型。

(1) 以机动车停车场地所处的位置为标准

以停车场地所处的位置为标准,机动车停车场地可以分为路边停车场地和路外停车场地。路边停车场地即路内停车场地,是指在道路用地控制线内划定的供车辆停放的场地,包括公路路肩、城市道路路边、较宽隔离带圈划的停车位或用以停车的高架路、立交桥下的空间。[2] 划定路边停车场地一般采用施划标志线的方式,其设置简单,用地紧凑,投资较少,但占用公共道路,

---

[1] 2018 年 5 月 15 日,国家市场监督管理总局、国家标准化管理委员会正式批准发布新修订的《电动自行车安全技术规范》(GB 17761—2018),该技术规范自 2019 年 4 月 15 日正式实施。

[2] 徐吉谦、陈学武:《交通工程总论》(第 4 版),人民交通出版社 2015 年版,第 156 页。

影响车辆与行人通行,一般只适合机动车临时停放。而路外停车场地是指道路用地控制线以外专辟的停车场所。这类停车场地由停车泊位、通道、停车出入口以及其他附属设施组成。[1]

(2)以停车场地的服务对象为标准

以机动车停车场地的服务对象为标准,可以将路外停车场地进一步分为专用停车场、公共停车场和配建停车场。专用停车场是指交通运输企业及事业单位建设的仅供本单位运营车辆使用的停车场所,譬如公交公司停车场、公路客运及货运枢纽等。公共停车场是指设置在交通流密集区域,供各类社会车辆使用的公共停车场所。配建停车场是指与各类建筑物配套建设的停车场所,主要为固定建筑物的使用者提供停车服务,如小区、宾馆、商场的配套停车场。

综上所述,虽然机动车与非机动车停车都会对城市交通文明建设产生影响,但由于机动车自身的特性,其停车行为和停放状态对交通秩序与安全的影响更为显著,这里需要再次明确本章的研究重点仅限于机动车停车问题。而厘清机动车停放场所的类型是开展机动车停车问题研究的基础,不同类型停车场所中机动车的停放所面临的问题各不相同,所应采取的对策自然也有所区别。譬如,研究路内停车时更多地关注管理问题,而研究路外停车时则注重场地设置、停车诱导等问题的探讨。因此,在分析机动车停车问题时,要始终秉持分类讨论的思想,避免一概而论。

(二)我国机动车停车现状

1. 城市机动车停车问题严峻

20世纪末,机动车开始在我国普及,机动车与停车泊位的供需矛盾初现。进入21世纪以来,伴随着国内经济的迅速发展,机动车数量激增,据公安部交通管理局的统计数据,截至2018年底,中国机动车保有量达3.27亿辆,其中小汽车2.4亿辆,与2017年相比,全国汽车增加2 285万辆,增长10.51%。从分布情况看,全国已有61个城市的汽车保有量超过百万辆,27个城市超200万辆,8个城市超300万辆。此外,新能源汽车数量呈加快增长趋势,2018年我国新能源汽车保有量达261万辆,较2017年增加107万

---

[1] 徐吉谦、陈学武:《交通工程总论》(第4版),人民交通出版社2015年版,第156页。

辆,增长69.48%。[1]通常来说,机动车保有量与停车需求之间成正比例关系,城市中每增加一辆机动车,至少增加一个固定的停车泊位需求,同时还将增加机动车在出行目的地的停车需求。按照国际城市建设的经验,汽车保有量与停车泊位之间的比例为1∶1.15～1∶1.3[2],而在我国,大城市小汽车与停车位的比例约为1∶0.8,中小城市该比例约为1∶0.5[3],停车泊位存在大量缺口。除此之外,随着新能源汽车的逐渐普及,我国还面临着配套充电桩的停车位短缺的问题。除停车泊位不足这一因素之外,城市规划不科学、停车场布局不合理、智能停车技术落后等多种因素共同造成了城市机动车停车面临的严重问题。机动车停车难直接导致了大量迂回寻泊的无效交通和违法停车行为,扰乱正常交通秩序,威胁道路交通安全。

2. 各类政策直面停车难题

从机动车保有量增长、停车供需矛盾显现开始,我国就不断出台各类政策,针对停车问题提出针对性的解决方案。早在1988年,公安部和当时的建设部联合颁布了《停车场建设和管理暂行规定》和《停车场规划设计规则(试行)》,前者涉及停车场设计施工管理、配建停车场的要求、停车场的管理等内容;后者则明确了停车场规划设计的技术标准。2004年国家发改委发布的《汽车产业发展政策》提出各城市要研究停车问题,制定停车设施规划和标准。2012年国务院发布《"十二五"综合交通运输体系规划》,提出"完善机动车等停车系统及与公共交通设施的接驳系统"。"十二五"期间,机动车停车问题没有得到解决,大中城市停车矛盾集中爆发,阻碍了城市交通系统的良性运行。直至2017年,国家才更加重视机动车停车问题,在《"十三五"综合交通运输体系规划》中直接指出"鼓励建设停车楼、地下停车场、机械式立体停车库等集约化停车设施,并按照一定比例配建充电设施",在传统的停车设施之外,将各类新型停车设施的建设纳入考虑。

目前机动车停车规章与政策文件涉及土地、规划、财政、管理、建设等多个方面。表9-1按类别梳理了现行有效的,与传统机动车停车直接相关的

---

[1] 李玉坤:《公安部:2018年全国小汽车保有量首次突破2亿辆》,http://finance.sina.com.cn/roll/2019-01-11/doc-ihqfskcn6083456.shtml,访问时间:2021年1月29日。

[2] 李连成:《我国城市停车政策现状分析》,《综合运输》2012年第11期,第21-24页。

[3] 雷敏、华晔迪、傅勇涛:《我国停车位缺口至少超5 000万个 停车难愈演愈烈》,http://news.cntv.cn/2015/11/18/ARTI1447816664735241.shtml,访问时间:2019年1月29日。

规范性文件:

表 9-1 我国现行机动车停车相关规范性文件一览表

类别	发布机构	时间	文件名	内容
综合类	住建部、公安部、发改委	2010.5	《关于城市停车设施规划建设及管理的指导意见》(建城〔2010〕74号)	提出完善法规体系,加强停车设施专项规划编制工作,科学建设城市停车设施,加强占用道路停车管理,完善公共停车场价格形成机制,规范停车行业管理,推动新技术应用
综合类	发改委、住建部等七部委	2015.8	《关于加强城市停车设施建设的指导意见》(发改基础〔2015〕1788号)	明确了吸引社会资本、推进停车产业化,充分发展城市地上和地下空间资源,坚持建管同步,健全违法行为治理建设
土地类	住建部、国土部	2016.8	《关于进一步完善城市停车场规划建设及用地政策的通知》(建城〔2016〕193号)	允许配建一定比例的附属商业面积,原则上不超过20%,停车场用地供应应当纳入国有建设用地供应计划,符合条件的可采取划拨方式供地
规划类	住建部	2015.9	《城市停车设施规划导则》(建城〔2015〕129号)	首次在全国层面明确停车专项规划内容。为近期各个城市开展停车设施规划提供了重要技术支撑。便于停车规划与城市总体规划、城市综合交通规划的衔接
规划类	住建部	2016.6	《城市停车规划规范》(GB/T 51149—2016)	指导城市总体规划,详细规划以及相关专项规划所涵盖的停车规划
财政类	发改委	2015.4	《城市停车场建设专项债券发行指引》(发改办财金〔2015〕818号)	对如何加大企业债券融资方式对城市停车场建设及运营的支持力度以及引导和鼓励社会资本投入进行了指导
财政类	发改委、住建部、交通运输部	2015.12	《关于进一步完善机动车停放服务收费政策的指导意见》(发改价格〔2015〕2975号)	对进一步完善机动车停放服务收费形成机制,促进停车设施建设,提高停车资源配置效率,推动产业优化升级进行了指导

续表

类别	发布机构	时间	文件名	内容
管理类	住建部等七部门	2015.9	《关于加强城市停车设施管理的通知》(建城〔2015〕141号)	明确"建管并重"的原则,对路内停车泊位管理、规范居住区停车管理、开展重点地区停车综合治理等工作进行了具体部署
建设类	住建部、发改委	2010.3	《关于批准发布〈城市公共停车场工程项目建设标准〉的通知》(建标〔2010〕33号)	为编制、评估和审批城市公共停车场工程项目建设的项目建议书和可行性研究报告的重要依据,是审查工程项目初步设计、监督检查整个建设过程和项目后评价的依据
建设类	住建部	2013.4	《汽车库和停车场车位引导装置》(CJ/T 429—2013)	明确了汽车库和停车场车位引导装置的使用条件、要求、标志等内容,旨在通过引导信息屏引导驾驶人在汽车库和停车场快速找到空闲车位
建设类	住建部	2014.2	《机械式停车库工程技术规范》(JGJ/T 326—2014)	为机械式停车库工程的设计、施工、验收和运行维护提供了标准
建设类	住建部	2015.9	《城市停车设施建设指南》(建城〔2015〕142号)	在工程建设方面提出相关工程技术要点,还从落实用地、资金筹措、简化审批等方面提出供地方政府参考的政策措施
建设类	公安部	2015.9	《城市道路路内停车管理设施应用指南》(GA/T 1271—2015)	明确了城市道路路内停车管理设施的设置及应用方法,为路内停车管理建设提供了标准
建设类	发改委	2016.1	《加快城市停车场建设近期工作要点与任务分工》(发改基础〔2016〕159号)	明确推广采用PPP模式建设停车场,并持续加大停车场建设企业债券发行和产业投资基金规模;促进咪表停车系统、智能停车诱导系统等高新技术在停车领域的应用

续表

类别	发布机构	时间	文件名	内容
建设类	发改委	2016.3	《2016年停车场建设工作要点》（发改办基础〔2016〕718号）	要求各省、市、区切实做好停车场专项规划编制工作，统筹推进停车矛盾突出区域的项目建设，尽快出台各个地方配套政策，并积极推进停车信息化建设
	发改委、交通部	2016.6	《关于推动交通提质增效提升供给服务能力的实施方案》（发改基础〔2016〕1198号）	提出以交通枢纽、居住区、商业区、医院、旅游景区等为重点，建设停车楼、地下停车场、机械立体停车库等集约化停车设施。提出全面建设智能交通，完善停车个性化服务

上表所列均为与传统停车设施相关的政策，除此之外，我国对于新能源汽车的充电保障另有其他针对性政策，只是并未冠以"停车"之名[1]。虽然如此，新能源汽车的充电设施与新能源汽车的停车密不可分，有关新能源汽车充电保障的各类政策实际上也是面向新能源汽车专用停车位的问题。由此可见，为解决传统机动车停放与新能源汽车停放所面临的各种问题，我国已经出台了一定数量的规章与政策文件。这些文件引导了停车设施规划与建设，为我国机动车停车问题的解决指明了方向。

（三）机动车停车对城市交通文明建设的影响

城市交通文明建设主要包括三个方面的内容，即交通秩序、交通安全和绿色交通。机动车停车作为城市静态交通的主要表现形式，对道路交通秩序、交通安全和绿色交通建设都有重要影响。

1. 机动车停车影响城市交通秩序

交通秩序是人与车辆沿着道路运行时所形成的交通形态，良好的交通秩序是城市交通文明建设的基础所在。交通秩序一般可表现为有序和无序两种状态，道路交通有序要求道路上的交通活动呈现一种有条不紊的状态，最

---

[1] 参见《电动汽车充电基础设施发展指南（2015—2020年）》（发改能源〔2015〕1454号）、《国务院办公厅关于加快电动汽车充电基础设施建设的指导意见》（国办发〔2015〕73号）、《住房城乡建设部关于加强城市电动汽车充电设施规划建设工作的通知》（建规〔2015〕199号）、《提升新能源汽车充电保障能力行动计划》（发改能源〔2018〕1698号）。

大限度地营造好交通氛围和交通环境。

一方面,机动车停车状态和停车行为影响城市静态交通秩序。路内停车泊位的尺寸以及泊位的数量和位置都以科学的测量和计算为依据,因此,机动车停放都应严格遵守地面标线的要求,停车时车身不能超出施划线之外,在无泊位处不可随意停放。机动车只有在规定的范围内正确停放,才能维持静态交通的有序状态。机动车无序的停车状态,不仅会影响城市形象,而且会妨碍其他机动车停入规定的泊位内,导致泊位的浪费。另一方面,机动车停车也影响城市动态交通秩序。机动车停车影响动态交通主要表现在路内停车问题上,路内停车无论合法与否,实际上都占用了有限的道路资源,尤其是违章停车的行为会严重阻碍动态交通顺利运行,造成交通拥堵。此外,路外停车设施建设不到位也会导致机动车在目的地附近往复行驶寻找泊位,加重道路负担,同样会对动态交通秩序造成不良影响。

可见,机动车停车对静态和动态交通秩序有着全面的影响,文明停车能够维持良好的城市交通秩序,不文明停车则会导致秩序混乱。在交通秩序方面,文明建设的重点在于引导机动车在规定的范围内有序停放,营造良好的交通氛围。

2. 机动车停车影响城市交通安全

维护交通安全是城市交通文明建设的重要环节,所谓安全,无危则为安,无损则为全,交通安全建设要求规范交通参与者的行为,消除事故隐患,保障公民道路交通活动中的人身和财产权利。一般来说,动态交通行为更具有危险性,许多违法驾驶行为易造成交通事故,如超速、酒驾、闯红灯等,但机动车停车这一静态交通行为对城市交通安全造成的影响也是不可忽视的。不文明的停车行为会造成严重的交通安全隐患,譬如在高速公路或城市快速路上违章停车,又如路边停车时车身右侧距路缘过远等,这些行为会危害后方车辆的行车安全,极易引发交通事故。

机动车驾驶人的安全意识可以分为保护自身安全和保护公共安全两个方面。自我保护是人类的本能,大多数人驾驶机动车在道路上行驶时,为保护自身的安全,通常会谨慎驾驶。但停车后,驾驶人离开驾驶室,其自身的安全已不系于车辆之上,如果驾驶人缺乏公共安全意识而只图自己方便,就会不顾其他车辆的通行安全,选择做出危害交通安全的不文明停车行为。从某种意义而言,机动车停车比机动车在道路上行驶时更容易危害城市交通安全。因此,城市交通文明建设应更加注重培养驾驶人的交通安全意识和社会责任感,使其在停车时以不妨碍其他车辆与行人通行为前提,充分考虑周围的交通状况,真正地实现机动车文明停放。

3. 机动车停车影响城市绿色交通

在日趋严重的城市环境污染中,汽车尾气的排放属于最常见的污染源之一。一般情况下,机动车停车时不会造成环境污染,但有时机动车停放后其发动机仍处于运转状态,即所谓的"怠速",此时机动车仍会排放尾气,对城市环境造成影响。以一辆国二标准的小客车为例,其怠速3分钟排出的污染物为2.7克。[1]还有试验显示,当机动车处于怠速状态时,对空气的污染更为严重,37辆怠速汽车排放的有害物质相当于4 000辆行驶中的汽车排出的有害物质的总量[2]。除此之外,机动车怠速还会威胁车内人员的人身安全,有些驾驶人经常在停车时紧闭门窗开启空调,此时车内外空气难以对流,发动机怠速产生的一氧化碳聚集在车内,可能导致车内人员一氧化碳中毒。

实际上,机动车停车不熄火对环境和车内人员可能造成的影响受到了广泛的关注,停车熄火已经成为环保驾驶的重要内容,被视为文明停车的具体表现之一。很多国家和地区都有关于停车熄火的相关规定,如荷兰、西班牙以及我国香港和台湾地区。[3]《中华人民共和国大气污染防治法》第五十七条规定,国家倡导环保驾驶,鼓励燃油机动车驾驶人在不影响道路通行且需停车三分钟以上的情况下熄灭发动机,减少大气污染物的排放。考虑到我国的实际情况,第五十七条没有规定相应的罚则,属于倡导性的规定,该条款的设置目的主要在于加强宣传教育,促使驾驶人养成良好的停车习惯。

机动车停车与城市交通文明建设的关系可以从多个维度进行解读,停车行为与停车状态影响着交通秩序、安全与绿色交通等城市交通文明的内容,而为了实现机动车文明停放,需要综合运用各种城市交通文明的建设方法,从物质文明、精神文明和制度文明等方面入手,规范机动车停车行为。交通

---

〔1〕 全国人大常委会法制工作委员会行政法室编著:《中华人民共和国大气污染防治法解读》,中国法制出版社2015年版,第158页。

〔2〕 李江涛、杨再高:《广州汽车产业发展报告(2013)》,社会科学文献出版社2013年版,第140页。

〔3〕 荷兰、西班牙规定停车60秒不熄灭发动机的,罚款100欧元。我国香港地区《汽车引擎空转(定额罚款)条例》规定,除获豁免情况外,停车3分钟以上不熄灭发动机的,罚款320港币。我国台湾地区规定,对停车超过3分钟不熄灭发动机的,私家车罚款5 000到10 000新台币,公司车辆罚款10万到100万新台币。参见全国人大常委会法制工作委员会行政法室编著:《中华人民共和国大气污染防治法解读》,中国法制出版社2015年版,第157-158页。

物质文明建设涵盖了停车设施规划和智能停车系统建设等多方面的内容,为机动车文明停放奠定了物质基础。精神文明建设包括文化建设和道德建设两个方面,文化建设能够向驾驶人普及有序停车、安全停车和停车熄火的相关知识,道德建设可以提升驾驶人的道德品质,培养其文明驾驶意识。制度文明建设则是通过科学立法将严重不文明的停车行为纳入法律规制,对机动车驾驶人的停车行为具有强制规范作用。应将交通物质、精神与制度文明建设三者相结合,共同作用于城市停车问题,引导机动车文明停放,营造良好的城市静态交通氛围。

二、城市机动车停车中的法律问题

实现机动车文明停放是城市交通文明建设的重要目标,想要实现这个目标,首先需要明确当前机动车停车中存在的突出问题,才能有针对性地探求合理的治理对策。概括而言,机动车停车存在的重点问题主要体现在基础设施建设、协调利用机制、停车立法以及违停处罚四个方面,其中,前两个方面是当前各种不文明停车行为出现的根源,而后两个方面则反映出当前国家在机动车停车管理过程中出现的与文明建设相悖的现象。

(一) 机动车停车基础设施建设的问题

1. 规划理念滞后

很多人在讨论停车难题时,往往认为汽车数量的增加和停车泊位的短缺导致了城市停车难。这种分析更容易被公众理解和接受,但并没有触及问题的本质。雅各布斯在《美国大城市的死与生》一书中曾写道:"汽车独霸街道确实让人不能忍受,但这并不是汽车本身的原因。"[1]他认为,不科学的城市规划才是导致城市交通混乱的根源,如果规划者始终以落后的理念进行规划,那么即使汽车未被大规模使用,城市交通依然会面临着各式难题[2]。这种观点具体到机动车停车问题上同样具有说服力,停车难产生的根源不在于机动车数量的增加,也不在于停车泊位的短缺,而在于当前城市规划缺乏科

---

[1] [加]简·雅各布斯:《美国大城市的死与生》,金衡山译,译林出版社 2005 年版,第 386 页。

[2] [加]简·雅各布斯:《美国大城市的死与生》,金衡山译,译林出版社 2005 年版,第 376 页。

学性与预见性。

新中国成立以来,我国城镇化进程持续推进。国家统计局发布的数据显示,1949年我国城镇化率仅为10.64%,而到了2018年,我国城镇化率已达59.58%[1]。城镇化的发展使越来越多的人从农村向城镇转移,随着城市人口的增加、城市范围的扩大以及居民生活水平的提高,包括新能源汽车在内的越来越多的机动车在城市中出现,以满足人们的出行需求。同时,很多城市仍呈现单中心发展模式,使大部分的停车需求集中于城市中心区。

城镇化与机动化是经济和社会发展的必然结果,但长期以来,我国城市规划的重点集中于城市工程建筑设施,忽视了城市交通规划,没有考虑到城镇化和机动化的发展方向与速度,对机动车停车设施问题的认识滞后于城市机动化发展水平。城市规划中只注重城市扩张而忽视停车泊位等配套设施的建设,直接导致了停车难问题的出现,而在问题出现后,规划者也没有及时从规划的角度考虑停车问题,采取的措施往往以解决眼前困境为主,希望以增加供给的方式缓解停车难题。但一个城市的土地资源有限,当其他工程建筑占用了大量应纳入停车规划中的土地时,各类停车场所的建设必将受到阻碍,增加泊位供给的措施也将受制于有限的土地资源,无法满足居民合理的停车需求。城市化与机动化是实体经济不断发展进步的必然结果,体现了人民对生活质量的追求与向往,党的十九大报告中强调"保障和改善民生要抓住人民最关心最直接最现实的利益问题",目前的城市规划仍然偏离科学和以人为本的规划理念,仅以经济建设为单一中心,未考虑居民的日益提升的生活需求,忽视了人民在出行方面最直接最现实的利益问题,可谓是"人民日益增长的美好生活需要和不平衡不充分的发展之间的矛盾"的典型体现。

2. 停车设施总量不足且结构不合理

上文已经提到,我国城市停车泊位总量明显不足,在这种情况下,各类停车设施的建设结构也不尽合理,进一步加剧了城市停车难题。停车设施建设结构不合理主要体现在两个方面,一是公共停车泊位数量过少,二是配建停车场建设不规范。

(1) 公共停车泊位数量过少

由于公共停车场建设缺少规划用地、经济效益低下,大多数项目投资者

---

[1] 李方舟:《统计局:2018年人口总量平稳增长 城镇化率持续提高》,http://politics.gmw.cn/2019-01/21/content_32387725.htm,访问时间:2019年1月29日。

不会选择投资公共停车场项目,而是更倾向于投资建设效益更高的城市综合体,此外政府和市场调节下公共停车场的收益也不足以弥补相关投入,很多公共停车场无法维持经营,种种原因导致当前公共停车泊位短缺。有研究显示,城市机动车保有量和公共停车泊位数量的比例在 7∶1 左右是相对合理的[1],但我国目前的公共停车位供给现状远远达不到这一要求。以 2015 年为例,多数城市的机动车保有量与公共停车泊位数量的比例基本都不符合这一标准,譬如,南京市与重庆市的机动车保有量与公共停车泊位数量的比例分别为 11∶1 与 12∶1[2],在襄阳市该比例为 16∶1[3],而济南市的机动车保有量与公共停车泊位数量的比例更是达到 31∶1[4]。由此可见,我国有些城市公共停车泊位供给不足的问题已经十分严重,公共停车场的规划建设滞后于机动车保有量的增长速度。

(2)配建停车场建设不规范

就停车泊位数量而言,城市配建停车泊位数量通常多于其他类型的停车泊位数量。但由于配建停车场一般与各类建筑物配套建设,主要为固定建筑物的使用者提供停车服务,具有专用性,因此停车位总量不是判断配建停车场建设是否到位的标准。概括而言,当前我国配建停车场主要存在两类问题,一是老旧建筑配建停车位短缺,二是新近建筑配建停车位设计、管理存在缺陷,导致利用率低下。有报道显示,由于规划不到位,全国有六分之一小区停车位明显不足,有些公共建筑也没有充分考虑交通基础设施的承载能力,停车场建设与开发强度不匹配[5]。此外,停车场基础设施建设质量不过关,也将导致配建车位利用率低,侵占周围道路资源。如由于配建立体车位操作

---

〔1〕 参见殷兆化:《城市中心区公共停车供应策略与规划研究》,东南大学 2004 年硕士论文。

〔2〕 参见王玲玲、毕良宇、陈彦琳:《焦虑的停车位》,《现代快报》2015 年 11 月 1 日,第 F4 版;陈富勇:《重庆主城汽车有 107 万辆 车位直接缺口 19 万个》,http://cq.cqnews.net/shxw/2015-09/21/content_35350744.htm,访问时间:2021 年 11 月 11 日。

〔3〕 张凡:《襄阳公共停车位缺口为 4.8 万个》,《楚天都市报》2015 年 5 月 27 日,第 A7 版。

〔4〕 扈枫、柴慧娟:《你的车都停哪了? 济南停车位缺口 74.15 万》,http://news.iqilu.com/shandong/yuanchuang/2015/1012/2569436.shtml,访问时间:2021 年 11 月 11 日。

〔5〕 陈鑫:《住建部:1/6 小区停车位明显不足 老旧小区规划不到位》,http://www.chinanews.com/cj/2015/09-25/7544841.shtml,访问时间:2021 年 11 月 11 日。

复杂、故障频发,因此商场中的立体车位大量闲置[1]。关于配建停车场建设不足的问题,一个最典型的例子就是老旧小区停车泊位的短缺。老旧小区建设时间较早,由于当时机动车并不普及,因此小区中缺少配建停车场。随着小区内的机动车数量逐年上升,一些老旧小区周边道路开始被私家车侵占,严重影响道路通行秩序。此外,一些晚归车辆找不到路内停车场所,进而占用小区内的应急通道,给小区的治安、消防造成极大的安全隐患。公共停车场与配建停车场建设不到位共同导致机动车的正常停放遇到困难。配建停车位的有效供给不足使得大量停车需求开始转向公共停车泊位,而同时公共停车泊位也面临严重短缺,进而又将一部分停车需求转移给路内停车甚至违法停车,由此,城市道路资源被不合理地占用,道路通行能力下降,也造成了各类交通安全隐患。

(二)机动车停车泊位协调利用机制的问题

在机动车停车泊位数固定不变的情况下,要解决停车难问题,首先需要考虑建立合理的停车泊位协调利用机制,提高泊位利用效率。如果机动车停车泊位利用效率高,那么就能够以较少数量的停车泊位满足更多的停车需求。机动车的出行目的、停车场所的收费水平以及停车服务的智能化与信息化都会影响泊位利用效率。泊位利用效率可以通过泊位周转率进行衡量,泊位周转率主要指一个泊位在一段时间内被重复使用的次数,一般而言,路内停车泊位的周转率高于路外停车泊位。比如在日本东京,路内停车泊位周转率为5.03车次/天,路外停车泊位为2.3车次/天。[2]但在我国,城市停车资源利用并不均衡,路内停车平均停放时间过长、周转率低,而很多路外停车泊位则长时间闲置。出现这种现象的原因是缺少在各类停车设施之间合理分配停车需求的措施,无法引导机动车驾驶人作出正确的停车选择。在协调利用机制方面,当前存在的两个突出问题是智能化停车诱导系统的缺失以及不合理的停车收费制度。

1. 智能化停车诱导系统缺失

近年来,在我国一些大城市中,智能停车诱导装置、智慧停车场、各类互

---

〔1〕 张淼淼、任晓萌:《商场写字楼里大多闲置,部分小区利用率高但有隐忧》,《青岛日报》2017年4月6日,第5版。

〔2〕 吕北岳、张晓春:《深圳市路内停车泊位设置研究》,《城市交通》2009年第2期,第19-21页。

联网停车服务平台不断涌现,这在一定程度上纾解了城市停车难题。但在很多中小城市中,仍然缺少与公共停车场和配建停车场配套的停车诱导系统。而且各类智慧停车系统与平台的质量良莠不齐,不能充分发挥智能停车系统应有的导引作用。由于许多城市缺少统筹的停车数据发布平台,公众无法实时获取周边停车场地点、交通状况、剩余泊位等信息,因此导致停车设施利用不均衡,如路内停车泊位停满了车辆但附近的停车场却略显冷清。智能化停车诱导系统的缺失将导致产生车辆寻泊的"无效交通",加剧行车目的地周边的交通拥堵。如配建停车场缺少可靠的互联网平台向驾驶人提供停车资源状况,驾驶人行车到停车场附近才能得知余位情况,若发现没有空闲车位,只得去周边寻找路内泊位或公共停车场,而一些公共停车场位置偏远,在缺少停车引导信息的情况下,驾驶人只能在目的地附近迂回寻找停车场,增加多余的道路交通流量。

当前的智能停车系统的建设与管理主要依靠民间企业,智能停车作为一类具有极大发展潜力的行业,近年来受到市场的广泛关注。2017年底发布的《2017中国智慧停车行业大数据报告》显示,"国内智慧停车市场目前处于群雄混战的阶段"[1],并将参与市场竞争的企业称为"玩家"。可见,市场主体已将智能停车系统建设视为一块待瓜分的"大饼",民间企业成为提供智能停车服务的主体,但政府对智能停车系统却缺乏清晰的认识与足够的重视。目前我国的停车管理,尤其是智能停车方面,仍处于新公共管理理念的影响之下,新公共管理鼓励政府将公民视为"顾客",政府行政的目标在于在提高效率、降低成本的基础上最大限度地满足顾客需求。很多地方秉持"民营化"的思维,将智能停车系统的建设与管理寄希望于民间企业身上。但必须承认的是,公共行政的理念处于不断发展的过程中,新公共管理理念已受到新公共服务理念的冲击。在批判新公共管理理念的基础上,登哈特夫妇明确提出了新公共服务理念,认为政府服务的对象是"公民"而非"顾客",在行政中不应过于关注成本与效率,而应将公共利益置于首位,认为"满足公共需要的政策和项目可以通过集体努力和合作得到最有效并且最负责的实施"[2]。同时,反对公民的自利利益观,在合作中,鼓励公民致力于超越自身短期利益

---

[1] 前瞻产业研究院:《2017年中国智慧停车行业大数据报告》,http://www.askci.com/news/chanye/20171228/093015114941.shtml,访问时间:2021年11月11日

[2] [美]珍妮特·V.登哈特、罗伯特·B.登哈特:《新公共服务:服务,而不是掌舵》,丁煌译,中国人民大学出版社2004年版,第99页。

的事情,为公共利益承担个人责任[1]。在公共行政理念逐渐过渡到新公共服务理念的今日,仅依靠企业在行业内的行为解决涉及公民出行权利的"停车难"问题已显得不合时宜。企业作为经济主体,主要基于个体利益而行动,其逐私利性会导致各类智能停车系统质量参差不齐,信息无法统筹发布,平台间信息相互矛盾甚至会加剧"停车难"问题,导致最终的结果与公共利益背道而驰。

2. 机动车停车收费制度不合理

由于现有停车场地难以满足日益增长的停车需求,停车收费就成为调整停车供需矛盾的重要补充手段。停车收费制度的作用是通过经济杠杆协调停车需求与购车选择,提高城市路内停车泊位的周转率,引导需要长时间停车的车辆选择路外停车场停放。一般而言,一个停车场地的收费费率与停车泊位周转率成正比关系,停车场地收费越高,其泊位周转率就越高,即利用效率越高。以路内停车泊位为例,欧洲免费路内停车泊位的平均停车时间为4.5 小时,周转率为 2.24 车次/天,而路内收费停车泊位的平均停车时间为1.6 小时,周转率为 5.62 车次/天。[2] 在我国,许多城市的停车设施已基本实施了分场地类型、时段、地理位置和车型等有差别的收费费率,但在很多地方,停车收费制度仍然存在着问题。以武汉市为例,武汉在 2015 年 10 月取消了路内停车收费之后,长期占位不走的"僵尸车"问题突出,继而催生了"停车管理员"职业,带来更为混乱的收费标准、车主消费安全等一系列监管隐患[3]。

我国停车收费制存在的问题主要体现为路内停车泊位和路外公共停车场停车泊位的收费费率不协调,路内停车费费率过低,无法使停放于路边的车辆"回流"到路外停车场中。在许多欧美国家以及我国的香港地区,针对路边停车都采用"咪表"[4]这种电子计时装置进行计价,提醒驾驶人在路内停车位停车时应有时间观念。但在我国内地,咪表装置还未普及,路内停车基本靠人工收费,且费率不高,甚至还有许多路内停车泊位免费开放。而路外停车场,尤其是独立的公共停车场一般由投资者投资建设,出于回收成本与

---

[1] 参见吴春华:《西方现代公共行政理论》,天津教育出版社 2007 年版,第 251 页。

[2] 吕北岳、张晓春:《深圳市路内停车泊位设置研究》,《城市交通》2009 年第 2 期,第 19-21页。

[3] 参见张翀:《武汉城市道路免费停车政策实施半年即夭折》,《工人日报》2016 年 3 月 21 日,第 3 版。

[4] "咪表"是一种设置在路边的电子计时收费器械,停车者可以自行刷卡交付停车泊位费用。参见曲伟、韩明安:《当代汉语新词典》,中国大百科全书出版社 2004 年版,第 562 页。

盈利的目的,收费通常比政府施划的路内停车位要高。一些配建停车场虽然不收费,但驾驶机动车寻找停车场入口、在停车场内寻找空位所需的时间成本以及油耗等也通常被驾驶者纳入停车成本进行考虑。路内停车泊位收费低、停放方便,当选择路内停车泊位的停车成本低于选择路外停车泊位的停车成本时,驾驶者作为理性经济人,将会优先考虑路内停车位。这将导致车辆在路内停车泊位的停放时间过长,加剧了停车难等一系列问题。

(三) 机动车停车立法存在的问题

近年来,随着城市机动车保有量的持续迅速增长,停车供需矛盾突出,车辆无序停放的现象严重。因此,国家越来越重视机动车停车问题的治理,将机动车停车管理视为交通文明建设的重要环节,试图通过出台各类政策解决停车难题。科学的机动车停车立法与管理应以完善的停车法律法规体系为支撑,由统一的停车管理机构运用法律手段、经济手段、行政手段和信息手段,引导停车需求者与停车泊位供给者的行为。反观我国现状,机动车停车立法方面仍存在着突出问题,主要表现在立法位阶过低以及立法冲突两个方面。

1. 立法位阶过低

专门性的机动车停车立法应当是随着汽车社会的发展进程而适时产生的,但在机动化程度已经达到较高水平的今日,我国仍缺少专门性的停车立法,当前直接与机动车停车问题相关的法律法规主要包括《城乡规划法》《道路交通安全法》《道路交通安全法实施条例》。《城乡规划法》没有对机动车停车问题作出明确规定,该法是在城市内建设停车场、施划路内停车泊位必须要遵守的基本法律。《道路交通安全法》第三十三条对停车场的建设、路内停车泊位的施划作出了概括性的规定,第五十六条规定了机动车停放与临时停放的基本要求,第九十三条则规定了机动车违反车辆停放规定时应受的行政处罚。《道路交通安全实施条例》第三十三条是对《道路交通安全法》第三十三条规定的细化,明确了政府部门在施划路内停车泊位时可以规定泊位的使用时间。这三部是国家层面的级别较高的法律、行政法规,但其内容都十分笼统,在停车实践中缺乏可操作性。目前我国机动车停车管理基本都依照上文所列举的各类政策与部门规范性文件进行,这些文件一般是针对已经发生的停车问题作出回应,缺乏立法预见性与体系性,且大多只起到指导作用,执行效果得不到有效保障。在高层级立法缺失的情况下,很多地方都出台了各类专门性的停车管理规定,以满足日常行政管理的需要。

2. 立法存在冲突

由于缺乏高层级的立法引领,各地方在制定机动车停车管理相关规定时也存在着较大差异。就立法形式而言,主要存在地方性法规和政府规章两种规范形式。根据北大法宝的检索结果,有北京、深圳、宁波、徐州、秦皇岛等14个城市采用地方性法规的形式规范停车管理,还有38个地方采用政府规章的形式管理机动车停放,而在有的地方可能同时存在停车管理相关的地方性法规与政府规章。除立法形式不同,各地方立法体系、法规中的具体内容也千差万别。表9-2选取三个侧面对比了10部现行有效的地方性法规,从中已然可以看出各个地方性法规在内容方面的差异与冲突。

表9-2 部分有关停车规定的地方性法规梳理一览表

法规名称	停车管理职责分配	停车收费标准的确定	对擅自停用、挪用停车场地的处罚
《济南市市区停车场规划、建设和管理办法》[1](2001.6.15修改)	规划行政主管部门负责规划管理,市公安机关负责监督管理,其他有关部门按职责协作	经营性停车场应按照物价部门核定的收费标准收取停车代管费	擅自改变停车场性质的,由市公安机关责令改正;逾期不改正的,处以五千元以上二万元以下罚款。擅自占用公共停车场的,责令限期改正并处以一千元以上一万元以下罚款
《济南市停车场建设和管理条例》[2](2013.1.1实施)	规划主管部门负责规划管理,交管部门负责监督管理、路内泊位设置,县政府负责本区路内泊位的经营管理,其他有关部门按职责协作	停车场收费实行政府定价、政府指导价或者市场调节价。交管部门会同价格主管部门确定收费区域类别,报同级政府批准	由交管部门责令限期改正。逾期不改正的,自责令之日起,按照停用、挪用的停车位数,每一停车位每日罚款一百元
《深圳市停车场规划建设和机动车停放管理条例》[3](2004.1.1实施)	规划行政管理部门负责规划管理,建设行政管理部门负责建设管理,交管部门负责机动车停放和停车场行政管理,其他有关部门按职责协作	停车场收费标准由价格部门确定。可根据市交管部门制定的停车场类别,确定不同的收费标准	交管部门应责令改正;逾期不改正的,可自责令之日起至改正之日止,按改变功能或者挪作他用的停车位数,每一停车位每日罚款一百元

---

〔1〕 参见《济南市市区停车场规划、建设和管理办法》第五条、第十六条、第十九条。
〔2〕 参见《济南市停车场建设和管理条例》第五条、第二十八条、第四十六条。
〔3〕 参见《深圳市停车场规划建设和机动车停放管理条例》第六条、第二十三条、第四十三条、第五十条。

续表

法规名称	停车管理职责分配	停车收费标准的确定	对擅自停用、挪用停车场地的处罚
《青岛市停车场管理条例》[1]（2007.11.1实施）	规划行政主管部门负责规划管理，交管部门负责使用管理并参与规划、建设有关工作，其他有关部门按职责协作	收费执行价格部门制定的收费管理规定	由交管部门责令改正，按照闲置泊位的数量，每个泊位处以一千元以上二千元以下罚款
《宁波市停车场规划建设和管理条例》[2]（2012.1.1实施）	市县政府建立停车管理协调机制，规划主管部门负责规划管理，建设主管部门负责建设管理，城管部门负责使用管理，交管部门参与前述工作，其他有关部门按职责协作	区分不同情况，分别实行政府定价、政府指导价和市场调节价。前两者由价格部门会同城管、交管部门根据情况制定并调整	由规划主管部门责令限期改正，逾期不改正的，处每机动车位一万元罚款
《乌鲁木齐市机动车停车场管理条例》[3]（2012.2.1实施）	市城市管理委员会负责停车场的统一监督管理，其所属停车场管理机构具体负责停车场管理，其他有关部门按职责协作	区分不同情况，分别实行政府定价、政府指导价和市场调节价。前两者由市价格行政主管部门会同有关部门，根据情况制定	由市城市管理委员会责令限期改正，并处以每停车泊位一万元以上二万元以下罚款
《哈尔滨市机动车停车场管理条例》[4]（2012.12.1实施）	市政府建立停车管理协调机制，市公安机关负责组织实施本条例，交管部门负责日常监督管理工作，其他有关部门按职责协作	区分不同情况，分别实行政府定价、政府指导价和市场调节价。前两者由市价格行政主管部门制定；市场调节价由经营者制定	责令限期恢复；逾期不恢复的，予以查封，自逾期之日起，按改变用途的停车位数量，每停车位每日处以二百元罚款

---

[1] 参见《青岛市停车场管理条例》第三条、第二十条、第三十五条。
[2] 参见《宁波市停车场规划建设和管理条例》第四条、第五条、第二十五条、第四十条。
[3] 参见《乌鲁木齐市机动车停车场管理条例》第四条、第十九条、第二十六条、第三十一条。
[4] 参见《哈尔滨市机动车停车场管理条例》第五条、第六条、第四十二条、第五十条。

续表

法规名称	停车管理职责分配	停车收费标准的确定	对擅自停用、挪用停车场地的处罚
《厦门经济特区机动车停车场管理条例》[1]（2014.4.1 实施）	市政府建立停车管理协调机制,建设主管部门负责综合协调和监督管理,区政府指定的部门按职责负责本区停车场管理,市规划部门负责规划管理,交管部门负责路内停车泊位的设置管理,其他有关部门按职责协作	实行政府定价、政府指导价和市场调节价。前两者由市价格主管部门会同市建设部门制定并调整;市场调节价由经营者制定	由建设主管部门责令限期改正,并处以每车位一万元的罚款;逾期不改正的,处以每车位二万元以上十万元以下罚款,并申请人民法院强制执行恢复原状
《秦皇岛市停车场管理条例》[2]（2017.6.1 实施）	市县政府建立停车管理协调机制,市公安机关为主管部门,组织实施本条例,各县公安机关负责本区停车场管理,规划主管部门负责规划管理,建设主管部门负责建设管理,其他有关部门按职责协作	价格主管部门应综合考虑各类因素,制定差别化停车服务收费标准,实行政府定价、政府指导价和市场调节价	由规划执法部门责令限期改正;逾期未改正的,对单位处以一万元以上三万元以下罚款,对个人处以二千元以上五千元以下罚款,并依法强制恢复原状
《银川市停车场规划建设和车辆停放管理条例》[3]（2017.9.1 实施）	各级交管部门负责本行政区域内机动车停放和机动车停车场的管理工作,其他有关部门按职责协作	停车费收费标准由市价格主管部门根据国家有关规定确定	由交管部门从停用或者改变之日起按每日每平方米五元处以罚款,并责令限期恢复,逾期不恢复的,申请人民法院强制执行

从表 9-2 中可以看出,在停车管理职责的分配方面,各地均有不同,此问题将在下文详述;在收费标准的制定方面,各地规定有粗有细,政府定价与政府指导价的决定机关也有所区别;在擅自停用、挪用停车场的处罚方面,在

---

[1] 参见《厦门经济特区机动车停车场管理条例》第四条、第五条、第二十四条、第三十七条。

[2] 参见《秦皇岛市停车场管理条例》第五条、第六条、第二十五条、第三十九条。

[3] 参见《银川市停车场规划建设和车辆停放管理条例》第四条、第六条、第四十条。

处罚主体、额度标准、计算方式上都存在分歧。缺少高层级停车立法是导致地方性立法冲突的直接原因,科学、合理的机动车停车法律制度的缺失反映出我国当前城市交通制度文明建设存在着明显不足,难以保证良好静态交通的实现。

3. 管理机构职能不清

一般而言,在机动车停车管理方面,公安交管部门负责路内停车场的规划和管理,同时负责违法停车的处罚;城市规划部门负责路外停车场的规划;物价管理部门负责制定物价标准;物业部门负责建筑物及小区的配建停车场的管理。从上文的地方性法规梳理中可以看出,我国机动车停车管理目前处于分散管理状态,实践中存在着部门混乱、职能不清以及多头管理的现象,其主要表现是管理部门类型较多,通常会涉及各级政府以及政府的城市建设部门、公安交管部门、规划部门和物价部门等,在一些城市还会涉及市政、财政、国土、城管等其他部门,有时连物业管理公司、街道的居委会、派出所也会成为机动车停车管理的主体。

由于缺乏统一的立法,各地的法规、规章确定的机动车管理机构都存在区别,主要有以下几种形式。有的地方规定了由政府负责统筹协调停车管理工作,并确定一个停车管理主管部门,同时规定其他部门按各自的职责参与停车管理,如上表中的哈尔滨、厦门和秦皇岛,其他的如北京、成都与重庆[1];有的地方明确了停车主管部门,并概括性地规定了其他部门的协作职责,如上表中的乌鲁木齐和银川;有的地方规定了政府对于停车管理工作的统筹协调责任,但没有确定某一个部门作为专门的停车工作主管部门,只是具体规定了其他各个部门的职责,如上表中宁波市的规定,又如南京[2]。有的地方既没有规定政府的协调责任,也未确定主管部门,只是针对规划、建设、交管等几个主要部门的停车管理职责作出较为详细的规定,如上表中的济南、深圳和青岛。

---

[1] 北京、成都与重庆都规定由政府负责统筹协调停车管理工作,前两者将市交通行政主管部门作为停车管理工作的主管部门,重庆市则将市政主管部门作为停车管理工作的主管部门。参见《北京市机动车停车条例》第四条、《成都市机动车停车场管理办法》第四条以及《重庆市停车场管理办法》第四条规定。

[2] 南京市规定了规划部门负责编制停车设施规划,城管部门负责向公众提供智能化的停车信息服务,物价部门负责制定停车收费中的政府定价与政府指导价,公安交管部门负责路内停车泊位的施划管理等。参见《南京市停车场建设和管理办法》第五条、第七条、第八条、第二十条、第二十五条和第三十条规定。

分散的管理机构会造成许多弊端,各个相关部门存在利益冲突。在实践中可能由于缺乏有效的协调机制,出现各自为政的局面,影响停车管理效率,给机动车驾驶人造成不便,使本就严重的机动车"停车难"问题雪上加霜。有时,管理职能划分不清晰可能使部分职能存在于多个部门中,而各个部门之间的合作交流少、信息传递不畅,还会导致部门业绩难以衡量,进而出现停车场挪作他用、资金大量流出等问题。

(四) 机动车道路违停处罚存在的问题

在机动车保有量激增而停车泊位严重不足的背景下,加之公众守法意识不强等原因,违法占用公共道路资源随意停车的现象愈发严重,机动车在道路施划的停车泊位之外违法停车也成为我国常见的道路交通安全违法行为之一。因违停行为多发且对交通秩序和交通安全造成严重的不良影响,所以对其的监管和治理也显得尤为重要。一般而言,针对机动车违法停车的管理执法主要有行政处罚与行政强制两种方式,本部分限于篇幅仅讨论机动车违停处罚相关的典型问题。实施合法、合理的机动车道路违停处罚是城市停车文明建设的重要内容,违停行政处罚在法律规定以及处罚的实体和程序方面都较为简单明确,但在实践中仍存在一定问题。

1. 裁量权受到不合理限制

根据《道路交通安全法》第九十三条前半段的规定[1],法律对机动车违停处罚的罚款金额设置了一定的裁量幅度。交通警察在执法时可能受其独立意志的影响,导致行使自由裁量权的结果带有私人色彩,因此其执法行为应受到严格的限制。为规范交警执法、减少行政争议,很多地方性法规对交警的自由裁量权进行了限制。就机动车违停处罚而言,各个地方规定不一,这其中存在着两种不合理的限制执法者自由裁量权的情形。

第一种情形是固定罚款金额,完全剥夺交警的自由裁量权。这类规定根据固定罚款金额的不同可以由低到高分为三个幅度。第一,有的地方对违停

---

[1]《道路交通安全法》第九十三条前半段规定:"对违反道路交通安全法律、法规关于机动车停放、临时停车规定的,可以指出违法行为,并予以口头警告,令其立即驶离。机动车驾驶人不在现场或者虽在现场但拒绝立即驶离,妨碍其他车辆、行人通行的,处二十元以上二百元以下罚款。"

行为处以 100 元以下的罚款,如内蒙古[1];第二,有的地方对违停行为处以罚款 100 元,如海南、黑龙江、甘肃、陕西[2];第三,有的地方对违停行为处以 200 元的顶格罚款,如北京、广东、吉林、河南[3]。第二种情形是根据违停行为的不同情节与危害结果固定了不同的罚款金额。这种情形也可以分为两种类型:一类是以机动车停放与临时停车为区分标准,固定不同的罚款金额,如福建和浙江[4];另一类是以驾驶人的态度为区分标准,固定不同的罚款金额,如江苏[5]。

　　固定的罚款数额虽然都在法律规定的处罚幅度之内,但这种限制自由裁量权的方式并不具有合理性,在本质上与交通制度文明建设的理念相悖。道路交通违法行为瞬息万变,就机动车道路违停而言,就可能存在是否妨碍交通、是否驾驶人态度良好、是否有紧急避险特殊情节等各种情况,如果完全剥夺交警的自由裁量权,就无法保证个案正义。如在固定罚款 50 元的地区,如果机动车在上下班高峰停在拥堵路段且驾驶人拒绝驶离,那么过低的罚款显然不能起到警示和教育作用;而如果在固定罚款 200 元的地区,对交通妨碍不大的临时停车行为处以最高额罚款显然有失公正。这种重案轻罚或轻案重罚的情况,违背了机动车道路违停处罚的"过罚相当原则"。此外,过分限制交警的自由裁量权可能侵害行政相对人的合法权利。法律规定在作出行政处罚前应听取当事人的陈述和申辩,这在很大程度上是以执法者的自由裁

---

〔1〕　内蒙古规定机动车违法停车且不能及时驶离,妨碍通行的,处警告或 50 元罚款。参见《内蒙古自治区实施〈中华人民共和国道路交通安全法〉办法》第五十八条第(十一)项规定。

〔2〕　参见《海南省实施〈中华人民共和国道路交通安全法〉办法》第六十四条第(十一)项、《黑龙江省道路交通安全条例》第一百三十四条第(五)项、《甘肃省道路交通安全条例》第八十一条第(十)项、《陕西省实施〈中华人民共和国道路交通安全法〉办法》第八十九条第一款规定。

〔3〕　参见《北京市实施〈中华人民共和国道路交通安全法〉办法》第一百零一条第(一)项和第(二)项、《广东省道路交通安全条例》第五十九条第(二十三)项、《吉林省实施〈中华人民共和国道路交通安全法〉办法》第八十三条第(二)项和第(十八)项、《河南省道路交通安全条例》第五十八条第(六)项规定。

〔4〕　福建省规定机动车在道路上违反规定临时停放的,处警告,警告后不改正的,处 20 元罚款,而机动车在道路上违规长时间停放的,处警告或 100 元罚款;而浙江省规定对违规临时停车影响通行的行为,处 50 元罚款,而对长时间违停影响通行的,处 150 元罚款。参见《福建省实施〈中华人民共和国道路交通安全法〉办法》第六十六条第(九)项、第六十八条第(九)项规定,《浙江省实施〈中华人民共和国道路交通安全法〉办法》第七十四条第(六)项、第七十六条第(三)项规定。

〔5〕　江苏省规定对违法停车妨碍通行且驾驶人不在现场的情形,处以 50 元罚款,而对驾驶人拒绝驶离的情形,处以 200 元罚款。参见《江苏省道路交通安全条例》第五十六条第(十八)项、第五十八条第(二十六)项规定。

量权为基础的。在执法者能合理行使自由裁量权的情况下,才能够根据陈述和申辩的内容,考量违法情节,在处罚幅度内作出合理的决定。而机动车违停的处罚金额被固定,就会导致相对人的陈述权和申辩权流于形式,无论违法者有何种证据或理由,都无法避免交警根据地方性法规的规定实施相同的处罚。

2. 忽视处罚与教育相结合的原则

我国《行政处罚法》第六条明确规定了实施行政处罚要坚持处罚与教育的结合,这一原则同样体现在《道路交通安全法》第九十三条第一款的规定之中[1]。在很多地方,地方性交通安全法规没有限制交警的自由裁量权,但交警在进行违停处罚时,仍然存在机械性执法的现象,在执法时不考虑违停的具体情形,一律对相对人作出罚款决定,甚至一律采用顶格处罚的罚款方式。一方面,这种做法是执法不文明的表现,执法者仅将自己视为执行法律的工具,没有承担起教育普通公民的职责,违背了行政处罚中处罚与教育相结合的原则。另一方面,这种做法也不符合城市交通精神文明建设的要求,无法培养驾驶人的法律意识以及社会责任感。仅以罚款为目的的处罚使违法停车行为人无法接受有效交通文明教育,可能在受到处罚后仍然不明白自己违反了哪些法律规定,不清楚违停行为对交通秩序与交通安全的不良影响,导致驾驶人今后可能还会违法停车甚至做出其他更严重的交通违法行为。

三、城市机动车停车治理的法治对策

上一节已经分析了城市机动车停车中存在的各类突出问题,这些问题直接或间接导致了城市停车难、停车乱现象的出现。如何有针对性地解决问题,是当前机动车停车文明建设的关键所在。具体而言,与机动车停车相关的城市交通文明建设应从以下几个方面入手。

(一)扩大停车泊位供给,提高泊位利用率

1. 通过科学规划实现各类停车设施均衡建设

首先,城市停车规划在总体上必须具有科学性与预见性。《中华人民共

---

[1]《道路交通安全法》第九十三条第一款规定:"对违反道路交通安全法律、法规关于机动车停放、临时停车规定的,可以指出违法行为,并予以口头警告,令其立即驶离。"

和国国民经济和社会发展第十三个五年规划纲要》(以下简称"十三五"规划)提出应"转变城市发展方式,提高城市治理能力,加大'城市病'防治力度"。其重点在于发展方式的转变,对停车难等城市病应秉持"防"与"治"相结合的理念,并且须以预防为主。具体到机动车停车问题上,探求停车难题的预防措施是解决问题的关键。有效预防停车难的基础在于科学合理的规划,而进行科学规划的前提是准确预测不同区域的停车需求。一般而言,停车需求受多种因素的影响。预测停车需求需要综合考虑以下几个方面的内容:第一,土地利用状况。不同功能、性质的土地的停车吸引力有所差别,如商业区比工业区具有更大的停车吸引力。第二,机动车保有量。机动车保有量与停车需求之间成正比例关系,每增加一辆机动车,将增加1.2—1.5个停车泊位需求。[1]此外,随着新能源汽车的发展,在预测停车需求时须根据新能源汽车的数量增速单独考虑其停车问题,在停车位总量规划中按一定比例预留配备充电设施的专用车位。第三,经济发展水平。城市的经济发展水平决定了居民对交通工具的需求程度以及交通出行的频繁程度,一个城市的经济发展水平越高,停车需求就越大。第四,交通管理政策。有效的交通管理政策可以引导人们在出行时自愿选择公共交通,如在城市中心区大力发展公共交通、对交通繁忙路段征收"交通拥堵费"等,可以将区域内停车需求控制在较低水平。第五,停车成本。这里的停车成本包括金钱成本与非金钱成本两部分,其中停车收费、违停可能产生的罚款等属于金钱成本,而寻泊时间、到达目的地的步行时间则属于非金钱成本。较高的停车成本会使人们选择其他的出行方式,进而起到降低停车需求的作用。总体来说,城市停车规划应当结合城市各区域的土地利用形态和功能,根据各类区域的发展目标和原则预测停车需求,在城市总体规划的指导下确立停车设施供应的规划目标。

其次,在停车设施建设上应坚持"以配建停车场为主、公共停车场为辅、路内停车为补充"的供应结构,这也是住建部2015年发布的《城市停车设施规划导则》所强调的内容,并且符合"十三五"规划"加强城市道路、停车场、交通安全等设施建设……严格执行新建小区停车位配建标准"的要求。配建停车设施需满足绝大部分的城市停车需求,其规划建设既要考虑满足交通需

---

〔1〕 邵春福:《城市交通规划》,北京交通大学出版社2014年版,第192页。

求,又要考虑停车设施供给政策对城市交通结构的调节作用。[1]公共停车场主要满足机动车在出行目的地的停车需求,因此在建设时要充分考虑其所处区域的土地使用性质。如,在城市交通枢纽地带以及商业中心应预留足够的空间以确保停车设施供给,但居住区主要靠配建停车场满足停车需求,不应设置过多的公共停车泊位。而路内停车场的施划应遵守《道路交通安全法》的规定,以不妨碍车辆和行人通行为前提,且数量不宜过多。此外,在城市土地资源紧张的情况下,积极发展机械立体式停车库等新型停车设施也可以有效增加泊位供给,改善城市停车状况。

2. 加强完善智能停车服务系统建设

十九大报告强调"必须坚定不移贯彻创新、协调、绿色、开放、共享的发展理念",智能停车服务系统的建设要求集中体现了上述发展理念,要求政府与企业进行深度合作,在信息共享的基础上创新智能停车系统,保证城市各类停车场所的协调利用。具体而言,智能化的停车服务系统包括电子指示牌、标志等路面实体装置以及以互联网为载体的停车信息服务平台,建设科学合理的智能停车系统应坚持二者并重。

路面实体导引装置的功能在于直观地呈现周围停车设施的剩余泊位、停车场位置、入口等相关信息,帮助行驶中的车辆作出停车选择并迅速引导其找到停车场入口。因此,清晰、简洁、易懂是建设实体停车导引装置的基本要求,其重要功能在于诱导车辆优先使用路外停车场,减轻路内停车压力。路面实体导引装置的设置应综合考虑道路上的交通流情况,将指示装置设置在安全、醒目的位置,使驾驶人在合适的时机获取停车信息,防止驾驶人错过通往停车场道路而增加额外的寻泊时间,同时防止其在关注指示牌时忽视路况造成危险。

"十三五"规划特别提出应"加快智能交通发展……加强公共信息系统建设",可见,智能交通的发展与公共信息共享不可分割。就停车问题而言,作为停车信息共享的重要途径,以互联网为载体的停车信息服务平台近年来受到广泛关注。2015年的《关于积极推进"互联网+"行动的指导意见》中,在"互联网+便捷交通"部分也强调了鼓励互联网平台为社会公众提供智能停车等服务。互联网停车信息服务平台应具备一体化的信息服务功能,其建立要求依托云平台以及物联网技术,实时收集各个停车设施的信息。如车辆基

---

〔1〕 参见邵春福:《城市交通规划》,北京交通大学出版社2014年版,第193页。

础记录、停车收费统计、泊位周转率、当前占用率等,并在平台上更新[1],在保证各个停车设施协调利用的基础上,为平台用户提供最佳停车选择,以指引其顺利驶入停车场内。

(二) 合理控制停车需求,改变居民出行选择

当城市机动化发展水平不高时,单纯采用扩大停车供给的方式在一定程度上可以解决眼前的问题,但随着机动化水平的不断发展,仅靠扩大供给已经不足以应对愈发严重的停车难题。当前,我们应确立"以适度扩大停车供给为主,以合理控制停车需求为辅"的战略方针,运用双重手段缓解停车供需矛盾。

1. 通过合理的停车收费控制公众的停车需求

通过停车收费机制控制停车需求要求充分发挥价格杠杆的调节,其主要包括两个方面的内容。一是改变人们的出行选择,减少小汽车的出行率,降低特定出行目的地所面临的停车需求,二是引导人们的停车选择,在各类停车设施之间协调分配已经出现的停车需求。

就第一个方面而言,应当通过不同区域间收费费率的差别化来实现。一般而言,要提高城市泊位紧缺地区在交通繁忙时段的停车场收费,促使更多居民在这一时段选择公共交通、步行或自行车的方式前往此类目的地。就第二个方面而言,应当拉开路内停车与路外停车的收费差距,使路内停车费高于路外停车费。很多人认为,路内停车场的施划成本很低,本来就是缓解停车难题的便民措施,不应实行高收费。这种想法显然是错误的,讨论路内停车泊位的价格不应只谈施划成本,还应将社会公共利益纳入考虑范围。因为路内停车位所处的位置是本应供所有车辆通行的城市道路,使用路内停车位即占用了一部分道路资源,降低了道路通行能力。因此,使用路内泊位对公众的通行权利产生的影响也属于一种无形成本。在路外停车设施完善的情况下,如果路内停车位的价格仍低于路外停车位,那么大部分车主会优先选择路内停车,会将部分个体利益置于社会公共利益之上。为最大限度地提高路内停车泊位的周转率,在路内停车收费高于路外停车收费的基础上,应进一步对路内停车实行超时累进的收费方式,即在停车的第一个单位时间内收

---

[1] 汪忞垚、党晗、蔡瑞:《大数据智慧城市静态交通管理》,《科学咨询(科技·管理)》,2018年第12期,第54页。

费较低,此后的每一个单位时间,停车费率按比例递增,停得越久收费越贵,具体可以参考北京市的路内停车收费规定[1]。这种收费方式能够强化车主的路内停车的时间观念,敦促其在需要长时间停车时尽可能选择路外停车场停放。值得注意的是,为促进新能源汽车的推广,有些地方对新能源汽车停车给予一定优惠政策[2],但这种优惠只是相对于传统汽车停车而言的,以适度为宜,依然要遵循区域费率的差异化和路内停车费高于路外停车费两项准则。

2. 实行因地制宜的停车需求总体控制策略

停车需求总体控制策略是一个国家、城市或地区制定的对某一区域内的停车需求总量进行调控的策略。各国在这一方面采取的做法各有不同。英国8个地方在2010年开始实施"工作场所停车税"方案,鼓励企业员工放弃开车上下班,改用公共交通工具,税金收入将被用于推动发展市内自行车、巴士和有轨电车等[3]。日本从1962年开始推行"购车者自备车位"政策,要求车辆登记时必须提供车辆泊位证明[4]。德国则是在发展多元化公共交通系统的基础上,在公交站点设置停车换乘设施,通过公共交通的优先层级引导人们对不同交通工具的选择[5]。停车需求控制策略是以各国各地的具体情况为基础制定的,在一个国家成功推行的政策并不一定适合其他地方。

早在1998年,北京就推行过"停车泊位证明"制度,要求买车时出示"泊位证",但随着代办业务的产生,当时只须向代办公司缴纳一定的费用即可获得证明,这一制度形同虚设,在2004年终被废止。2015年,北京曾考虑通过立法确定"有位购车"制度,引发广泛争议后,政府承诺不会强制实行这一制度,只会将其作为鼓励性的政策,引导公众主动选择有位购车。近年来,除了

---

[1] 北京市将本市路内停车泊位分为三类地区,一、二、三类地区收费费率依次递减,且收费费率根据车辆大小与停放时段有所差别。在同一类地区,大型车的停车收费高于小型车,白天停车收费高于夜晚,且白天路内停车收费费率随停车时长递增。参见《关于本市停车收费管理有关问题的通知》(京发改〔2015〕2688号)。

[2] 如南京市的《关于新能源汽车停车收费优惠政策有关问题的通知》(宁价费〔2016〕290号)规定,新能源汽车停车时间超过1小时后,视同新进入车辆计费,按照《南京市停车收费管理规定》(宁价规〔2014〕1号)的政策执行,继续享受15分钟免费停车政策。

[3] 参见杜宁:《汽车使用税费与城市空间发展的关联性研究——基于城市土地租金竞价函数的分析方法》,《城市规划》2010年第12期,第64-70页。

[4] 贺崇明:《城市停车规划研究与应用》,中国建筑工业出版社2006年版,第22页。

[5] 陈泳、严佳:《步行活动与轨道交通的共生——德国老城步行化发展的公共交通策略》,《上海城市规划》2017年第1期,第1-8页。

北京之外，上海、温州、广州等地曾想学习日本的经验推行"购车者自备车位"制度，但最终都因为外界的争议而作罢。"购车者自备车位"制度作为一项在日本成功实施多年的政策，自然有其合理性，但在当前的中国不具有可行性。从法理层面看，"购车者自备车位"需以行政许可的方式实现，我国《行政许可法》第十六条第四款规定，"法规、规章……对行政许可条件作出的具体规定，不得增设违反上位法的其他条件"，《道路交通安全法》在第九条规定了申请机动车登记需要提交的五项材料，而"购车者自备车位"实际上是各地企图通过地方性法规、规章或其他规范性文件增设一项申请机动车牌照的许可条件。这种做法在现行的法律体系下，显然有违法之嫌。此外，我国当前停车位严重短缺，并且缺乏有效的停车治理措施，当前实施这项制度，可能导致车位价格上涨、权力寻租等乱象，最终侵害公众的合法权益。

目前最合适我国的停车需求控制策略应当是大力发展公共交通系统，合理规划设施站点及其配套设施，加强城市交通换乘枢纽建设，在公交站点附近建设立体式停车库，以满足公众的出行可达性需求。同时，通过各类价格优惠与鼓励措施引导公众主动选择公交出行，减少私人车辆的出行频率，达到控制停车需求的目的。

（三）机动车停车立法与停车管理机构建设并行

1. 加强高层级的机动车停车立法

纵观发达国家及地区的停车治理历程，可以发现，由于经济发展与机动化水平较高，发达国家和地区的城市停车问题在20世纪已经开始显现，城市停车管理起步较早。各国不断根据理论和实践研究结果制定全面、明确的停车相关法律法规，与各类政策配套推行，形成了系统的停车治理模式。比如，日本1957年就制定了《停车场法》，此外还有《车库法》《机动车停车场所确保法》《机动车停车场所之确保法实施法令》等一系列法律，通过立法加强路外停车设施的供给，同时控制公众的停车需求[1]。

我国的机动化发展已经达到了较高的水平，但停车立法欠缺，当前主要依靠各种政策实现停车治理，始终不是长远之计。机动车停车立法的首要任务是在国家层面制定统一的有关城市停车的法律法规，如通过制定《停车场法》或《停车设施法》指导各个地方的立法与执法。在立法中应当明确停车场

---

[1] 贺崇明：《城市停车规划研究与应用》，中国建筑工业出版社2006年版，第20页。

的概念,对停车场的类型作出具体的界定,针对不同类型的停车场制定具有指导性的投资建设标准、管理规则以及收费原则。同时,还应在法律中明确停车行政主管部门及其具体职责,根据停车行业的特殊要求制定有针对性的行业管理规范和准入制度。除了国家统一制定高层级的法律法规,各地区还应根据不同城市现状制定一系列不同层级的法规条例,形成完整的法律体系,保证同一层级的法规相互兼容,通过各类实施细则对上一层级的法律法规作出可操作性的规定。如制定《路内停车管理条例》《路外停车管理条例》等具体规范。

2. 设立统一的机动车停车管理机构

在停车管理机制完善的国家和地区,一般都设立一到两个机构或部门具体管理停车事务。如,美国哥伦比亚特区交通部停车管理局是该地区唯一的停车管理机构,停车管理局下设停车业务处和停车执行处,并按停车管理内容在两个处室下各设三个科室,机构设置和权责分级简单明确;我国香港地区的停车管理主要由运输科负责,警察部门、环境署和规划署协助运输科工作;英国的停车管理部门主要由"交通警察"和"当地政府委员会"两个部门负责。[1]

十九大报告指出,我国在组织机构方面应"统筹考虑各类机构设置,科学配置党政部门及内设机构权力、明确职责……完善国家机构组织法"。在这一理念的指导下,针对当前我国城市停车管理存在的多头管理、职权交叉的现象,必须首先在国家层面确立主要的停车管理机构,明确其他协作部门的职能边界,形成协调管理机制。确立停车管理机构的基本思路应当是根据各级人民政府的统筹,在现有管理机制的基础上保持一定的连续性和稳定性,确立现有管理部门中的一个机构作为停车主管机构,并明确其他各部门的职责,避免同级部门职能交叉,由停车主管机关协调各部门工作。

(四)对机动车违停处罚坚持处罚与教育相结合

对机动车违停坚持处罚与教育相结合的原则是与机动车停车相关的交通文明建设的关键所在,处罚与教育相结合包括立法和执法两个方面的内容。

―――――――――
[1] 张泉、黄富民、曹国华:《城市停车设施规划》,中国建筑工业出版社2009年版,第138页。

1. 地方性法规合理限制交警的自由裁量权

上一节提到,以地方性法规固定违停罚款金额是一种不合理的限制自由裁量权的方式。当然,并非所有地方都采取固定罚款金额的方式处罚违法停车,很多地方只是在《道路交通安全法》规定的罚款幅度内限缩了裁量范围,如四川、武汉和云南[1]。可见,许多地方仍然在一定程度上有合理限制自由裁量权的意识。

当然,上述规定仍然不是限制违停处罚自由裁量权的最佳方式。合理限制自由裁量权的本质在于构造适当的裁量基准,主要应通过情节细化和效果格化的方式。情节细化应考虑违法动机、主观过错、违法手段、危害结果等因素;效果格化的原则是保持基本限度,给行政机关留有裁量空间,将量罚幅度分割为相互衔接的"量罚段",而非孤立的"量罚点"。[2] 在这一问题上,已失效的《银川市道路交通安全管理条例》中的有关内容可兹参考[3]。该规定体现了包含违法手段、主观过错、危害结果因素在内的情节细化,以及相互衔接的"量罚段"的效果格化,虽然不甚精细,但仍有启发意义。合理限制交警在机动车道路违停处罚中的自由裁量权关键在于不能完全剥夺执法者在个案中的裁量空间,应将违停的时间、路段、危害结果、驾驶人的态度及行为和例外情形列入情节细化的考量,并以情节为量化基准,针对不同的情节规定合理的处罚范围。

2. 执法者切实践行处罚与教育相结合的执法方式

《道路交通安全法》第九十三条规定,对违反道路交通安全法律、法规关于机动车停放、临时停车规定的,可以指出违法行为,并予以口头警告,令其驶离。该条规定为违停处罚中的人性化执法提供了法律依据与指导。要贯

---

[1] 四川规定对违法临时停车拒绝纠正的处 20 元以上 50 元以下罚款,武汉规定对违法停车处警告或 20 元以上 100 元以下罚款,云南规定对妨碍通行且驾驶人不在现场的违停行为处警告或 20 元以上 50 元以下罚款。参见《四川省〈中华人民共和国道路交通安全法〉实施办法》第六十五条第(十四)项、《武汉市实施〈中华人民共和国道路交通安全法〉办法》第五十七条第(一)项、《云南省道路交通安全条例》第七十六条第(七)项规定。

[2] 参见周佑勇:《裁量基准的技术构造》,《中外法学》2014 年第 5 期,第 1142-1163 页。

[3] 银川市规定,对擅自在隔离带和设有网状标线的区域内停车的,处以 30 元以上 50 元以下罚款;对不在规定地点停放机动车,并妨碍其他车辆和行人通行的,处以 50 元以上 100 元以下罚款;对在学生上学、放学时,擅自在中小学校、幼儿园门口 30 米路段内停放机动车,以及将机动车停放在有禁停标志、标线的道路上的,处以 100 元以上 150 元以下的罚款。参见《银川市道路交通安全管理条例》第三十五条第(七)项、第三十六条第(十四)项、第三十七条第(七)项和第(十四)项规定。

彻处罚与教育相结合的原则,首先要求执法者明确自身的职责和地位。他们在执行公务、实施处罚的同时,必须承担起对公民的教育义务,摒弃以罚款为目的的执法理念,注重向违法者普及停车规范与法律知识,培养其文明停车的意识,敦促其养成良好的停车习惯,避免再犯。其次,要创新违停教育方法。除了法律规定的口头警告之外,探索其他能够达到教育目的的执法方式。对此,我国很多地方的做法都有借鉴意义。例如山东、江苏、浙江、河南等地都采用了粘贴"违法停车温馨提示单"或"交警温馨提示卡"的方式,对不影响道路通行的违停行为人进行提示,一方面明确该地点属于禁停区域,另一方面强调违法停车的危害和城市文明停车的重要意义,此外还表达了对驾驶员遵守交通法规、坚持文明停车的殷切希望。近日,安徽合肥进行了进一步创新,将"表情包违停提示单"运用到日常执法中,提示单上,除了有郑重的违停提示外,还加上了幽默搞笑的表情包和流行语[1]。这种做法可以弱化执法者的执法形象,引起驾驶人对提示单内容的兴趣,提高驾驶人对交通文明教育的接受度和认同感。在违停执法中,无论是采取提示、警告还是罚款的方式,处罚都不是最终的目的,各类创新性的提示或警告方式都是为了发挥其最大的教育作用。而即使已经对妨碍道路通行的行为人作出了罚款决定,执法者也应进一步通过提示单或耐心解释的方式,向驾驶人再次强调文明停车的重要意义。

---

[1] 倪勇、韩啸东、蒋瑜香:《合肥城管首开"表情包"违停提示单》,《合肥晚报》2017年8月3日,第A04版。

第十章

城市出租车行业交通文明建设研究

早在1903年,出租车就已经进入中国,但其直到改革开放以后才作为交通工具进入我国普通民众的视野。随着改革开放的深入,我国社会经济发展取得了巨大成就,人民生活水平得到显著提高,出租车作为城市交通系统的重要部分,为城市居民的出行提供了快捷方便的服务。但是,随着出租车行业的不断发展,交通不文明问题逐渐显现出来。出租车行业交通不文明行为不仅会损害社会秩序的安定,还会给人民群众的正常生产生活造成负面影响,进而影响城市形象。因此,有必要对出租车行业的交通文明建设问题进行研究。

一、城市出租车行业与交通文明建设的关系

出租车因方便、快捷的特点受到人们的青睐,尤其是在网络预约出租汽车(以下简称"网约出租车")兴起之后,人们的出行又多了新的选择,出租车在人们的交通出行方式选择中占据越来越重要的地位。出租车行业在发展的同时不但为人们的出行带来了便捷,而且也影响着城市交通文明的建设。

(一)城市出租车行业的现状

随着城市化进程的不断推进,出租车行业也不断向前发展。时至今日,出租车已经成为城市交通运输系统的重要组成部分。网约出租车的出现则

对出租车行业带来巨大冲击,不少新问题亟待解决。

1. 城市出租车的概念

传统的出租车一般是指为充分满足乘客意愿而被临时雇用的营业车辆。建设部、公安部1997年12月发布的《城市出租汽车管理办法》(已废止)第三条规定:"本办法所称的出租汽车,是指经主管部门批准的按照乘客和用户意愿提供客运服务,并且按照行驶里程和时间收费的客车。"这是我国中央行政主管部门首次对出租车的概念作出界定。2016年《国务院办公厅关于深化改革推进出租汽车行业健康发展的指导意见》指出,当前我国出租汽车服务方式主要包括巡游、网络预约等方式,即巡游出租车与网约出租车[1]。

巡游出租车通过在街上巡游寻找消费者的方式提供出租车服务,其以乘车人招手致意作为寻求服务的要约,以出租车计价器上显示的数值作为收费依据。由于巡游出租车呈现出"招手即停、停车即上、上车即走"的服务特征,因此其已经成为人们最普遍接受的出租车服务形式。[2] 在外观上,巡游出租车一般会喷涂、安装明显的巡游出租汽车专用标识,以方便其在道路上巡游揽客或站点候车。需要指出的是,巡游出租车也可以通过互联网等方式招揽顾客提供出租车运营服务,这点与网约出租车具有一定相似性。但是,必须承认的是,巡游出租车的本质仍是以巡游为主、电召为辅的传统出租汽车。

学者们一般认为:"网约车是指乘客通过互联网平台公司提供的智能手机应用软件,预约车辆实现点到点运输服务的出行方式。"[3]2019年12月,交通运输部、工业和信息化部、公安部、商务部、市场监管总局、国家网信办等六部门联合出台《关于修改〈网络预约出租汽车经营服务管理暂行办法〉的决定》(以下简称《决定》),其中第二条第二款规定:"本办法所称网约车经营服务,是指以互联网技术为依托构建服务平台,整合供需信息,使用符合条件的车辆和驾驶员,提供非巡游的预约出租汽车服务的经营活动。"自进入国内市场以来,网约出租车凭借其便捷、廉价等优势,有效缓解了民众出行矛盾,大大提高了打车效率。具言之,一方面,网约出租车平台可实时采集驾驶员、乘客和汽车的基本信息,并能够将云计算技术运用到出租车服务供需关系当

---

〔1〕 参见《国务院办公厅关于深化改革推进出租汽车行业健康发展的指导意见》(国办发〔2016〕58号)。

〔2〕 参见章程、张舒沁、王梦真:《基于出租车GPS数据的扬招点选址确定方法》,《交通运输研究》2015年第4期,第43页。

〔3〕 王静:《中国网约车的监管困境及解决》,《行政法学研究》2016年第2期,第49页。

中。譬如,网约出租车可以通过云计算技术对出租车的运力、车辆的运行轨迹进行精准监控,从而提高车辆、乘客资源的配置效率。另一方面,网约出租车平台具有供需预测、路线规划和智能下单的功能优势。网约出租车平台的优势可以有效减少盲流和空载现象的发生,提高道路资源的有效利用,从而疏解交通高峰期的拥堵状况。城市交通出行高峰时段,用车需求量大,交通压力增大,网约出租车平台可通过"顺风车""拼车"等模式,一定程度上缓解城市高峰期面临的交通拥堵问题。在共享经济模式下,以提升用户体验为目标的网约出租车,可以实现社会资源利用的最大化,为民众出行提供便捷、舒心的"点对点"的用车服务。

2. 城市出租车行业的发展现状

行业是指按生产同类产品或提供同类劳动服务划分的经济活动类别。出租车行业是指车辆产权归驾驶员或者出租车公司所有,由驾驶员负责驾驶提供劳务并获得相应运费的客运经营活动。其中,驾驶员所驾驶的车辆应是核定座位数 7 人以下的小型汽车,以区别客运车辆租赁行业和旅游客运租赁行业。[1] 国家统计局官网数据显示,截至 2016 年,全国的出租车总量是 1 102 563 辆,近十年来规模相对稳定,数量增加 142 895 辆[2]。以北京市为例,截至 2016 年,北京市出租车数量为 68 484 辆,近十年间增加 1 838 辆[3]。2015 年时任交通运输部部长的杨传堂在两会期间接受媒体采访时就指出,中国的出租车行业经过 20 多年的发展,现有出租车 130 万辆,从业人员 260 万人,企业 8 000 多家,个体户 13 万家,每天承担运载量 400 亿人次[4]。由此可见,出租车已经成为人们出行的重要方式,出租车也成为城市交通系统的重要分支。出租车行业作为城市交通的重要组成部分,对城市交通的重要性不言而喻。

网约出租车具有数量庞大、技术便捷的优势,加上网约出租车平台的开

---

[1] 参见胡承华:《我国城市出租车行业经济法规制研究》,安徽大学 2013 年博士论文,第 8 页。
[2] 参见中华人民共和国统计局官网:《2006 年—2016 年全国出租汽车数量》,http://data.stats.gov.cn/easyquery.htm? cn=C01,访问时间:2018 年 7 月 4 日。
[3] 参见中华人民共和国统计局官网:《2006 年—2016 年北京市出租汽车数量》,http://data.stats.gov.cn/easyquery.htm? cn=E0103&zb=A0B07&reg=110000&sj=2016,访问时间:2018 年 7 月 4 日。
[4] 参见杨传堂:《年内出台专车指导意见》,http://finance.ifeng.com/a/20150306/13533825_0.shtml,访问时间:2017 年 2 月 12 日。

放性,令其在较短的时间内得以快速发展。截至2017年12月,我国网民规模达7.72亿,网约出租车的用户规模达2.87亿,网民使用率为37.1%[1]。2019年出台的《决定》在赋予网约出租车合法地位的同时对网约出租车的规制也提出了总体要求。例如,从事网约出租车经营须得到行政主管部门的许可,并发放网络预约出租汽车经营许可证。而且,只有向企业注册地省级通信主管部门申请互联网信息服务备案后,方可从事网约出租车经营。《决定》的出台给网约出租车带来的影响有以下几个方面:一是将网约出租车定位为出租车,用传统的出租车管理规则束缚网约出租车的发展,易扼杀网约出租车的创新性;二是如果将私家车作为网约出租车的运营车辆,必须将车辆的使用性质从非营运车辆变更为营运车辆,导致很多私家车主望而却步,退出网约出租车服务行业;三是网约出租车的定价机制不明确,地方人民政府有权对网约出租车的价格进行定价,这就意味着政府可对网约出租车的运营价格形成干预,这与传统出租车的政府定价机制别无二致;四是网约出租车的数量问题,《决定》并未给予明确规定,而是规定了网约出租车运营门槛的迂回策略,也就是说,要进行网络出租车服务应取得网络预约出租汽车运输证。值得注意的是,《决定》明确指出地方人民政府另有规定的,从其规定。这意味着将网约出租车的发展权全部交由地方人民政府,地方人民政府完全可以从数量上对网约出租车进行管控。[2]《决定》出台后,各地纷纷制定了实施细则,从当前的情况来看,各地人民政府对网约出租车的规制基本上遵循从严从紧原则。譬如,北京、上海等地将网约出租车与当地户籍、本地车牌关联起来,大大提高了网约出租车的从业门槛,很大程度上制约了网约出租车的发展。

2021年8月,《关于修改〈巡游出租汽车经营服务管理规定〉的决定》第三条规定:"出租汽车是城市综合交通运输体系的组成部分,是城市公共交通的补充,为社会公众提供个性化运输服务。优先发展城市公共交通,适度发展出租汽车。巡游出租汽车发展应当与城市经济社会发展相适应,与公共交通等客运服务方式协调发展。"而对于网络预约出租汽车而言,《决定》第三条第一款规定:"坚持优先发展城市公共交通、适度发展出租汽车,按照高品质服

---

[1] 参见中国互联网络信息中心:第41次《中国互联网络发展状况统计报告》,http://www.cac.gov.cn/2018-01/31/c_1122347026.htm,访问时间:2021年11月11日。

[2] 参见孙小平:《我国网约车的政府规制负面影响及其路径改进建议》,《中国市场》2017年第11期,第32页。

务、差异化经营的原则,有序发展网约车。"从以上规定我们可以看出,政府将出租车定位为城市公共交通的补充,在优先发展公共交通的基础上适度发展出租车,网约出租车要与巡游出租车实现差异化经营,提供高品质服务,有序发展。

当然,出租车行业的迅速发展,在为城市交通运输作出重要贡献的同时也暴露出一系列问题。其中与城市交通文明相关的问题包括以下几个方面:一是巡游出租车司机集体罢工事件不断发生,这与巡游出租车经营权被垄断导致行业利益分配不均密切相关;二是出租车服务质量差、出租车司机服务态度差、出租车卫生条件不理想、打车难等已经成为普遍现象;三是网约出租车的出现给出租车行业带来巨大冲击,与巡游出租车的矛盾日益尖锐,导致出租车行业内的无序竞争问题凸显。同时,网约出租车自身的安全风险也引起人们广泛的担忧,人身安全风险、交通安全风险、个人隐私的保护等都成为网约出租车亟待解决的问题。另外,与出租车行业相关的"黑车"非法运营的问题也屡禁不止,不断考验城市管理者的智慧。这些问题的出现不断提醒着我们,城市交通文明建设任重而道远。

(二)城市出租车行业对交通文明建设的影响

交通是促进人类文明进步的重要因素之一。交通对于人类社会的贡献在于它为人类交往与交换提供了便利条件。城市作为人类文明的象征,与它的交通网络同命运。[1] 随着社会物质条件的不断发展,交通变得复杂多样,我们对于交通的认识也不再局限于为人类相互间的交往与交换提供便利条件。我们期望它能够最大限度地保障发挥交通功能,促进社会的和谐。"文明"作为社会主义核心价值观之一,是社会主义现代化国家文化建设的应有状态,是对面向现代化、面向世界、面向未来的,民族的、科学的、大众的社会主义文化的概括,是实现中华民族伟大复兴的重要支撑[2]。交通文明作为社会文明的重要组成部分,是建设社会主义核心价值观的具体实践。可以说,城市出租车行业与交通文明建设密切相关。

---

〔1〕 参见郭正忠:《交通与文明——关于交通经济建设的历史考察》,《中国经济史研究》1988年第3期,第146页。

〔2〕 参见教育部中国特色社会主义理论体系研究中心:《深刻理解社会主义核心价值观的内涵和意义》,http://theory.people.com.cn/n/2013/0522/c40531-21565926.html,访问时间:2021年11月11日。

1. 城市公共交通的有益补充

当前,我国城市公共交通系统建设并不完备。在公共汽车方面,存在开行线路不足、开行数量少、发车频率低、车内环境差、舒适性低、发车以及到达准点率低等问题。与公共汽车相比,城市轨道运输建设更为落后,不少省会仍没有城市轨道运输系统,这也意味着相当数量的人群不得不放弃将公共交通作为其运输工具。与此同时,常规公交具有定线运输的特点,故必然带来运行时间长、准时性差的问题,这对有应急出行需求的乘客来说显得毫无用途。其实,出行所花费的时间成本以及出行过程的舒适程度往往是人们在选择交通工具时的主要考量,就这个方面来说,出租车相比公共交通具有天然优势,出租车不需要乘客在固定的地点候车,不需要中途换乘,出行过程快捷方便、舒适度和私密性高的特点使其广受青睐。可以说,出租车作为城市综合客运体系的一部分,成为填补常规公交运输空缺的重要方式,在整个城市的综合客运体系中具有举足轻重的地位。

2. 抑制机动车数量的增长

随着人们生活水平的不断提高,人们对出行的质量也提出了更高的要求。城市公共交通由于速度慢、舒适度差,已经无法满足人们的出行需求。由此,私家车便成为主要的替代交通工具。经济水平的增长使城市中的机动车数量迅速增加,虽然城市道路在不断扩建,道路网也在不断完善,但是与私家车的增长速度依然无法匹配,进而导致严重的交通阻塞问题,正因如此,我国确立了公交优先的城市客运发展体系。从需求满足上看,出租车对私家车有一定替代性。出租车具有全天候不间断运行的特点,这意味着出租车不需要占用停车场。因此,可以缓解停车场资源使用紧张的情况。从长期成本上看,出租车比私家车的成本更低且使用率更高,可以满足人们出行舒适、快捷、私密的要求。

出租车作为城市交通方式的重要组成方式,在地铁、轻轨等公共交通没有完备之前,一定程度上可以降低人们对于私家车的购买欲望,避免城市道路被过快增长的私家车占用而带来交通堵塞问题。同时,出租车不仅能够节省道路、停车场等交通资源,对于当前愈发严重的环境污染问题也起到了一定的缓解作用。

3. 城市交通文明的"流动名片"

出租车作为展示城市形象的窗口行业,被公认为城市的"流动名片"。市外群体的评价对一个城市的形象好坏与否极为关键。对外来旅客来说,出租车司机就是其近距离接触的第一个市民,可以预见的是,出租车的服务质量必然会影响外来旅客对城市的认同感。虽然大容量载客的公交车、地铁享有"城市窗口"的美誉,但就服务人员与乘客的个性化交流而言,二者均无法与出租车相提并论,这一点对于本市的市民来说也是相同的。出租车是一个城市交通文明程度的最直接展示,是一个城市交通文明的"流动名片"。

二、城市出租车行业交通文明中的法律问题

我国出租车行业在稳健发展与逐步规范的同时亦暴露出不少问题,具体到出租车行业交通文明话语下,既有传统出租车行业中一直存在的老问题,也有伴随网约出租车发展出现的新问题,更有"黑车"非法运营屡禁不止等与出租车行业交通文明建设休戚相关的其他问题。这些问题给出租车行业交通文明建设造成极大障碍,严重损害了出租车行业的整体形象。

(一)巡游出租车行业交通文明存在的问题

1. 出租车经营权垄断

1997年出台的《城市出租汽车管理办法》(已废止)规定,只要达到经营资质要求,无论是企业还是个体工商户都可以成为出租车的经营主体。新出台的《巡游出租汽车经营服务管理规定》也并未明确将个体工商户排除在经营主体范围之外。实践中,各个城市的规定并不一致。譬如,北京和上海通过颁布出租汽车管理条例的方式对个人申请出租汽车经营相关事项作出了规定,但其他城市的规定却有所不同。以石家庄与青岛为例,按照《石家庄市出租车管理条例》的规定,个体经营者可以经营出租汽车客运服务,但是必须满足"应加入一个出租汽车服务企业,并与其签订合同"的条件。《青岛市出租汽车客运管理条例》明确规定,"从事出租汽车客运经营,应当具备企业法人资格",不允许个体经营者从事出租汽车经营。

我国出租车特许经营出让方式包括招标和协议两种。无论采取何种方式,都体现出政府倡导公司经营模式的意图[1]。但是,这也导致现实中出租汽车企业占据了出租汽车市场绝大多数份额。尤其是在政府严格管控牌照

---

〔1〕 参见刘乃梁:《出租车行业特许经营的困境与变革》,《行政法学研究》2015年第5期,第66页。

数量的背景之下,个体经营者即便能够通过经营资质要求的筛选,也很难在企业垄断竞争的夹缝下生存。市场准入主体资格的限制使得出租车行业的竞争不够充分,出租车企业间的竞争由于受同一地域内政策调控以及乘客所选车辆随机性的影响也是微乎其微。出租车企业进入出租车市场后会与其他出租车企业共同居于垄断地位,乘客对于这种垄断所带来的价格、服务只能选择接受,企业则坐享垄断利益。而且,国务院办公厅2016年印发的《关于深化改革推进出租汽车行业健康发展的指导意见》仍然鼓励经营者实行公司化经营模式。这就是说,现阶段的出租汽车市场是由单一主体占据的,这显然无法实现有效竞争,整个行业的健康发展水平有待提高。

2. 出租车行业利益分配不均

当前我国政府主要从市场准入、价格、数量、服务质量四个方面对出租车行业进行规制。具言之,在市场准入规则上,政府通过拍卖出租车特许经营权实现出租车经营权的有偿转让,进而控制出租车行业特许经营权的市场准入规则;在价格调控上,政府通过实行燃油附加与燃油价格联动机制调控出租车市场价格,并以此实现对消费者权益的保护;在数量上,政府通过数量调控维持出租车供给数量平衡,以维护出租车公司和出租车司机的既得利益;在服务质量上,则加强对出租车行业的规范性管理,并推进奖惩机制建设,实现出租车行业监管科学化、智能化,引导其形成良性竞争,以达到提高服务质量的目的。

出租车特许经营与数量规制相结合使出租车营运牌照成为一种稀缺资源并产生"租价"[1],进而使出租车企业与政府有关部门形成某种形态的"攻守同盟"。出租车公司获得出租车特许经营权牌照后的通常做法是通过转让经营权向出租车司机进行融资,并通过向出租车司机收取"份子钱"的方式盈利,由此导致了出租车产权与经营权脱离的结果。出租车司机作为实际投资方和事实上经营权有偿使用者,必须通过缴纳高额承包金、挂靠金的方式来获得出租车实际使用权。可以说,出租车公司的这种做法隐性剥夺了出租车司机作为实际投资者的相关权利。虽然出租车公司提供运营车辆,但出租车司机仍需要向出租车公司缴纳高额的份子钱,并自行承担相应油耗和维修费用。显然,出租车运营产生的经济增值过多地分配给了获得特许经营权的企

---

[1] 参见王智斌:《国内外出租车经营管理模式比较研究——以数量管制和经营者准入资格为核心》,《金陵法律评论》2014年第1期,第226页。

业以及其他利益相关方。[1]出租车司机在与出租车企业的博弈关系中明显处于弱势,受经济压力的影响,为了能够获得更多收入而增加劳动强度,这种情况下,服务质量往往得不到保证,进而导致出租车司机服务态度差、卫生条件不理想、便捷性差等问题的出现。除此之外,出租车司机疲劳驾驶也会使自身健康状况出现问题,进而进一步激化出租车司机与企业之间的矛盾。由于出租车行业协会的不作为,司机无法通过行业协会组织反映自己的诉求,相关政府部门又不能及时获取此类反馈,以至于出租车司机往往会选择较为偏激的方式来提出诉求,如此陷入恶性循环造成近几年出租车司机罢运事件多发。

3. 非法运营现象多发

非法运营是指不具备法定的客运经营资质的客运经营的车辆或者驾驶人员从事客运经营活动。依照国务院法制办公室对《关于请明确对未取得出租车客运经营许可擅自从事经营活动实施行政处罚法律依据的函》的复函(国法函〔2005〕432号),非法运营属于《无照经营查处取缔办法》中的"应当取得而未依法取得许可证或者其他批准文件和营业执照,擅自从事经营活动的无照经营行为"。非法运营现已成为各个城市普遍存在的现象,它们不仅存在巨大安全隐患,造成城市交通拥堵,影响城市形象,还会损害合法出租车的利益,给社会带来极大危害。

(1) 乘客的人身和财产安全难以保证

非法运营车辆绝大多数没有经过车检和年审,车况一般较差,安全性能无法保障,出现事故的可能性要比正规出租车大得多。同时,非法运营的车辆还存在保险种类不足的问题,出现事故后乘客很难得到理赔。另外,在开车过程中,司机需要时刻提防相关部门的查验,神经紧张,这也容易造成交通事故。非法运营车辆往往处于政府的正常监督管理之外,具有隐蔽性,相关部门往往很难查处,导致乘客的人身和财产安全难以保障。

(2) 合法运营司机的经营收入下降

正规出租车除了需要负担自身的油耗以及维修等费用外,还需要上缴公司管理费及各项税费。一旦车辆出了责任事故,本身还需要负担责任事故赔偿金额的20%。相比之下,非法运营的车辆每月只需缴纳养路费,成本低廉,

---

〔1〕 参见许明月、刘恒科:《网约车背景下地方出租车市场法律监管的改革与完善》,《广东社会科学》2016年第5期,第250页。

可以以低运价的优势与出租车竞争,扰乱了正常的客运市场价格秩序。对正规出租车的运营造成严重挤压,导致出租车的空驶率增高、效益下降,损害了合法经营者的利益。

(3) 社会问题严重

非法营运增加了政府进行公共管理的难度。一般来说,税收是政府管理的惯用方式。但是,非法运营车辆并不在纳税范围之内,对国家的税收来说是一大损失。同时非法运营车辆还给政府带来了更多的管理成本,执行管理活动也更加困难。实践中,多数非法营运车辆为揽客随处停放、违规占道造成交通拥堵,不仅扰乱了市场秩序,还影响了城市形象。

出租车管理体制的固有弊病是非法营运现象多发的主要原因。在形式上,出租车公司一般通过政府授权获得特许经营权,公司是经营、管理的名义主体。但是,出租车产权却不归属出租车司机个人,实践中呈现出产权和经营权相分离的局面。换句话说,司机作为实际上的最终出资人,却没有出租车的产权,反而出租车公司成为出租车辆真正的所有者和受益人。诚然,这种组织形式在保证出租车服务质量方面有积极意义。但是,这也客观形成了制度性壁垒,将出租车司机置于行业的劣势地位。另外,这种组织形式还造成牌照价格直线上升,导致了众多具有从业条件的司机无法进入出租车市场,被迫进行非法营运。

出租车供不应求也是非法营运现象多发的重要原因。虽然近些年来我国城市公共交通建设快速发展,但是由于缺乏完整规划、舒适度不足等原因的制约,公共交通体系并不能满足人们的出行要求。而作为公共交通重要补充的出租车的数量却严重不足,很多城市的出租车数量长期内几乎没有增加,打车难成为全国大多数城市的一个难题。这种情况下,非法营运的出现成为必然。对司机而言,他们可以投入低廉的成本,加上不需要缴纳各种税费,致使他们收费低廉,具有价格优势。对于乘客来说,非法营运车辆不仅方便快捷,而且价格低廉,极大地方便了他们的日常出行。可以说,出租车供不应求成为非法营运现象多发的重要原因。

(二) 网约出租车交通文明存在的问题

1. 安全风险增加

随着网约出租车数量猛增和覆盖时段、区域的增加,大量与网约出租车相关的安全问题逐渐暴露出来。网约出租车带来的安全问题主要体现在以

下几个方面:

(1) 人身安全风险

犯罪的风险在任何情境下都存在,但是大小有所不同。网约出租车和巡游出租车都是快速移动的封闭空间,司机在这种封闭空间中处于支配地位,对乘客而言存在着安全风险。一旦发生安全风险事故,网约出租车平台公司一般可以通过追查数据的方式对事故作出鉴定和判断。但是当暴力犯罪已然发生,事后追查为时已晚。由于车辆自身的封闭性特点,社会上已发生多起网约出租车司机在运送乘客途中对乘客实施违法犯罪的案件。譬如,2016年5月,深圳24岁女教师被网约出租车司机载至偏僻处遭抢劫杀害,警察调查中发现此车为假冒车牌[1]。2018年5月,某空姐深夜搭乘滴滴顺风车遇害事件更是引发人们对于网约出租车安全问题的担忧[2]。类似事件在其他城市也频频发生。

网约出租车事故频发除了自身的封闭性之外,更为重要的原因是网约出租车司机资质审查要求过低,司机素质难以得到保障。同时,网约出租车司机也没有接受过传统出租车行业安全与保险培训,这些因素都增加了乘客潜在的安全风险。以某空姐深夜搭乘滴滴顺风车遇害事件为例,虽然《决定》明确规定:网约车司机必须"无交通肇事犯罪、危险驾驶犯罪记录,无吸毒记录,无饮酒后驾驶记录""无暴力犯罪记录",但是与网约出租车的准入门槛相比,顺风车司机的准入门槛则要低很多,顺风车对司机的资质规定相对宽松。以北京为例,《北京市私人小客车合乘出行指导意见》只规定了"北京牌照""1年以上驾龄""提供合乘服务每车每日不超过2次"等准入条件。再加上网约出租车平台审核不严,更加难以保证网约出租车司机的素质。对此,我国台湾地区就根据某些犯罪具有较高再犯率的特点,对出租汽车行业作出前科从业禁止的规定[3]。可见,网约出租车经营服务准入的低门槛增加了服务过程中违法犯罪的风险。

---

[1] 参见曾海城、徐龙晨:《深圳女教师搭滴滴顺风车遭司机劫杀,车牌为假冒》,http://finance.sina.com.cn/consume/puguangtai/2016-05-04/doc-ifxrtvtp2062452.shtml,访问时间:2021年11月11日。

[2] 参见新民:《空姐深夜乘滴滴遇害 网约车安全何时令人放心?》,http://news.sina.com.cn/o/2018-05-11/doc-ihamfahw0697453.shtml,访问时间:2021年11月11日。

[3] 参见我国台湾地区《道路交通管理处罚条例》第三十七条第一款:"曾犯故意杀人、抢劫、抢夺、强盗、恐吓取财、掳人勒赎或刑法第二百二十九条至二百三十一条妨害性自主之罪,经判决罪行确定者,不准办理营业小客车驾驶人执业登记。"

(2) 交通安全风险

网约出租车基于移动互联网与大数据技术,可通过手机软件提供预约用车,具有实时召车与零工经济特性[1]。然而这种移动互联网技术的应用也在一定程度上增加了网约出租车的交通安全风险。司机们在行车过程中不可避免地会将注意力放在网约出租车的客户端上,以方便快捷地接单。而在接单之后,司机在行车过程中还需要与乘客进行电话联系来确定乘客的具体位置,这无疑将会增加交通安全风险。2017年修订的《道路交通安全法实施条例》明确规定,驾驶员行车过程中拨打手机是明确禁止行为,但是网约出租车在接单的过程中不可避免地要与乘客通过电话联系。同时,网约出租车的准入审查不严格也使交通安全风险增加,驾驶员的驾驶技术难以保障,未经过严格审查的车辆的性能也难以让人放心。

(3) 信息泄露风险

互联网信息技术应用过程中普遍存在信息安全的问题,网约出租车依托移动互联网信息技术实现了交易数字化,但也存在信息安全的风险。网约车平台依托"互联网+"、大数据分析和 GPS 定位,将消费者的个人出行信息反馈给网约出租车司机,其必将掌握大量的个人信息,包括具体的地理定位信息、消费者的活动信息、经济信息和其他信息等。如果这些消费者的信息数据被软件平台和网约出租车司机泄漏或用于其他用途,必将会侵犯消费者的隐私,危害广大消费者的信息安全。[2] 因此,各界对于网约出租车公司的信息安全问题普遍感到担忧。

2. 无序竞争问题凸显

网约出租车的无序竞争首先表现为网约出租车平台间的恶性竞争和逐渐增强的垄断趋势。共享经济存在"赢者通吃"定律,为了抢占市场先机,各大网约出租车平台纷纷进行轰轰烈烈的烧钱大战、广告攻势、刷单补贴等,这些都使网约出租车市场愈发混乱。在此情况下,网约出租车服务的价格不断上升,服务质量却明显下降,垄断趋势的弊端逐渐显露。

对网约出租车来说,它们的竞争者不仅包括网约出租车同行,还包括同类的传统出租车即巡游出租车。网约出租车公司通过互联网技术联结了有短暂且分散需求的供需双方,解决了信息不对称的问题,大量被闲置的零散

---

[1] 参见顾大松:《"专车"立法刍议》,《行政法学研究》2016年第2期,第69页。

[2] 参见唐清利:《"专车"类共享经济的规制路径》,《中国法学》2015年第4期,第287-288页。

商品和服务被最大化地利用起来,这给传统出租车公司(通过"集中和持续"才能完成供需双方比较稳定的信息匹配与交易)造成了巨大冲击。[1] 传统出租车司机的收入在网约出租车进入以后受到极大影响,甚至很多巡游出租车司机也加入了网约出租车的行列。这种冲击引起了传统出租车行业的不安,巡游出租车司机与网约出租车司机之间相互围堵的现象时有发生,更为严重的甚至上升为肢体冲突,这已经充分反映了问题的紧迫性。无序竞争还会造成道路堵塞,导致整条道路甚至其他临近的道路通行困难,需要交通警察现场指挥交通才能使得交通秩序得到恢复。究其原因,一方面,出租车行业经营权特许机制,造成了事实上经营权垄断,出租车公司和出租车司机成了其中的既得利益者。网约出租车的出现打破了这种垄断局面,凭借自身优势使出租车公司以及出租车司机的既得利益受到损害。另一方面,出租车司机在维持出租车的油耗以及其他费用的同时还需缴纳份子钱等高额费用,相比之下,网约出租车却没有这方面的支出。因此,很多的巡游出租车司机对此表示难以接受,由此选择了以不文明的方式来表达自己的抗议。

3. 城市交通压力增加

网约出租车作为共享经济的典范,一方面能够提高社会闲置车辆的利用率,另一方面则会加剧城市道路资源的紧张情况。具言之,网约出租车平台通过整合社会闲散车辆,将闲置的社会车辆调动起来,将私家车纳入出租车行业内,有利于缓和出租车市场供不应求的矛盾,对提高出租车服务质量有显著意义。但是,这也带来一系列问题,现阶段,我国城市道路资源有限是不争的事实,网约出租车的出现将本不该上路的闲置车辆也利用起来,增加了道路占用率,使道路承受的压力陡然加大,容易造成交通拥堵、城市交通瘫痪。另外,伴随而来的尾气排放、环境污染、雾霾增多等问题,使人民群众的生活质量也随之下降。

三、城市出租车行业交通文明建设的法治对策

社会主义核心价值观首先倡导的就是"富强、民主、文明、和谐",它们体现了社会主义初级阶段的基本要求,同时这也是科学社会主义当前的直接目

---

[1] 参见唐清利:《"专车"类共享经济的规制路径》,《中国法学》2015年第4期,第297页。

标[1]。文明与富强、民主、和谐是我国社会主义现代化国家的建设目标,也是从价值目标层面对社会主义核心价值观基本理念的凝练,在社会主义核心价值观中居于最高层次,对其他层次的价值理念具有统领作用。当前出租车行业所存在的交通文明问题极其突出,严重影响了交通文明的实现。针对出租车行业中出现的与交通文明相关的问题,必须进一步完善出租车行业交通文明理念,丰富出租车交通文明的内容。只有采取新的方法和手段,才能适应市场经济发展的需要,有效解决出租车行业出现的不文明问题,推进交通文明的建设。

(一)巡游出租车的规制路径

出租车运营模式的选择应该在司机自由参与、出租车企业自由协商同意的基础上采取政府指导的方式进行。我们应对几种模式进行自由选择,不应未做充分调查研究,用法律规定进行强制推行[2]。应当允许多元化模式并存,探求融合之道,深挖市场的潜力,使公共资源在市场规律的调节下达到最优化的利用。只有这样,交通文明建设才能得到更好的保障。为此,需要从以下几个方面进行改善:

1. 打破行业垄断

无论是巡游出租车还是网约出租车服务中的不文明交通行为,甚至是"黑车"非法营运频发的现象,其原因很大程度与出租车行业的严重垄断有关。党的十九大提出,必须坚持全面深化改革,坚决破除一切不合时宜的思想观念和体制、机制弊端,突破利益固化的藩篱。出租车行业畸形的经营管理模式和不平衡的利益分配导致了出租车行业各种矛盾频频爆发。出租车公司一般以"特许经营"的形式从政府那获得出租车经营权,虽然一开始的时候价格较低,但是由于牌照数量稀少导致被一些投机者炒到高价。很多出租车公司对出租车司机极尽盘剥,出租车公司得到营运许可之后,经过多层转包,层层盘剥,最后到出租车司机那里利润所剩无几。整个利润分配模式呈现倒金字塔形,出租车司机往往处于金字塔最底端,而上层的食利集团则坐等收取相应的"份子钱""规费"。出租车司机虽然也是出租车行业的既得利

---

[1] 参见刘书林:《论社会主义核心价值观的几个重要关系》,《思想理论导刊》2014年第9期,第63页。

[2] 参见曾繁华、游保德、程金亮:《基于市场产权的出租车市场经营权模式研究》,《湖南社会科学》2013年第4期,第127页。

益者，但是他们的付出与实际收入相差甚远。由此便使他们产生抵触心理，难以提供优质服务也就不足为奇。这也导致巡游出租车司机试图在最短的时间内获得更多的收益，进而催生了不文明交通行为的发生，降低了服务质量。另外，行业垄断也导致很多市场个体难以进入出租车行业，没有竞争，自然难以提高服务质量，而且容易导致他们转向非法营运。

为打破行业垄断，完善出租车行业准入机制，我们还应对现有特许经营制度进行调整，降低出租车行业的准入门槛，引导出租车行业主体向多元化发展。在制定出租车营运的市场准入制度方面，我们应当尊重其作为一般许可的根本属性。需要说明的是，主体的多元化不可避免地会对现有出租车行业机制造成影响。实际上，这种冲击是一直存在的。譬如，现阶段"黑车"的非法营运对正规出租车行业造成的冲击已经引起多个部门的注意。在解决方案上，一般可通过吸收个体经营模式，将"黑车"向正规化运营引导，将其纳入现有管制体系之中。这样一来，"黑车"主体的加入不仅可以丰富市场的主体类型，还可以促进整个行业的良性竞争。除此之外，出租车司机个人的利益也得以保全，跳脱出与出租车公司纠缠的泥淖。需要指出的是，放开特许经营并不意味着政府彻底"退出"出租车行业，而是通过特许经营制向注册登记制转变的方式实现政府监管方式的转型。具言之，一方面，政府将"运营牌照的获取与延期变为一种单纯的行政程序事项"。另一方面，事先对于个体从事出租车运营服务规定最低要求，并设置相关的安全与质量的前置条款（例如强制保险与责任保险制度）。[1]

此外，在保障市场良性竞争的同时应对出租车公司的主体地位进行改造。毫无疑问，出租车公司在分担政府的监管成本与监管压力方面具有积极意义。需要明确的是，出租车公司本质上应表现出公司属性而非投资属性。换句话说，出租车公司应当通过提升服务质量的方式实现盈利，而不是借助垄断权利特许获得利润。因此，政府有必要对出租车公司的收费进行科学、合理的监管，并对关键信息进行实时公开。具体措施上，政府应坚决遏止出租车公司以"份子钱"方式进行收费，从而调整出租车市场价格机制与利润分配机制。应当明确将原来固定金额的"份子钱"模式改为确定一个在企业与司机间进行分配的比例的模式，这个比例的确定应当与司机实际提供运营服

---

〔1〕 参见刘乃梁：《出租车行业的特许经营的困境与变革》，《行政法学研究》2015年第5期，第72页。

务的里程、时间等要素相关联,并以此实现司机多劳多得,提高司机的工作积极性,缓解固定金额份子钱带来的不良影响。同时,出租车公司应以服务驾驶员和消费者为导向,以服务提升自身的市场竞争力,切实形成规模优势。另外,出租车公司的盈利方式还应当与具体的服务质量和盈利挂钩,进行更为市场化的运作。

2. 重塑政府监管职责

我们知道,政府将对出租车行业监管的定位锁定在"管控"层面,并依此在准入、数量、价格和服务等方面形成相应管制措施。诚然,"管控"定位在出租车行业发展的初期具有积极意义,其有利于形成统一的行业标准,产生一定的规模经济效应,一定程度上对出租车行业的起步与发展都有促进作用。但是,现阶段出租车行业的基本矛盾已经发生改变,随着互联网企业涉足出租客运领域,出租车行业内外矛盾已经越来越严重。此时,政府对出租车行业的"管控"定位已无法满足行业的发展需求,政府应由"管控"转向"疏导"。具言之,政府应解决既有行业内部的矛盾纠纷,引导出租车行业的新兴力量有序发展。

一是坚持依法行政,尽快出台出租车行业的整体发展规划,完善出租车行业运行的法律制度体系建设。通过行业的法治化运作,明确政府职责,促进市场化改革,"决策法治化是把权力关进制度的笼子里的关键之举"[1]。需要说明的是,法治化进程应顾及不同地区出租车客运服务的不同需求,实现因地制宜,引导出租车行业向可持续发展转向,切忌采取"一刀切"式的统一标准、统一模式,这对出租车行业的发展有害无益。

二是重点协调出租车公司与驾驶员之间的矛盾,在确保出租车行业整体服务质量和出租车市场秩序的前提下,逐步放开市场准入,放松市场管制。放松市场管制的关键举措是放松数量管制与价格管制。从国外出租车行业发展经验来看,可以通过改良质量管控的方式实现放松数量管制与价格管制的目的[2]。放开出租车行业的管制对出租车行业的发展具有积极意义,可以最大限度地发挥出租车市场的自我调节能力,实现市场运行的自我供给。

---

[1] 马怀德:《完善权力监督制约关键在于决策法治化》,《中国党政干部论坛》2015年第3期,第19页。

[2] 学者研究显示,国外出租车管制改革模式分为三类:一是以英国、爱尔兰和日本为代表的取消数量管制,保留价格管制和质量管制;二是以新西兰和新加坡为代表的取消数量和价格管制,保留质量管制;三是以挪威为代表的取消价格管制,保留数量管制和质量管制。

当然,放开管制并非无管制。目前,我国城市道路资源与人口分布现状并不乐观,因此,适当程度的数量管制是必要的。为促成市场竞争要素,价格管制与质量管制可以尝试由统一标准转向最低标准,确立出租车市场服务的起点,在此基础之上允许不同程度的竞争。

三是完善出租车行业监管过程中的信息公开,提升政府监管活动的透明度。信息不对称,尤其是难以获取政府信息使出租车行业始终处于不合理的"神秘面纱"之下。"政府信息公开的最核心价值追求是强化民主政治"[1],对于"份子钱"的征收标准、费用构成、实际用途与最终效果应当向社会公众公开,并接受公众论证和社会群众监督,"使相关主体在所涉行政活动中真正享有知情权、表达权、参与权和监督权"[2]。

(二) 网约出租车的规制创新

当前,我国对网约出租车的规制管理要认真落实《决定》的要求,各地在对网约出租车进行规制时也要予以支持,在确保通过规范促进网约出租车发展的同时,也应当改进对于网约出租车的规制路径,促进其健康有序发展。

1. "互联网+"政府监管

"法治应包含两重意义:已成立的法律获得普遍的服从,而大家所服从的法律又是制定的良好的法律"[3]。网约出租车交通文明的实现首先应该制定适应"互联网+"时代的网约出租车监管法律法规,然后保证其得到不同利益主体的严格遵守。当前我国出租车行业随着相关法律法规的完善与有效落实,愈发能够发挥其城市公共交通重要补充的作用,为城市客运提供服务。但不可忽视的是,网约出租车行业中仍然存在不少问题,这也造成当前网约出租车行业不文明现象时有发生。解决这些问题的关键就是改进当前网约出租车规制路径以及完善相应法律法规。

网约出租车与巡游出租车存在本质区别。二者存在不同的营运模式和发展规律,用传统的巡游出租车监管机制和体制来规制网约出租车,本身就是不合理的,不符合互联网时代的要求。因此,应当在《决定》的基础上,结合实践过程中发现的问题和社会各界的意见建议,特别是要广泛听取网约出租车软件服务平台和广大群众的意见,从有利于网约车发展、确保人民群众利

---

[1] 涂四溢:《政府信息公开条例的价值缺陷》,《行政法学研究》2010年第1期,第59页。
[2] 姜明安:《论法治中国的全方位建设》,《行政法学研究》2013年第4期,第23页。
[3] 参见[古希腊]亚里士多德:《政治学》,吴寿彭译,商务印书馆1965年版,第199页。

益的角度出发,加快制定针对网约出租车行业管理的法律法规,对网约出租车行业的相关利益主体进行约束,规范、引导网约出租车发展,推动网约出租车模式健康发展。

2. 公私合作监管

"政＋企"监管模式是指实现政府、平台、司机、车辆的分层监管。政府立足监管规则和评估规则的制定层面,网约车平台则立足监管规则的实施层面[1]。具体路径上,应赋予网约出租车平台对车辆、人员的管理的权利,开展"政府＋企业"管理,引导政企合作,鼓励政府和企业共同利用平台实施有效的监管,实现简政放权,鼓励市场自主创新。

网约出租车平台作为监管的实施主体具有先天优势。政府作为政策的制定者通过市场的反馈来认识市场,也就是说,政府并不直接与市场接触。政府可以通过制定法律规范来回应市场问题,但是,这并不能否定政府在出租车行业市场中的间接参与者地位。相比之下,网约出租车平台则是出租车行业市场的直接参与者,它们对市场需求具有高度灵敏性。在信息的反馈与接受层面,网约出租车平台相比政府也更具优势。即网约出租车平台与消费者之间能够建立直接的沟通渠道。当然,"互联网＋"新业态的不确定性决定了单纯依靠网约出租车平台难以实现对网约出租车的监管。因此,加强和企业之间的合作成为现阶段出租车行业市场监管的治理之道。具体路径上,可对网约出租车平台企业进行授权,委托其对人员、车辆进行是否符合法律规范的审查。政府可以设定最低限度的出租车行业准入门槛,网约出租车平台则可以在最低门槛条件的基础上因地制宜设置符合当地出租车行业需求的准入条件。除此之外,对进入本平台的车辆、驾驶员的日常监督管理也是网约出租车平台义务内容的应有之义。这不仅可以减轻政府的监管压力,提高监管效率,还有利于平台在应对突发事件时能作出快速反应。

政府的监管重心是网约出租车平台企业。当然,政府和企业合作管理并不意味着政府和企业处于平等地位。应明确政府是网约出租车平台的监管主体,网约出租车平台对驾驶人员以及出租车具有监督管理权利。这是因为,与网约出租车平台企业对接的车辆和驾驶员数量十分庞大,同时网约出租车平台企业掌握着相关车辆、人员的具体信息。因此,除了本身的监管义

---

[1] 参见孙小平:《我国网约车的政府规制负面影响及其路径改进建议》,《中国市场》2017年第11期,第32页。

务之外,网约出租车平台还肩负着引导网约出租车行业健康发展的社会责任,如果缺乏监管或者监管不当,很容易产生影响市场、社会稳定的问题,造成严重的社会后果。

除此之外,还应加强网约出租车平台企业的事中、事后监管。譬如,网约出租车平台企业应定期向政府上交网约车运营数据、乘客反馈信息以及针对乘客反馈所作出的解决方案。对于无法完成既定要求的网约出租车平台企业,政府应对未完成原因进行审查,并根据目标企业的主观过错程度以及违法后果,施以罚款或责令停止运营的行政处罚。当然,如果企业没有履行好自己的监管职能或多次未及时上交运营数据、反馈信息,监管部门可以取消企业的运营资格。政府只有对网约出租车平台企业进行严格监管,加重处罚力度,网约出租车平台企业才能更好地履行自身的监管职责。同时,政府监管部门还应将得到的数据信息整理汇编成册,按照法律规定定期向社会公众公开,保障公众的知情权。另外,网约出租车平台企业也应该严格履行自己的监管职责,对进入平台的车辆、驾驶员资质进行不定期的审核。对于未进行审核的车辆、驾驶员,平台应当通知他们进行审核,若经过通知仍未参加审核,网约出租车平台企业应要求不符合资质的车辆、驾驶员退出平台,并作好相关记录,并将相关数据信息提交政府监管部门。

3. 协同监管

在法律制度之内进行稳健而行之有效的治理,才是治理出租车行业不文明行为的关键所在。网约出租车的监管涉及线上线下,监管主体众多,容易产生多个主体对同一监管对象有不同的监管意见的冲突问题。此外,由于联合监管,监管方向不同,涉及的专业领域不同,彼此间有必要进行相互沟通,这势必会增加行政成本。而且,现实中由于网约出租车和巡游出租车存在监管主体的重叠,也可能会造成监管的懈怠和不相适应。因此,可在道路运输管理部门下设专门针对网约出租车具体实施过程的监管部门,其级别可与巡游出租车监管部门属于同一级别,从而做到独立、专业,减少巡游式出租车监管观念的影响。

网约出租车存在的问题是多方面原因共同造成的。因此,要保证网约出租车健康发展,必须多部门协同参与,在各司其职的基础上相互配合,共同为网约出租车出行提供安全的环境。具言之,要确保网约出租车安全运行,必须做好行前、行中、行后三个阶段的安全保障。"行前",即在网约出租车司机提出申请、进入平台运营之前,对人和车进行全方面的背景调查,确保是安全的人、安全的车;"行中",即在网约出租车运行过程中,平台要随时掌握司机及车辆的动态情况,并与相关部门进行信息共享,以保证乘客和司机都处于安全状态;"行后",即在网约出租车事故发生之后,平台及相关部门要及时监控到事发地点及车辆的异常状况,并且进行恰当的前期处理以及人员救济。只有将网约出租车纳入全程监管之中,才能最大限度地减少安全问题的出现,这需要网约出租车管理部门、公安、交通、电信等部门的共同参与、相互配合,以及建立信息共享、协同作战的安全保障工作机制。其中,公安机关更是处于工作的重要位置,发挥行前审查、安全摸排、运营监督、事故处理等作用,领导其他部门共同做好网约出租车安全管理工作。

(三)加强公众监督

各地随着网约出租车的出现,出租车的数量不断增加,仅仅依靠主管部门监管难免有所疏漏。这时,广大民众对出租车的监督以及构建出租车行业的信用评价机制就尤为重要。

1. 完善民众投诉渠道

"作为一套制度系统的公众参与,不论是在国家宏观的政治生活中,还是在微观的行政过程中,都被理解为健全国家民主制度、提升公共生活民主性和公共性的重要途径"[1]。从社会学角度出发,公众参与是指社会群体、社会组织、单位或个人作为主体在权利、义务范围内所从事的有目的的社会行为[2]。城市出租车行业交通文明建设离不开执法者的依法行政,而城市居民作为最直接的利益相关者,他们的参与对于交通文明的建设同样举足轻重。城市居民参与出租车行业交通文明建设的方式之一就是对不文明行为的投诉和举报。但是,实践层面社会公众的投诉渠道极其匮乏,投诉电话无法接听的情况时有发生。即使投诉了,相关管理部门对乘客的投诉也不重视,投诉效果可想而知。对此,相关管理部门应当完善投诉渠道,除设置投诉电话之外,还可以采取其他方便快捷的投诉方式,譬如,官方微博、微信公众号等都可以成为投诉渠道。当然,重视乘客的投诉意见,及时合理地进行处理是完善民众投诉渠道的前提。

对乘客来说,可通过记录出租车车牌号码、拒载的时间和地点等,通过拨

---

[1] 王锡锌:《公众参与:参与式民主的理论想象及制度实践》,《政治与法律》2008年第6期,第8页。

[2] 参见魏莲:《试论环境影响评价中的公众参与》,《环境科学动态》2005年第3期,第50页。

打交通服务热线,向该出租车所在的公司或者当地的运输管理部门进行投诉举报,并密切配合行业管理部门协调解决,维护自身的合法权益。针对近年来出现的不文明交通行为,全国多地的交警部门试行"随手拍"活动,号召市民拍录有损文明交通的行为,向社会曝光。[1] 可以说,"随手拍"这种举报方式对治理出租车的不文明行为起到极大的帮助作用,有利于交警部门对相关不文明行为的查处。

2. 构建出租车行业信用评价机制

为进一步规范出租车交通行为,应构建出租车行业的信用评价机制。出租车的管理部门应对出租车司机在一定时期内的诚信度进行综合评价。为此,出租车管理部门需要制定考核标准,对出租车司机进行定期考核,建立独立的出租车司机个人诚信档案,确切地记录下他们的基本信息以及计分考核的各方面指标。另外,为了充分发挥信用评价机制的积极作用,应确立信用评价的奖惩标准,对信用评价较差的出租车司机予以相应惩罚,对信用评价较高的出租车司机予以相应奖励。当然,将信用评价的结果定期向社会公开是鼓励社会公众进行监督的应有之义。

2016年,公安部交管局在122交通网公开公示全国公路客运车辆、旅游包车、危化品运输车、校车这4类重点车辆在本年春运期间被查处的严重交通违法行为,并向信用中国网推送,为金融机构、保险公司、税务机关、社会信用机构等单位评估当事人融资授信、确定保险费率、评定纳税信用级别、调整信用等级或评分提供参考。此举不仅可以在一定程度上遏制交通肇事违法行为,而且有利于我国信用体系的建设,因此,可以考虑将其应用到出租车交通文明建设中来。将交通违法记录与个人信用挂钩,早已是世界上很多国家的通行做法。譬如,美国被公认是"车轮上的国家",不论何种交通违法,只要被开具罚单和接受处罚,违法记录会永久性地存入个人社会安全档案中,这些记录对本人晋升、信用、保险、求职等都会产生影响。当然,考虑到很多时候交通不文明行为有可能是无心之举,所以亦应当合理地进行区分,不能采取一刀切的方式。"权利救济在本质上属于权利主体自我救济的自由"[2],同时应当赋予相应的救济方式。

---

[1] 参见中国文明网:《余姚举办交通行为"随手拍"活动》,http://www.wenming.cn/syjj/dfcz/zj/201606/t20160629_3479942.shtml,访问时间:2021年11月11日。

[2] 贺海仁:《从私力救济到公力救济——权利救济的现代性话语》,《法商研究》2004年第1期,第33-34页。

(四) 发挥出租车行业协会的作用

现代社会中,"行业协会对产业、经济和市场秩序有着重要的影响力"[1]。出租车罢运、围堵等不文明行为与出租车行业协会及其他辅助机制不健全不无关系。有鉴于此,我们应加强出租车行业协会的建设,使其更好地发挥出对出租车市场管理和调控的作用。

1. 完善行业协会权益救济机制

出租车行业协会在出租车行业的交通文明建设方面应起到自律以及引导作用。行业协会作为第三方机构,可以起到政府与出租车行业之间的桥梁作用,帮助出租车行业更好地与政府进行沟通,这是私力救济的重要途径。因此,应在行业协会中设立一个负责行业纠纷解决的专门部门,并在地方性的行业协会设立负责处理纠纷的专门人员,当消费者或者驾驶员遇到纠纷时可以随时找到相关人员进行处理。可先通过协商、调解等方式化解矛盾纠纷,当调解无效时可按照行业内部的规则依规处罚。这样不仅使消费者和驾驶员易于接受,还可将矛盾最小化,促进行业内部的管理。另外,为了保证出租车的服务质量,行业协会应当完善乘客举报投诉制度,受理乘客对出租车司机的投诉,及时做出相应的处理并反馈给乘客,保证与乘客间的有效沟通。

同时,行业协会应该及时掌握行业动态,积极向政府有关部门反映协会成员的意见和要求,拓宽管理部门与从业人员的沟通渠道,依法维护出租车经营者和从业人员的合法权益。可以说,如果行业协会能有效及时地反映司机的诉求,维护出租车司机的合法权益,那么交通不文明行为现象的发生频率则会明显降低。

2. 加强对行业内部成员的引导约束

出租车行业协会应制定行业职业规范和信用管理制度,并监督其成员自觉遵守。出租车行业协会有义务监督不文明交通行为。具言之,出租车行业协会可以通过沟通、劝解等方式,教育出租车司机运用更为文明、合理的方式去表达自己的诉求。

同时,出租车行业协会在对出租车行业服务的规范方面应当发挥积极作用,对出租车司机进行相应的职业道德和交通文明培训,以提升出租车司机的综合素质,制定相对应的奖惩措施,以提升出租车行业的服务质量。

---

[1] 易继明:《论行业协会市场化改革》,《法学家》2014年第4期,第34页。

第十一章

城市共享单车治理研究

作为"共享经济"与"互联网+"的典范,"共享单车"是移动互联网运用到传统自行车上的新兴事物,标志着现代城市交通文明迈进了新阶段。一方面,共享单车为解决城市公共交通"最后一公里"困境提供了经济、方便、快捷和绿色环保的新方案;但另一方面,共享单车也带来了一些前所未见的影响城市交通文明的新问题。为了认识、解决这些新问题,更好地将共享单车融入现有的城市公共交通体系,方便民众出行以及纠正不文明的现象,本章将从城市交通文明建设的行政法治视角对共享单车治理展开综合研究。

一、共享单车发展与城市交通文明建设的关系

李克强总理在 2021 年政府工作报告中表示,政府要持续推动落实"互联网+"行动计划。《十四五规划纲要》明确强调要坚定不移贯彻创新、协调、绿色、开放、共享的新发展理念。共享单车就是在"共享经济"和"互联网+"的大背景下诞生的一种应用于城市慢行交通的创新尝试。

(一) 共享单车的概念与属性

1. 共享单车的概念

共享单车的网络连接模式为"手机端—云端—单车端"[1]。共享单车是"共享经济"理念在自行车领域的专业实践。作为一种资源共享方式,"共享经济"由美国社会学家马科斯·费尔逊和琼·斯潘思于1978年最早提出,是一种满足日常需求并与他人建立关系的日常活动,如社区内洗衣机的共享使用[2]。随着互联网的普及,现代意义上的共享经济具有了网络化的高级形式。如有学者将共享经济定义为:"以互联网技术为支撑,以网络平台为基础,以信任为纽带,以所有者生活不受影响为前提,所形成的个人闲置物品或资源使用权共享的开放性交换系统。"[3]2017年8月2日,我国交通运输部等10部门联合出台了《关于鼓励和规范互联网租赁自行车发展的指导意见》(以下简称《指导意见》),对"共享单车"进行明确的定位:共享单车是分时租赁营运非机动车。《指导意见》认为共享单车的本质是分时租赁营运非机动车,是由共享单车企业出资购置自行车分时租赁给市民使用。虽然共享单车实非"共享",但由于约定俗成的原因,本章依然沿用"共享单车"的概念。由于《指导意见》已经指出不鼓励发展互联网租赁电动自行车[4],因此本章所指的"共享单车"仅涉及共享自行车。当然,从发展的角度,将来不能完全排除发展共享电动车的可能性。但限于目前《指导意见》持不鼓励态度,本章仅讨论共享自行车。

因研究角度不同,目前经济学尚未对共享经济下一个统一的定义,但共

---

[1] 包莹莹、徐燕华、耿淼:《数据挖掘技术在共享单车云平台体系中的应用》,《江苏科技信息》2018年第11期,第54页。

[2] 实际上Marcus Felson和Joe L. Spaeth所提出的是"Collaborative Consumption",即合作性消费的概念,但学界普遍认为合作性消费实质就是指共享经济或分享经济。Felson M, Spaeth J L. Community structure and collaborative consumption: A routine activity approach. American Behavioral Scientist, 1978, 21(4): 614-624.

[3] 刘根荣:《共享经济如何突破发展的瓶颈》,《福建日报》2016年12月13日。

[4] 王光荣:《共享单车发展问题系统探究》,《长安大学学报(社会科学版)》2017年第2期,第31页。

享经济必然满足以下几个特征：共享资源的闲置性[1]、共享平台的开放性与共享手段的网络性。因此，共享单车的概念并不复杂，从"描述现象"的角度出发，可以将其定义为：由共享单车企业租给市民使用的一种依托于互联网控制的自行车。其使用方式为市民通过手机 App 向企业支付费用，就近取车和交还，在平台规定范围内随骑、随停、随还[2]。共享单车是信息技术与传统自行车结合集成创新的产物，从创新的角度看，既是交通出行方式的创新，也是经济模式的创新。

2. 共享单车的属性

（1）交通性、公益性

共享单车首先是交通产品，因此具有交通性，同时共享单车也是服务于大众的规模经济产物，因此具有公益性或公共性。共享单车作为大众交通产品，主要目的在于解决短距离出行问题，与城市公共自行车具有完全替代关系，与城市公共交通接驳，与城市轨道交通和地面公共交通形成互补关系。共享单车作为城市交通的重要组成部分，主要服务于依赖公共交通的社会大众，具有公益性。[3]

除了与城市其他公共交通的互补关系和服务人群的大众化，共享单车的公益性还体现在共享手段的低门槛性、低廉的租金、众多的优惠活动等方面。

（2）商业性、经营性

共享单车作为商业交通服务，严格意义上并不属于共享经济，欠缺共享经济最为重要的共享资源闲置性的特征。共享单车绝大部分来自专门生产的车辆，并非共享闲置自行车，因此是商业化经营，这有两重含义：一是共享单车不具有承担最大化利用闲散资源的功能，没有有效盘活现有存量，不具有为大众创造经济活动机会的特性；二是共享单车企业自己提供自行车，在

---

[1] 事实上，共享单车并不具有"共享资源的闲置性"共享经济典型特征，共享单车的运营基本模式是企业投入资本，供给共享单车，大众租用并给企业交付租金和押金，企业从用户租金中获得回报或利润。也就是说，共享单车并没有盘活已有单车存量，而是向市场投入了大量增量。但共享单车又具有共享经济更加本质的"去中介化和再中介化"的特征，因此也有观点认为共享单车是广义的共享经济。参见胡吉亚：《共享经济与共享单车》，《中国青年社会科学》2017年第5期，第9页。

[2] 王光荣：《共享单车发展问题系统探究》，《长安大学学报（社会科学版）》2017年第2期，第32页。

[3] 李盼道、宋眸琴：《共享单车的供给模式及政府规制》，《重庆交通大学学报（社会科学版）》2019年第6期，第48页。

资源上不受分散大众提供者约束,租赁平台与自行车资源合一,便于企业根据市场机制开展经营活动。

(3)网络性、技术性

前已述及,共享单车通过"手机端—云端—单车端"架构模式实现网络连接。具体而言,首先可以通过手机端 App 查看附近的单车、开锁、关锁、缴费等;其次为云端,即服务器端,它是整个共享单车系统的控制台,可以与所有的单车进行数据通信,收集信息指令,响应用户和管理员的操作;然后是单车端,即收集信息与执行命令的一端,比如定位、开锁等,整个物联网最具象的一面就体现在它的锁上;最后是共享单车的智能锁内部集成了 GPS 系统和带有 SIM 卡[1],它能够将车辆所在位置和电子锁的状态传输给云端。得益于网络时代移动支付、移动定位、智能车锁等互联网技术的应用,用户在使用共享单车的全过程:定位、缴费、借还车都可以通过带有移动互联网功能的手机移动终端完成。

(二)共享单车的优势

1. 经济优势

经济优势突出体现为用户交通成本的降低。共享单车的使用方式便利,费用低廉,大幅度节约了用户的时间和出行成本,深层次巩固了"以租代购、使用第一"的共享消费理念[2]。共享单车服务的租金即价格,是市场竞争的结果,比地面公共交通票价低,而且有许多优惠或免费活动,为使用者带来了福利,体现了公益性。例如,从 2017 年 3 月 3 日开始,ofo 开展"任性特惠充值最高返现 100%"活动,以及随后共享单车企业间的充值返现大战又升级成了免费大战。[3] 另外,由于共享单车适合短距离出行以及对标城市公交和传统公共自行车,其定价上浮空间有限,因此经济成本优势明显。

2. 效率优势

效率优势集中体现为提高了用户的交通效率和提升了整个交通活动的

---

[1]《物联网的天下,是否终归还是 BAT 的天下?》,https://www.sohu.com/a/209913177_160923,访问时间:2021 年 11 月 11 日。

[2] "用户体验到空前的便利和优质的消费价值,进一步巩固了其'以租代购,使用第一'的'共享'消费理念,为更多的共享经济新业态提供了发展机会。"参见何涛:《共享单车现象与共享经济发展探讨》,《技术经济与管理研究》2017 年第 8 期。

[3] 乔霓、顾伟忠:《管理层持股对股价信息影响研究——基于中国非金融类 A 股上市公司的证据》,《价格理论与实践》2017 年第 5 期,第 129 页。

交通工具周转率,实现交通活动与物质消耗脱钩,有效缓解城市交通拥堵等。对用户来说,共享单车把移动互联网运用到传统自行车上,摆脱了对传统停车桩的限制。只要注册、缴纳用车费用就可以完全自由地骑行、停放。另外,共享单车App提供的信息有助于用户随借随还,节约了搜寻成本。

对于整个交通活动来说,共享单车可以通过提高交通工具及设施的周转率与分享率,在不增加或少增加交通工具与设施供给的基础上,满足快速城镇化进程中日益增长的公共交通出行需求,实现交通活动与物质消耗的脱钩。此外,共享单车可以实现交通工具供给与需求之间的有效配置,一方面提高交通工具及设施的利用效率,另一方面减少闲置交通工具对资源、能源与城市空间的浪费。根据美国共享汽车的经验,美国分时租赁互联网汽车共享平台,每辆共享汽车可以满足15~20辆私人汽车的出行需求。[1]美国共享经济协会数据显示,每共享1辆汽车,可以减少13辆汽车的购买行为[2]。

3. 环保优势

共享单车使用互联网科技定位、收费、借还车,所用的车辆仍然是普通自行车,依靠人力来驱动。因此,在整个使用过程中,共享单车的使用并没有能源消耗,也不排放污染物,属于绿色低碳交通方式。在此情况下,共享单车承担的公共交通职能越多,交通低碳程度也会随之提高,城市交通污染气体排放减少,有益于高效治理雾霾和改善城市生态环境。[3]选择共享单车出行的人多了,选择私家车出行的人自然就相对少了。根据高德公司的研究,共享单车的出现有助于缓解城市交通拥堵问题。2017年4月17日,高德地图联合小蓝单车(bluegogo)发布Q1交通报告之共享单车篇。高德地图交通大数据显示共享单车用户在5公里以内的出行占比达到了30%以上,出行占比最大。[4]

总之,共享单车企业以市场化手段提供公共出行服务,快速激发了自行

---

[1] 杨宝路、冯相昭:《我国共享交通的现状、问题分析与发展建议》,《环境保护》2017年第24期,第50页。

[2] 阮晓东:《分享经济新业态:共享汽车成长之路》,《新经济导刊》2017年第9期,第71页。

[3] 王光荣:《共享单车发展问题系统探究》,《长安大学学报(社会科学版)》2017年第2期,第33页。

[4] 高德地图:《2017年第一季度中国主要城市交通分析报告》,2017年4月17日,高德地图与交通运输部科学研究院、清华大学-戴姆勒可持续交通研究中心、阿里云、清华同衡规划设计研究院、能源与交通创新中心、小蓝单车、小熊油耗等机构联合发布。

车出行的潜在需求,代替政府提供了效率更高、更能满足居民需求的非机动交通与公共交通接驳的服务,成为公共交通供给侧结构性改革的新范式,有助于推动形成城市公共交通领域的"新文明"。

(三)共享单车对城市交通文明的影响

"城市交通文明"是综合的价值范畴,包括交通经济、交通效率、交通秩序、交通环保等下位价值。共享单车是城市公共交通体系的重要一环,因此与共享单车有关的文明问题也是城市交通文明建设的重要问题。共享单车是"互联网+"理念落地生根的标志,同时其作为城市交通出行的新方式,理所应当融入城市交通文明建设中。

1. 共享单车的发展为城市交通文明注入新活力

智研咨询发布的《2017—2023年中国共享单车市场分析预测及未来前景预测报告》显示,"整个国内共享单车用户数量从2015年的245万增长到2016年的1 886万,年增速高达670%,截至2020年已达到2.53亿人。从单车投放量上看,截至2017年5月,市场上约有1 000多万的单车数量"。[1] 随着用户规模的几何级扩大,上述由共享单车带来的新便利也将呈现几何级扩大的趋势。可以说,这一新的共享方案,代表着现代城市交通文明的一大进步。共享单车出现之前,解决"最后一公里"问题的传统交通方案有着明显缺陷。例如:"黑车"处于行政监管之外,管理成本、安全成本极大;出租车、网约车虽可以有效监管,但市民经济成本较大;市政公共自行车则大多是带桩自行车,办理手续复杂,骑行成本、行政成本较大。这些成本构成了市民的交通成本,也构成了城市交通文明的基础成本。共享单车的出现,巧妙地解决了这些问题,也造就了共享单车在城市公共交通方面的优势,并由此带来了新的城市交通文明。由于公共交通站点覆盖力有限,市民最后到家的步行距离过长,"最后一公里"成为构建完善的公共交通体系的最大瓶颈。针对这一问题,传统解决方案有着难以弥补的缺陷,而共享单车方案则有明显的优势,也正是这些优势使共享单车为城市交通带来新的文明。

当然,文无尽善,事无尽美。共享单车作为"互联网+"技术与传统自行

---

[1] 智研咨询:《2017—2023年中国共享单车市场分析预测及未来前景预测报告》,http://www.chyxx.com/research/201706/536317.html,访问时间:2021年11月11日。

车"联姻"而产生的新兴交通方式,对提高大众出行的便利程度无疑大有裨益[1],但是当下共享单车行业发展中遭遇的诸多问题,较大程度上导致了"共享失灵",下文将予以具体阐述。

2. 共享单车对绿色出行与交通效率的影响

共享单车符合共享发展理念和改善民生的要求,因此《指导意见》明确指出对共享单车应"实施鼓励发展政策"。不同的第三方机构发布了不同的中国共享单车行业研究报告,例如艾瑞咨询发布的《2017年中国共享单车行业研究报告》显示,"目前,共享单车市场主要集中在一线及部分发达二线城市,市场需求非常显著"[2]。共享单车对城市交通文明既有积极的影响,又有消极的影响,二者都源于共享单车的属性,也就是其属性的积极面向给共享单车带来了城市慢行交通的优势地位,消极面向给共享单车积极融入城市交通格局带来了新问题。共享单车对城市交通文明的积极影响在于为用户提供经济成本低廉的城市交通服务,提高交通效率和交通工具周转率,实现交通活动与物质消耗脱钩,有效缓解城市交通拥堵。

此外,共享单车的大量使用为公共交通接驳提供便利,提升自行车与公共交通出行比例,提升非机动交通与公共交通占比,控制私家车出行数量,节约机动车燃料,减少大气污染物与温室气体排放[3]。清华同衡规划院联合摩拜单车共同发布的《2017年共享单车与城市发展白皮书》,基于共享单车运营商的大数据研究发现:共享单车出现前,在居民出行结构中,小汽车出行占比达29.8%,自行车只占比5.5%;在共享单车出现的1年时间里,小汽车出行比例下降至26.6%,相比而言自行车出行比例翻了一番,达到11.6%。在2017年这1年时间里,节约汽油4.6亿升,减少二氧化碳排放量达54万吨,相当于减少了17万辆小汽车1年的出行碳排放量。[4]

3. 城市交通文明建设对共享单车发展的反作用

其实,城市交通文明与共享单车发展是相互影响的,城市交通文明作为

---

[1] 杨树燕、单云慧、李洲:《共享单车的交通影响与完善路径分析》,《现代经济信息》2017年第13期,第484页。

[2] 艾瑞咨询,《2017年中国共享单车行业研究报告》,http://www.iresearch.com.cn/Detail/report?id=2961&isfree=0,访问时间:2021年11月11日。

[3] 根据世界各国经验,交通系统对城镇化模式具有基础性的引导作用。当快速城镇化与快速机动化时期重叠时,易形成居民对汽车的高度依赖,城镇体系与空间形态均为便利汽车出行而规划设计,由此带来环境污染、能耗巨大等问题。

[4] 杨宝路、冯相昭:《我国共享交通的现状、问题分析与发展建议》,《环境保护》2017年第24期,第51页。

综合的价值范畴,对于共享单车的发展更是具有举足轻重的影响。有文明做后盾,共享单车共享之路才能走得稳;有文明做保障,共享之路才能走得远。文明的内涵和本质是抽象的、形而上的,但其外延和表现形式却是具体的、形而下的。共享单车作为加入城市交通领域的新成员,理应受到文明的对待,特别是在共享单车起步阶段,如果每个人都能爱护共享单车,那么它在国内的命运势必不会像现实中一样"多舛"。同时,在共享单车一个行业的引领和带动下,势必会有更多形态的共享产品走进我们的生活。

随着市场经济、互联网经济的发展,人们共享意识的提升,共享经济也会日益成为社会服务行业内最重要的一股力量。共享经济能够可持续发展,不能仅靠一时的冲动,而是需要持续地发力。这个"力"从哪来,一方面来源于市场本身的能力和需求,另一方面来自互联网科技所能给予的技术支持,但更为重要的是来源于文明力量。因此,共享单车的长远发展亦需城市交通文明作为保障。

二、城市共享单车治理中的法律问题

共享单车用户规模的扩大,不仅为民众出行提供了方便,同时也考验着一个城市的治理能力与监管水平。因为共享单车不仅带来新的交通文明,也带来了不可忽视的问题与挑战,尤其是伴随着共享单车用户规模的几何倍数增长,共享单车行业存在的问题愈加明显,对于城市管理者的考验也愈加严峻。这些问题根据共享单车的特性可以大致分为以下三大类:其一是共享单车的技术性、商业性产生的技术风险与安全风险问题;其二是共享单车的交通性、共享性产生的公共资源占用问题;其三是共享单车的经营性、公益性延伸出的政府监管问题。

(一)技术风险与安全风险

1. 企业对共享单车设备维护与监管投入不足

移动客户端 App 是连接用户和企业的纽带,也是用户开启共享单车的"钥匙"。但是由于缺少合理的线上维护,软件故障、充值赠送活动未能及时到账、单车使用计费出现错误等现象时有发生,由此引发的消费者投诉案例十分常见。同时,由于共享单车客服扩容严重滞后于高速发展的共享单车市场,因此不能及时解决用户遇到的问题,客服投诉问题积压,致使用户只能转向市场监督管理部门或消费者协会等部门寻求帮助,这在很大程度上也加大了共享单车消费纠纷的处置压力。

此外,企业重经济效益,轻社会效益,对线下的共享单车维护管理重视不够、投入不足。这是引发共享单车质量问题进而威胁用户人身安全、财产安全的又一诱因。共享单车从投入使用开始,就进入了一个质量损耗的过程,并且在单车骑行、使用过程中不可避免地会带来威胁人身安全、财产安全的各类问题。企业是市场经济主体,追逐经济利益无可厚非,但企业更是社会公共生活的主体,是共享单车问题的主要责任者,当然应当承担社会责任。

同时,共享单车用户的不规范使用问题也尤为突出。用户只需使用移动终端 App 便可解锁,由于没有建立完善的监管后台,致使一部分用户利用系统漏洞以达到减少使用费用的目的,更有甚者做出恶意破坏、占为己有又或是转卖他人等违法行为。一些用户为方便自己出行,便擅自将自己所携带的锁用来锁车,造成他人无法正常使用的行为也时有发生。究其原因,企业缺少对用户不当使用行为的监管,且违规成本低,由此很容易产生恶意破坏、乱停乱放、扰乱城市交通的正常秩序等问题,影响共享单车行业的良性发展。

2. 用户的人身安全风险

《世界预防道路交通伤害报告》一书揭示了当今世界道路的安全风险因素,其中城市交通安全风险主要由四种因素构成:暴露的机会、特定条件下发生碰撞的潜在概率、发生碰撞后造成损伤的概率、伤害的转归[1]。共享单车作为城市共享经济中的重要交通工具,暴露的机会十分巨大,用户的安全风险也不容小视。此外,由于经营成本的考量和缺乏具体的行业标准,目前各共享单车企业生产的共享单车质量并不相同,部分企业为了降低生产成本,在共享单车的制造上偷工减料,由此造成的共享单车质量问题成为威胁用户人身安全的重要原因。例如,国内"共享单车第一案":"31 岁的冯先生租用 ofo 共享单车,在下坡骑行时摔伤。冯先生认为造成事故的主要原因在于共享单车刹车失灵,遂将北京拜克洛克科技有限公司诉至法院,索赔医疗费等 2 万元"[2]。原告就是以共享单车质量问题为主要诉因起诉共享单车企业的。

---

〔1〕 [英]佩登:《世界预防道路交通伤害报告》,刘兴远译,人民卫生出版社 2004 年版,第 156 页。

〔2〕 张蕾:《骑车人称刹车失灵摔伤 共享单车惹首起索赔官司》,《北京晚报》2017 年 3 月 19 日。

尤其值得注意的是未成年人的人身安全风险。出于经营成本的考虑,有的共享单车使用极易被破解的机械锁,这给未成年人使用共享单车提供了足够的机会。自共享单车诞生起,小学生破解共享单车密码锁上路发生交通事故以及后续的赔偿问题在新闻报道中未曾中断。例如,"2017年3月26日,上海天潼路,一位11岁男孩在使用共享单车过程中与客车相撞,被卷入车底身亡。这是发生在上海的首例不满12岁未成年人使用共享单车致死案例"[1]。原告律师指出,究其事故原因,受害人不足12周岁,而ofo小黄车对投放于公共开放场所的车辆疏于看管,该自行车车辆之上也无任何警示受害人不得骑行的提示,且该车辆上安装的机械锁,存在重大安全隐患。这些理由构成了原告向共享单车企业巨额索赔的诉因,这也表明了问题的根源在于共享单车的设计让未成年人易于使用,从而导致未成年人的人身安全风险。

3. 用户的财产安全风险

共享单车用户的财产安全问题,涉及用户自用、偷盗、毁坏共享单车行为风险和共享单车企业对于押金的不当使用问题[2]。先看用户自用、偷盗、毁坏行为,具体而言,部分共享单车用户为了最大限度地方便自己,把共享单车私藏起来,或者自行加锁独占使用,遮盖共享单车上的二维码等,这些行为大大降低了共享效率。其次,由于共享单车停放分散、无人看管,零部件被盗窃和车辆被拆卸破坏现象十分严重。频繁出现的共享单车偷盗、毁坏、自用等问题,反映了城市交通文明中精神文明、道德文明仍有待提高。这不仅考验着城市管理者的管理智慧,更考验广大市民的道德水准。[3] 另一方面是共享押金、余额安全问题,共享单车企业基于经营的考虑,大都向用户收取押金。由于用户基数大,押金本身便形成了一笔庞大的沉淀资金,因此容易出现资金安全问题。譬如,2017年2月,福建莆田共享单车平台卡拉单车运营失败,平台押金被投资方挪用,部分用户在申请押金退还时长期无人处理。[4] 又如,2018年,广东省消费者委员会诉广州悦骑信息科技有限公司消

---

[1] 王征:《11岁男孩骑共享单车被撞身亡家属索赔878万》,《新文化报》2017年7月23日。

[2] 关于涉嫌犯罪的共享单车的具体行为分类和研究,详见王德政:《针对共享单车的不法行为及其刑法规制》,《中国人民公安大学学报(社会科学版)》2017年第6期。

[3] 李文:《试论"共享单车"的社会风险治理》,《行政与法》2019年第1期,第73页。

[4] 杨亚强:《共享单车犯罪预防性环境设计研究》,《犯罪研究》2017年第2期,第71页。

费民事公益诉讼案[1]中,悦骑公司未能及时退还押金,也未及时披露相关信息,侵害了众多不特定消费者的财产权、知情权。值得玩味的是,如果不注意对共享单车企业或者平台进行财产监督,便可能出现无财产可执行的情况。[2]

4. 用户信息的安全风险

共享单车的用户信息风险问题主要源于共享单车本身的网络性、技术性与共享性特质。由于监管并不规范,共享单车平台收集了大量用户的个人信息,这些信息一旦泄露就很有可能被部分不法分子利用,进而引发相应资金安全和人身安全等问题。[3]在当下,尽管《中华人民共和国数据安全法》《中华人民共和国个人信息保护法》已经制定并生效,但政府对于共享单车平台收集和使用个人信息的监管力度仍然不够,企业也缺乏保护用户个人信息的责任意识和技术手段。

(二) 公共资源的无序占用

1. 占用停放资源的问题

由于共享单车具有公共交通工具的物质属性,故必然占据城市空间,影响城市空间利用率和市容市貌。这突出地体现在以下两大方面:

(1) 企业无节制地投放共享单车

企业无节制地投放共享单车的问题日益严重,常常一夜之间未经任何审批,共享单车就在城市里遍地开花。目前城市共享单车供过于求的现象日益严重,例如,"目前武汉市每15人就有1辆共享单车(标准规定上限是每30人1辆),远超市民出行需求和非机动车停放区位的承载负荷,成为公众抱怨的'脏资源'"[4]。

大批量地投放单车,目的在于培养用户习惯、抢占市场,这是所有企业一致的竞争手段。各企业都希望利用资本的力量迅速实现市场的垄断,成为寡头,再行盈利。但是,大规模无节制的单车投放必然对城市交通、城市场地的

---

[1] 该案件为广东高院发布2018年度涉互联网十大典型案例之一,被称为"共享单车消费公益诉讼全国第一案",广州市中级人民法院(2017)粤01民初445号民事判决书。

[2] 湖北省鄂州市华容区人民法院(2020)鄂0703执5号执行裁定书。

[3] 龚雪、陈慧:《我国共享单车监管问题探析》,《行政与法》2017年第10期,第79页。

[4] 胡贵玉:《城市共享单车治理之我见——以武汉市为例》,《中华建设》2017年第11期,第60页。

占用造成严重的负面影响。有批评指出,共享单车企业实则是利用公共资源谋求企业自身利益。因此,必须对"共享单车"企业的投放进行约束,引导有序投放。

(2) 用户乱停乱放

用户在用完共享单车后,可以在离目的地最近的地点停放共享单车,这是共享单车的便利之处和优势之一[1]。然而在实际使用过程中,大多数人到达目的地之后,任意将共享单车停放在马路边、小区内、绿化带中,甚至有人把它停在道路上,造成交通拥堵和停放秩序混乱,既干扰交通又损害市容。而且即便共享单车规范停放,也需要停放在人行道上,这种占道停放给城市交通管理部门出了难题。

2. 占用行驶道路的问题

(1) 占用自行车道

城市中共享单车数量以几何倍数增长,所带来最突出的问题是现有的自行车道承载量不够。现有的自行车道设计狭小,并未预料到以共享单车为代表的公共自行车有可能成为城市慢行交通的主流。城市的现有自行车道,不仅供自用自行车、电动自行车使用,有时候还可能有行人,现在更需要消化数量庞大的共享单车。共享单车的行驶大量占用原有的为自用自行车和电动自行车设计的相对狭窄的自行车道,由此带来的行驶安全问题、行驶规则问题也将持续困扰城市管理者。

(2) 占用城市主干道

如果说占用自行车道所带来的问题还相对较小,在城市管理者可控的范围内,那么由于自行车道承载量不够,大量共享单车涌入城市机动车辆行驶的主干道上,由此带来的交通安全问题、行驶规则问题就是城市管理者迫切需要解决的问题。

虽然现行《道路交通安全法实施条例》第七十条第二款规定非机动车借道行驶具有优先权,"因非机动车道被占用无法在本车道内行驶的非机动车,可以在受阻的路段借用相邻的机动车道行驶,并在驶过被占用路段后迅速驶回非机动车道。机动车遇此情况应当减速让行"。但共享单车大批量地涌入主干道,让路权问题变得更加复杂,当共享单车严重阻碍机动车道交通秩序

---

[1] 王光荣:《共享单车发展问题系统探究》,《长安大学学报(社会科学版)》2017年第2期,第33页。

时,共享单车是否还具有这种优先路权值得重新思考。

(三) 政府监管不足

法治的意义就是规则之治,共享单车因其商业性、经营性、交通性、公益性而需要法律监管。但政府对共享单车行业的行政监督与管理效果却未达到预期,共享单车的发展仍然面临诸多问题。

1. 政府行政规划预见性不足

政府在设置交通设施之时并未预想到共享单车的发展会使自行车成为城市慢行交通的主流,因而需要更多的骑行和停放空间。这是当前政府监管面临的严重问题——政府缺乏鼓励共享交通发展的城市空间。

就共享单车而言,由于一些城市对自行车道与停车空间的供给不足,导致共享单车路权与停车缺少保障,被大量无序地停放在城市中心区。一些城市在某些区域对共享单车采取简单的"禁止投放""禁行""禁停"等措施,而非适当调整空间分配,与推行绿色出行的政策方向相悖。[1]

以占用资源问题为例,占用资源问题的成因主要有两个:一是城市规划不够合理,没有为自行车的发展预留足够的空间,这集中体现在自行车停放区域和自行车车道严重不足上。二是企业在投放共享单车时既没有与政府充分协商以取得政府的支持和帮助,也没有按照城市规划来合理划分停放区域。[2] 这两个原因都与政府行政规划预见性不足,特别是在共享单车出现后应对不及时有关。

2. 市场准入和退出机制模糊

对共享单车准入门槛和退出机制没有明确的限定,这在一定程度上造成共享单车市场环境混乱,且对共享单车经营环境也十分不利。准入和退出是共享单车企业进入共享单车市场最为重要的两个问题,并且这两个问题与共享单车监管息息相关:健全合理的准入机制能够保证共享单车的质量、保证共享单车企业的良好资质和社会责任,而合理的退出机制能够保证企业在退场之后的后续问题得到合理解决,比如余额退还问题。相应地,如果没有合理的准入、退出机制,不仅会造成共享单车市场的混乱,更会导致上述提到的共享单车在使用过程中出现的各种问题。

---

〔1〕 杨宝路、冯相昭:《我国共享交通的现状、问题分析与发展建议》,《环境保护》2017年第24期,第50页。

〔2〕 龚雪、陈慧:《我国共享单车监管问题探析》,《行政与法》2017年第10期,第80页。

建立健全市场准入和退出机制本质就是因共享单车的公共性而对市场经济给予合理控制,这要求企业必须承担社会责任,规范企业行为,而不是任由企业仅仅根据自身经济利益因素考量进入或退出共享单车市场。

3. 监管主体繁多混乱

2017年8月2日《指导意见》发布前后,各地相应发布了本地规范共享单车的规范性文件,对共享单车的行政监管和监管的分工也随着规范性文件的出台得以确立。但一方面这种分工的合法性、合理性需要在未来的法律实践中得以明确,另一方面多部门联动是否能够达到预期的行政效率也是现实中不得不面对的问题。仅《指导意见》规定的监管主体就有数十个之多,这些部门之间的联动是否能如预期顺利也是需要面对的问题。如表11-1所示,意见规定的监管主体看似职责分明,但在现实中往往涉及监管竞合,当发生竞合时究竟哪个主体具有优先性,《指导意见》并未指明。

表11-1 《指导意见》中的相应职责划分

	具体部门	相应职责
1	交通运输部门	互联网租赁自行车发展政策制定和统筹协调
2	公安部门	查处盗窃、损毁互联网租赁自行车等违法行为,查处互联网租赁自行车交通违法行为,维护交通秩序
3	住房城乡建设部门	城市自行车交通网络、互联网租赁自行车停车设施规划并指导建设
4	公安交通管理部门和城市管理部门	共同指导互联网租赁自行车停放管理
5	电信主管部门、公安机关、网信部门	根据各自职责,负责加强互联网租赁自行车服务的网络安全监管,保障用户信息安全
6	发展改革、价格、人民银行、工商、质检等部门	按照各自职责,对互联网租赁自行车经营行为实施相关监督检查,并对违法行为依法处理

这种监管格局的不统一导致地方各行其道。例如,就准入登记而言,深圳要求向相关部门提供注册及车辆使用数据,但没有强制要求企业在本地进行商事登记[1];武汉市则要求应依法在本市办理相应商事登记,武汉市的文

---

[1] 深圳市《关于鼓励规范互联网自行车的若干意见》第四条。

件还提到了在开始提供租赁服务前30日内向市交通运输部门备案[1];杭州市要求"在我市从事互联网自行车经营的经营者应在本市行政区域内设立具有法人资格的企业或为持有营业执照的企业法人分支机构"[2]。

值得注意的是,现有的研究中往往以"政府缺乏政策指导"作为问题的主要根源和问题的解决方向,这一主张虽然以行政法治为着眼点,值得肯定,但是这却在《指导意见》以及随后各地政策出台后不再具有解释力。另外现有的研究中另一突出的问题是理论性不足,就事论事者居多,鲜有研究利用现有理论工具给予问题解决对策。

三、共享单车行业交通文明建设的法治对策

十八届四中全会《中共中央关于全面推进依法治国若干重大问题的决定》提出建设"法治中国"的顶层设计。"法治"要求将权力行使纳入法律的轨道上来,意味着"有法可依、有法必依、执法必严、违法必究"。本节首先从共享单车的属性视角分析现有政策,分析其得失,再以现有理论检视和比较法研究作为智力基础,最后提出以共享单车的属性为理论红线,以共享单车参与者的行为模式为规范的解决方案。

(一)现有法律规范解读与检视

2017年8月2日交通运输部等10部门联合出台的《指导意见》明确了共享单车制度架构和管理模式的顶层设计,随后各地纷纷出台适合于当地的共享单车规制的规范性文件。这些文件从形式上来说大致可以分为两类:一类是以《指导意见》为代表的参与者混合的形式,即该种形式下规范性文件以政府的名义发布,企业、用户、政府的权利义务没有明确的章节区分。这种形式的典型代表有杭州、深圳、南京等;另一类是以武汉市《市人民政府关于鼓励和规范互联网租赁自行车健康发展的意见》为代表的将共享单车参与者各方的权利义务明确加以章节区分的形式,这种形式的典型代表还有青岛等。虽然形式上略有不同,但实质都是赋予政府、企业、用户三者权利义务,因此属于法律调整对策。

---

[1] 武汉市《市人民政府关于鼓励和规范互联网租赁自行车健康发展的意见》第二部分第一条。

[2] 杭州市《杭州市促进互联网租赁自行车规范发展的指导意见(试行)(征求意见稿)》。

1. 现有法律规范覆盖的问题较为全面

从问题的覆盖面上,交通运输部等10部门联合出台的《指导意见》覆盖较全。其中明显覆盖到的问题有:企业无节制投放共享单车,用户乱停乱放,占用自行车道,占用城市主干道,未成年人使用问题,单车质量问题,共享单车的自用、偷盗、毁坏问题,押金和余额安全问题,信息安全问题,企业恶性竞争问题,企业对App监管不足导致用户使用不便,企业对用户不当行为监管不足,企业对共享单车设备维护投入不足,市场准入和退出机制不明,政府行政规划预见性不足等。详见表11-2:

表11-2 《指导意见》覆盖问题概览

针对问题	《指导意见》对策	内容要点
企业无节制投放共享单车	二、实施鼓励发展政策 (四)引导有序投放车辆	(四)建立与各地相适应的车辆投放机制,引导互联网租赁自行车运营企业合理有序投放车辆
用户乱停乱放	二、实施鼓励发展政策 (六)推进自行车停车点位设置和建设 三、规范运营服务行为 (九)加强停放管理和监督执法	(六)各城市要制定适合本地特点的自行车停放区设置技术导则,规范自行车停车点位设置 (九)企业要落实对车辆停放管理的责任,有效规范用户停车行为;最大限度满足用户用车停车需求。各地要加强对互联网租赁自行车停放的监督
占用自行车道、占用城市主干道	二、实施鼓励发展政策 (五)完善自行车交通网络	(五)合理布局慢行交通网络和自行车停车设施,将其纳入城市综合交通体系规划,并与城市公共交通规划相衔接。积极推进自行车道建设,保障自行车通行条件
单车质量问题、市场准入和退出机制不明	三、规范运营服务行为 (七)加强互联网租赁自行车标准化建设	(七)鼓励制定团体标准;支持各地制定地方标准;鼓励企业制定企业标准;加快制定国家标准。建立标准实施分类监督机制,确保产品质量和安全
未成年人使用问题、单车质量问题、企业对App监管不足导致用户使用不便、企业对用户不当行为监管不足、企业对共享单车设备维护投入不足	三、规范运营服务行为 (八)规范企业运营服务	(八)企业要加强线上线下服务能力建设。加强对所属车辆的经营管理。合理配备线下服务团队。自行车实行用户实名制注册和使用。禁止向未满12岁的儿童提供服务。创新保险机制,为用户购买人身意外伤害险。加强信息报送与共享

续表

针对问题	《指导意见》对策	内容要点
人身安全风险	三、规范运营服务行为 （十）引导用户安全文明用车	（十）用户应当做到文明用车、安全骑行、规范停放，骑行前应当检查自行车技术状况，确保骑行安全
共享单车的自用问题	三、规范运营服务行为 （十一）加强信用管理	（十一）加快信用记录建设，建立企业和用户信用基础数据库，定期推送给全国信用信息共享平台。对企业和用户不文明行为和违法违规行为记入信用记录
押金、余额安全问题	四、保障用户资金和网络信息安全 （十二）加强用户资金安全监管	（十二）实施专款专用，接受交通、金融等主管部门监管，防控用户资金风险。加快实现"即租即押、即还即退"
信息安全问题	四、保障用户资金和网络信息安全 （十三）加强网络和信息安全保护	（十三）企业应将服务器设在中国大陆境内，完善网络安全防范措施，依法合规采集、使用和保护个人信息，强化系统数据安全保护，防范违法信息传播扩散。采集信息不得侵害用户合法权益和社会公共利益，不得超越提供互联网租赁自行车服务所必需的范围
共享单车的偷盗、毁坏问题	五、营造良好发展环境 （十四）明确责任分工	（十四）公安机关负责查处盗窃、损毁互联网租赁自行车等违法行为
企业恶性竞争问题	五、营造良好发展环境 （十六）建立公平竞争市场秩序	（十六）企业不得妨碍市场公平竞争，不得侵害用户合法权益和公共利益

从表11-2可看出，现有法律规范未明显覆盖到的问题主要有城市卫生资源的占用问题和以共享单车为媒介的违法犯罪活动问题以及监管不作为和监管乱象频发问题。事无尽美，《指导意见》规定的政策体系较为完善，这一方面体现在《指导意见》明确表示政府对共享单车的发展持积极肯定的态度（第二部分 实施鼓励发展政策）并且说明理由——与中央一系列决定精神一致，另一方面具体规定了共享单车行业发展的必备条件，这些条件根据既有事实的不同，对已有的问题有相应具体的对策，对预见到的问题有法律的指引。最终形成了《指导意见》中点面结合、既有解决方向也有具体措施的法律规范体系。

2. 现有法律规范的不足

（1）多头执法问题

前文已经提到过多头执法的问题可能会影响行政效率，并且当多种违规行为发生竞合，执法部门的优先性并未得到明确规定时，就可能会引起监管乱象的问题。这一问题的解决与权力清单、政府信息公开都有所关联。我国共享单车目前处于分散管理状态，实践中存在着部门混乱、职能不清以及多头管理的现象，主要表现是管理部门类型较多，通常涉及各级政府以及政府的城市建设部门、公安交管部门、规划部门等，有时连物业管理公司、居委会、派出所也会成为共享单车的管理主体。

（2）共享单车监管突破监管主体已有职能

《指导意见》规定的共享单车的主要监管主体是交通运输行政部门，具体承担职能的是交通运输部运输服务司城乡客运管理处。各地先后出台的地方政策也大多规定监管主体是当地的交通运输行政部门。问题在于，无论是交通运输部运输服务司城乡客运管理处，还是各地的交通运输行政部门，在其权力清单中并未包含对共享单车的监管职能。这种监管职能上的扩张需要相应的行政解释。

（3）立规缺乏程序规制

共享单车作为新兴事物，目前在十几个城市的立规现状比较随意且复杂，缺乏相应的程序规制和未来的立法预期，例如，立规程序是否需要经过听证程序或者其他意见征集程序。事实上现有立规文件有些程序环节已经有了立法的前兆和前瞻，有些文件无论从规范性上还是实际的条文细致度上都已经非常接近于立法，但大多数立规文件在这些方面都明显缺乏。[1]

（二）进路选择："三位一体"的共享单车协同治理模式

解决共享单车发展难题的核心在于有效治理，如何治理一直是学界与实务界探究的热点。当下，伴随着互联网技术不断发展和行政管理日益完善的态势，笔者以为，应以政府、企业平台、用户三方协同合作为基础，政府从风险安全防控、智能交通系统数据共享、精细化行政监管三个方面进行治理，实现

---

[1] 谭波：《我国"共享单车"监管的城市立规反思——基于十多个城市样板对比》，《江汉大学学报（社会科学版）》2017年第6期，第22页。

"三位一体"的共享单车治理模式。[1]

1. 三方协同治理

规范共享单车各方行为,最关键的一点就是明确政府、企业、用户的责任。已出现问题的解决方案应当经过仔细论证、调研,重新讨论各方责任分配是否合理;正在研究的解决方案应当举行听证会,全面征求各方意见。一个问题根据出现场景的不同,管理主体也应当不同。

为降低安全风险,提高政府在共享单车治理体系中的重要作用,政府应当监督企业所投放的车辆规模是否与区域内的车辆承载能力相匹配;监督企业在非公共区域(住宅、商业办公区等)能否保证车辆按区域和点位规范停放;检查企业所投放的车辆是否符合国家、行业技术标准要求;监管企业是否定期向社会公布账户资金的动态变化;监督企业是否有低价倾销等不正当竞争行为;监管企业是否对车辆进行日常维保,定期检修,是否及时更新淘汰不达安全标准的车辆等。[2] 需要说明的是,监管过程中,避免不了对企业的违法行为予以处罚,但切忌"以罚代管",因为城市管理者对待共享单车,首先应该是鼓励、支持与保护,然后才是规范。根据用户行为的不同而采取不同的管制措施:出现恶意损毁、盗窃共享单车的现象,适用私人自行车的处罚措施;出现闯红灯的现象,适用相关交通管理法规,平台无任何责任。

共享单车使用不文明问题的解决,需要企业把用户安全放在首位,降低共享单车用户的人身安全风险,确保所投放车辆符合相关安全标准。此外,企业需要对共享单车进行日常维护、定期检修与更新淘汰,保障用户的骑行安全。关于用户的信息安全保护,企业平台应当完善网络安全管理制度和网络安全防范措施,严禁以非法手段侵害用户合法权益,非必要情况下不采集用户敏感信息,即便采集也不得超越提供服务的必需范围。

用户既是共享单车企业的服务对象,也是最有发言权的评判者,实现"社会嵌入"就要吸纳用户参与。在共享单车不文明问题的解决过程中,用户参与主要体现在文明使用、规范停放、日常维护、投诉建议、监督举报等方面。用户要自觉遵守交通规定,认识到自身在共享单车交通文明建设中的重要地位,不能出现闯红灯等违规行为,不得损害他人的合法权益,比如说,恶意损毁单车导致其他用户无法正常使用,乱停乱放影响周边居民的正常出行,从

---

[1] 顾大松:《"三位一体"路内停车协同治理模式的构建》,《山东社会科学》2017年第12期,第173页。

[2] 杨亚强:《共享单车犯罪预防性环境设计研究》,《犯罪研究》2017年第2期,第72页。

自身的约束与规制中减少风险发生的可能性。

共享单车城市交通安全风险管理就是在充分进行风险沟通的基础上,政府、企业平台和个人对道路交通的风险实施控制、降低、规避和转移等措施[1]。共享单车用户的财产风险规避应建立在政府、用户对企业的有效监督和共享平台、企业自我约束上,分工合作、协同治理,将共享单车存在的风险降至最低。因此,政府监管、企业运营、用户遵守,共同搭建共享单车协同监管平台[2],从而实现共享单车行业的规范管理和运行。

2. 智能交通共享

十九大报告强调"必须坚定不移贯彻创新、协调、绿色、开放、共享的新发展理念",智能交通服务系统的建设集中体现了上述新发展理念,要求政府与企业进行深度合作,在信息共享的基础上创新共享单车的智能交通系统,保证城市共享单车的协调利用[3]。共享单车治理的参与者有三方:企业、用户和政府。为了解决共享单车带来的不文明问题,应当让共享经济的每一个参与者走入共同治理的角色中,共同治理,旨在达成治理的"合力"。在这个"合力"中,每一方的力量都是有限的,但每一方又都是不可或缺的。正是因为"合力",可以囊括共享单车的所有特性,因而"合力治理"才是正确的法治对策。

(1) 技术信息化,智能交通共享

借助共享单车的智能电子锁和 GPS 定位等技术力量,结合人流密集出行区域交通潮汐式往返特点,根据各区域人行道、出行需求量等实际情况,政府应与企业一起灵活调整单车投入数量,积极引导市民使用共享单车接驳公共交通出行。政府还可以使用企业提供的大数据进行停车位规划和服务管理。政府应该立项建设共享单车公共设施,铺设专用车道,划定安全的共享单车停放区。

经营企业应该建立起移动客户端 App 与使用用户紧密绑定的机制,做到实名制使用。此项制度可以明确使用者的基本情况,对于不符合使用条件

---

〔1〕 周佑勇等:《现代城市交通发展的制度平台与法律保障机制研究》,中国社会科学出版社 2017 年版,第 441 页。

〔2〕 陈晓霞、陶欢、李宁:《城市共享单车精细化管理实施路径探讨》,《信息技术与信息化》2020 年第 6 期,第 47 页。

〔3〕 "十四五"规划特别提出应"构建基于 5G 的应用场景和产业生态,在智能交通、智慧物流、智慧能源、智慧医疗等重点领域开展试点示范"。

的用户加以筛选,例如不满十二周岁的儿童不可使用。明确使用者身份以后,在使用过程中对于出现的意外情况,可以做到更大程度上的责任划分,减少责权不清的纠纷。同时加强共享单车自身防盗定位性能,以摩拜单车为例:车身锁内集成了嵌入式芯片、GPS模块和SIM卡,便于随时掌握共享单车的运行情况,尽可能将损失降到最低。在移动客户端App引入和使用费用相挂钩的信用评分机制,满分100分,正常使用可以积1分,违规操作即扣除相应分数,直至降到0分,无法继续使用共享单车。同时引入价格杠杆机制,通过使用费用的变动督促用户合理地使用共享单车。

共享单车平台应强化出行数据的挖掘,使得服务重点从前期集中投放转向全产业链发展的运营方向[1]。进一步完善用户使用平台的建设,做到实时技术监控,针对可能遇到的系统问题提前做好预案,将技术层面的问题影响降到最低,以保证良好的用户体验感。通过一系列内部制度的调整与建立,将存在问题的影响降到最低。当然,平台还可通过利用数据共享实现服务的共享,整合骑行数据为政府规划提供适合的导引,落实协同治理模式,进而促进共享单车行业的绿色发展。当今是信息化的时代,但并不代表所有的经营活动和客服都完全依靠网络来进行。针对客服存在的问题,首先要打破对网络媒介的过分依赖,增设相应数量的客服人员,及时解决用户的困难。企业同时应该指派相应人员,对市面上的共享单车进行定期的安全检查与护理,将安全隐患及时排除,在源头上争取最大限度的安全。企业和市场监督管理部门及消费者协会等机关应保持沟通畅通,相关部门要加强对共享单车企业的监管力度。制定合理的共享单车行业准入标准,确保共享单车行业的公平竞争。同时对城市道路的合理规划也应该进行多部门协商,确保城市交通系统的合理安全使用。

(2)空间资源利用率最大化

针对乱停乱放问题,需要根据发生的区域来区分责任主体:如果发生在公共区域,城管部门可代为规范管理;如果发生在非公共区域(住宅、商业办公区等),则需要企业自身采取技术、管理等手段,保证车辆按区域和点位规范停放。针对用户投诉,同样需要区别对待。举例说明:如果投诉内容为平台恶意扣款等,则需要政府相关部门着手处理;如果投诉内容为单车坐垫松

---

[1] 吴怡、张丹丹:《基于社会-技术界面的中国共享单车绿色发展路径探析》,《生态经济》2020年第7期,第118页。

动、轮胎漏气等,则需要企业建立用户投诉处理制度并及时受理投诉。

企业所投放的车辆规模应与城市的车辆承载能力相匹配,否则,容易出现乱停乱放现象。企业在投放车辆之前,必须与当地政府洽谈协商,在相关部门的引导下有序投放车辆,之前一些平台不与政府"通气"、私自投放车辆的做法是绝对不可取的。对于乱停乱放问题,企业可以成立自己的"巡逻队",深入到各个停放点,发现问题后及时解决。

对于用户的乱停乱放问题,也需区别对待。如果停车空间充裕,因为用户自身素质出现的乱停乱放,应加大处罚力度;如果空间不足或车位规划不合理,用户迫于无奈或无所适从而选择乱停乱放,视具体情况减轻处罚或免于处罚。此外,政府应当尽力发动公安、城管等部门,帮助企业打击偷盗、毁坏、自用共享单车的不文明行为,对于自愿打击这些不文明行为的用户,应当在可控的范围内给予鼓励。例如,为规范共享单车停放秩序,北京市的志愿者、义工成为共享单车的"守护人",及时劝阻破坏、乱停乱放单车的行为,并带头规范停放。在北京市角门东地铁站门前出现了这样一幕:一群穿着红色马甲的志愿者、义工队伍擦车座、拭车把、把车辆码放整齐,将附近的共享单车收拾得十分利落。[1]

文明素养需要提倡,不文明行为当然要批评,但提升文明也有方法,比如引导用户合理规范使用共享单车,这既是文明引导,也体现为用户体验。那么,企业投放共享单车的同时,就要想办法让使用变得规范,比如通过信用、定位等技术手段引导人们主动遵守使用规范。大家使用共享单车,不仅能够随时取用和停放,同时还能感受到骑行环境的规范有序,这就会形成更好的用户体验,愿意使用共享单车的用户也就会越来越多。

3. 精细化监管模式

共享单车不文明问题的预防需要政府的大力支持,这需要明晰政府对自身角色的准确定位。共享单车是城市慢行交通系统的重要组成部分,从性质上来看,其是具备一定竞争性的准公共物品,需要政府承担相应的管理责任。具体而言,政府应该扮演创新的筹划者、推动者与资源协调者的角色。[2] 政

---

〔1〕 徐琨尧、谢璐、柴程:《探访共享单车维修点:3 000 辆待修,多数系人为破坏》,《法制晚报》2017 年 3 月 14 日。

〔2〕 杨亚强:《共享单车犯罪预防性环境设计研究》,《犯罪研究》2017 年第 2 期,第 73 页。

府需要做好三件事：规范引导、配套支持、监督管理[1]。规范引导主要是设置准入门槛、出台管理办法等制度性措施,前文已有涉及,故不再赘述。其余如下：第一,配套支持。主要体现为政府作为服务者为共享单车企业提供最大可能的使用便利,譬如清理公共区域的"僵尸车""垃圾车",腾出适当空间用于停放共享单车；又如探索共享单车进入住宅小区的模式,积极主动为企业做好沟通协调工作。[2]公开城市交通方面的一些信息,为平台运营提供参考。第二,监督管理。主要是行政机关运用法律手段或者行政措施规范共享单车行业发展过程中出现的违法违规问题。行政机关监督管理的对象是企业与用户。具体来说：

(1) 设置明确的准入门槛、退出机制及配套措施

如上文所述,各地准入标准在规范的明确性、刚性、精细性上还有所欠缺。更为重要的是,有的城市在规范性文件出台以前,企业间已经开始了投放共享单车的恶性竞争。面对这种情况,规范性文件往往只能采用"老人老办法、新人新办法"的规定,这无疑对新进入市场的企业不公平。因此,对于市场门槛未明确之前已经进入的共享单车品牌,如果其不符合相关标准,应当责令其限期整改。

城市管理者在制定相关标准前,不仅应当主动调研本地区适合或不适合共享单车发展的实地情况,更应主动与共享单车企业洽谈协商,尽可能为企业提供便利。对于其他城市的做法,城市管理者应理性借鉴,切忌跟风模仿。各个城市实际情况不同,准入门槛应当适应当地的承载、运行能力与实际情况,比如温州市六大准入条件：具备线上和线下服务能力的本地服务机构、设立专用资金银行账户、开放运营数据、保障网络防护措施、建立车辆维保服务制度、企业购买保险[3],可谓高门槛；而苏州市因为市政公共自行车已经实现通借通还、价格低廉、保护古城风貌等原因尚未引入大量共享单车,准入门槛可谓最高[4]。设置准入门槛的同时,还应当建立退出机制和配套措施,配套措施如规定在非公共区域(住宅、商业办公区等)自行设置自行车停放

---

[1] 张依依、张玮麟：《最后一公里的困惑——共享单车满意度提升策略研究》,《市场周刊(理论研究)》2018年第2期,第100页。

[2] 贺崇明：《城市停车规划研究与应用》,中国建筑工业出版社2006年版,第20页。

[3] 王芳芳：《共享单车设6大准入门槛》,《温州商报》2017年3月31日。

[4] 《如火如荼的共享单车,为什么在苏州却难觅踪迹》,https://www.sohu.com/a/143461187_349675,访问时间：2021年5月25日。

区,采取技术、管理等手段,保证车辆按区域和点位规范停放;公开收费标准,不得有低价倾销等不正当竞争行为;建立车辆维保服务制度,配备专门的团队,对车辆进行日常维保,定期检修,及时更新淘汰达不到安全标准的车辆,保障车辆的安全性。

(2) 部门协同,出台具体管理办法

目前,北京、上海、深圳、天津、成都、南京等城市先后发布了共享单车管理政策的公开征求意见稿或管理办法。这些规范性文件往往是多个部门联合发布,体现了共享单车监管中多部门协同工作的重要性。详见表12-3:

表12-3 各地共享单车管理规范性文件汇总一览表

	规范性文件名称	备注
1	《成都市关于鼓励共享单车发展的试行意见》	成都市2017年3月正式通过
2	《济南市关于鼓励规范发展互联网单车的若干意见》	济南市2017年3月正式通过
3	《深圳经济特区互联网租赁自行车管理若干规定》	深圳市2021年6月29日通过
4	《北京市鼓励规范发展共享自行车的指导意见(试行)(征求意见稿)》	北京市2017年4月21日征求意见
5	《天津市互联网租赁自行车管理暂行办法(征求意见稿)》	天津市2017年4月22日征求意见
6	《杭州市促进互联网租赁自行车规范发展的指导意见(试行)》	杭州市2017年4月26日征求意见
7	《上海市规范发展共享自行车指导意见(试行)》	上海市2017年4月28日征求意见
8	《威海市互联网租赁自行车管理办法(征求意见稿)》	威海市2017年7月6日征求意见
9	《武汉市关于鼓励规范互联网租赁自行车健康发展的指导意见(试行)》	武汉市2017年5月27日征求意见
10	《石家庄市人民政府办公厅关于鼓励和规范互联网租赁自行车健康发展的若干意见》	石家庄市2017年6月5日正式通过

续表

	规范性文件名称	备注
12	《关于引导和规范互联网租赁自行车发展的意见(试行)》	南京市 2017 年 7 月 20 日通过
13	《郑州市人民政府关于规范互联网租赁自行车发展的指导意见(试行)》	郑州市 2018 年 10 月 15 日通过
14	《武汉市公安局警务指挥部关于规范武汉市网络约租车共享单车共享汽车安防标准的指导意见(试行)》	武汉市 2017 年 12 月 26 日通过
15	《福州市人民政府办公厅转发市城管委关于进一步规范城区共享单车管理工作意见的通知》	福州市 2018 年 7 月 18 日通过
16	《哈尔滨市共享单车停放秩序规范管理实施方案》	哈尔滨市城市管理委员会 2021 年 4 月 9 日通过
17	《合肥市共享单车服务质量考核办法(试行)》	合肥市 2020 年 5 月 13 日通过

共享经济下,我们既要共享资源,也要共建文明,而政府的社会管理成效关系着共享单车能否健康有序发展。城市管理者在听取多方意见,权衡各方利益以后,应以正式文件的形式出台管理办法,管理办法应当力求突出地方性、配套性、细节性。[1] 管理办法主要是为了明确政府相关部门、企业、社会公众的责任。因此,为完善升级共享单车行政监管机制,促进我国城市交通文明建设的进程,共享单车监管规范或政策务必先行。

---

〔1〕 杨亚强:《共享单车犯罪预防性环境设计研究》,《犯罪研究》2017 年第 2 期,第 74 页。

第十二章

智能驾驶汽车法律问题研究

　　随着国家政策重视、产业资本的高度关注以及相关技术研究的推广,交通运输系统越来越呈现出智能化的特征。伴随人工智能技术的快速发展,作为人工智能应用最为成熟的领域之一,智能驾驶技术也在逐步走上应用正轨,尝试改变社会的出行方式。智能技术和产业变革既为人们描绘了未来交通体系的雏形,也带来了诸多新问题,引发人们对社会治理体系的深度思考,诸如智能系统作为"驾驶人"如何承担法律责任、如何做出正确的伦理抉择、如何保护用户个人数据和隐私等。因此,在建设城市交通文明的法治保障体系下,考虑智能驾驶的法律治理问题实属必要。智能驾驶通过导航系统、传感器系统、智能感知算法、车辆控制系统等智能技术,实现了自主无人驾驶,包括智能驾驶汽车、智能驾驶飞机、智能驾驶船舶等,本章主要以智能驾驶汽车为代表阐述智能驾驶的法律专题研究。

一、智能驾驶汽车的概念构造

　　"智能驾驶(Smart Driving)""自动驾驶(Automated Driving)""自主驾驶(Autonomous Driving)""无人驾驶(Driverless Driving)""网联自动驾驶(Connected and Automated Driving)"等相近概念均可指由计算机代替人类

从事动态驾驶任务[1],但考虑到"智能驾驶"集中体现了人工智能技术与汽车产业相结合的特点,且"智能驾驶"能够同时涵盖"自动驾驶"和"无人驾驶"这两方面含义,因而本章更多采用"智能驾驶"的下位概念——"智能驾驶汽车"作为研究对象的统称。尽管"智能驾驶汽车"是新闻报道与学术研究中频频出现的核心概念,但其准确内涵仍处于不确定的状态,不同研究领域习惯结合学科特点赋予其不同含义。一方面,对智能驾驶汽车的概念内涵做出准确界定,有利于区分技术与产业发展不同阶段智能驾驶汽车特点,针对性设计公共政策框架。另一方面,智能驾驶汽车并非只是一种颠覆性产品,同时它还将带来诸多新业态的颠覆式变革,也正是因为后者才对法律治理体系提出了更迫切的需求。[2] 因此,在更深入地讨论智能驾驶汽车产业的发展与规制政策之前,有必要对其概念进行阐述,以消除制定具体公共政策的基本困扰。

(一) 智能驾驶汽车的定义

围绕"智能驾驶汽车"的研究早已有之,既有研究多聚焦于相关技术的研发与产品形态的讨论,认为智能驾驶汽车是依靠以计算机系统为主的智能驾驶设备实现无人驾驶的智能驾驶汽车[3]。与此定义类似,美国在2017年9月通过的《自动驾驶法案》中将智能驾驶汽车定义为"能够持续执行整个动态驾驶任务的硬件和软件……而动态驾驶任务是指车辆在道路交通行驶过程中所需的所有实时操作和功能"。还有学者根据智能驾驶的特性将智能驾驶汽车定义为"在没有人工操作和干预之下,依靠传感器、全球定位系统等人工智能技术实现车辆自主行驶的机动车辆"。[4] 上述定义明确了智能驾驶系统的主要操作原理,对"智能驾驶汽车可以在无人操作的情况下自动行驶"这一基本事实做出了说明,但不能对"智能驾驶汽车"这一名词进行全面的概括,尤其是对智能驾驶可能引发的治理挑战以及相应的公共政策制定无法提

---

〔1〕 腾讯研究院:《寻找无人驾驶的缰绳——2018年全球自动驾驶法律政策研究报告》,浙江出版集团数字传媒有限公司2018年版,第10-11页。

〔2〕 参见贾开、赵彩莲:《智能驾驶汽车产业的治理:发展、规制与公共政策选择》,《电子政务》2018年第3期,第12-14页。

〔3〕 参见陈慧岩、熊光明、龚建伟等:《无人驾驶汽车概论》,北京理工大学出版社2014年版,第16页。

〔4〕 陈晓林:《无人驾驶汽车致人损害的对策研究》,《重庆大学学报(社会科学版)》2017年第4期,第79页。

供范畴界定层面的帮助。为解决上述问题,在对智能驾驶汽车进行定义前,我们可以立足于智能驾驶的操作原理,对其特征进行描述,进而提炼出智能驾驶汽车的概念。同时,智能驾驶汽车作为一项科技融合体,其产品的更新换代频繁,因此,我们应当以发展的眼光对待其概念定义,认识到随着智能驾驶汽车的发展,其定义不是一成不变的。

传统汽车的行驶必须依靠驾驶人眼睛、大脑、四肢等器官的紧密配合,驾驶人通过眼睛观察前方路况,然后将路况信息悉数传递至大脑,大脑根据所传递信息进行路径规划,最后将规划指令传递至四肢以实现汽车的安全驾驶。智能驾驶的原理在于由人工智能分别替代驾驶人眼睛、大脑、四肢等器官的功能,以实现汽车的无人驾驶。智能驾驶中模仿驾驶人眼睛、大脑、四肢等器官功能的三大系统依次为传感器系统、主控计算机系统、自动驾驶仪系统,传感器将扫描到的路况信息传递至主控计算机,主控计算机根据所传递信息进行路径规划,并将路径规划以指令形式传递至自动驾驶仪系统以实现对汽车的操作。[1] 在智能驾驶技术发展过程中,存在智能系统等级的进化,因此依靠人工智能与人类驾驶员的合作程度可划分为不同等级,最低等级的智能驾驶即为传统驾驶模式,驾驶任务完全由人类驾驶员承担,最高等级为人工智能完全承担驾驶任务。由此可以归纳出智能驾驶的特征:一是以传统汽车为承载基础;二是可以逐渐脱离人工操作;三是需要传感器、主控计算机、自动驾驶仪等智能应用端协作完成[2];四是智能驾驶可根据人工智能与人类驾驶员的合作程度来分级适用公共政策。综合智能驾驶的以上特征,可将智能驾驶概念提炼为:以传统汽车为承载基础并依靠传感器、主控计算机、自动驾驶仪等人工智能协作甚至取代人类驾驶员完成汽车操作行为,并根据两者合作程度来分级适用公共政策的技术。

(二)智能驾驶汽车的等级划分

人工智能依据其形态的不同,可分为非实体形态人工智能(如围棋程序AlphaGo)与实体形态人工智能。智能驾驶汽车属于后者,它可以通过感知与分析、理解与思考、交互与决策,完整地实现人工智能的层次结构,即基础

---

[1] 陈晓林:《无人驾驶汽车致人损害的对策研究》,《重庆大学学报(社会科学版)》2017年第4期,第79-80页。

[2] 参见付扬:《智能驾驶交通事故法律问题研究》,沈阳师范大学2018年硕士学位论文,第3页。

设施层、算法层、技术层和应用层(行业解决方案)。[1]不同的分类标准,得出的智能驾驶分类结果也有所区别。当前政策多根据汽车行驶的智能程度进行级别划分,为方便衔接低级自动化汽车,形成制度研究的一致与协同,我们将具备初级或部分自动化的汽车也纳入"智能驾驶"的分析框架内。2013年,美国交通部下辖的美国国家公路安全管理局(NHTSA)就率先按此原则将智能驾驶分为五级:0级,即完全无智能化;1级,即单一功能智能化,如汽车仅拥有防抱死等单一功能;2级,即多项功能智能化,如汽车同时拥有导航、车道保持、安全气囊等功能,在特定情况下驾驶人可不对汽车实施任何控制;3级,即有限智能化,即驾驶人不对汽车实施任何控制,但应保留在特定情况下接管汽车的可能性;4级,完全智能化,即汽车完全自动行驶,无须实施任何人为控制。但因NHTSA没有对此做出更详细的界定,造成了政策进一步落地的困难。[2]2014年,国际自动机工程师学会(SAE International)对此做出了进一步的细化,基于"什么时候、谁做什么"的标准将车辆自动驾驶水平划分为无自动化、驾驶辅助化、部分自动化、有条件自动化、高度自动化、完全自动化六个等级(参见表12-1)。根据该等级划分,智能驾驶共包括五类:第一类是驾驶辅助系统(Driving Assistant System),即人开汽车,机器起一定的辅助作用。第二类是自动辅助驾驶,比如特斯拉的Autopilot具备的两个要素:(1)在封闭的结构化的高速路上,机器持续地实现自动驾驶;(2)驾驶员仍然需要把注意力放在路上,甚至把手放在方向盘上。第三类是高度自动驾驶,指不再局限于封闭的高速公路,能够开到大街小巷,驾驶员途中可以做其他事情,但要保证能够在5秒内重新回到驾驶决策角色,这是比当前辅助驾驶更有用的一种自动驾驶技术。第四类是限定场地的无人驾驶,即能够在城市区域里实现无人驾驶,没有驾驶员,没有方向盘、油门、刹车,限定在固定场景,最高时速在40公里以内。第五类是全天候全区域的无人驾驶。该分类版本也是世界范围内最受广泛认可的版本。

---

[1] 腾讯研究院、中国信息通信研究院互联网法律研究中心、腾讯AI Lab、腾讯开放平台:《人工智能:国家人工智能战略行动抓手》,中国人民大学出版社2017年版,第24页。

[2] 贾开、赵彩莲:《智能驾驶汽车产业的治理:发展、规制与公共政策选择》,《电子政务》2018年第3期,第13页。

表 12-1　SAE International 制定的智能驾驶汽车等级划分标准[1]

分级	名称	定义	动态驾驶任务 驾驶操作执行	动态驾驶任务 驾驶环境观察	应急策略执行	自动驾驶操作系统作用域
L0	无自动化	即使存在警告和介入系统,操作任务仍然全部由驾驶员完成	人类驾驶员	人类驾驶员	人类驾驶员	无
L1	驾驶辅助化	系统通过观察驾驶环境而辅助驾驶员处理驾驶操作或加速/减速,预期驾驶员会处理余下任务	人类驾驶员和系统	人类驾驶员	人类驾驶员	部分
L2	部分自动化	多个驾驶辅助系统持续观察驾驶环境并同时处理驾驶操作及加速/减速,预期驾驶员会处理余下任务	系统	人类驾驶员	人类驾驶员	部分
L3	有条件自动化	自动驾驶系统全权处理驾驶操作行为,预期人类驾驶员会在系统要求人类干涉时做出适当响应	系统	系统	人类驾驶员	部分
L4	高度自动化	自动驾驶系统全权处理驾驶操作行为,即使人类驾驶员不能在系统要求人类干涉时做出适当响应的情况下亦能正常运转	系统	系统	系统	部分
L5	完全自动化	在所有人类驾驶员能操作的情况下,无人驾驶系统也能够完成所有的驾驶操作	系统	系统	系统	全部

2020年3月9日,工信部发布《汽车驾驶自动化分级》推荐性国家标准报批稿,并拟定于2021年1月1日起实施。这意味着,长期以来被美国 SAE International"统治"的汽车自动驾驶分级标准将迎来第一个对标标准。与 SAE International 分级标准中的 L0—L5 类似,《汽车驾驶自动化分级》也将自动驾驶分为 0—5 级,共 6 个级别(参见表 12-2)。根据《汽车驾驶自动化分级》,0 级为"应急辅助(Emergency Assistance)",驾驶自动化系统不能持续执行动态驾驶任务中的车辆横向和纵向运动控制,但具备持续执行动态驾

---

[1] 腾讯研究院:《寻找无人驾驶的缰绳——2018 年全球自动驾驶法律政策研究报告》,浙江出版集团数字传媒 2018 年版,第 12 页。

驶任务中的部分目标和事件探测与响应的能力;1级为"部分驾驶辅助(Partial Driver Assistance)",驾驶自动化系统在其设计运行条件下持续地执行动态驾驶任务中的车辆横向和纵向运动控制,且具备与所执行的车辆横向或纵向运动控制相适应的部分目标和事件探测与响应的能力;2级为"组合驾驶辅助(Combined Driver Assistance)",驾驶自动化系统在其设计运行条件下持续地执行动态驾驶任务中的车辆横向和纵向运动控制,且具备与所执行的车辆横向和纵向运动控制相适应的部分目标和事件探测与响应的能力;3级为"有条件自动驾驶(Conditionally Automated Driving)",驾驶自动化系统在其设计运行条件下持续地执行全部动态驾驶任务;4级为"高度自动驾驶(Highly Automated Driving)",驾驶自动化系统在其设计运行条件下持续地执行全部动态驾驶任务和执行动态驾驶任务接管;5级为"完全自动驾驶(Fully Automated Driving)",驾驶自动化系统在任何可行驶条件下持续地执行全部动态驾驶任务和执行动态驾驶任务接管。[1]

表12-2 我国制定的驾驶自动化等级划分

分级	名称	车辆横向和纵向运动控制	目标和事件探测与响应	动态驾驶任务接管	设计运行条件
0级	应急辅助	驾驶员	驾驶员及系统	驾驶员	有限制
1级	部分驾驶辅助	驾驶员和系统	驾驶员及系统	驾驶员	有限制
2级	组合驾驶辅助	系统	驾驶员及系统	驾驶员	有限制
3级	有条件自动驾驶	系统	系统	动态驾驶任务接管用户(接管后称为驾驶员)	有限制
4级	高度自动驾驶	系统	系统	系统	有限制
5级	完全自动驾驶	系统	系统	系统	无限制*

* 排除商业和法规因素等限制。

---

[1] 中华人民共和国工业和信息化部:《〈汽车驾驶自动化分级〉推荐性国家标准报批公示》,https://www.miit.gov.cn/zwgh/wjgs/wt/2020/wt_9a7eb2afbd5c411e88b5bbfc7012d7b1.html,访问时间:2021年10月23日。

总体而言,工信部和 SAE International 制定的标准在思路上一致,例如 3 级/L3 级及以上都由人类接管转为自动驾驶系统执行。但在 0—2 级 (L0—L2 级)上,SAE International 标准要求完全由人类司机进行操作;而工信部标准则定义为由自动驾驶系统和人类司机共同操作。3 级/L3 级及以上的自动驾驶汽车被认为是具有"智能"水平,正是在此意义上的"智能驾驶汽车"才真正成为公共政策所需关注的对象。例如,德国将 L3 级别的"智能驾驶汽车"作为立法突破点而重点聚焦,力图在保障安全的同时为产业发展扫清法律障碍;相关企业也以此标准为参考制定其发展路线,如奥迪公司计划从 L3 级别逐级实现智能驾驶,而谷歌、通用等公司则计划直接进入 L4 甚至 L5 级别。[1]

二、智能驾驶汽车与城市交通文明建设的关系

智能驾驶汽车为智能驾驶技术在我国的主要成果体现,承载着推动汽车产业转型升级和培育经济新增长点的关键任务,担负着构建智能交通网络和建设智慧城市的重要使命[2]。它的出现不仅会带来传统汽车技术体系和产业格局的根本性变化,还会给消费者的出行和生活方式、信息技术和通信方式、信息和交通基础设施等方面带来颠覆性的变革。城市交通文明不局限于交通文明,其构建在促进交通本身发展的基础上,保障公民交通权利,维持公共秩序,兼顾交通自由与交通安全,最终实现人与自然、人与人、人与社会的和谐共生、良性循环、全面发展、持续繁荣。城市交通文明与和谐社会在理念上深度契合,"诚信友爱、安定有序"等同样是城市交通文明的法治理念和价值追求。[3] 通过对现代交通系统的完善,逐步建设智慧交通体系。智能驾驶可以大幅提高交通运输效率、降低能源消耗和排放水平,进一步提升城市现代化治理水平[4],同时,其自身信息收集与信息同步的特性可以帮助交通

---

[1] 贾开、赵彩莲:《智能驾驶汽车产业的治理:发展、规制与公共政策选择》,《电子政务》2018 年第 3 期,第 13 页。

[2] 张建文、贾章范:《〈侵权责任法〉视野下无人驾驶汽车的法律挑战与规则完善》,《南京邮电大学学报(社会科学版)》2018 年第 4 期,第 25 页。

[3] 周佑勇:《现代城市交通法治发展报告(2011—2015)》,中国社会科学出版社 2017 年版,第 533 - 534 页。

[4] 伦一:《关于智能网联汽车监管和法律制度供给的初步思考》,《信息通信技术与政策》2018 年第 8 期,第 31 页。

行政部门收集事故信息,提高交通行政效能,促进司法审判活动的顺利开展等。智能驾驶的信息性、安全性和规范性可以构建新时代全球交通运输的"乌托邦"世界,构建绿色、和谐的城市生活。

(一)缓解交通拥堵,建立文明秩序

随着经济的发展,城市人口不断增加,汽车的数量持续猛增,现有路网通行能力无法满足日益增长的交通需求,交通拥挤现象日趋严重。智能驾驶的运用,离不开智能路网的实施,智能路网及智能驾驶的结合变革了传统交通系统,提升了交通系统的信息化、智能化、网络化和集成化,从而保障人、车、路与环境之间的相互融合,提高交通系统的使用效率。智能驾驶系统对于即时路况等信息的掌握要比人类驾驶者更加及时、准确,它可以通过车辆的传感器和网络,接收附近相关交通信息,相应地对行驶速度进行调整,这样有利于提升道路容量,减缓交通压力[1]。除此之外,交通信号控制系统可以实现信号配时自动化,信号灯可以根据当前路段的车流量情况,自动选择合适的红绿灯时长方案,合理分配并自动调节各方向车流的绿灯时长以避免交通拥堵。比如,高峰期的时候,东西向道路车流量大,那么相应地,东西向的绿灯时长会增加,而南北向的会减少时长。交通信息诱导系统综合考虑人、车、路,通过预测当前出行时间和发布相关信息诱导道路使用者的出行行为,改善路面交通系统,防止交通阻塞的发生,减少车辆在道路上的逗留时间,最终实现交通流在路网中各个路段上的合理分配。

(二)降低能源消耗,改善汽车污染

尽管汽车产业对环境污染(如雾霾)的具体影响程度尚存争议,但汽车无疑是主要污染源之一,尤其是城市环境的主要污染源。首先,智能驾驶系统能够有效减少污染物排放。得克萨斯大学奥斯汀分校的研究人员研究了二氧化硫、一氧化碳、氮氧化物、挥发性有机污染物、温室气体和细小颗粒物,结果发现,"使用智能驾驶车共享系统不仅节省能源,还能减少各种污染物的排放"[2]。其次,智能驾驶能够通过提高车辆利用率减轻污染。汽车可以按照

---

[1] 王羽、曲婕:《智能驾驶发展现状及对地方开放智能驾驶车辆测试道路的建议》,《汽车工业研究》2018年第11期,第8页。

[2] 梁晓崤:《车路协同:智能交通领域的升维谋划》,《人民论坛·学术前沿》2021年第4期,第58页。

时间顺序依次供需要的人使用,因此可以更好地统筹安排车辆使用,提高车辆的使用效率,减少车辆消费总量,有效减少碳排放。此外,智能驾驶能够通过减少交通拥堵率来降低污染物排放。[1] 汽车内燃式发动机的怠速油耗量较高,当汽车在拥堵路段频繁走走停停时,相当于长时间的怠速,进而因更高的油耗量产生更多的尾气污染。智能驾驶系统可以基于实时路况通过安排路线、规范化行驶、编队匀速行驶等方式有效缓解交通拥堵,大大减少废气的排放。最后,智能驾驶和新能源汽车产业具有相互促进的关系。在倡导低碳经济的政策理念下,新能源汽车近年来逐渐进入大众视野,它相比于传统燃油汽车来说结构更为简单,因此,新能源汽车与智能驾驶系统的结合可以减少测试事故的发生,提高智能驾驶汽车的试验成功率。同时,智能驾驶技术的快速发展也为新能源汽车提供了更大的未来发展潜力。

(三)规范交通行为,辅助交通执法

正如上文所述,智能驾驶能够诱导交通出行行为,在缓解交通拥堵的同时减少交通事故的发生。同时,智能驾驶系统内预设的算法对于交通规则的遵守度要明显高于由人类驾驶的汽车,基于此,车辆的道路行驶行为更为规范,进而进一步降低了交通违法行为的发生率。更为重要的是,智能驾驶系统可以辅助交警处理各种交通事故,当系统检测到某一路段出现车流量异常的情况时,会向交警指挥中心发出警报,以便于交警及时出动。同时,系统可以通过摄像头记录违章违法行为,配合电子警察查出套牌和假牌车辆。总之,智能驾驶系统可以整合完善各类交通信息平台,提供综合出行信息服务,并提升危险路段与事故区域的实时状态感知和信息告警推送服务,提高出行信息服务的质量。同时通过全面覆盖交通网络基础设施风险状况、运行状态、移动装置行走情况、运行组织调度信息的数据采集系统,形成动态感知、全面覆盖和万物互联的交通运输运行监控体系。[2] 在信息服务和运行监控的双重作用下,智能驾驶系统可以大幅提高交通运输行为的规范性,提升交通行政的非现场执法能力,及时有效地处理各种交通违法行为。

---

[1] 中国信息化百人会:《关于智能驾驶的几点判断和认识》,《信息化建设》2017 年第 1 期,第 48 页。

[2] 张浩、李斌、张红卫:《交通运输智能化发展概述与智能驾驶展望》,《摩托车技术》2018 年第 10 期,第 32-33 页。

（四）收集事故信息，助力司法审判

智能驾驶可以为构建智能交通系统提供支撑。智能交通系统是将先进的信息技术、数据通信技术以及计算机技术等有效地综合运用于整个交通管理体系和车辆而建立起来的一种大范围、全方位发挥作用的、实时、准确、高效、先进的运输系统[1]。智能交通系统自身的信息化全覆盖，可以从内部和外部两个角度为交通事故证据收集提供巨大的帮助。对于外部而言，系统记录到的车流量异常情况与记录的事故发生情况可以较为全面地反映事故发生时的交通状况，将事故信息及时反馈给交警指挥中心，促使交警快速出警并同步了解事故现场第一手情况。对于内部而言，智能驾驶系统自身的算法记录和影音信息留存中心可以分别反映事故发生前后，涉事车辆的操作状态和行驶情况，从而可以客观全面地反映出导致事故发生的责任承担方。内外信息的综合运用，可以保留事故的原始证据，极大地降低了当事人收集交通违法信息的难度，从而推动交通事故纠纷案件司法审判活动的顺利开展。

（五）注重合作互动，凸显以人为本

智能驾驶的含义不仅指的是城市交通顺畅，更重要的是人文关怀。一方面，基于智能交通系统，管理者是在充分了解全部实时出行信息的情况下，对交通进行实时控制。例如，当有救护车要护送病人到医院时，只要院方联系交通指挥中心，告知交通路线，那么指挥中心可以在其行进路线上设置"一路绿灯"，以确保病人能够及时地送达。另一方面则体现在管理者可以在全面准确地掌握辖区内交通设施运行的基础上对缺陷之处及时进行完善。

三、智能驾驶汽车给现行法律带来的挑战

2014年10月，我国开始对智能网联汽车的产业发展进行总体规划。2015年，国务院发布《中国制造2025》以及《国务院关于积极推进"互联网＋"行动的指导意见》，将智能网联汽车发展上升到国家战略高度，首次界定了智能网联汽车的概念。《中国制造2025》明确提出，到2025年，我国将掌握智能

---

[1] 中国信息化百人会：《关于智能驾驶的几点判断和认识》，《信息化建设》2017年第1期，第46页。

驾驶的总体技术以及各项关键技术，建立起比较完善的智能网联汽车的自主研发体系、生产配套体系以及产业群，基本完成汽车产业的转型升级。同年12月，"百度智能驾驶"首次实现在高速公路与城市环路混合路况下全自动驾驶。2016年《节能与新能源汽车技术路线图》和《推进"互联网＋"便捷交通 促进智能交通发展的实施方案》相继出台，文件涉及智能网联汽车的发展目标、技术路径、发展重点、技术架构与发展愿景等内容，旨在进一步促进交通与互联网深度融合，推动发展交通智能化，全面提升质量效率。2017年出台的《汽车产业中长期发展规划》，明确"加大智能网联汽车关键技术攻关，开展智能网联汽车示范推广"，并要求"加快推进智能网联汽车法律法规体系建设，明确安全责任主体界定、网络安全保障等法律要求"。2017年4月19日，百度宣布"Apollo（阿波罗）"平台对外开放，阿波罗是百度向汽车行业及自动驾驶领域的合作伙伴提供的软件平台，旨在向汽车行业及自动驾驶领域的合作伙伴提供一个开放、完整、安全的软件平台，帮助他们结合车辆和硬件系统，快速搭建一套属于自己的完整的自动驾驶系统。

2020年出台的《智能驾驶汽车创新发展战略》提出，到2025年，中国标准智能驾驶汽车的技术创新、产业生态、基础设施、法规标准、产品监管和网络安全体系基本形成。实现有条件自动驾驶的智能驾驶汽车达到规模化生产，实现高度自动驾驶的智能驾驶汽车在特定环境下的市场化应用。相对应地，以人车路协同（V2X[1]）技术为核心的智能网联汽车，以学习算法为核心的自动驾驶芯片，以及相关的图像识别和语音识别技术迅速发展并逐步趋于成熟。在2018年10月18日举行的世界智能网联汽车的大会上，百度董事长兼CEO李彦宏发表演讲指出，智能驾驶产业发展需要有四个方面的关键因素，分别为开放、安全、政策和基础设施。其中在政策方面，李彦宏表示，目前只有拿到测试牌照的车可以在规定道路进行测试，即使现在有4级/Level4的智能汽车，仍然是不可以上路的，只有完善配套的政策措施才能够让智能驾驶在开放道路上真正跑起来。[2] 由此可知，目前限制国内智能驾驶技术发展的，技术仅是一部分，最重要的在于完善现有法律政策，以先进的法律体系促进技术创新。我国现有法律制度体系在驾驶准入、公共安全、责任认定和伦理认知四方面对于智能驾驶的发展存在诸多限制。

---

〔1〕 指车（Vehicles）与X（人、车、路、云端等）进行智能信息交换、共享。
〔2〕 李彦宏：《李彦宏：智能驾驶产业发展的四个关键因素》，《中国企业家》2018年第21期，第18-19页。

(一) 对驾驶准入制度的挑战

1. 主体合法与行为规制问题

目前,我国《道路交通安全法》及相关条例仅允许有资格的驾驶人驾驶机动车上路,智能驾驶系统不具有驾驶机动车的合法地位。如《道路交通安全法》第十九条规定:"驾驶机动车,应当依法取得机动车驾驶证。"这意味着我国现行法律并未明确规定智能驾驶系统可以取代有资质的人类驾驶员在道路上控制汽车的运行。[1] 同时,《道路交通安全法》第九十九条第(一)、(二)项对无证驾驶的情形作出了相应的责任后果规定,除此之外,《民法典》和《刑法》也对因驾驶资格不满足要求引起的侵害他人权益、违法犯罪的行为作出了规制。

上述规定足以说明我国对驾驶资格审查的重视,在申请传统汽车驾驶证的过程中,相关部门对驾驶者的年龄、身体状况等均提出较为严格的要求。而智能驾驶汽车的出现,可以大大降低汽车驾驶的申请门槛,申请人只要能够通过智能驾驶系统的操作培训,即可获得驾驶证。[2] 且智能驾驶中智能系统辅助乃至取代人类驾驶员操作的特点非常适用于目前社会上因为年龄和健康状况而不适合开车的民众。基于此,当智能驾驶走入社会,就会带来一系列问题:由一套规范的学习和考核制度构成的机动车驾驶证取得制度以及相应的监管审核制度该何去何从?需要具备较高等级的驾驶证和营业性的道路运输驾驶员的资质监管是否需要作出相应的调整?机动车驾驶证具备的扣分、暂扣、吊销等法律责任承担方式的功能又该如何寻找替代途径?上述种种问题都需要解决,以保障我国智能驾驶的长远发展。

2. 路测制度上位法依据不足

2016年6月,工信部批准在上海市嘉定区建立国内首个"国家智能网联汽车(上海)试点示范区"封闭测试区。虽然上海示范区封闭测试区已经配置了完善的测试场景与技术方案,可以为自动驾驶汽车和网联汽车等提供100多种场景的测试验证,但智能驾驶汽车要想真正实现市场化,需要在实际开放道路上进行测试,以考察智能驾驶汽车应对复杂交通状况的能力。只有允

---

[1] 腾讯研究院:《寻找无人驾驶的缰绳——2018年全球自动驾驶法律政策研究报告》,浙江出版集团数字传媒有限公司2018年版,第124页。

[2] 王羽、曲婕:《智能驾驶发展现状及对地方开放智能驾驶车辆测试道路的建议》,《汽车工业研究》2018年第11期,第8页。

许智能驾驶汽车在开放道路测试,在中国实际的道路环境测试,才能解决未来在中国市场可能遇到的问题。[1]基于此,国家发改委、工信部及相关部门自 2017 年陆续发布《国家车联网产业标准体系建设指南(智能网联汽车)》(工信部联科〔2017〕332 号)、《智能驾驶汽车创新发展战略》、《智能网联汽车道路测试与示范应用管理规范(试行)》(工信部联通装〔2021〕97 号)等政策文件。目前,我国北京、上海、重庆、深圳、杭州、广州、成都、济南等 12 所城市已开放智能驾驶汽车上路测试许可,其中,广州于 2020 年 8 月成为国内首个认可其他城市智能网联汽车路测许可的城市,并率先提出了三级测试道路标准;上海于 2021 年 11 月新增了 7 000 余个测试场景,并准许智能驾驶汽车在城市快速道路开展道路测试。

纵观我国对智能驾驶汽车上路的现行规定,可以看出,虽然工信部等部门和地方政府已经陆续出台相关规范性文件允许智能驾驶汽车上路测试,但在法律层面尚无依据支撑,且我国现行《公路法》第五十一条和《道路交通安全法实施条例》第八十二条仍明确禁止在公路上进行机动车性能测试。此外,我国对机动车实行登记制度,准予登记的机动车要符合国家安全技术标准。就目前来看,我国尚未建立针对智能驾驶汽车的统一安全标准,现行的《机动车运行安全技术条件》(GB 7258—2017)需要做出修订以适应新技术的发展,否则技术标准的缺乏将会使得智能驾驶汽车的安全性难以得到保障,智能驾驶汽车上路也将受到阻碍。因此,在上位法没有做出修改的情况下,智能驾驶汽车上路测试将面临合法性和安全性的双重质疑。

(二) 对公共安全的挑战

1. 高精地图的测绘和使用受限

目前,智能驾驶汽车面临的最大障碍之一就是复杂的路况,特别是对于 L3 级别以上的智能驾驶来说,如果无法实现高精度、高时效、丰富的地理信息获取,那么将无法实现安全运行,这一需求与我国严格的地图测绘监管制度相矛盾。一方面,《中华人民共和国测绘法》(以下简称《测绘法》)对地图测绘施加了较高的准入门槛,企业只有获得相应等级的测绘资格证书才能从事测绘活动,这就已经把很多高精地图创业者排除在外了。同

---

[1] 王羽、曲婕:《智能驾驶发展现状及对地方开放智能驾驶车辆测试道路的建议》,《汽车工业研究》2018 年第 11 期,第 9 页。

时,高精地图的测绘需要投入大量的人力物力来进行数据收集,高成本也对企业测绘和高精地图的使用造成阻碍。西方国家对于高精地图的测绘和使用多采用"众包"模式,即将测绘任务分散到其他企业甚至个人,这样不仅可以解决成本问题,而且还可以实现道路信息的及时更新,但在我国对测绘主体资质进行严格限制的前提下,众包模式很难实现。

另一方面,公开地图的使用存在诸多限制。根据相关规定,公开地图的位置精度不得高于50米,重要桥梁的限高、限宽,重要隧道的高度和宽度属性不得公开,快速路、高架路、引道、街道和内部道路的最大坡度、最小曲率半径也不得公开。目前这些信息仅能通过分档来表达,且分档的精度也无法满足智能驾驶的精准控制要求,而智能驾驶需要的可靠的高精度定位服务需要达到分米级甚至厘米级,公开地图显然难以满足要求。[1]

2. 网络安全与数据隐私保护

智能驾驶汽车的运用背后是智能系统与基础设施之间的连通,这就意味着黑客入侵、系统干扰等安全防范风险也需要被重视。一方面,智能驾驶技术依赖于感知的输入、计算模型以及大量的道路场景数据,智能驾驶汽车需要通过大量的路测来不断训练智能驾驶系统的场景遍历性,因此,智能驾驶系统研发和改进中数据的收集和分析利用至关重要。另一方面,智能驾驶汽车作为先进技术载体,具有强大的信息抓取能力,能形成体量庞大的数据库。在摄像头、雷达、热成像设备、测距设备等多项传感和记录装置的辅助下,智能驾驶车辆的数据容量远远超过传统车辆,其行驶过程中位置信息和个人信息结合的产物,将成为商业营销的工具,其背后的数据经济效益巨大,囊括智能驾驶企业、执法机构、新闻媒体、私人调查人员和保险公司等。因此,在智能驾驶汽车的语境下,由于数据所蕴藏的巨大价值,无论就个人信息还是非个人信息而言,数据隐私保护和网络安全都将成为一个绕不过去的重大话题。[2]

目前,我国已对非法入侵计算机信息系统的行为制定了相应的处罚措施,但智能驾驶汽车领域的侵入行为是否应纳入《刑法》并施以更严厉处罚,仍需进一步研究。2016年通过的《中华人民共和国网络安全法》及相关

---

[1] 腾讯研究院:《寻找无人驾驶的缰绳——2018年全球自动驾驶法律政策研究报告》,浙江出版集团数字传媒有限公司2018年版,第126-128页。

[2] 腾讯研究院:《寻找无人驾驶的缰绳——2018年全球自动驾驶法律政策研究报告》,浙江出版集团数字传媒有限公司2018年版,第102-103页。

规定虽有针对信息、数据、个人隐私权的具体规定和保护措施,但其中并没有针对智能驾驶汽车所搜集形成的路线、个人乘车时间地点等具体数据的说明。2021年通过的《中华人民共和国个人信息保护法》与《中华人民共和国数据安全法》从一般意义上构建了由政府、企业、相关社会组织、公众共同参与的个人信息保护的法律制度并对数据处理活动及其安全监管作出了相应的规定。但在法律规定的实际贯彻实施中,如何避免智能驾驶系统中的数据信息被盗取泄露和非法利用,明确相关主体的法律责任,保护网络安全,仍是智能驾驶汽车"上路"前亟待解决的重要问题。

(三) 对责任认定的挑战

1. 责任主体多元化

我国现行法律责任体系中,能够成为责任主体的有三类:自然人、法人和其他组织。智能驾驶汽车作为非生命体不具有法律拟制的人格,其自身无法成为责任主体[1]。因此,在智能驾驶领域中能够作为责任主体的包括车辆所有人、车辆使用人、车辆制造商等。车辆所有人指的是在法律上对特定智能驾驶汽车享有所有权的主体;车辆使用人指的是智能驾驶汽车在发生交通事故时的驾驶者。当智能驾驶汽车出现交通事故产生行政责任、民事赔偿责任或者刑事责任时,如何确定相应的责任主体及法律责任是智能驾驶法律规制的核心内容。为方便表述,依据智能系统的等级以及人类驾驶人对汽车行驶的操作参与度,下文将0—2级(L0—L2级)的智能驾驶称为"辅助驾驶",将3—5级(L3—L5级)的智能驾驶称为"自动驾驶"。

辅助驾驶汽车采用的是人机共同驾驶模式,此类车辆中往往安装了刹车等设施,在这类汽车中,人类驾驶员对于汽车行驶负有一定的安全义务,相对应地,人类驾驶员应在自己注意义务范围内对事故责任纠纷的发生承担相应的法律责任。但车辆使用人与其他责任主体的责任以及应由智能驾驶系统承担的责任部分如何实现分配仍需要进一步思考。

在自动驾驶模式下,主导汽车行驶的为智能驾驶系统,此时因系统故障等非人为原因造成车辆事故的,人类驾驶员本身因其无过错而不需要承担责任,但若车辆内部配有驾驶员座位,坐在驾驶位人员的免责情形需要进行明

---

[1] 至于智能驾驶中的人工智能体能否作为法律责任主体,为下文中关于社会伦理部分应当讨论的问题,此处不作阐释。

确。在该种情形下,原则上应由车辆制造商承担责任。但因智能驾驶汽车需要依靠大量的数据和精准的仪器来操作汽车,故其自身设备应当定期进行更新升级,或是按照制造商发现不足时的要求送回修复或者更换等。若是事故发生全部或部分归因于车辆所有人不按照要求将汽车送回修复、升级,则所有权人就应当承担相应的责任。反之,若车辆无论是否返厂修复、升级都不影响事故的发生,则所有权人不应承担责任。[1]

需要注意的是,智能驾驶汽车是由各类硬件设施的制造者、车辆系统的开发者、传感技术的研发者等不同主体共同研制而成,上述任何环节的瑕疵均可能会导致重大交通事故。因此,在"技术+制造商+出行服务"的三维模式[2]下,智能驾驶汽车的制造商从汽车产品的制造商转变为包括智能驾驶系统的开发者、硬件设施的生产者、基础设施的提供者、驾驶信息的收集和处理者等在内的多元主体,此时实际的制造商责任主体内部已经衍生出了多个潜在主体。智能驾驶汽车软件和硬件的紧密结合、相互配合,使得事故发生后的责任划分更加复杂化。因此,在制造商责任体系中,还需要针对不同主体的责任承担设计出合理的责任分配制度。

此外,智能驾驶汽车的非正常行驶背后有多个归因主体,包括车辆自身原因、系统原因、道路配套设施原因、网络原因等。因此,除了车辆自身和操作者的原因,事故发生也有可能是道路配套设施提供者、驾驶信息提供者、导航服务提供者甚至网络运营商导致的,这些潜在主体之间的责任如何确定或者是如何通过制度设计将繁杂的责任主体简单化均需立法进一步明确。此外,智能驾驶汽车抗扰系统有其自身局限性,受强烈干扰时也会导致交通事故,此时干扰的源泉及其主体是否存在违法故意极难确定。而在黑客侵袭、意外事故、紧急避险等诸多复杂情形下,确定具体的责任人也存在巨大困难。[3]

2. 责任认定规则多元化

在智能驾驶汽车引发的法律规制问题中,行政法规制手段偏重于保障行

---

[1] 参见吕文燕:《无人驾驶汽车的法律责任及法律应对》,《中国集体经济》2018年第14期,第104-106页。

[2] 高奇绮:《共享智能汽车对未来世界的影响》,《人民论坛·学术前沿》2017年第10期,第45-46页。

[3] 陈晓林:《无人驾驶汽车致人损害的对策研究》,《重庆大学学报(社会科学版)》2017年第4期,第79-85页。

业规范发展与公共管理,而民法与刑法归责手段更多地是保护财产交易安全与社会秩序。智能驾驶汽车的致损救济在民法上更多表现为侵权法领域的规定,现阶段被学界广泛讨论的民事法律责任类型包括机动车交通事故责任、产品责任、高度危险责任及替代责任。

机动车交通事故责任适用基础为追究人类行为人未尽到合理注意义务的过错侵权责任,但智能驾驶汽车可以脱离人类控制自主运行,这一前提使得机动车交通事故责任难以适用于因智能驾驶系统的使用而产生的加害行为。智能驾驶系统自身存在的算法"黑箱"使得汽车在引发交通事故前所作出的自主决策难以被透明化解释,这也增加了事故归因上的责任确定和分配难度,导致事故结果难以归属于实行行为。[1] 将智能驾驶汽车视为《产品质量法》第二条第二款意义上的"产品"进而适用产品责任,意味着需要证明智能驾驶汽车存在《产品质量法》第四十六条的缺陷[2],但在我国尚未形成被普遍认可的或制定出权威的智能驾驶汽车行业安全标准的基础上,适用产品责任不具有实际可操作性。同时,人工智能的深度学习能力带来的决策预见性缺失,使得证明完全智能驾驶车辆存在缺陷尤其是存在人工智能系统层面的缺陷在客观上是异常困难的,即事故原因可能无法合理归因于智能系统的设计或者制造缺陷,这将给产品责任带来直接的挑战。[3]

智能驾驶汽车对社会发展具有极其重要的积极意义,可以作为"被允许的社会风险"纳入高度危险责任规制范畴,并通过一般性条款的扩张解释实现法律解释和体系化的功能[4]。但《民法典》规定的高度危险条款的高度抽象性、概括性和开放性增加了其准确适用的难度[5],若将其适用于智能驾驶汽车这一新兴产业,需要在契合高度危险责任产生的理论基础上对该条款及

---

[1] 司晓、曹建峰:《论人工智能的民事责任:以自动驾驶汽车和智能机器人为切入点》,《法律科学(西北政法大学学报)》2017年第5期,第166-173页。

[2] 冯洁语:《人工智能技术与责任法的变迁——以自动驾驶技术为考察》,《比较法研究》2018年第2期,第143-155页。

[3] 龙敏:《自动驾驶交通肇事刑事责任的认定与分配》,《华东政法大学学报》2018年第6期,第77-82页。

[4] 周友军:《我国危险责任一般条款的解释论》,《法学》2011年第4期,第152页。

[5] 张建文、贾章范:《〈侵权责任法〉视野下无人驾驶汽车的法律挑战与规则完善》,《南京邮电大学学报(社会科学版)》2018年第4期,第25-55页。

适用范围进行进一步解释。替代责任[1]在我国主要适用于雇佣关系领域，技术中立原则[2]可以为技术产品致人损害提供责任规避。将智能驾驶汽车视为所有人雇佣的司机[3]，智能驾驶技术本无瑕疵，符合技术中立原则要求，但汽车所有人或使用人若未尽善良管理人义务或放任汽车的侵权行为，则应承担相应责任。再观替代原则的理论基础[4]与智能驾驶汽车行业的利益链，车辆制造商相比于车辆所有人或使用人，更符合替代责任的理论基础。因此，将替代原则适用于智能驾驶行业中，只看到了智能驾驶汽车遵循所有人指令的特点，没有抓住该行业的利益分布本质。

智能驾驶汽车引发的刑法责任承担主要表现为过失犯罪，即通过分析主体的注意义务来承担相应的刑事责任。智能驾驶汽车犯罪的注意义务来源主要包括：一般交通运输管理法规、有关智能驾驶车辆的特别交通运输管理法规以及责任主体对产品的承诺与规范。[5]因此，刑法领域对于智能驾驶汽车的规制路径更集中于讨论交通肇事罪与监管过失犯罪等方面。《刑法》第一百三十三条和《最高人民法院关于审理交通肇事刑事案件具体应用法律若干问题的解释》第五条第二款规定，交通肇事罪的承担主体主要为车辆使

---

[1] "替代责任"这一术语源于普通法，在大陆法中，相对应的术语是"对他人行为的责任"(liability for the acts of others)。所谓替代责任，根据《布莱克法律词典》的解释，是指无过错的责任人基于特定的关系而承担本应由行为人承担的民事责任。这种特定关系主要表现为侵权行为人与替代责任人之间存在雇佣关系、代理关系、合伙关系等。被代理人对代理人实施的、得到被代理人"授权"或"批准"的侵权行为承担责任；雇主对其雇员在"雇佣期间"实施的侵权行为承担责任，概称为"为他人侵权行为承担责任"。详见郑晓剑：《揭开雇主"替代责任"的面纱——兼论〈侵权责任法〉第34条之解释论基础》，《比较法研究》2014年第2期，第147页；吴汉东：《人工智能时代的制度安排与法律规制》，《法律科学（西北政法大学学报）》2017年第5期，第132页。

[2] 所谓技术中立原则，是指任何技术本身原则上都不产生责任承担，但是一项特定技术的主要商业用途是用来从事侵权或其他违法行为的，那么该项技术即不适用"技术中立"原则。详见吴汉东：《人工智能时代的制度安排与法律规制》，《法律科学（西北政法大学学报）》2017年第5期，第132页。

[3] 郑志峰：《自动驾驶汽车的交通事故侵权责任》，《法学》2018年第4期，第16-29页。

[4] 替代原则的理论基础有"深口袋理论"（或"损害分散理论"）和"激励理论"，前者认为在赔偿受害人方面，通常雇主比雇员更有赔偿能力，而且可以通过购买保险或者通过提高产品或服务的价格的方式来消化由此所产生的法律成本；后者认为通过对雇主课以替代责任，可以激励其在经营事业的过程中采取最高程度的安全标准，以减少雇员侵权行为发生的概率。详见郑晓剑：《揭开雇主"替代责任"的面纱——兼论〈侵权责任法〉第34条之解释论基础》，《比较法研究》2014年第2期，第146-159页。

[5] 彭文华：《自动驾驶车辆犯罪的注意义务》，《政治与法律》2018年第5期，第91-93页。

用人,特殊情形下其他主体(单位主管人员、车辆所有人、承包人或者乘车人)视同共犯处理。但同时也需考虑智能驾驶车辆制造商的责任问题,此时肇事车辆制造商的责任既有可能是单纯的民法意义上的产品责任,也有可能构成监管类的过失犯罪,包括构成与被监管者相同的过失犯罪(即交通肇事罪)和构成玩忽职守等与被监管者不同的过失犯罪,如根据《刑法》第一百四十六条与第一百五十条,构成生产不符合安全标准的产品罪。此外,还有学者主张从行为主体性与刑罚感知能力两个方面认定智能驾驶车辆自身可以承担刑事责任,适用的刑罚类型为"永久销毁"。[1] 我们认为,监督过失犯罪与交通肇事罪在智能驾驶汽车犯罪上的适用,需要结合智能驾驶分级模式进一步讨论。

(四) 对伦理认知的挑战

1. 电车难题

"电车难题",是指当一方的重大法益只有通过侵害其他人的重大法益才可能得以保全时,此时该如何选择的困境问题。这一难题在智能驾驶汽车的场合可以具体化为:车内人员重大身体法益或者生命法益,只有通过侵害车外行人的重大身体法益或者生命法益,才能够得以保护,智能驾驶系统的程序该如何设计的问题[2]。在法益均为最高的生命健康权面前,智能驾驶汽车的程序系统应该如何设计才具有适法性?这一伦理争议自智能驾驶汽车的出现以来就一直被人们广泛讨论,诸如"电车难题"这样的伦理困境,其核心在于不同利益具有各自合理性的同时又相互排斥,不论从功利主义还是义务论的角度解释,侵犯任何一方的权益均难以具有说服力。[3]

2. 智能驾驶系统的独立法律人格设立探讨

法律人格,是指法律认可的一种享受权利、承担义务的资格。包括自然人主体、法律拟制主体两种形式。对于任何自然人,法律均承认其法律人格,且法律人格伴随自然人终生,民法上分为无民事行为能力人、限制行为能力人与完全行为能力人。对于法律拟制主体的人格,则需要经过法律规定的程序方可取得,例如有限责任公司的设立等。简单地说,法律人格是某一主体

---

〔1〕程龙:《自动驾驶车辆交通肇事的刑法规制》,《学术交流》2018年第4期,第81-87页。

〔2〕储陈城:《自动汽车程序设计中解决"电车难题"的刑法正当性》,《环球法律评论》2018年第3期,第82-99页。

〔3〕腾讯研究院:《寻找无人驾驶的缰绳——2018年全球自动驾驶法律政策研究报告》,浙江出版集团数字传媒有限公司2018年版,第128页。

能否成为法律意义上"人"的资格,是其享有权利、履行义务的基础。[1]智能驾驶汽车规制中对其法律人格设立的探讨来源于交通事故责任的承担。智能驾驶汽车造成的交通事故引发的生命、财产损失应当由谁来承担相应的道德和法律责任?在该类问题的探讨中,除了对现有责任体系的审视外,还存在另外一种声音,即智能系统本身是否可以作为道德、法律主体,承担相应的道德或法律责任呢?在高级人工智能体的存在成为可能的情况下,赋予人工智能系统及其衍生应用产品相应的法律人格可能更符合人工智能时代法律规制手段的跟进,但若承认智能驾驶系统的主体地位,它又如何"承担"相应的责任则会引发新一轮的争议。

四、智能驾驶汽车法律规制的域外经验

智能驾驶汽车作为新生事物,其发展和应用不仅需要消除既有法律政策障碍,而且需要探索新的监管框架、政策和立法。目前,全球十多个国家已经出台相关立法,承认智能驾驶汽车的合法地位,允许并鼓励智能驾驶汽车道路测试和部署。在新旧交替之时,法律制度和政策创新就显得尤为重要,全球各国在这一领域的立法举措足以说明这一点。1968年《维也纳道路交通公约》规定汽车必须在人工操作下上路,该规定给智能驾驶路测及推广造成了法律障碍。直至2014年,在德国、法国、意大利三国共同努力下,该公约做出了一系列修订。2016年3月,联合国对于《维也纳道路交通公约》中智能驾驶汽车的修正案正式生效,修正案明确规定,在全面符合联合国车辆管理条例或者驾驶员可以选择关闭该技术的情况下,将驾驶车辆的职责交给智能驾驶技术可以被应用到交通运输中。这一规则修改表明了联合国就智能驾驶予以有条件认可,为先进驾驶辅助系统及智能驾驶技术的应用消除了法规障碍。现阶段,荷兰、新加坡、美国、瑞典、英国、德国、加拿大、阿联酋、新西兰、韩国、日本、澳大利亚等国家的政策和立法基本可以代表全球范围内的智能驾驶政策和立法导向。其中,美国、德国、英国的智能驾驶立法走在了世界的前端,而日本、韩国和新加坡的智能驾驶立法基本可以代表亚洲国家的法律规制水平。通过梳理和研究上述各国的立法实践,可以呈现智能驾驶汽车治理的全球化趋势,从内容上提炼出法律规制趋同化和统一化的要素。具体而

---

[1] 袁曾:《人工智能有限法律人格审视》,《东方法学》2017年第5期,第51页。

言,各国的法律规制主要集中于以下五个方面:

(一)智能驾驶的开放立法

纵观各国的立法历程,从最开始在立法上承认智能驾驶的存在到逐步开放道路测试范围,基本是所有国家对智能驾驶进行立法规制的起步阶段的通用节奏。立法对智能驾驶技术的合法性承认是指法律承认驾驶汽车的司机除了是人类,也可以是计算机,如谷歌的智能驾驶汽车的人工智能系统在2017年被美国国家公路安全管理局认定为"司机"。修订后的联合国《维也纳道路交通公约》及德国于2017年6月发布的《智能驾驶汽车伦理报告》均确认了智能驾驶的合法身份,英国、瑞典、荷兰、新加坡等越来越多的国家都开始为智能驾驶的发展应用提供了必要的法律政策环境。[1]

在智能驾驶汽车的市场准入条件设定上,基本各国均未限定特定制造商才可测试和部署智能驾驶汽车[2];在产品准入上,各国对于智能驾驶产品上市前的条件和程序规定有所不同。对于智能驾驶汽车的上路许可问题,不同国家甚至同一国家不同地区的态度也存在差别。大多数国家对道路测试实行许可制且指定专门机构负责审查智能驾驶测试,企业必须在获得主管机构颁发的测试牌照后,才可以开展道路测试;个别国家和地区对道路测试持自由、开放态度。[3]

(二)建立智能驾驶监管机制

随着智能驾驶技术的发展,其背后的安全问题也逐渐引起各国的重视。在智能驾驶汽车商业化进程中,建立贯穿其整个生产周期的安全监管机制,有助于搭建智能驾驶汽车安全保障体系,进而在加快智能驾驶汽车商业化应

---

[1] 腾讯研究院:《寻找无人驾驶的缰绳——2018年全球自动驾驶法律政策研究报告》,浙江出版集团数字传媒有限公司2018年版,第47-48页。

[2] 尽管美国个别州曾尝试限制科技公司进行测试和部署智能驾驶汽车,但该立法倾向受到了科技公司的强烈反对,立法最终也进行了调整。

[3] 如美国交通部2017年《自动驾驶系统2.0:安全愿景》(Automated Driving Systems 2.0: A Vision for Safety)呼吁各州确定领导机构专门负责智能驾驶测试审查,成立智能驾驶技术委员会并制定处理测试申请的流程。美国亚利桑那州自2015年8月起对智能驾驶汽车实行零监管,要求各机构"采取必要措施,支持亚利桑那州公路上智能驾驶车辆的测试和运行",企业可以完全自由、开放地测试和部署智能驾驶汽车。2015年英国交通部宣布,在没有任何附加的法规条例的前提下,智能驾驶车辆可以在英国进行合法测试。

用的同时,保障公共安全。

智能驾驶迅猛的发展势头增加了政府调整监管规范和模式的紧迫性。在监管主体选择上,设立专门机构有利于摆脱政府部门不了解技术、缺乏技术专家的困境,搭建起技术开发与政策制定的桥梁,更好地通过政策促进技术创新,故为欧美国家所广泛采用[1]。在具体工作内容方面,各国智能驾驶专门机构的职责主要包括四项:一是组织利益相关者就特定问题展开协商讨论,并为政策制定提供意见,包括立法建议、战略建议、技术建议、测试建议和运行建议等;二是与其他政府部门和监管机构协商处理有关"车辆登记,许可证,保险,交通法规,设备标准以及车辆所有者或经营者责任和义务"等问题;三是对相关问题展开审查和研究,包括技术问题、经济和社会影响、伦理道德和法规审查等;四是在规定时间内,就委员会工作成果向有关部门提交报告。[2]

现阶段智能驾驶汽车的安全监管主要围绕道路测试展开,测试监管一般涉及智能驾驶定义、测试许可、车辆注册、保险机制等。围绕道路测试,各国的立法主要从对道路测试提出安全保障要求、通过记录和报告制度监测智能驾驶系统运行安全和通过试点项目逐步允许智能驾驶汽车商业化利用三个方面进行立法。在智能驾驶汽车安全评估标准明确方面,美国交通部发布的《联邦自动驾驶汽车政策》(*Federal Automated Vehicles Policy*)、《自动驾驶系统 2.0:安全愿景》及参议院自动驾驶汽车法案(S. 1885 法案)均对其作出了相应的规定。以美国安全愿景 2.0 所提出的 12 项自动驾驶车辆标准为基础,结合其他国家的规范实践,备受关注的高级智能驾驶车辆性能和安全标

---

〔1〕 2015 年英国政府创建了联网和智能驾驶车辆中心(Centre for Connected and Autonomous Vehicles,简称 CCAV),该中心是交通部和商业、能源和工业战略部的下属机构,致力于智能驾驶技术咨询、网络安全指导、法规监管建议、市场预测、社会影响研究和项目资助等多项工作。联网和智能驾驶车辆中心的核心目标是在不影响技术安全、公共安全和隐私保护的前提下,确保政府监管步伐跟上技术发展速度,最大限度地发挥智能驾驶技术的经济和社会效益。在美国,州和联邦政府均积极推进设立自动驾驶专门委员会,并明确相关机构的监管职责。例如,在联邦层面,《自动驾驶法案》(S. 1885 法案)提出设立高度自动汽车技术委员会;《自动驾驶法案》(H. R. 3388 法案)赋予国家公路安全管理局智能驾驶汽车监管权限,要求升级、出台新的自动驾驶汽车安全标准,并提出设立高度自动汽车咨询委员会。在州层面,特拉华州州长 John Carney 于 2017 年 9 月签署了一项行政命令,设立了连接和自主车辆咨询委员会,负责提出政策建议等。

〔2〕 腾讯研究院:《寻找无人驾驶的缰绳——2018 年全球自动驾驶法律政策研究报告》,浙江出版集团数字传媒有限公司 2018 年版,第 42-43 页。

准主要有系统安全、自动化功能、数据记录、网络安全、验证方法、人机交互界面、耐撞性、碰撞后车辆行为、车联网、遵守法律等十项[1]。

在具体监管措施上,各国均采用统一的限制措施,这样的模式显然未充分考虑 L5 级别的智能驾驶汽车,因此根据智能驾驶的级别采取不同的监管措施和责任认定方式更能适应智能驾驶技术的发展。

(三) 明确智能驾驶主体的责任分担机制

各国围绕智能驾驶主体责任分担机制的规定主要从责任主体和责任规则两方面展开。大部分国家认为智能驾驶汽车交通事故的侵权责任主体应从司机扩大到制造商、软件设计者等主体。[2] 除了责任主体的延伸,驾驶自动化(Driving Automation)还意味着可能需要对相关的责任保险制度进行重构,因为司机的角色已经从人类转移到了计算机。责任规则设计上,部分国家认为过错责任、产品责任等既有责任规则足以应对智能驾驶技术带来的损害[3],也有关于赋予智能机器人独立法律人格以应对智能驾驶技术带来的损害的探讨与尝试[4]。

从全球来看,对于规则路径的设计主要存在以下几种思路:一是借鉴侵权责任法关于危险责任的规定,让智能驾驶汽车的制造商或者使用者承担严格责任(Strict Liability)。二是建立赔偿基金以便让智能驾驶系统具有直接承担责任的基础。现阶段赋予人工智能法律人格仍有较大争议,但为人工智能绑定一个类似法人资金库的制度却是可以实现的。通过与智能驾驶技术相关联的多个利益相关方的投入,建立智能驾驶系统赔偿基金,在事故发生时,由智能驾驶系统赔偿基金承担赔偿责任,这在一定程度上可以豁免制造商的部分责任。当然,这时责任承担仅限于财产类责任。差别化责任

---

[1] 腾讯研究院:《寻找无人驾驶的缰绳——2018 年全球自动驾驶法律政策研究报告》,浙江出版集团数字传媒有限公司 2018 年版,第 62 - 73 页。

[2] 德国《智能驾驶汽车伦理报告》认为,就自动网联驾驶系统而言,事故责任从之前完全由个人承担转变为涵盖驾驶员、驾驶系统制造商和运营者以及负责基础设施、政策和法律制定的主体;相应的法律责任制度和法庭审判实践应及时做出有效调整,以反映这一转变。

[3] 德国《智能驾驶汽车伦理报告》认为,使用自动化系统所造成的损害应遵从产品责任原则。欧盟委员会也认为,欧盟关于缺陷产品(85/374/EEC)和车辆保险(2005/14/EC)责任的指令对于即将到来的自动化系统是足够的。

[4] 2017 年 2 月,欧盟议会投票表决通过一份关于机器人民事法律规则的立法决议,提出为智能机器人重构责任规则并考虑赋予复杂的自主机器人法律地位即所谓的"电子人(Electronic Person)"的可能性。

(Differential Liability)的设想与此类似,以审批为基础,辅以赔偿基金,通过政府审批的制造商承担有限责任,否则承担严格责任。

新的责任规则是否正式引入到智能驾驶汽车的法律责任承担体系中,需要认真衡量责任规则的适用张力、适用成本与适用兼容性。适用张力是指责任规则是否能够有效地适用于智能驾驶汽车,适用成本是指责任规则的具体实施带来的成本有多大,适用兼容性则是指评估责任规则能否兼顾技术创新需求和公共及个人合法权益保护需求。但可以肯定的是,法律规则一定不是一成不变的,需要因技术发展而变。[1]

(四)配套汽车保险制度的跟进

智能驾驶的发展使得汽车"司机"从人类向人工智能系统发生转变,由此带来的责任承担方式转变必然给当前的汽车保险制度提出新的诉求。当下,各国保险行业及监管机构均积极致力于创建良好的智能驾驶保险秩序,主要呈现以下三大趋势:

一是建立针对智能驾驶汽车测试和商用的强制保险制度。目前各国多将购买保险嵌入道路测试许可制中[2]。二是为智能驾驶汽车扩大和完善强制责任保险制度。传统意义上的强制保险对象排除了被保险人和本车人员,为此新的保险框架主要从将强制性的机动车保险延伸到智能驾驶汽车以便囊括产品责任和将智能驾驶模式下司机的人身损害纳入保险范围两方面进行完善。三是建立以保险公司为核心的损害赔偿机制[3]。当人类驾驶员启用智能驾驶模式时,风险因素从人为失误转向机器故障,而后者将引发车辆制造商的产品责任。而确定"先向保险公司索赔"的制度设计可以避免事故受害者产生到底应该向汽车生产商还是它的车主索要赔偿这样的疑惑,帮助

---

〔1〕 腾讯研究院:《寻找无人驾驶的缰绳——2018年全球自动驾驶法律政策研究报告》,浙江出版集团数字传媒有限公司2018年版,第88-91页。

〔2〕 美国加州规定,对智能驾驶汽车发放测试牌照的前提之一即是测试企业购买不低于500万美元的保险或出具相应金额的保函。新加坡《2017道路交通法修正案》规定,进行车辆测试的人需要在开始之前购买相应保险,或向陆路运输局提交保证金。此外,其他国家如英国、荷兰、瑞典等都提出了类似的保险制度。

〔3〕 英国《自动和电动车辆法案》就确定了"单一保险人模式"(Single Insurer Model),对索赔流程和保险责任的归属进行了创新和调整。依据该法案,如果车辆已经投保,保险公司需要承担第一责任(First Instance Liability);同时将自动模式和手动模式下的车辆责任以及司机责任均纳入同一保单。当然,相应的保险公司的追偿制度设计也被纳入了考虑:当保险公司或车辆所有者对受害方履行赔偿后,对事故有责的第三方要对保险公司承担同等责任。

受害者及时、公平和轻松地获得赔偿,简化救济途径。

（五）数据隐私与网络安全的规制措施

智能驾驶系统对大量数据的收集和分析是其进行算法计算与智能判断的基础。在摄像头、雷达、热成像设备、测距设备等多项传感和记录装置的辅助下,智能驾驶车辆的数据容量远远超过传统车辆。这些来源于消费者的数据将反作用于消费者,最终引发隐私泄露等问题。欧盟、美国和瑞典等国家和组织已对智能驾驶汽车提出专门的隐私保护要求。同时,与数据保护密切相关的另一法律问题——数据产权也逐渐受到关注。智能驾驶车辆收集的数据的产权问题应该分两种情况讨论,其一是具有可识别性的个人数据,其二是非个人数据或经过匿名化处理的数据。前者兼具人身和财产属性,主要存在数据仅归车辆所有人所有和归所有人或使用人所有两种规定[1]。后者则只有财产属性,通过确立数据生产者权利来鼓励公司授权第三方访问其数据,促进数据流通和增值。部分国家也对数据共享的合法化和可行性问题进行了探讨,并主张应通过国家法律政策解决"数据所有权"的不确定性、合理使用数据的边界等问题[2]。

此外,智能驾驶汽车引起的另一个亟待解决的问题是网络安全问题。网络安全的核心要义是高度自动化的车辆或智能驾驶系统的制造商应制定、维护和执行网络安全计划,以实现对网络安全威胁和漏洞带来的安全风险最小化。在安全事件发生前,制造商和其他实体应该使用识别、保护、检测、响应

---

[1] 2014年欧盟委员会发布的《EDR 安装益处研究报告》(*Study on the Benefits Resulting from the Installation of Event Data Recorders*)指出,最有可能的数据所有者是车主。2015年美国《联邦驾驶员隐私法案》(*Driver Privacy Act*,尚未生效)规定,由事件数据记录器(Event Data Recorder,简称 EDR)所收集的数据归车辆所有者或承租者所有,并限制对 EDR 数据的获取。此外,美国普遍规定 EDR 数据只有在经过车主同意后才能下载,但提供了一些例外情况,例如出于法院命令、车辆安全研究或者车辆维修。

[2] 2018年4月,欧盟在其官网上公布了《欧洲企业间数据共享研究报告》(*Study on Data Sharing between Companies in Europe*)报告,认为技术和法律障碍阻碍了企业之间进行数据共享,法律障碍主要在于"数据所有权"的不确定性、合理使用数据的边界以及在 B2B 模式下如何满足保护企业数据的要求,并建议欧盟委员会和各国政府对数据共享保持最低限度的监管(A Minimal Regulatory Approach),以促进 B2B 数据共享机制的发展。同时,鼓励欧盟委员会通过政策导向工具(如交流、建议、指导方针等)为企业提供指导。美国《网络安全信息共享法案2015》(*Cybersecurity Information Sharing Act of 2015*),鼓励企业将信息安全漏洞共享给其他企业及政府部门,消除了企业共享信息的法律风险。

和回复手段做出风险管理决策,消除风险和威胁;建立文档以记录追溯事故发生前以及发生时所有的行为、改动、选择、分析、关联测试和数据。事故发生后,鼓励共享网络安全数据,以促进行业成员吸取经验教训。[1]对此,美国指出制造商和安全研究人员之间可建立稳定联络机制来减少网络安全的风险;安全研究人员将其发现的与程序漏洞相关的信息通知制造商,并为其预留一定时间允许其确认和修复漏洞。

五、我国智能驾驶汽车的法律应对

开放、安全、政策、基础设施是智能驾驶产业发展的四个关键因素,同时,开放、安全以及基础设施的实现也要取决于国家政策的选择。因此,智能驾驶领域的国家政策选择是决定一国智能驾驶技术发展趋势及发展速度的核心因素。

(一)基本思路:赋予智能驾驶合法地位

纵观各国立法,在法律层面允许车辆由计算机操作,即不限定车辆驾驶人为人类驾驶员,这是建立智能驾驶法律规制体系的第一步。因此,我国在回应智能驾驶技术对于公共政策调整的需求上,应从审查、修订现行可能阻碍智能驾驶发展的法律法规开始,赋予智能驾驶合法地位,从而为国内汽车企业与高科技企业研发、测试和后续的智能驾驶商业化应用奠定政策基础。虽然,目前国家发展改革委员会、工业和信息化部、公安部、交通运输部就智能驾驶的建设出台了相应的规范性文件,地方政府也针对性地出台了管理文件,但这些措施仍止步于国家对于一项社会影响巨大的新进技术的最初回应。若试图开展全面的政策构建试点工作,应由全国人大或其常委会颁布相应的试点授权文件,初步在法律文件层面承认智能驾驶的合法性,进而允许相应道路测试和试点项目的开展,包括客运试点和货运试点等,通过试点项目的开展为监管、责任体系、安全保障等方面的进一步立法积累经验。在测试合法化阶段,试点文件应当对测试名单、测试主体的注意义务与公共安全保障义务等进行规定,明确行政主管机关在测试路段的限定、测试车况的记

---

〔1〕 腾讯研究院:《寻找无人驾驶的缰绳——2018年全球自动驾驶法律政策研究报告》,浙江出版集团数字传媒有限公司2018年版,第67-68页。

录、测试区域的安全风险防范以及测试过程中的责任承担等方面的监管职责,以加强智能驾驶汽车测试主体的谨慎之心,提高行业测试标准,促使该行业在发展初期就形成良好的自我规范意识。

(二) 行政法回应:公共行政技术责任体系的构建

公共行政技术责任研究多见于行政管理领域,但其内涵却与法律规制、行政责任体系密切相关。最初学者仅对公共行政中的技术责任进行解释,认为其是行政组织及其工作人员为了提高政府能力和行政绩效,遵照一定条件及时应用技术以及按照一定标准、程序和方法明确责任、履行责任并进行责任评价的机制。[1] 随着人工智能广泛嵌入社会生活,公共行政技术责任内涵也相应地得到了延伸。颜佳华在王美文和朱迪俭对公共行政技术责任进行研究的基础上,提出在人工智能场景下,公共行政技术责任集应用责任和治理责任于一体。应用者角度的公共行政技术责任是指公共行政组织及其工作人员在应用弱人工智能和强人工智能时,对其带来的消极后果所承担的义务;治理者角度的公共行政技术责任主要表现为一种治理责任,是行政组织作为治理主体应当对人工智能的发展、应用和规制承担的相应治理义务。[2]

对于公共行政技术责任的理性审视需要从四个方面进行:谁负责任、向谁负责、负何责任以及如何负责。上述四个问题解决了公共行政技术责任的责任主体(政府及其公务人员)、责任对象(政府内部与社会公众)、责任内容(业务责任和监管责任)、负责手段(意识、制度和行为三个层面)。负责手段中的意识层面强调政府应对所有先进技术持有比公众更前瞻的居安思危意识;制度层面强调政府应积极开展相关论证和制度设计,推动建立人工智能应用行业统一的行动准则,为人工智能场景下公共行政技术责任的定责、履责和追责环节提供依据和保障;行为层面则强调政府应适应科技发展进行治理方式的转变。结合 2017 年发布的《新一代人工智能发展规划》,政府在智能驾驶产业高速发展下,需以行政监管工作为核心,进行如下工作尝试:治理模式选择、与智能驾驶相关的民事与刑事责任确认(将于本节第三部分进

---

[1] 王美文:《论技术责任与道德责任在行政责任中的统一性》,《湖北大学学报(哲学社会科学版)》2005 年第 1 期,第 41-44 页。

[2] 颜佳华、王张华:《人工智能场景下公共行政技术责任审视》,《理论探索》2019 年第 3 期,第 88-94 页。

行论述)、信息安全利用与隐私保护等法律问题研究、人工智能法律主体以及相关权利、义务和责任明确等。下文将从监管主体、监管方式、监管内容三方面进行行政规制手段的具体论述。

1. 监管主体："政府＋企业"的合作规制模式

在监管主体选择上,建议采用"政府＋企业"的合作规制模式。行政主体一方,需要确定权责统一、分工明确的专门监管部门进行统一的规划和指引,避免因多部门交叉监管模式带来的审批许可进展缓慢,导致难以适应发展迅速的智能驾驶技术等不利后果。相比于自上而下的命令和控制,由市场试验与选择出的监管路径往往才是最灵活和顺应技术发展的。因此,这种"制度化的措施"需要由政府和企业共同来实施,体现在智能驾驶汽车领域,就是汽车制造企业与研发人员深度参与科技行政执法规则的形成过程。行政机关通过利用市场开放竞争法则、私人财力与专业等资源来完成公共任务与保护公共利益,进一步深化国家、社会以及市场主体的合作程度,解决了传统行政规制模式下科技人才不足的问题。在智能驾驶汽车的监管问题上,政府需要依赖生产企业、销售公司以及社会公众来加强监督,以降低智能驾驶汽车的监管成本,提高行政机关的监管效益。此外,明确中央和地方政府在智能驾驶监管上的权限和分工,在国家和地方之间统一标准,有利于为技术创新提供一个规范、明确的监管环境,协同推进技术创新和落地。

2. 监管方式:综合应用行为监管与技术监管

在监管方式选择上,综合应用行为监管与技术监管。行为监管模式可以借鉴美国NHTSA发布的《自动驾驶系统2.0:安全愿景》中对政府主管部门在智能驾驶汽车发展过程中的政府定位与监管措施的详细规定。首先,明确政府在智能驾驶监管中应提供"技术中立"的市场环境,在市场准入机制上不排斥其他符合条件的主体进入智能驾驶领域,为传统车企、互联网企业和其他潜在主体在智能驾驶领域的探索提供充分、公平的发展平台,并为智能驾驶企业在特定情形下的退出与责任清理设置必要的市场准出机制。其次,逐步建立起智能驾驶执照许可制度和登记注册程序,对所有智能驾驶汽车进行注册和登记,确立智能驾驶汽车年检制度及标准,涵盖外观、技术状况以及智能系统健康状况检测等方面;规定年检不合格的车辆需承担相应的扣证修复或者禁止上路等后果,并要求相关实体和测试者以担保债券或自我保险的形式确定财务责任。再次,制定报告和沟通机制来实现测试者与公共安全机构、其他道路使用者和社会公众的沟通与协调,记录交通道路事故。最后,审查可能阻碍智能驾驶汽车运营的交通法律法规，防止不必要的监管阻碍智能驾驶汽车的发展。

技术监管模式既包括针对智能驾驶汽车本身的监管，也包括对辅助技术发展的监管。首先需解决智能驾驶初步发展阶段对辅助技术发展的监管尺度问题，对《测绘法》和《地图管理条例》进行修订，在满足国家安全要求的前提下，允许放宽对智能驾驶企业在地图精度、格网大小、地图信息标注（如桥梁、公路、隧道等相关属性）等方面的监管要求。通过试行阶段的经验总结，明确汽车的智能系统和配套设施的安全标准，并建立完备的智能驾驶汽车技术审查标准，确保汽车软件与硬件的可检测性、检测结果与规制手段的对应性。其次，强制性地要求所有智能驾驶汽车安装"行驶数据记录仪"（也称"算法黑匣子"），确保智能驾驶系统运行过程的可视化，降低由智能驾驶系统决策机制的不确定性带来的风险，协助对交通违法动态信息的处理和统计分析。同时，建立智能驾驶运输车辆行驶状态监控体系，运输企业应当按照标准建设道路智能车辆动态监控平台，或者使用符合条件的社会化卫星定位系统监控平台，对所属道路运输车辆和驾驶员运行过程进行实时监控和管理。此外，对智能驾驶汽车发展过程中出现的新型问题，及时考虑将技术监管纳入法律政策规制的范畴内，使得技术发展与法律规制良好配合。

3. 监管内容：保护网络安全与数据隐私

政府在智能驾驶中的监管内容涉及方方面面，其中以网络安全及数据隐私保护为最主要也是最重要的内容。网络安全监管制度的核心在于，规定智能驾驶系统制造商制定、维护和执行网络安全计划的义务，实现对网络安全威胁和漏洞带来的安全风险最小化。在安全事件发生前，制造商应该使用识别、保护、检测、响应和回复手段做出风险管理决策，消除风险和威胁，并建立文档以记录追溯事故发生前以及发生时所有的行为、改动、选择、分析、关联测试和数据。事件发生后，鼓励共享网络安全数据，以促进行业成员吸取经验教训。[1] 对此，可借鉴美国的做法，其要求制造商和安全研究人员之间建立稳定联络机制，以减少网络安全风险；安全研究人员将其发现的与程序漏洞相关的信息通知制造商，并要求制造商在一定时间内确认和修复漏洞。

对于数据隐私保护，应要求所有智能驾驶汽车制造商建立智能驾驶信息

---

[1] 腾讯研究院：《寻找无人驾驶的缰绳——2018年全球自动驾驶法律政策研究报告》，浙江出版集团数字传媒有限公司2018年版，第67-68页。

评估与保护机制。包括及时采取技术措施评估已搜集数据的隐私影响范围，指定数据信息保护联络人；制定隐私保护方案，将智能驾驶汽车用户信息的收集、利用、分享和存储等规则向公众释明，并制定补充处理方案，以保证不想共享个人数据的使用者能正常使用汽车；为企业设置定制的隐私权规则，以数据去识别化、缩小化等手段尽可能地避免企业存档用户的信息泄露。

（三）民法与刑法回应：交通事故归责路径的明确

在智能驾驶引发的法律责任确定上，学界对现有的民事责任规则与刑事入罪路径均进行了大量的论证与讨论，在不同责任方式中，主体和归责方式的确定均有所差异。在讨论智能驾驶归责路径前，需要明确的前提是：有损害，必有责任。无论选择什么样的法律方案来解决智能驾驶的责任问题，都不应该在财产损害之外的案件中限制被侵权人应被弥补的合法权益，也不应基于损害是由非人类行动者（即智能系统自身）造成的这一理由限制受害人可能获得的赔偿或减轻应受到的刑罚。

1. 责任主体确定：车辆驾驶人、车辆所有人和汽车生产者的责任分担

智能驾驶技术层级的划分表现出智能驾驶技术发展的阶段性特征，智能驾驶层级的提升既是解放人类四肢的过程，也是注意义务转移的过程，该注意义务的转移并非单向的转移，而是注意义务的共担或共享。需要说明的是，智能驾驶系统开发者、智能驾驶汽车制造者和智能驾驶汽车的测试平台之间通常会存在较为复杂的许可协议和风险协议，最终的责任承担可以根据内部约定进行认定，对外承担不真正连带责任，对内根据双方的过错或合同约定对其进行追责。[1] 因此，下文将系统开发者、车辆制造者等相关主体统一为汽车生产者。

SAE International 标准和《汽车驾驶自动化分级》属于技术性标准，但其本质上已从操控主体、环境观察主体和激烈驾驶应对主体三方面详细阐述了注意义务的分配。在 0/L0 层级的传统驾驶中，注意义务主体仅限于人类驾驶者；1—3/L1—L3 层级中，人类驾驶者实际上与汽车生产者共担注意义务；4—5/L4—L5 层级中，生产商作为主要责任主体承担责任。但在 4—5/L4—L5 层级中，人类驾驶员仍可以选择辅助驾驶模式，辅助驾驶模式进一步分为两种类型：机动车所有人与使用人一致型和机动车所有人与使用人不一致型，两

---

[1] 张建文、贾章范：《〈侵权责任法〉视野下无人驾驶汽车的法律挑战与规则完善》，《南京邮电大学学报（社会科学版）》2018 年第 4 期，第 25-33 页。

者的责任主体认定规则需在区分遭遇险情系统是否及时向人类驾驶者发出请求或告知的基础上,考虑驾驶人与生产者承担责任后,是否需与机动车所有人再次分担责任。[1]

在完全自动驾驶模式中,系统彻底取代人类驾驶者,完全掌控机动车运行支配,承担所有注意义务,系统背后的主体——生产者继受了人类驾驶者所有的权利义务,其法律地位等同于现行0级/L0级中的人类驾驶者。在以上6个层级、两种驾驶模式下,具体不同情形下责任主体及责任类型的区分见表12-3。

表12-3 智能驾驶责任主体及责任类型(SAE International标准和《汽车驾驶自动化分级》)

自动化等级	驾驶模式	是否启用智能驾驶技术	责任主体	机动车所有人与使用人一致时的责任类型	机动车所有人与使用人不一致时的责任类型
0/L0	人工驾驶(默认)	未启用	人类驾驶者	自己责任	人类驾驶者+所有人:按份责任或者连带责任
1—2/L1—L2	辅助驾驶(默认)	遭遇险情系统及时回应或告知	人类驾驶者	自己责任	人类驾驶者+所有人:按份责任或者连带责任
3—5/L3—L5	辅助驾驶(选择)	启用 遭遇险情系统未能及时回应或告知	人类驾驶者+汽车生产者	连带责任	首先:人类驾驶者+汽车生产者对外连带责任 其次:(人类驾驶者+汽车生产者)+所有人按份责任或者连带责任 再次:人类驾驶者、汽车生产者和所有人三者内部责任的划分依据《民法典》第1171-1172条而定
	全自动驾驶(默认)	启用	汽车生产者	自己责任	汽车生产者+所有人:按份责任或者连带责任

---

〔1〕 张龙:《自动驾驶型道路交通事故责任主体认定研究》,《苏州大学学报(哲学社会科学版)》2018年第5期,第73-80页。

2. 责任认定规则：归责路径的阶段性类型化探讨

在智能驾驶领域的责任方式认定上,损害原因的确定(刑法对应为犯罪客观方面因素的考量)仍然是主要的因素。根据事故原因的不同先将损害分为人为操作错误致损、智能产品本身的错误致损、无法认定何种原因造成的损害三种[1],然后在现有的法律框架下分阶段、分原因探讨智能驾驶汽车致人损害的责任承担。

人为操作错误导致的损害,即智能驾驶汽车的人类驾驶人在驾车过程中因操作错误导致发生道路交通事故,致第三人损害的情形。智能产品本身的错误致损,即因智能驾驶系统运行错误导致发生交通事故,致第三人损害的情形。无法认定何种原因造成的损害,即智能驾驶汽车在运行中发生交通事故致第三人损害,既有证据无法认定事故发生原因的情形。第三种情况下,考虑到智能系统发展过程中的不确定性与难预测性,将基于技术中立所产生的替代责任纳入可能的责任体系中。替代责任主要是追究汽车保有人的责任,但虑及智能驾驶技术初步发展阶段及汽车保有人作为消费者的弱法律地位,应从责任承担的配套制度中寻求出路。上述三种损害类型下不同情形对应的归责路径可见表12-4。

表12-4 根据损害原因(客观方面)确定的归责路径

情形	损害类型	责任方式	适用	入罪方式
辅助驾驶中人类驾驶者操作错误	人为操作错误致损	过错责任	由车辆所有人与使用人对外承担责任,对内按照现行规定承担按份责任或者连带责任	交通肇事罪
全自动驾驶中人类驾驶者的不当介入或操作失误				
车辆所有人或者管理人未按照制造商的要求将汽车送回进行升级或完善致损				
未履行汽车周期性的保养、维护、系统升级、维修、操作系统定期校正等义务致损			保有人责任	

---

[1] 王甜莉:《智能驾驶汽车致损的责任承担研究》,《武汉交通职业学院学报》2018年第4期,第21-26页。

续表

情形	损害类型	责任方式	适用	入罪方式
车辆自身硬件设施瑕疵	智能产品本身的错误致损	产品责任	(1)建立生产者免责机制：传统产品责任的三种免责事由及驾驶的伦理性免责 (2)配套制度：完善责任分流机制,合理减轻生产者的责任	生产不符合安全标准的产品罪
智能系统运行错误				
损害原因无法判断,事故的发生是由于系统智能判断的结果				
超级算法不可预测性导致的损害	无法认定何种原因造成的损害	技术中立替代责任	保险体系	
其他			配套制度辅助因果关系认定	

3. 配套制度：强制责任保险、赔偿基金和"黑匣子"技术的组合适用

智能驾驶技术带来的责任归咎,除了常规的损害事实发生后的责任确定外,还需要明确在损害事实尚未发生时各相关主体所应承担的风险预防责任。此时,配套制度则重在前期数据记录分析与风险预防,具体内容包括要求购买强制责任保险、设置赔偿基金、配置记录行驶信息的"黑匣子"等。强制责任保险是考量公共利益政策的特殊责任保险[1],能够有效地集合风险、分散损失,同时,通过强制性责任承担的方式保护第三人利益,以达到损害救济、风险控制和社会效益最大化的目的[2]。这一保险制度包括确立制造商为其生产的智能驾驶车辆购置保险的法律义务以及车辆所有人对其所有的智动驾驶车辆购买此类保险的法律义务,为登记注册的智能驾驶车辆实行生产者责任保险和机动车责任保险并行的双保险制度。此外,赔偿基金的设立可以确保未被保险覆盖的损害可以得到弥补,在一定程度上减轻制造商的财产类责任。[3]

在智能驾驶汽车上装备黑匣子可以推进以下工作开展：记录交通事故发生时汽车驾驶模式(处于自动驾驶模式还是人工驾驶模式)以适用不同的

---

[1] 郭锋、胡晓珂：《强制责任保险研究》,《法学杂志》2009年第5期,第43-51页。

[2] 张建文、贾章范：《〈侵权责任法〉视野下无人驾驶汽车的法律挑战与规则完善》,《南京邮电大学学报(社会科学版)》2018年第4期,第25-33页。

[3] 参见司晓、曹建峰：《论人工智能的民事责任：以自动驾驶汽车和智能机器人为切入点》,《法律科学(西北政法大学学报)》2017年第5期,第166-173页。

责任规则;记录汽车运行时的各项数据(车速、刹车状况、油门位置、引擎转速、使用人是否系安全带等)以分析确定交通事故发生的具体原因,进而更为精准地分配责任;记录使用人的生理状态、介入环境、介入措施等数据,据以判别使用人是否妥当履行接管职责,从而合理界定责任。[1] 此类规制措施虽然加重了生产者负担,但却在合理的限度范围内,且并未构成技术研发与产业应用方面的主要障碍。更重要的是,其缓解了智能驾驶汽车在出现事故时的问责困境,不仅能给予当事人相应赔偿,同时也有利于追溯、解释事故的因果逻辑。

(四)伦理回应:保留人类控制权与谨慎赋予人工智能法律人格

1. 明确优先选项与保留人类控制权

遇到类似"电车难题"这样的伦理困境,成熟的智能驾驶系统必须做出合理的伦理选择。理论上,智能驾驶汽车可以通过两种方式避免做出伦理选择:一是实现零碰撞;二是智能驾驶系统在碰撞前将选择的权利交还给驾驶人。但实践中这两种方式都存在问题。其一,目前智能驾驶汽车的探测技术尚不能做到全覆盖识别,因此很多客体(如小动物)无法被及时准确识别,即使配套探测、监控与计算系统已足够先进和可靠,在动态、复杂的驾驶环境中仍然无法避免道路中突然出现的行人、非智能驾驶汽车等主体,因此零碰撞基本无法实现;其二,在人机切换机制下,尚不论要求处于智能驾驶环境中的人类承担及时接管驾驶义务的可行性,即使能够通过程序设置预留足够的时间让驾驶人顺利接管汽车,并以驾驶人作出的选择为优先选项,驾驶人接管汽车后也未必能够作出最佳选择,其本质是将伦理选择推给驾驶者,这既不符合智能驾驶的发展趋势,也不利于最优结果的产生。也有学者基于此主张建立了一套自上而下的机器伦理规则,通过规则指导智能驾驶汽车的伦理选择[2],这一点依靠于智能驾驶系统的源代码编写与自主学习能力。但若智能驾驶系统自身能妥善作出伦理选择,另一个横亘在人们面前的问题是:当智能驾驶系统作出的伦理选择造成人类人身财产权利遭受侵害时,是否需要赋予智能驾驶系统独立法律人格来承担相应的法律责任?

---

[1] 郑志峰:《自动驾驶汽车的交通事故侵权责任》,《法学》2018年第4期,第16-29页。
[2] 和鸿鹏:《无人驾驶汽车的伦理困境、成因及对策分析》,《自然辩证法研究》2017年第11期,第58-62页。

2. 赋予人工智能法律人格仍需考量

从审视我国现有法律体制和智能驾驶汽车自身的特性与发展现状来看，不宜赋予智能驾驶汽车独立的法律人格。首先，我国现行道路交通事故处理规则中规定的"机动车一方"责任主体，是指机动车的所有人、法人或非法人组织，在人工智能尚未被赋予责任主体资格的情况下，思考智能驾驶汽车事故中智能驾驶技术背后的自然人、法人或非法人组织如何承担责任，远比围绕承认智能驾驶系统的法律人格建立全套责任体系更具有现实性与可操作性。其次，智能驾驶系统表现出的自我意识和自我提升（如自动升级）实质上是数据的更新和逻辑的运算，而不是情感层面的反馈，作出的价值判断也是基于程序的事先设置与对应信息的摄入，因缺少自我情绪认知和独立价值判断能力，我们无法在道德方面对其进行谴责，也无法分析其伦理决策的主观因素。最后，智能驾驶汽车的智能识别系统是基于复杂的程序设计，对相关因素进行综合运算后的最终结果，它不能像自然人一样识别自身行为的义务、对错和违法性等情形。即使是完全自动化阶段的智能驾驶汽车，也是在设计程序的基础上，逐渐尝试作出一些微小的独立判断，但同样的，其本身无法预先认识到这样的价值判断的相应后果，不存在主观过错责任机制的适用空间。因此，智能驾驶系统不具备法律治理体系要求的权利能力与行为能力，更无法独立承担基于人格、生命、健康等特质形成的责任，其不具备法律主体的基本要素，应将其定位为"物"，即法律关系的客体与法律行为的对象。对于智能驾驶汽车运行过程中致人损害的责任承担，只能基于所有人责任、驾驶人责任、生产者责任、替代责任等责任承担规则，来设计智能驾驶汽车的法律责任体系。

第十三章

快递物流行业法律问题研究

近年来,城市快递物流行业呈现爆发式的增长,不但对城市交通规划提出了更高的要求,同时也深刻地影响着城市交通文明建设。城市快递物流行业一方面加剧了城市非机动车道路的交通拥堵,另一方面增加了道路交通安全隐患,同时也影响到了快递服务需求者的合法权益。因此,研究城市快递物流的文明建设,探寻快递物流行业的治理对策,是城市交通文明建设的一项重要课题。

一、快递物流行业与城市交通文明建设的关系

城市交通一般涉及城市中的公路、铁路、水路、轨道交通、公共交通、停车、慢行交通、物流系统八个方面,快递物流行业作为城市交通的一个重要方面,对城市交通文明建设有着重要的影响。

(一) 城市快递物流行业现状

1. 城市快递物流的概念

2007年5月1日,新的国家标准《物流术语》(GB/T 18354—2006)正式实施,该标准将"物流"定义为"物品从供应地向接收地的实体流动过程。根据实际需要,将运输、储存、装卸、搬运、包装、流通加工、配送、回收、信息处理

等基本功能实现有机结合"[1]。有学者认为"物流是一个物品的实体流动过程,在流通过程中创造价值,满足顾客及社会性需求,也就是说物流的本质是服务"[2]。2013年交通运输部颁布的《快递市场管理办法》第三条将"快递"定义为"在承诺的时限内快速完成的寄递活动。寄递,是指将信件、包裹、印刷品等物品按照封装上的名址递送给特定个人或者单位的活动,包括收寄、分拣、运输、投递等环节"。由此可见,物流已成为交通领域不可或缺的重要组成部分。本章所称的快递物流是指快递企业依托快递信息管理系统,利用公路运输、铁路运输、航空运输等手段,将小型物品在约定的时间内寄递到特定的单位或个人的运输配送活动,主要包括收寄、分拣、运输、投递等环节,以追求时效性、便捷性为主要服务目标。

2. 城市快递物流行业的现状

随着现代科技和交通的发展,近年来我国城市快递物流行业也得到了迅猛发展。根据国家邮政局统计,2016年第一季度,"全国快递服务企业业务量累计完成57.7亿件,同比增长56.4%;业务收入累计完成773.1亿元,同比增长42.1%"[3]。在国家总体宏观经济持续增长的基础上,快递物流行业仍然保持着强劲的发展劲头,在国家GDP发展中占据日益重要的地位。城市快递物流行业之所以得到前所未有的快速发展,其因素是多方面的。首先,在全球经济一体化的背景下,各种经济要素的自由流动性不断加强,国际国内贸易流通需求以及人们对生活品质和服务的要求日益提高,这些都不断推动着城市内部、城市与城市之间、城市与乡镇之间、国内与国外城市之间的快递物流行业的快速发展。其次,在互联网技术快速发展的背景下,新兴电商行业的迅猛崛起推动着城市快递物流行业不断优化、升级,电商企业与快递物流企业在这种新型的经济模式下互相推动,使得快递物流业成为电子商务模式所依赖的重要媒介。最后,便捷的网上购物模式给予消费者更多的选择,小到日常生活用品、蔬菜生鲜,大到家用电器、汽车等物品均可以在网上实现一键下单,享受送货上门的服务,直接节省了消费者在实体商场花费的

---

〔1〕 参见国家标准委员会:《物流术语》(GB/T 18354—2006),http://openstd.samr.gov.cn/bzgk/gb/newGbinfo? hcno=91434A17CE8256349F50E069590E7070,访问时间:2022年4月9日。

〔2〕 汝宜红:《物流学导论》,北京交通大学出版社2004年版,第2页。

〔3〕 参见中国快递协会:《国家邮政局关于2016年一季度邮政行业经济运行情况的通报》,http://www.cea.org.cn/content/details_15_12681.html,访问时间:2022年4月9日。

时间和精力，方便快节奏、高压力的都市人群从日常琐事中摆脱出来，消费者的服务体验与需求也间接地推动着城市快递物流行业的发展。

目前，我国城市快递物流行业主要形成了国营、民营、外资企业三足鼎立的格局。国营快递物流企业以邮政 EMS 快递为标志，有着系统化和标准化的配送服务体系，但是在服务效率和质量、价格层面仍然存在诸多问题；民营快递物流企业中以圆通、中通、申通、百世汇通和韵达为首的"四通一达"，加之后期发展起来的顺丰、天天、全峰、德邦等快递企业，基本包揽了国内电商快递物流行业的所有业务，它们在价格和速度上占据绝对优势，但在快递配送安全度、业内竞争层面仍有提升空间；外资企业诸如中外运敦豪(DHL)、联邦快递(FedEx)、联合包裹(UPS)以其全球化的物流系统和先进的技术管理模式，占据了大部分国际物流业务，且在配送时效和服务质量方面领先于国内，满足了国内消费者对国际小宗货物的购买和运输需求。

与此同时，我国的城市快递物流行业发展还极其不均衡，主要表现在快递物流业的分布和服务质量及水平上。事实上，我国的城市快递物流行业发展与城市的经济发展水平和消费者的消费水平、消费习惯都有着密切的关系。虽然以 EMS 为主的国营快递物流服务点已经基本遍布国内各个城市、乡村，但由于其配送周期长、服务价格高往往不受电商卖家与网上购物者的青睐；而民营快递企业由于自身资金和发展的局限性，主要集中在经济发达的一、二线城市和部分三、四线城市，围绕着珠三角、环渤海、长三角经济区发展，中部和西部地区的营业网点则较少甚至没有。

毫无疑问，城市快递物流行业的发展有着巨大的发展前景。作为创新型经济发展的重要媒介，拥有诸如涉及领域广泛、吸纳就业人数众多、技术性要求高、附加产值高、收费较低等特点。但与此同时，该行业也暴露出众多引起社会关注的重大问题，诸如因收件未经核验导致危险物品在运输过程中发生爆炸、被贩毒分子作为传递媒介、客户信息被随意倒卖、顾客快件被野蛮分拣造成的货品损坏、快递员恶意延误快件配送、随意私拆客户快件、随意丢弃甚至偷盗客户快件、终端配送导致交通拥堵、增加行人出行危险等。对此，国家邮政局联合相关部门制定出快递业的"快递安全""签收新规""实名制""延误索赔""禁摩限电"等政策措施来规范快递行业的发展。城市快递物流行业作为城市交通的重要方面，其对客户信息进行采集、快件收取、分拣流程、终端配送等各个环节直接关乎交通参与者与交通管理者的文明建设，也关系到交通设施与交通制度文明建设，对城市整体文明建设有重要的影响。

（二）快递物流行业对城市交通文明的影响

城市交通文明建设除却自身概念内涵，在外延上还涉及物质文明、精神文明、政治文明、生态文明等方面，是与人、车、路等交通要素相关联的出行权、路权空间、范围、边界等权利保障的综合体。因此，快递物流行业对城市交通文明建设的影响是多方面的，既包括积极影响，也包括消极影响。

1. 对城市交通文明的积极影响

城市交通文明建设内容丰富，包括但不仅限于交通行为、交通安全、交通管理等要素，这就要求我们在研究快递物流行业对城市交通文明的积极影响时不能仅仅局限于与人、车、路等交通要素相关联的问题，而应该深入到整体城市交通体系中考量。

（1）节约交通运输资源

作为电子商务线下配送的主要媒介，快递物流配送可以在较短的时间内实现卖家与买家之间的货物传递。按照原始的零售业消费运营模式，消费品的采购仍然需要大量零碎的、无序的交通出行，这无疑会增加已负荷严重的城市交通运行压力、增加汽车排放尾气的污染以及高峰期出行所造成的交通安全等问题。特别是随着国家经济发展水平的提高，消费品的更新换代加快，这也使公众对各种消费品的需求呈现上升态势，从而对交通运输资源的利用占了相当大的比例。但是"网上购物可以将不同消费者的破碎无序的购物出行转化成集中有序的货物运输和快递'点到点'的配送活动，出行效率大大提升。在此背景下，交通运输规划者聚焦于网上购物对人们出行模式和物流模式两方面的影响，认为网上购物对个人出行需求管理和交通拥堵、土地利用具有积极作用"[1]。因此，相较于传统的零售购物模式，城市快递物流行业可以有效地减少公众购物出行，将零散的个人交通出行需求有序整合，发挥快递物流配送的最高效率，以节约交通运输资源。

（2）促进交通运输资源的整合利用

由于以货物仓储、运输、配送为关键环节，城市快递物流行业自然要充分依托城市交通体系的固有格局，综合利用公路、铁路、航空运输等系统资源，最大限度地提升交通运输资源的效率。"近年来，为满足社会物流需求特别

---

[1] 刘学、邓化媛：《网上购物对购物出行和城市物流的影响研究》，《特区经济》2016年第5期，第166页。

是快件运输需求,铁路部门推出了高铁快运、电商特快班列等快捷货运系列产品。'双十一'期间,仅北京始发的高铁列车就有200余趟进行快件运输,全国每天有170列次的高铁动车'兼职'运送快件"。例如,顺丰速运作为较早与铁路系统进行合作的快递企业,就充分利用了铁路系统发达的交通网络,并以其"当日达""次日达"等业务受到消费者的赞誉。又如,作为老牌快递物流企业的圆通速递公司则认为虽然快件的运输时效要求高,但配送环节也非常重要,"即时配送的时效要求比快递物流要高得多"[1],因此在2016年"双十一"期间,就与"饿了么"网上点餐平台进行战略合作,利用其成熟的外卖配送系统"蜂鸟"进行快件配送,以分散其高峰期的快件配送压力。

（3）推动城市交通规划的不断完善

"城市交通规划旨在统筹城市交通发展与城市发展,科学配置交通资源,制定交通设施策划方案和规划实施保障政策,为科学决策提供技术支撑"[2],这是一个动态的、不断发展变化的过程,需要根据城市交通发展的概况和现实需求进行调整,以满足交通需求与供给之间的平衡。近年来,伴随着电子商务的大规模发展,城市快递物流行业的爆发式发展所引起的交通问题充分暴露出原有城市交通规划的局限性,并由此引发一系列城市发展问题。如城区缺少物流终端配送点导致快递员配送只能临时占用行人或非机动车道路,并由此造成交通拥堵。针对这些问题,一些地方在进行城市交通规划时开始关注城市快递物流港的配套设施问题,并且将城市快递物流行业纳入城市综合规划的进程中。例如,2015年5月北京市政府在研究《城市综合交通体系规划》编制工作时,北京市邮政管理局强调首都快递业的迅猛发展形势,以及与互联网＋、金融＋、智慧城市互为促进的新兴发展态势,对首都经济发展起到强有力的支撑服务作用,建议在首都综合交通体系规划中增加快递物流园区的专项子规划,推进快件上机、上铁的通道建设,体现立体交通和交邮融合发展。

2. 对城市交通文明的消极影响

电子商务的发展虽然带动了城市快递物流行业的发展,但是各快递物流公司在加快快递物流终端配送的时效性,满足快递服务消费者需求的同时,也出现了诸多严重影响城市交通建设的新问题。

---

〔1〕 中国物流信息中心:《快递大招:科技应用＋资源整合》,http://www.clic.org.cn/wltjyjyc/276495.jhtml,访问时间:2022年4月9日。

〔2〕 周楠森:《城市交通规划》,机械工业出版社2011年版,第5页。

(1) 加剧非机动车道路交通拥堵

城市交通拥堵问题的成因是多方面的,如原有的城市道路交通容量、交警的管理水平、非机动车和行人的违章率等。众所周知,城市快递物流配送是一个高频率、追求时效的服务行业。其主要的服务对象相对分散,配送活动需要深入到基层、送货上门,加之市场无序竞争等因素,其终端配送系统常常依靠快递员的人力及电动车等非机动车作为主要运力。目前只有京东、顺丰、亚马逊等主流网络平台的自营商品类可以实现指定时间送货上门,避开上下班高峰期,而圆通、中通、申通、汇通、全峰、天天等快递企业还只是依靠企业固定的配送周期进行服务,这种传统的配送周期未考虑到大部分收件人的工作间隔,依然安排快递员在中午、下午等上下班时段配送,这无疑会给上下班高峰期的道路交通增加运输压力。尤其是城市快递终端配送所使用的电动车等非机动车辆会频繁占据非机动车道路空间,从而加剧了非机动车道路的交通拥堵。此外,在节假日以及电商促销日,网上购物者的集中消费也会打乱各快递物流企业的日常配送周期,往往在一天内进行多次周转、多次配送,这也会加剧节假日原已不堪负荷的交通拥堵。

(2) 增加道路交通安全隐患

城市快递物流行业除了依靠航空、铁路长距离运输外,中短途的城际运输、区际运输主要依靠集装箱式的公路运输,最后"一公里"的配送主要依靠电动车。因此在道路安全方面,快递集装箱车辆运输和电动车配送更容易出现交通安全隐患。主要表现为:一是快递厢式运输车辆往往为了追求时效性,达到公司规定的运送时效要求,司机常常疲劳驾驶、超速驾驶,因而很容易导致交通事故,危及他人行车安全。尤其是在"双十一"期间,各大快递物流公司常常安排密集的夜间运输,从而导致交通事故。二是电动车作为城市快递终端的主要工具,因其具有价格低、速度快等特点,故可以在城市大街小巷里灵活穿梭,也正因为如此,电动车的运输更容易在街头巷尾发生交通安全事故。同时,在配送任务方面,快递员为了追求"最大经济利润",常常是"多拉少跑",在较小的车体上放置尽可能多的货物,但这样很容易影响其他行人和车辆驾驶员的视野,从而带来交通安全隐患。三是为了增加业务量和加快收件效率,很多具有安全隐患的包裹经常未经检视就进入快递配送流程,最终导致在运输或分拣过程中发生爆炸或自燃现象,严重危害其他交通出行者的人身安全。

（3）侵害快递服务需求者的合法权益

城市快递物流行业作为一种服务行业，贯穿收件、仓储、分拣、运输、配送等整个流程，每一个环节的失范都可能造成对快递服务需求者合法权益的侵犯。我国目前的城市快递物流配送行业，其配送数量和巨额效益在国际上都绝无仅有。相对于国外快递配送行业的规范性，我国的城市快递物流行业从某种程度上建立在对快递员的劳力压榨上，因此快递员的流失率比较高，并且对行业的归属感较低，随之造成了快递员准入机制门槛低、整体素质相对较低的恶性循环。由于工作压力大，部分快递员的服务态度也会受到工作强度的影响，对消费者的反馈不及时或态度恶劣；而针对客户投诉的处置不当，又加剧了快递员与客户之间的紧张关系，影响到客户的服务感受。

此外，由于在快递收件、派件的过程中，终端快递员都会直接接触到客户姓名、住址、联系方式等私人信息，如果对这些敏感信息处理不当，客户的隐私权甚至生命权就会受到侵害，近年来快递员上门揽收快递或派送快递时抢劫或杀害女性客户等事件就是例证。同时，由于快递员的日常收入是由其基本工资和派件数量提成构成的，目前在一般的二线城市他们的工资只能维持在4 000元左右，只有在"双十一"等电商促销日才可能达到月收入过万的情况。因此，快递员拍单、卖单，倒卖客户信息的行为就成为快递业的一种潜规则，从而造成了巨大的社会信任危机。例如，西安新闻网2013年的一则报道：用户打开淘宝网站页面，输入"单号"一词，就可出现名为"物流客服"的上万个店铺倒卖客户信息，快递员就可以每条信息0.5元到1元的价格卖给买家，买家将大量个人信息汇总后，又以1元到1.5元的价格出售给需要信息的客户，每条信息的利润从0.3元到0.5元不等，对收入相对较低的快递员而言具有相当大的诱惑力[1]。虽然国家已经将倒卖客户信息入刑[2]，但

---

〔1〕 参见西安新闻网：《西安快递哥曝行业黑幕：倒卖客户信息是潜规则》，http://news.xiancn.com/content/2013-10/29/content_2815924.htm，访问时间：2021年2月7日。

〔2〕 参见《中华人民共和国刑法修正案（九）》：
十七，将刑法第二百五十三条之一修改为："违反国家有关规定，向他人出售或者提供公民个人信息，情节严重的，处三年以下有期徒刑或者拘役，并处或者单处罚金；情节特别严重的，处三年以上七年以下有期徒刑，并处罚金。
"违反国家有关规定，将在履行职责或者提供服务过程中获得的公民个人信息，出售或者提供给他人的，依照前款的规定从重处罚。
"窃取或者以其他方法非法获取公民个人信息的，依照第一款的规定处罚。
"单位犯前三款罪的，对单位判处罚金，并对其直接负责的主管人员和其他直接责任人员，依照各该款的规定处罚。"

是由于客户信息倒卖的整个流程都是在网上匿名进行,从而加大了查处、监管的难度,灰色产业链也就屡禁不止,严重危害到快递客户的合法权益。

二、快递物流行业中的法律问题

交通文明建设涉及交通参与者、交通管理机关、交通物质基础设施等多方面的配套制度建设,因此城市快递物流行业领域的法律问题,主要表现为相关法制保障建设缺位、管理部门监管不到位、快递物流行业的自律机制欠缺和基础设施建设不完善四个方面。

(一) 快递物流行业的立法缺位

目前,国内关于快递物流行业的专业性法律法规还未形成完备的体系,国务院已颁布的行政法规只有1部,因而总体上相关立法还有很大的建设空间。

1. 相关法律规范立法层级太低

城市快递物流行业作为我国近年来快速发展的服务业,是关系民生发展的重要行业,对加快区域间经济协调发展具有重要的作用。但是纵观相关的法律规范,立法层级较低是显著问题。法律层面并没有专业性的行业立法,只有2015修正的《中华人民共和国邮政法》(以下简称《邮政法》)第六章对快递业务的资质和经营问题的十条规定;行政法规层面目前主要有两个,一是国务院在2015年10月颁布实施的《国务院关于促进快递业发展的若干意见》,对快递业发展的总体要求、重点任务、政策措施和组织实施四个方面作了规定;二是国务院办公厅于2018年1月23日发布了《国务院办公厅关于推进电子商务与快递物流协同发展的意见》,针对电子商务和快递物流二者的政策法规环境、基础设施建设、配送通行管理、快递末端服务能力、智能化标准建设、绿色生态链建设作出指导性建设意见;部门规章截至2018年1月共有91篇,大多是针对快递物流行业出现社会纠纷与问题,受到社会公众关注时进行的导向式立法,在某种程度上具有针对性,但却缺乏立法预见性,缺乏对国外成熟快递行业立法的借鉴。此外,由于缺乏层级较高的快递法,各地区在制定区域性的快递立法时,往往会因为当前阶段的特殊需求而制定临时性的规范文件,导致不同地区的快递法律规范出现较大差异,难以有效调节快递物流行业的跨区域发展。

2. 现有的法律、法规和政策不协调

快递物流行业包括收寄、分拣、运输、投递等多个环节,其运营和管理涉及国家邮政局、市场监督管理部门、交通运输部门、公安交警部门、政府规划部门等多个部门,因此,带有不同利益倾向的部门法规政策就容易出现矛盾和冲突。如深圳市公安局在 2012 年开展的禁摩限电行动,目的旨在改善市区交通拥堵问题,提高道路交通的通行效率,但是电动车作为城市快递物流行业基层配送的主要工具,就遭到了这一政策的严重打击,导致短时间内市内各快递网点大量快件积压,引发社会公众热议。又如,有关城市快递物流行业的部门法系统内部也有诸多冲突。《邮政业消费者申诉处理办法》规定了快递服务需求者与快递企业发生服务纠纷时,必须先在快递企业进行交涉的前置申诉程序,这与国家工商行政管理总局 2014 年出台的《工商行政管理部门处理消费者投诉办法》规定的各级工商部门处理消费纠纷时,应及时"处理消费者投诉"的规定相矛盾。

3. 缺乏专业性的法律法规

城市快递物流行业法制保障建设缺位的另一个表现是缺乏专业性的法律法规。历经三次修订的《邮政法》即 2015 年 4 月 24 日颁布的新《邮政法》,也仅仅是在第六章的五十一条和第五十二条对快递业务的涵盖范围、准入门槛以及申请快递业务经营许可的条件作了原则规定,但对快递物流行业各个环节缺乏专门规定。而诸如快件丢失、快件损害赔偿、快递员与消费者之间的服务纠纷和快递末端配送车辆交通事故等问题仍然需要依据原《中华人民共和国民法通则》、原《中华人民共和国合同法》、原《中华人民共和国侵权责任法》,以及《刑法》《道路交通安全法》《中华人民共和国国家安全法》《中华人民共和国治安管理处罚法》等相关法律管理,这就使得法院及有关部门在调解快递业纠纷时难以适用专业性的法律进行判断,同时也难以有效保护消费者和快递企业在快递服务关系中的合法权益。例如,圆通快递公司弄丢客户 18 000 元血透报销单而仅赔 100 元的事件就引发社会热议[1]。就程先生与圆通快递公司达成的快递服务合同关系而言,快递单背面的赔偿协议条款是根据客户是否保价和保价金额进行丢件、损件赔偿的,其赔偿 100 元的做法是符合合同条文的;但是程先生作为接受服务的一方,丢失的发票原件具有

---

〔1〕 参见季晟祯:《数万元血透报销单被圆通快递寄丢 患者家属一筹莫展》,http://shanghai.xinmin.cn/msrx/2016/11/29/30640225.html,访问时间:2021 年 2 月 7 日。

不可替代性和紧急性,是妻子进行血透治疗的救命钱,而快递公司仅依据快递服务的文件类资料给予100元的理赔金额,显然与客户的实际损失差距过大,显得尤为不合理。

(二) 快递物流行业监管不到位

快递物流企业的成立、运营等环节涉及国家邮政局、市场监督管理部门、交通运输部门、公安部门等多个监管主体,因此也就经常出现多头管理的矛盾,难以实现有效的监控和管理。

1. 市场监督管理部门审查落实不严

2009年以前,快递企业的成立、运营规则主要以1986年12月发布的《邮政法》为依据。但历经20多年的发展,快递物流行业的发展背景已经发生了巨大的转变,也正是这段时间,我国民营快递行业依靠加盟承包的方式得到了迅猛的发展。一个重要原因就是市场监督管理部门的审批机制流于形式,很多不符合资质的快递企业也进入到快递行业的大军中。在面临资金周转风险和客户快件损害索赔事件时,这些不具备资质的小型民营快递企业就很难在激烈的市场竞争中站稳脚跟。虽然2009年修订的《邮政法》及《快递业务经营许可管理办法》具体规定了快递企业的行业准入制度,要求快递企业在办理工商营业执照时,必须先向所属邮政管理局申请《快递业务经营许可证》,但是在实践中,无照经营、私设分公司、擅自迁址、擅自更改登记事项、假冒他人企业商标的现象比比皆是。由于快递企业网点遍布大街小巷,分布广,而市场监督管理部门作为市场主体的监管机关之一,只能在审批文件和资料上进行初步的形式审查,在实质审查方面无法进行全面、深入的监督,自然也就成为城市快递物流行业乱象丛生的一个重要原因。

2. 国家邮政局监管收效甚微

国家邮政局作为快递行业的主要监管机关,下辖31个省(市、区)的邮政管理地方局进行各自辖区的快递行业监管,其中一项主要职责是"负责快递等邮政业务的市场准入,维护信件寄递业务专营权,依法监管邮政市场"[1],并且设置市场监管司,负责"依法监管邮政市场,维护信件寄递业务的专营权;依法实行快递等邮政业务的市场准入制度;依法监管集邮市场;指导邮政

---

[1] 参见中华人民共和国国家邮政局网:《国家邮政局主要职责》,http://www.spb.gov.cn/gjyzj/c100001/c100006/201306/2722edab189242549b320d06e0dbd382.html,访问时间:2022年4月9日。

行业安全生产管理工作,承担邮政行业运行安全的监测、预警和应急管理工作;拟订保障邮政通信与信息安全的政策并监督实施"[1]。快递企业与消费者之间的纠纷主要依据消费者在国家邮政局申诉网站的投诉进行监督,因此,在某种程度上国家邮政局充当着第三方调解的角色,对快递企业具有一定的监督控制作用。但是针对快递企业营业资格证的审批,国家邮政局同样是以形式审批为主,在实质审查方面难以进行有效监管。此外,针对消费者与快递企业之间产生的纠纷,尤其是丢件、毁损快件赔偿等纠纷,快递企业行业内部的格式条款(即赔偿所付邮资的2到3倍金额),显然无法赔偿消费者在寄递贵重物品时因丢失所遭受的损失。而国家邮政局对快递企业的监督惩处仅限于通报批评、降低季度或年终企业综合测评分数、对相关责任人进行1 000元以下的罚款,这种轻微的违法成本难以从实质上激励快递企业进行整改。

3. 交通管理部门政策管制过于严苛

电动车作为城市快递物流行业末端配送的主要工具,在快递企业配送服务中起着至关重要的作用。但是由于电动车在交通定位上的模糊性,使得其在人行道上、非机动车道上可以行驶,在机动车道上也可以行驶[2],这就容易对行人和自行车、汽车、公交车等车辆造成干扰,碰撞行人、剐蹭公交车和小汽车等交通事故也就层出不穷,隐含着深层的交通隐患。基于此,我国多地开始严打违法电动车专项行动,这无疑是对快递企业的致命打击。例如,深圳市交警局自2012年开始限制电动车出行,并与原来的禁止摩托车专项行动合并,全面开启"禁摩限电"工作,快递员不能用电动车进行快件配送,引起部分地区快递员辞职潮,造成了大量快件积压,给快递企业造成巨大困扰。作为对违法电动车严打力度最大的深圳市交警局,一时间被推上舆论的风口浪尖,众多主要以电动车、电动三轮车、摩托车出行的公众也表达了巨大的不满,认为这项政策是对普通公众的基本路权的损害,引起社会的广泛热议。

---

[1] 参见中华人民共和国国家邮政局网:《机构设置》,http://www.spb.gov.cn/gjyzj/c100007/202112/6bee63f6c25a4e66beedf607f6599lae.shtml,访问时间:2022年4月9日。

[2] 参见《道路交通安全法实施条例》第七十条:驾驶自行车、电动自行车、三轮车在路段上横过机动车道,应当下车推行,有人行横道或者行人过街设施的,应当从人行横道或者行人过街设施通过;没有人行横道、没有行人过街设施或者不便使用行人过街设施的,在确认安全后直行通过。

因非机动车道被占用无法在本车道内行驶的非机动车,可以在受阻的路段借用相邻的机动车道行驶,并在驶过被占用路段后迅速驶回非机动车道。机动车遇此情况应当减速让行。

毫无疑问,公安交警部门的交通政策管制,在保护公共道路交通安全的同时,也侵犯了电动车使用主体的合法权益。

(三)快递物流行业自律机制欠缺

快递物流行业作为一个相对新兴的服务行业,近十年间在中国经历了由萌芽到发展壮大的过程,并日益成为电子商务线下配送的重要平台与媒介。但与此同时,其无序发展也暴露出行业自身发展的诸多问题。

1. 对国家法律法规贯彻不彻底

我国第一家正式快递企业成立于1985年,整个快递行业在短暂的时间里不断发展壮大,但是主要以中国速递公司为发展主力。近十多年来,城市快递行业从以中国邮政的业务服务为主扩展到以私人企业投资的快递企业服务为主,逐渐形成了行业发展的特色,成为众多企业和私人快递投寄的主要选择。但随着信息技术的进步和城市快递物流行业业务量的剧增,快递物流行业在快递单填写规范、快件配送时效、快件客户私人信息保护等方面也出现了诸多问题。这集中表现为快递物流行业对国家法律法规贯彻不彻底。如针对快递运单填写规范问题,2012年8月7日国家邮政局发布了《国家邮政局关于转发〈快递运单〉国家标准发布公告的通知》,但是由于快递员的收件时效要求和部分投寄人的不配合,导致这项要求在实践中没有得到较好的执行;又如针对快递配送时效问题,国家邮政局早在2007年9月12日就发布了《快递服务》邮政行业标准,明确规定了快递服务的时限,"同城快递服务时限不超过24小时"[1] "国内异地快递服务时限不超过72小时"[2],但是由于各地配送系统差异,只有发达地区的配送网点可以达到上述要求,部分发展落后地区的客户则难以享受到此种服务。

2. 缺乏对行业内成员的监督与约束

经过多年的发展,城市快递物流行业的发展形成了具有本土特色的行业惯例,并且成为行业内部共同遵行的标准,具有强大的行业惯性。随着快递物流业的崛起,快递企业、相关企业和个人的利益逐渐受到社会和国家的重视。2009年2月,中国快递协会在北京成立,作为快递物流行业内部的全国性非营利性组织,其代表了行业内部企业、相关企业和个人的基本利益,对行

---

[1][2] 参见北大法宝网:《快递服务》邮政行业标准(YZ/T 0128—2007),访问时间:2021年11月11日。

业内部成员的监督和约束起到一定的积极作用。但是由于行业内部利益的趋向性、监督约束对象的广泛性、制约手段的有限性和执行力度的困难性,中国快递协会对行业内部成员的约束在实践中并不尽如人意。虽然中国快递协会在2011年12月发布了《春节法定假日期间快递服务指导规范》,用于指导行业内成员在春节假日期间的快递服务问题,但是快递延误、暴力分拣、快件丢失、快件受损、快递企业霸王条款等问题依然存在,成为消费者投诉的主要问题。例如,针对快件丢失的理赔问题,快递物流行业内部的赔偿标准是依据是否保价进行区分的。如果进行快递包裹保价,各快递企业规定了不同的赔偿比例,但总体上是保多少赔多少,赔偿金额依据个人保价金额而定;如果未进行保价,则按照快递服务资费的2到3倍进行赔偿。这些都是快递企业货物丢失及损害赔偿的霸王条款,多数企业针对客户的投诉和索赔,均持拖延和不负责任的态度,以所谓的"格式条款"为准进行理赔,严重损害了消费者的合法利益。

3. 对快递员的培养不到位

随着电子商务的不断发展,与之相配套的快递企业为社会提供了更多经济发展的增长点,也为社会提供了更多的就业岗位,解决了相当一部分务工群体的工作需求。快递员作为一种新兴职业,逐渐成为知识文化水平不高,又想快速在城市安顿下来的年轻人的最佳选择。快递员的工作职责决定了这项职业的进入门槛相对较低,只要会开电动车、会打电话、具备基本的读写能力、熟悉个人配送区的基本交通状况与环境,就可以在短短几天内直接上岗。因此,快递员群体的整体文化素质参差不齐,相对不高,这也为快递配送环节、服务提供等方面埋下了隐患。为了节约运营成本,快递企业往往会省略对快递员的统一职前培训,并且极力加大快递员的工作强度,导致快递员在极强的工作压力环境中难以自我进行有效的心理疏导,有些甚至参与偷盗快件、偷卖客户信息等的犯罪活动。甚至有些快递员因为加班装货送快递而发生交通事故,造成人员伤亡;有些快递员连基本的道路交通信号灯都无法识别,从而造成快递员骑电动车乱闯红灯、不按正确车道通行、抢占行人路权等交通违法行为。此外,大多数快递企业,例如四通一达(中通、圆通、申通、百世汇通、韵达)的老板均来自浙江桐庐,实行的是传统的家族式管理,因此管理上具有极大的疏漏和矛盾,出现问题时往往碍于亲缘关系而无法进行深究,就只能由一线的快递员来承担赔偿和损失。

(四) 基础设施建设不完善

城市快递物流行业作为一项涉及民生的重大工程,与新兴的电商行业的合作模式为广大人民群众的生活带来了许多便利,但同时也由于快递物流企业的资金流转和基础设施投入不足,给城市快递文明建设带来了难题。

1. 快递物流信息管理系统落后

城市快递物流行业涉及亿万客户的联系地址、工作单位、联系方式等私人信息,除却部分违法的快递员在网上倒卖客户私人信息以外,众多民营企业的物流信息管理系统也成为黑客攻击、泄露信息的重灾区,申通、中通、速易递等多家企业的客户信息系统泄露就曾引起社会热议。例如,2015年12月2日,黑客利用申通快递公司的管理系统漏洞,侵入该公司服务器,非法获取了3万余条个人信息,之后非法出售[1],然而经检察院进行审理后确认,购买这些私人信息的人正是为了对目标群体进行诈骗,这在一定程度上造成了社会信任危机。究其根本原因,在于民营快递企业缺乏对客户信息进行保护的意识,同时也缺乏资金和动力对现有信息管理系统进行升级改造,这都为黑客提供了可乘之机。

2. 部分基层快递网点铺设不规范

市场上现有的快递物流企业主要有两种发展模式:一是直营模式,即由快递企业总部直接进行投资、经营和控制,建立直营连锁品牌,对快递物流的揽件、运输、配送等各个环节进行统一管理的经营模式;二是加盟模式,即快递企业将某一片区域的快递经营权授予通过资格评估的快递加盟者,由加盟者自身负责片区的选址、开店、设施配备和员工招募及管理工作。在基层网点铺设方面,加盟模式下的快递企业问题最突出。一是部分快递加盟商在未取得快递业务经营许可或未到当地的邮政管理局进行备案的情况下,就私自在所承包的片区进行快递服务活动,实质上属于违反国家行政许可,规避快递行业准入制度的行为,这也是造成快递市场乱象的重要原因[2]。二是快

---

[1] 参见新华网:《申通被曝13个信息安全漏洞 黑客借此窃取3万多客户信息》,http://news.xinhuanet.com/fortune/2015-12/02/c_128491763.htm,访问时间:2021年11月11日。

[2] 参见《快递市场管理办法(2013)》第十四条:以加盟方式经营快递业务的,被加盟人与加盟人均应当取得快递业务经营许可,加盟不得超越被加盟人的经营许可范围。被加盟人与加盟人应当签订书面协议约定双方的权利义务,明确用户合法权益发生损害后的赔偿责任。参与加盟经营的企业,应当遵守共同的服务约定,使用统一的商标、商号、快递服务运单和收费标准,统一提供跟踪查询和用户投诉处理服务。

递网点选址规划不合理。由于区域快递加盟商缺乏总部的统一管理,在各自为政的营业模式下缺乏对网点铺设的合理规划,造成部分地区网点辐射范围交叉重叠或者出现区域网点铺设空白点,使得部分客户无法进行有效的快件投递,或者快递企业拒绝向辐射范围较远的客户提供送货上门服务,损害部分地区客户合法的快递收寄权益。

3. 各企业的分拣配送工具不统一

每逢节假日或电商促销日,各个快递企业的配送运输效率就要接受严峻的考验,分拣配送工具先进的企业往往能够赢得商家和消费者的青睐,而分拣配送效率低的企业只能依靠压低成本价格来进行市场份额的抢夺,并且往往由于处理快件能力的有限而导致快件仓储中心、快递转运中心和基层网点的爆仓,招来商家和消费者的诟病和投诉。对于快件分拣系统而言,由于全自动的智能分拣设备价格昂贵,目前大多数快递企业只在主干货运仓储中心才会配备,而在中小型配送中心和基层加盟点则主要依靠快递员人工劳力分拣。对于各快递企业的末端配送工具而言,各加盟点甚至是直营点依然只能依靠电动车和电动三轮车进行配送和收寄。此外,有些民营快递企业由于资金财力有限,在招募加盟代理商和快递员时,要求其自费配备末端配送工具,且没有相对统一的标准,这就造成末端配送系统、配送工具的杂乱无章,严重影响城市交通道路的通行效率。

三、快递物流行业建设的法治对策与保障

为实现快递物流行业的新发展,解决快递物流行业出现的种种不文明现象,要从完善快递物流行业法律规范、加大快递物流行业的监管力度、强化快递物流行业的自律机制和加强快递物流行业的基础设施建设四个方面入手,探寻快递物流行业发展的新对策。

(一)完善快递物流行业法律规范

1. 坚持三个立法理念

目前我国快递物流行业的立法工作尚处在较为薄弱的阶段,对一些较为新颖的行业问题和纠纷,尚缺乏系统完善的法律手段进行规制。因此,完善相关立法仍是快递物流行业的重要工作。要始终坚持三个理念:第一,相关立法部门要充分认识到快递物流行业在国民经济发展中的重要地位,认识到

快递物流行业在城市交通文明建设中的重要地位；第二，要坚持以快递物流行业交通文明建设问题为导向，重点对快递物流行业的市场准入机制进行立法规制，加大对违反交通文明建设的处罚力度，增加对突发问题、新生问题的立法规制；第三，快递物流行业立法要注重与交通运输部门、公安部门、市场监督管理等部门的沟通，充分关注相关利益主体的法律诉求，借鉴国外成熟的快递行业立法经验，共同助力快递物流行业立法建设。

2. 修改整合现有的法律规范

国家邮政局等快递行业的主管部门一方面要重视发挥《国务院关于促进快递业发展的若干意见》《快递市场管理办法》《快递服务》《快递业务经营许可管理办法》《快递专用电动三轮车技术要求》《快递运单》等现有法律规范的调节作用，另一方面要充分关注快递行业法规体系的诸多问题，对现有法律规范进行修改整合。首先，要按照《邮政法》中第六章"快递业务"的总体要求，对不同层级的法律规范进行整理，对存在立法冲突或者重复的规定进行调整和集中清理；其次，对存在立法漏洞或者法律条文定义不清的问题，应该出台司法解释，为解决快递物流行业的纠纷提供参考；最后，针对相关快递物流行业的立法空白和立法漏洞，要注重借鉴国外快递法的有益经验，结合目前国内快递物流行业发展的瓶颈，进行相关立法工作。快递物流行业的立法工作任重而道远，仍然需要在进一步的发展中不断地修改、整合，以便建立完善的快递物流业法律规范体系。

3. 加快专业性立法的出台

虽然2009年的《邮政法》已历经三次修改，在某种程度上对快递物流行业的发展起到了指导作用。但事实上，快递业和邮政业分属不同的行业，邮政业具有国家提供保护义务的性质，而快递物流业更加强调市场参与主体的公平竞争，二者在市场准入机制、管理运行机制上各有不同，目前的《邮政法》并不能对快递物流行业实现全方位、专业性的调控。因此，根据快递业的发展特点和当前出现的各种问题，推动《快递条例》的出台就显得非常紧迫。2015年11月16日，国务院法制办公室发布了关于《快递条例（征求意见稿）》公开征求意见的通知，使得专业性快递物流立法成为可能。《快递暂行条例》已于2018年2月7日由国务院第198次常务会议通过，自2018年5月1日起施行。《快递暂行条例》针对近年来快递行业出现的众多问题，分别对立法目的、经营主体、快递服务、快递安全、发展保障、监督管理、法律责任进行了详细的规定，它的出台将对快递市场起到宏观的指导作用，有利于处理快递企业与快递企业之间、快递企业和快递服务需求者之间、快递企业与主管部门之间的矛盾纠纷,成为司法机关进行评判裁量的法律依据。

(二)加大快递物流行业的监管力度

为了实现城市快递物流行业的良性发展,一方面快递协会和快递企业要加强行业自律机制建设,另一方面要加强市场监督管理部门的审查机制,加大邮政管理部门对快递行业的监管力度。

1. 市场监督管理部门要严格落实审查机制

2009年《邮政法》修改以前,快递企业仍遵循一般法人的成立条件进行注册,缺乏对其从业资格、注册资质进行的明确规制,快递市场相对混乱。虽然2009年新的《邮政法》和《快递业务经营许可管理办法》的配套出台,对快递从业主体资格进行了明确的界定,但市场上的不合格快递企业主体依然很多。因此,针对无照经营、私设分公司、擅自迁址、擅自更改登记事项、假冒他人企业商标的现象,市场监督管理部门严格执法,"根据《无证无照经营查处办法》的规定坚决给予查处,确保市场主体资格合法有效"。对于仅依靠配送快递维持生计的下游企业,要注意惩罚和教育相结合,给予其整改和调整的过渡期,引导其依法从业、守法经营;针对快递"低价恶性竞争、末端配送顽疾、管理混乱、运转低效"的普遍现象,要严格规范快递企业经营行为,"加大对快递行业格式合同条款的监督,不断完善快递格式合同的备案工作,综合运用原《中华人民共和国合同法》和《消费者权益保护法》及相关法律法规,通过教育、引导、督促等方式,促使经营者诚信经营"。

2. 邮政管理部门要完善对快递行业的监管机制

邮政管理部门对快递物流行业的监管大致有快递从业资格监管、安全生产保障和申诉处理几个主要方面。针对快递从业资格的许可和撤销问题,各地区邮政管理部门要加大抽查监督的力度,对不合格的快递企业及时进行通报汇总,与当地市场监督管理局进行沟通,并及时将通报整改情况的结果在邮政管理局网站进行及时更新。针对各快递企业的安全生产管理问题,不但要在快递服务旺季进行督导,在日常的服务期内也要进行不定期抽查,督促各快递企业时刻注重安全生产管理;建立定期抽查与不定期抽查的监管机制,从源头上规制快递物流行业收件、分拣环节。针对快递物流行业的客户申诉问题,如投递服务、延误、丢失短少、损毁、违规收费等主要事项,一是要建立灵活顺畅的反馈机制,为消费者合法申诉、投诉提供指导;二是要建立快递行业的赔偿基金;针对因快递企业过错责任所造成的消费者损失,要进行相应的赔偿;三是要建立快递企业的等级评定制度,向消费者公开各快递企业的服务质量,方便消费者进行自主选择。

3. 加强管理部门之间的沟通

两轮电动车、三轮电动车的出行隐患一直是公安部门管理的一大难题,自从2012年深圳市交警局全面开展"禁摩限电"专项行动后,2014年全国各地区公安部门也陆续开展"禁摩限电"工作,对民营快递企业造成了致命打击。虽然,国家邮政局针对快递物流行业末端配送工具问题,制定了《快递专用电动三轮车技术要求》以指导快递企业进行末端配送工具的改造,但是该行业标准不具备强制性,也未得到交通管理部门的认可,仍然不利于快递物流行业的进一步发展。因此,邮政管理部门要积极加强同交通管理部门的沟通。就快递车辆的通行政策,邀请公安部门协商制定,并关注各方管理的难点和利益诉求;就快递车辆的备案许可问题,要及时将符合标准的车型同公安部门协商进行备案,并由公安部门对统一的快递车辆颁发通行许可证。此外,交通管理部门在发布交通管制政策时,也要充分考虑到我国快递物流行业的发展现状,给予快递行业缓冲应对的调试期间,以督促快递企业进行整改和优化。

(三)强化快递物流行业的自律机制

中国快递协会作为快递物流行业的代表机构,应该指导整体快递物流企业树立严格遵守法律法规的意识,加强对行业内部成员的监督与约束,加大对基层快递从业人员的培训成本投入,树立安全、绿色等快递理念,以实现快递物流行业的可持续发展。

1. 快递企业要严格贯彻城市快递物流行业的法律法规

针对快递物流行业与交通文明建设相关的突出问题,国家邮政局等有关部门已经出台了相关的规章和政策指导意见,可以作为处理快递物流行业的依据。例如,针对网购商品的过度包装所产生的资源浪费和环境污染问题,国家邮政局已经出台了《推进快递业绿色包装工作实施方案》的规范性文件,认为"快递企业应发挥需求对生产的引导作用,在收寄、分拣、封发、运输、派送等各个环节减少对包装的消耗和环境的污染,完善包装物回收利用的管理制度,配合生产企业建立废旧包装回收设施,实现快递业低污染、低消耗、低排放、高效能、高效率、高效益的发展"[1]。同时,也鼓励电商企业和卖家在进行物品包装时尽量选择环保包装,鼓励买家在进行货物购买时尽量选择简易包装,并善于重复使用包装物进行二次循环利用。因此,快递物流企业在处理诸如快递经营许可申请事宜、快递业务服务行业标准、快递业务操作规范时,应严格贯彻执行相关法律规范,树立守法意识。

2. 快递协会要加强对行业内部成员的引导约束

中国快递协会作为"全国范围内具有一定资质条件的提供快递服务的企业"[2],包括国营快递企业、民营快递企业和国际快递企业等270多家自愿参与管理的会员单位和个人企业,可以通过制定行业规范对本行业成员进行有效的行为引导,助力城市快递物流交通文明建设。一方面,中国快递协会在敦促各快递物流企业进行业务培训的同时,也应建立便于各快递企业进行交流对话的平台,鼓励各快递企业互相吸取经验,加强交流合作,实现快递资源平台共享;树立优秀快递企业标杆模范,建设优秀快递企业品牌推荐机制,激发快递企业内在发展驱动力。另一方面,在2011年颁布的《春节法定假日期间快递服务指导规范》基础上,快递协会要充分发挥行业协会的引导作用,制定相关行业规范,针对行业内部私自进行的二次快递业务转包问题、快递市场无照经营、违法设立分支机构和冒用其他企业品牌等问题,制定行业内部的惩罚机制,推广快递企业诚信体系建设。此外,快递协会还应时刻注意行业内部企业的发展动态,了解各快递企业的中长期发展规划,为制定内部约束规范提供参考。

3. 快递企业要强化基层员工的业务培训

在中国快递协会的引导下,各快递企业已经普遍建立起对中层快递业务从业人员的定期培训机制,但纵观目前快递行业内部出现的快递员倒卖客户信息问题、恶意争抢客户问题、暴力分拣问题、恶意偷盗转卖客户快件问题、快递三轮车交通事故问题,都将矛盾焦点指向一个群体,那就是基层一线快递员工。在基层快递员业务素质培训层面,国营快递企业诸如中国邮政速递、中铁快运等企业做得相对流程化、规范化,但是民营企业如四通一达和天天快递、全峰快递等小型快递企业因其加盟代理形式的发展模式以及出于运

---

〔1〕参见苏迪:《邮政快递物流等16家快递公司联合发布绿色宣言》,http://www.chinapost.com.cn/xhtml1/report/151244/1381-1.html,访问时间:2022年4月9日。

〔2〕参见中国快递协会官网:《协会概况》,http://www.cea.org.cn/about/index.html,访问时间:2021年11月11日。

营成本的考虑,使得其对基层员工的系统业务培训相对缺乏。因此,各快递企业要规范基层快递员的招聘培训机制,加大快递从业知识培训力度,并建立定期考核奖惩机制。此外,还要"建设专业人才队伍。引导高等学校加强物流管理、物流工程等专业建设,支持职业院校开设快递相关专业。探索学校、科研机构、行业协会和企业联合培养人才模式,建立一批快递人才培训基地。实施快递人才素质提升工程,建立健全人才评价制度,落实就业创业和人才引进政策。支持快递企业组织从业人员参加相关职业培训和职业技能鉴定,对符合条件的企业和人员可按规定给予补贴"[1]。

(四)加强快递物流行业基础设施建设

城市快递物流的建设与发展,离不开基础设施的完备。要保障城市快递物流建设的可持续发展,就要不断加快物流信息管理系统的改造升级,在总体规划的基础上优化基层网点铺设格局,同时尽快统一规划网点的分拣配送工具。

1. 加快物流信息管理系统的升级

物流信息管理系统作为快递物流行业的中央处理器,是各快递企业进行收寄、分拣、运输、投递的总控制系统,关乎着快递企业的整体运营。首先,快递企业要定期进行物流信息管理系统的安全自查,并将所使用的系统软件在邮政管理部门进行备案登记,以方便邮政管理局及时进行信息系统的安全检测。其次,快递企业不但要加快总部区域的物流信息管理系统升级,同时也要尽力推进地方基层部门的物流信息管理系统升级,以避免因区域安全信息系统漏洞所造成的信息泄露,给黑客恶意攻击留下余地。再次,物流信息管理系统软件升级改造的资金耗费较大,各快递企业应加大对各加盟点物流信息管理系统的资金投入和后期软件系统维护费用的投入,在本企业内部建立起完整的信息监控管理系统。最后,物流信息管理系统的升级改造除资金投入外,还需要加强信息管理系统使用人员的培训,明确各级管理人员的信息使用权限与岗位责任,以减少企业内部人员信息泄露的可能。邮政管理部门也应当加强对各快递物流企业信息管理系统版本使用的指导,以推动整体快递物流行业信息管理系统的升级。

2. 优化基层快递网点铺设格局

亚马逊(中国)、京东、唯品会、当当网等电商企业作为较早获得自营类商

---

[1] 参见《国务院关于促进快递业发展的若干意见》(国发〔2015〕61号)。

品配送资格的企业,借鉴国外先进快递企业的网点铺设技术,实现了区域配送的科学化和合理化,基本上可以满足客户对于定时定点配送的特殊要求,值得各民营快递企业借鉴。为了避免快递加盟点私分市场和恶性竞争,各快递企业应以总部战略为主导,对企业所属的基层网点分布的人口数量、服务需求、交通布局、基础设备等因素进行综合分析,适时进行区域业务的调整和划分,整合资源,实现基层网点铺设的合理布局。在进行本企业宏观优化基层快递网点铺设的同时,也要擅于利用各区域已有的商业优势,加强与知名连锁超市和便利店的合作,利用其已有的商铺位置、工作周期进行快件的收寄,鼓励用户在闲暇时间进行货物自提,以减小末端配送的压力。此外,基层快递网点的铺设还要关注农村地区、西部地区,加强快递企业同农产品企业、基层农业合作社等企业的合作,激发农村地区的消费潜力,发展农业电商网络平台。

3. 统一规划网点分拣配送工具

快递企业的快件投寄配送效率主要包括两个方面:一是核心中转区域的分拣配送效率,二是基层网点的末端配送效率。目前,国营快递企业诸如中国邮政速递已经在北京和南京建立了两个较大的物流集散中心,并且配备了先进的物流分拣系统,尤其是南京集散中心承担了中国邮政整个亚洲区的快递物流分拣工作,具备相当强的吞吐能力。但是,对于发展实力相对较弱的民营快递企业诸如全峰、韵达等企业,重大的区域集散中心,还是依靠人工劳力作为分拣的主要工具,具有相当大的发展局限性。因此,以国家邮政局的规范为指导,加大各快递企业的网点分拣设备投入和统一基层网点配送工具至关重要。首先,各快递企业要严格按照交通运输部发布的《快递专用电动三轮车技术要求》,在符合国家规范的电动车厂家进行购买,为快递电动三轮车辆配置统一标识,对基层网点配送工具进行统一升级改造;其次,针对近年来兴起的智能快递柜业务,如速易递智能柜、丰巢智能柜等,各快递企业可以在以单位为主的区域如生活小区、公司商厦、高校单位与快递柜企业进行合作尝试,以提升快件投寄和配送的效率。

第十四章

交通弱势群体权利保障研究

交通弱势群体作为在交通活动中自身安全难以保障、权益易受侵害的一类群体,在交通文明建设中越来越受到人们的关注。本章主要围绕我国目前交通弱势群体权利保障来展开,探讨我国交通弱势群体权利保障的制度现状、存在的问题和相应的解决对策。下文首先分析了交通弱势群体权利保障的制度现状;其次基于社会主义文明价值观的内涵讨论交通弱势群体权利保障与城市交通文明建设的关系;再次从制度与物质两个层面分析了我国目前交通弱势群体权利保障存在的问题;最后从意识培养、制度构建、基础设施等方面探讨了相应的解决对策。

一、交通弱势群体的权利保障现状

(一) 交通弱势群体的界定

城市交通资源作为公共资源,本应由所有交通参与者自由、平等地使用,但由于交通资源有限,不同的交通参与者因本身存在体能、技能、经济条件、地域归属等方面的差异,交通资源的利用能力存在着不平衡。而在现代社会中,一个人的机动能力,作为了解其他社会环境的能力已成为建立高品质生活轨迹和各种社会联系必不可少的条件,机动能力已不再是一种选择,而成为一种生活必需。[1] 这种机动能力不平衡导致了部分交通参与者不能自由方便地到达目的地,他们面临着被孤立、经济困顿、人际关系贫乏、社会边缘化等风险。这种交通机动能力存在欠缺的群体就是交通弱势群体。

在社会学上一般将弱势群体定义为在社会上处于不利的地位、竞争能力差、生活状况贫困、社会地位较低的人[2]。具体划分为生理性弱势群体和社会性弱势群体两种。所谓生理性弱势群体是指由于自身生理原因所导致的相对弱势群体,如疾病、残疾、年龄等因素;社会性弱势群体则是指由于社会原因所导致的相对弱势群体,如失业、辍学、地域等因素。在生理性弱势群体中,残疾人、老年人、未成年人、孕妇等在交通活动中,由于其自身的生理因素,必然不能像健康的青壮年一样在参与交通活动中,有效保护个人人身安全,充分利用公共交通设施。在社会性弱势群体中,从经济条件方面,社会低收入者无法负担收费较高的交通项目;在文化水平方面,农村群体由于其自身文化水平有限,有相当一部分人无法熟练使用自助购票机、互联网订票等公共设施,导致出行麻烦。

应予说明的是,交通弱势群体是一个相对的概念。与机动车驾驶人相比,行人、非机动车使用者的机动能力相对弱势。与健康的青壮年人相比,参与交通活动的老人、未成年人、孕妇、残疾人等群体的机动能力相对弱势。因此,有人将采用非机动方式出行的人称为相对交通弱势群体;将生理上相对于健康青壮年人处于弱势的生理弱势群体称为绝对交通弱势群体。[3]

关于交通弱势群体的分类标准有很多,关键要把握一点:交通弱势群体并不是由特定的自然群体和社会群体构成,它是各个社会群体中机动能力相对弱势,交通权利得不到保障的个体的概称。

(二)交通弱势群体法治保障的现状

1. 法律制度现状

法律制度作为社会的上层建筑,对于交通弱势群体的保障起着决定性的作用。弱势群体的权利极易受到侵害,社会正义观要求制度供给应加强各方

---

[1] 让-皮埃尔·奥佛耶:《机动性与社会排斥》,《城市规划汇刊》2004年第5期,第93页。

[2] 张晓玲:《社会弱势群体权利的法律保障研究》,中共中央党校出版社2009年版,第70页。

[3] 杨淑玲、潘郁:《交通安全文化概论》,山东人民出版社2015年版,第144页。

面对弱势群体权益的保护。交通出行作为实现现代弱势群体平等生存权利的基本活动,亦应受到法律制度的保护。我国法律法规、规章以及行政规范性文件中已有大量关于交通弱势群体权利保障的规定。

(1) 宪法对交通弱势群体的保障

宪法作为国家的根本法,明确规定了国家对于弱势群体的权利保障义务。宪法第四十五条第一款规定:"中华人民共和国公民在年老、疾病或者丧失劳动能力的情况下,有从国家和社会获得物质帮助的权利。国家发展为公民享受这些权利所需要的社会保险、社会救济和医疗卫生事业。"第三款规定:"国家和社会帮助安排盲、聋、哑和其他有残疾的公民的劳动、生活和教育。"这两款条文体现了国家和社会对于弱势群体的权利保护义务。虽然并未直接规定保护弱势群体平等参与交通活动的权利,但交通出行作为现代生活的重要一环,弱势群体交通参与权当然包含在权利保护范围之内。

(2) 法律对于交通弱势群体的保障

在保护生理性弱势群体方面,我国《道路交通安全法》《中华人民共和国老年人权益保障法》《中华人民共和国残疾人保障法》《中华人民共和国未成年人保障法》等法律均有相应的保护条款。例如《道路交通安全法》第三十四条规定:"学校、幼儿园、医院、养老院门前的道路没有行人过街设施的,应当施划人行横道线,设置提示标志。城市主要道路的人行道,应当按照规划设置盲道。盲道的设置应当符合国家标准。"该条文设定了相关单位为交通弱势群体中典型人群提供出行专用道路的法律义务。《中华人民共和国老年人权益保障法》第五十八条第二款和第六十四条规定了交通运输应为老年人提供优待和照顾,并对无障碍设施的标准和建设提出了要求,该项规定既保障了老年人参与交通活动的可能性和便利性,也为老年人的出行提供了实惠。《中华人民共和国残疾人保障法》第七章详细规定了残疾人无障碍环境,其中第五十三条和第五十七条对公共交通中有关残疾人的无障碍设施建设做出了详细规定,保障了残疾人出行的便利。

在保护社会性弱势群体方面,《公路法》第五条规定"国家帮助和扶持少数民族地区、边远地区和贫困地区发展公路建设",保障了由于社会地理因素所造成的交通弱势群体的权利。

(3) 行政法规和部门规章对于交通弱势群体的保障

在行政法规方面,《道路交通安全法实施条例》《校车安全管理条例》《无障碍环境建设条例》等法规对于上位法所规定的事项进行了补充和细化。例如《道路交通安全法实施条例》第三十二条要求在道路交叉路口和行人横过道路较为集中的路段设置人行横道,并在盲人集中通行的路段设置提示装置。《校车安全管理条例》第三十一条和第三十三条对交通管理部门对校车行驶路线的交通秩序管理义务、校车在公共交通专用车道的行驶权、道路拥堵以及校车停靠时的优先通行权等进行了规定,保障了校车行驶通畅和安全。该法的一系列规定有效遏制了校车事故的发生,确保了未成年学生的生命安全。《无障碍环境建设条例》对于无障碍环境建设的责任主体、建设方式、建设标准等都做出了明确规定。如,该条例第四条第一款强调了县级以上人民政府为残疾人提供交通出行所必需的无障碍设施、服务的编制及实施职责。该条例第九条明确了无障碍设施的建设应符合建设标准,同时要求促进乡村的无障碍设施建设,统筹城乡发展,为残疾人平等享有参与交通活动的权利奠定了坚实的法律基础。

在部门规章方面,《巡游出租汽车经营服务管理规定》《航班正常管理规定》《水路旅客运输规则》等规章均有涉及。例如,《巡游出租汽车经营服务管理规定》第二十条第二款规定:"鼓励巡游出租汽车经营者使用节能环保车辆和为残疾人提供服务的无障碍车辆。"将无障碍设施使用进一步延伸至出租汽车;《航班正常管理规定》第三十条规定:"在航班出港延误或者取消时,承运人、航空销售代理人或者地面服务代理人应当优先为残疾人、老年人、孕妇、无成人陪伴儿童等需特别照料的旅客提供服务。"保障了交通弱势群体在航空运输中的权益;《水路旅客运输规则》第二十七条第三款规定:"残疾旅客乘船,另可免费携带随身自用的非机动残疾人专用车一辆。"同样为水路运输中残疾人的出行便利给予了保障。

(4)地方性法规和地方政府规章对交通弱势群体的保障

在地方性法规层面,对交通弱势群体的保障主要体现在各地方权力机关为贯彻实施法律所制定的相关法规中。例如,《江西省实施〈中华人民共和国道路交通安全法〉办法》第二十八条第二款规定:"道路平面交叉口,学校、幼儿园、医院、养老院门前的道路以及行人横过道路较为集中的路段,应当科学合理设置交通信号灯、人行横道、减速带、过街天桥或者过街地下通道。"《安徽省实施〈中华人民共和国老年人权益保障法〉办法》第五十二条第二款规定:"老年人优先购买车船票、飞机票,优先上下车船、飞机,优先托运行李、物品。火车站、汽车站、港口、机场等客运站点应当设置老年人优先窗口和等候专区。"

地方政府规章对交通弱势群体的保障主要体现在各地方政府为贯彻实施地方性法规所制定的政府规章中。例如,《无锡市道路交通安全管理办法》第二十二条规定:"用于接送中、小学生、幼儿园儿童的校车,应当经教育行政主管部门和公安机关交通管理部门确认,并统一在车身喷涂省公安机关交通管理部门规定的标志。"以此来保障校车运营安全。《沈阳市老年人权益保障办法》第四十二条第二款规定:"火车站、汽车站、地铁站、客运站、机场的候车(机)室应当设置老年人专用座椅,城乡公共交通工具应当设置老年人座席。"

可见,地方性法规和地方政府规章贯彻落实了上位法律法规的相关规定,对于上位法的相关规定做出了更加具体的规定,使法律法规在保护交通弱势群体权益时更具有可操作性。

(5) 行政规范性文件对交通弱势群体的保障

在中央层面,如 2015 年国务院印发的《国务院关于加快推进残疾人小康进程的意见》,旨在促进残疾人保障制度和服务体系的完善,推动残疾人事业的发展,力图在 2020 年实现对残疾人权利的全面保障,使残疾人能够共享社会经济发展的成果。意见指出应当强化残疾人服务设施建设,对于残疾人乘坐公共交通工具予以优惠;全面推进城乡无障碍环境建设,保障残疾人出行的便利与安全。

在地方层面,如北京市教育委员会、北京市公安局、北京市交通委员会联合印发的《2020 年北京市中小学校周边交通综合治理工作方案》,明确了中小学校门前及周边交通秩序、交通安全设施以及上下学高峰执勤等事项责任单位,并要求从领导、方案制定、实施及宣传等方面落实文件要求,保障中小学生的上下学交通安全;《广元市人民政府关于加快推进残疾人小康进程的实施意见》要求加强残疾人服务设施无障碍建设标准实施,提出残疾人免费乘坐城区公共汽车、提供专用停车泊位等保障措施。

2. 法律实施现状

(1) 执法现状

法的生命在于法的实施,执法是法的实施的重要组成部分和基本实现方式[1]。行政执法是交通弱势群体保障制度实施的主要方式之一。

根据目前我国交通弱势群体保障的相关法律规定,行政执法的主体主要有地方各级人民政府、住房和城乡建设主管部门、公安机关交通管理部门等。

---

[1] 张文显:《法理学》(第四版),高等教育出版社、北京大学出版社 2011 年版,第 207 页。

其主要职责包含交通弱势群体保障设施的规划与建设、保障的监督与管理等。例如,《无障碍环境建设条例》规定县级以上人民政府负责组织编制无障碍环境建设发展规划并组织实施;住房和城乡建设部门有权对建造不符合无障碍设施工程建设标准建筑物的相对人进行行政处罚。根据《校车安全管理条例》,公安机关交通管理部门有权对使用不达标准的机动车接送学生的驾驶人进行行政处罚。

我国保障交通弱势群体权益的执法力度也在不断加强。以无障碍设施检查为例,在 2012 年,全国范围内开展无障碍设施检查 3 354 次[1];而 2014 年,全国范围内开展无障碍设施检查共计 4 906 次[2],执法次数有着明显增长。

(2) 司法现状

我国法律赋予了交通弱势群体平等出行的权利,这一权利的实现离不开权利救济机制,司法作为维护公平正义的最后一道防线,在保障交通弱势群体权益中发挥着重要作用。

保障交通弱势群体交通权的义务主体主要有行政机关和相关的民事主体(如无障碍设施的建造者、管理者),相应的司法救济途径主要有民事诉讼和行政诉讼两类。但实际上交通弱势群体极少通过司法途径来保护自己的权利。于"北大法宝法律数据库"网站以"无障碍设施"为全文关键词检索司法案例发现,多数民事案例为建筑工程或承揽合同纠纷,仅有少部分是基于"无障碍设施"的建设、使用产生的人身权利纠纷;多数行政案例为规划验收纠纷,少数行政案件纠纷源于当事人认为行政机关对于不符合无障碍设施建设规定的建筑的审批行为不合法。[3] 2021 年 5 月 14 日,最高人民检察院发布了十起无障碍环境建设检察公益诉讼典型案例。这表明在因无障碍设施存在缺陷或缺失而导致人身权利被侵害时,交通弱势群体才会提起诉讼,多数弱势群体不会主动提起诉讼寻求权利救济。针对这一现象,检察机关开始探索以公益诉讼方式保障残障人士平等参与社会生活的权利,与行政机关协作联动,保护弱势群体合法权益。

---

[1] 中国残疾人联合会编:《中国残疾人事业统计年鉴 2015》,中国统计出版社 2015 年版,第 150 页。

[2] 中国残疾人联合会编:《中国残疾人事业统计年鉴 2015》,中国统计出版社 2015 年版,第 144 页。

[3] 搜索时间为 2021 年 11 月 11 日。

(三）交通弱势群体权利保障对交通文明的影响

交通弱势群体权利保障之法律制度完善与否，直接影响到城市交通文明建设和发展的水平，二者之间有着密切的互动关系。从我国有关交通弱势群体保障的法律制度内容看，至少在以下几个方面对城市交通文明建设产生重要影响。

1. 影响公民基本权利的实现

能够自由出行并方便到达目的地，是公民人身自由权的应有之义，也是个人实现出行权的前提条件。因此，交通弱势群体能否顺利出行，关系着他们的基本权利能否实现。虽然我国法律并未明确规定交通权，但道路交通权是迁徙自由的表现形式之一，是一种派生性的权利。就生理性弱势群体而言，由于存在生理障碍，他们的出行离不开基础设施建设和其他交通参与者的帮助。城市交通必须提供系统完善的无障碍设施，其他交通参与者也应尊重这一群体的交通权利，如此，生理性弱势群体才能自由出行。就社会性弱势群体而言，贫困是这一群体所具有的共同特征，这一群体中的大部分居民无法得到并享受公共服务。能否负担城市公共交通的费用和城市公共交通是否与其需求相匹配，也影响着这一群体交通权利的实现。

2. 影响城市交通秩序

交通秩序是城市道路交通有序运行的一种状态，交通文明建设离不开良好的交通秩序。无序的交通状态会给交通参与者带来很大的安全风险，交通弱势群体保障制度能够规范交通参与者的行为，在一定程度上维护交通秩序。

城市交通秩序的内涵包括两方面内容，一方面是指法律层面上的秩序，另一方面是指道德层面上的秩序。在法律层面上，交通参与人遵守交通规则，礼让行人、不占用盲道等遵守法律的行为是遵守交通秩序的表现。在道德层面上，交通参与人能够遵守道德规范，如为老人、儿童让座，帮助行动不便的残疾人等行为也是遵守交通秩序的表现。因此，交通弱势群体保障制度影响着城市交通秩序。

3. 影响城市交通安全

交通安全是城市交通文明的重要一环。交通弱势群体作为城市交通活动中的弱势一方，在行动能力、判断能力等方面不如健康成年人，容易在交通活动中遭受意外伤害。同时，由于信息获取、知识水平等原因，交通弱势群体容易成为交通规则教育的边缘化群体,容易在交通活动中受到伤害。

交通弱势群体保障制度主要从两个方面影响城市交通安全。一方面,交通弱势群体保障制度能够规范交通参与者的行为,使其在交通活动中主动礼让、帮助弱势群体,保护弱势群体的生命财产安全,提高交通参与者保护交通弱势群体的交通安全意识。另一方面,通过相应的保障制度,促使交通弱势群体在参与交通活动过程中,能够主动遵守交通规则,掌握相应无障碍设施的使用方法,提高交通弱势群体自身的交通安全意识。

二、交通弱势群体权利保障中的问题

我国虽然在法律制度以及基础设施建设等方面已经有意识保障交通弱势群体的合法权益,但距离交通弱势群体能够平等享有交通权利、无障碍出行的目标还有一定距离。

(一)公民权利意识不足

权利意识是指人们对于权利的认知、理解与所秉持的态度。当前公民对于交通权利的意识不足是导致交通弱势群体的交通权利缺乏保障的重要原因之一。权利意识一般包含四个方面,第一是对具体权利的了解,第二是行使权利的意识,第三是权利的救济意识,第四是权利附带义务的意识[1]。

1. 交通弱势群体自身权利意识不足

交通弱势群体自身权利意识的不足主要表现为对具体权利内容、权利实现方式等缺乏了解。

在具体权利了解方面,2003年的调查显示,40%的60岁以上老年人不了解法律法规所规定的步行和骑车的规则。有超过一半的老年人获得交通知识的途径比较狭窄。[2] 老年人不了解交通法律法规,也无法通过有效渠道获取相应的法律知识,这就表明老年人不能完全了解法律法规所赋予他们的交通权利。在未成年人方面,女性未成年人交通安全意识水平明显高于男性,儿童交通安全意识状况随年级变化的趋势不明显,其中,安全知识的掌握

---

[1] 梁成意:《中国公民基本权利》,中国政法大学出版社2016年版,第49页。
[2] 李延红、郭常义、卢伟等:《上海市老年人交通安全意识的调查研究》,《环境与职业医学》,2003年第1期,第34页。

程度随着年级升高而提高[1]。可见,未成年人对于交通权利的认识也存在欠缺。

在权利行使方面,以残疾人这一典型的交通弱势群体为例,以"交通"和"无障碍"两个词为关键字在"中国裁判文书网"中检索,发现涉及交通弱势群体的案件仅有8件,其中民事案件6件,行政案件2件[2]。其中"凌雯为诉上海长宁唐宫海鲜舫有限公司健康权纠纷"一案,原告系残疾人,因被告管理的交通设施不符合国家规定而摔伤,要求被告承担损害赔偿责任。而在"王恒道等十八人诉合肥市城乡建设委员会"一案,原告认为其居住的建筑没有无障碍通道等必要设施,不符合国家强制标准,合肥市城乡建设委员会对于其居住的建筑的验收行为属于违法。在美国,2014年美国盲人权益组织"全美盲人联盟"将移动专车服务商 Uber 告上法庭,理由是 Uber 司机拒绝为携带导盲犬的盲人提供服务,这种行为构成了歧视。随后该权益组织与 Uber 公司达成和解协议,允许盲人携带导盲犬乘坐专车。相比之下,我国交通弱势群体极少行使法律赋予他们的交通权利,他们的权利意识相较于发达国家的公民存在明显差距。

2. 非交通弱势群体权利意识不足

非交通弱势群体的权利意识不足,主要包括对具体权利内容和对权利附带义务的认识不足。这一群体的权利意识不足主要表现为对于交通弱势群体所享有的交通权利的认识不足,以及不履行权利附带义务。以机动车避让行人这一交通文明的要求为例,行人通过马路时,法律赋予了行人优先的通行权,机动车驾驶人则需要履行其避让行人的义务。据统计,2015至2017年全国在斑马线上共发生机动车与行人的交通事故1.4万起,造成3 898人死亡,其中九成事故是机动车未按规定让行导致的[3]。2017年以来,全国公安交管部门共利用设备抓拍机动车不避让行人违法92.7万起,同比增加了3.4倍[4]。作为强势一方的机动车驾驶人,不了解行人通过马路时所享有的优先通行的权利,不履行避让义务,这些都是导致行人生命财产安全受到侵犯

---

[1] 王华容、施利承、谭顶良:《〈儿童交通安全意识问卷〉的编制及现状调查》,《中国安全科学学报》,2013年第8期,第10页。

[2] 检索时间为2020年11月。

[3] 张一琪、彭训文:《人车礼让,你好我好》,《人民日报海外版》2018年01月01日,第05版。

[4] 中国文明网:《让斑马线真正成为"安全线"》,http://www.wenming.cn/syjj/sp_syjj/201706/t20170619_4302261.shtml,访问时间:2021年11月10日。

的主要原因。

(二) 交通弱势群体法律保障制度不完善

1. 法律制度不完善

(1) 以交通效率为导向的制度理念

路权作为交通参与者对公共交通道路资源的使用权[1],应该是人人平等的。截至 2019 年末,我国民用汽车保有量达到 26 150 万辆,其中民用轿车 14 644 万辆[2],为了提高汽车的通行效率,促进经济发展,以小汽车交通效率为导向,是城市交通规划建设的主导思想[3],行政机关在政策制定和城市规划中容易忽视大多数非驾车群体对出行安全、便捷的需要。

在道路规划中一般首先考虑的是机动车的出行要求,保证机动车通行道路畅通。因此机动车道一般被设计得尽可能宽阔,而供交通弱势群体使用的公共交通工具则缺乏专用通道,人行道及非机动车道常因拥堵被挤占,供残疾人使用的盲道也存在缺失和占用的情况。例如,在重庆渝北区出现了一条不足 30 厘米宽的人行道,最窄处行人需要侧身通过,因此大多数行人选择直接在机动车道上行走[4]。如此狭窄的人行道,就算健康人也无法正常使用,对于身体存在障碍的交通弱势群体来说更是无法通行。

(2) 保障对象范围狭窄

我国目前法律制度对于交通弱势群体的保障对象主要为老年人、残疾人、未成年人这几类生理性弱势群体。而同样作为交通弱势群体的社会低收入者和农民群体等社会性弱势群体则很少被法律提及。这类群体在参与交通活动中受到自身经济条件和文化水平的限制,不能平等地享受公共交通设施及服务,若缺乏相应的保障,这类人群的交通权利同样会受到侵害。

社会低收入者与农民群体的社会地位不高,话语权不足,不能直接参与到立法活动中,立法者通常也缺乏对这类群体交通出行需求的关注。同时,

---

[1] 张大坨:《论保障城市交通弱势群体的路权分配》,《辽宁警察学院学报》2016 年第 3 期,第 73 页。

[2] 国家统计局:《中华人民共和国 2019 年国民经济和社会发展统计公报》,http://www.stats.gov.cn/tjsj/zxfb/202002/t20200228_1728913.html,访问时间:2021 年 11 月 11 日。

[3] 何玉宏:《空间正义视域下的城市交通路权分配》,《社会科学家》2019 年第 12 期,第 31 页。

[4] 参见新华网:《重庆又现最窄人行道 最窄处仅 20 厘米》,http://www.xinhuanet.com/politics/2015-09/19/c_128245589-4.htm,访问时间:2022 年 4 月 9 日。

这类人群也缺乏相应的保障组织,残疾人、妇女和未成年人均有中国残疾人联合会和中华全国妇女联合会等相应的公益组织为保障他们的权益而工作,而低收入者和农民群体则没有对应的公益组织为其提供帮助,只能寻求政府民政部门的社会救济,这是远远不够的。

2. 行政执法不够严格

我国目前已有许多法律法规规定了交通弱势群体的保障措施,保障制度涉及了大部分生理性交通弱势群体,特别是针对残疾人的交通安全保护已经比较翔实。但是在实际生活中,交通弱势群体的出行仍然受到限制,造成这一现象的主要原因在于相关的法律法规的执行力不足。

(1) 执法能力存在地区化差异

行政机关的执法能力存在地区化差异,导致部分地区的交通弱势群体保障制度不能得到贯彻落实。我国法律规定道路、交通设施中应当设置无障碍设施,在2008年,仅北京、天津、上海拥有无障碍设施的社区达到总社区量的50%[1],其他省份的比例大部分在20%以下。河南、甘肃和江西作为残疾人较多的三个省份,这一比例均在10%以下。数据表明,东部经济发展较好的地区要比中西部经济发展落后地区在无障碍设施建设上存在优势。可见各地对残疾人保障法律的执行能力存在差异。

(2) "运动式"执法模式存在弊端

我国对于交通弱势群体权利保障的行政执法多采用"运动式"执法模式,具体表现为"专项治理""集中整治"等执法活动,但这些轰轰烈烈的执法活动并没有为交通弱势群体带来持续的出行便利。

2013年1月1日修订后的《机动车驾驶证申领和使用规定》规定,行经人行横道,不按规定减速、停车、避让行人的,记3分。规定实施后,哈尔滨市、淮安市、焦作市等城市的交管部门均开展了对机动车不避让行人的专项整治,但这一问题至今仍没有得到有效解决。2017年7月13日,公安部交通管理局在山东济南召开城市道路交通秩序整治现场推进会,会议要求,各地要毫不动摇地坚持不礼让斑马线整治,像治理酒驾一样,牢牢抓在手中,持之以恒,常抓不懈,系统治理,综合治理,一抓到底,管出规矩。新一轮针对机动车不礼让行人的执法活动又开始了。可见,从2013年至今,虽然针对机动车不

---

[1] 第二次全国残疾人抽样调查办公室、北京大学人口研究所:《第二次全国残疾人抽样调查数据分析报告》,华夏出版社2008年版,第222页。

避让行人的专项治理活动得到不断开展,但是其改善交通弱势群体出行环境的实效令人担忧。

专项整治执法活动所针对的,往往是因行政机关长期忽视和懈怠而积重难返的问题。"运动式"执法本身耗费了行政机关大量的精力,在执法开展过程中,效果显著,但执法活动一旦结束,又会使违法者有机可乘。另外,"运动式"执法,也使行政机关不能按部就班地解决日常问题,进而积累了新的问题。频繁的运动式执法,也扭曲了行政理性,损害了依法行政。因此,对于交通弱势群体权利保障的行政执法应采取一套长效的执法模式。

(三)交通基础设施建设不足

供交通弱势群体使用的基础设施是保障交通弱势群体享有平等的交通权利的物质基础。目前我国相关的基础设施建设虽然有了长足的进步,但仍然存在问题。

1. 城市公共交通建设不足

城市公共交通是交通弱势群体的主要出行方式。对于生理性弱势群体,由于其在行动能力或认知能力上存在不足,大部分人无法驾驶机动车出行,需依赖他人和社会的帮助。对于社会性弱势群体,由于贫困、文化水平等原因,这部分人无法拥有机动车,甚至负担不起公共交通的费用。因此城市公共交通的建设水平直接影响了交通弱势群体的出行自由。

(1)公共交通可达性不足

交通方式的可达性能够反映出这种交通方式在同一土地使用模式下满足居民出行需求的绩效,直接影响到交通弱势群体的出行便利。因此交通系统的意义,不在于满足更多小汽车的需要,而在于将人与物带到他们想要去的地方,在有限的地段内集中尽可能多的人与物,从而增加选择的可能,减少不必要的出行。

随着社会经济发展,由于大规模住宅建设、旧城改造和居民搬迁等因素的作用,城市呈现出不同阶层居住空间的分异。据调查,城市弱势群体的居住空间存在边缘化的现象。[1]中心城区高昂房价的空间分选作用以及政府提供的低价安置房的郊区化,导致弱势群体搬迁至城市偏远地区。同时,弱势群体的工作基本局限于城市的服务业和其他杂业,由于这些行业主要集

---

[1] 王世军、张俊:《当代中国城市交通与社会排斥》,《中国名城》2009年第4期,第27页。

中于城市中心地带,因此导致他们的居住地与工作地距离较远。另外,城市弱势群体缺乏资本吸引力,在城市边缘地区居住的弱势群体无法获得完善的公共服务设施,公共交通线路也非常匮乏,这些都造成了这部分人的交通困难。

(2)公共交通费用较高

城市公共交通费用直接影响交通弱势群体的出行便利。低收入人群没有能力支付交通费用,或者交通费用的支出占总收入的比例过高,也会对这一群体的日常生活造成巨大压力,抑制其交通需求,影响他们的社会联系与交往。

以南京为例,居住在城市边缘社区的低收入群体的交通支出占总收入比例较高。使用公共交通作为通勤方式的低收入群体平均单程费用为3.4元,每月交通支出约为150—200元,交通支出占可支配收入的比例达15.3%以上,更有部分低收入群体的比例高达30%。[1]可见,部分交通弱势群体存在交通支出负担较重的问题。

2. 城市无障碍设施建设不足

(1)无障碍设施数量不足

我国对于交通弱势群体保障的基础设施建设主要体现在无障碍设施的建设方面,因此下文将以无障碍设施为例进行论述。在2004年,系统开展无障碍设施建设的城市仅有北京、南京、天津、上海、大连等12座城市[2],而截至2011年,系统开展无障碍设施建设的地市级城市已经达到130个[3],相比之前提高了10倍。但我国有近300个地级市,系统开展无障碍设施建设的地市级城市数量未达到总量的50%,无障碍设施建设的普及程度较低。我国的交通基础设施建设的总量虽然可观,但考虑到人口基数大、幅员辽阔,目前的基础设施发展水平还远远不能满足交通弱势群体的需求。因此,当前我国对于交通弱势群体保障的基础设施建设的数量依然存在较大缺口。

---

[1] 周配:《南京边缘社区交通出行问题及对策研究》,南京大学2013年硕士论文,第36页。

[2] 乐新宇、黄云:《谈交通弱势群体的安全保障对策》,《公安学刊(浙江警察学院学报)》2008年第4期,第95页。

[3] 中国残疾人联合会编:《中国残疾人事业统计年鉴2012》,中国统计出版社2012年版,第161页。

(2) 无障碍设施质量较差

2015年住建部印发《关于创建全国无障碍环境示范达标市县的公示》,推荐了50座城市为创建无障碍环境示范市县,北京、天津、上海等城市均在其中。以北京为例,根据调查显示,作为无障碍环境示范城市,其在无障碍设施的设计和建设上仍显不足。在北京市的地铁站中,新建地铁站均配有无障碍电梯,而较早建造的地铁站则存在缺乏无障碍电梯的情况;在盲道的设计方面也存在盲道铺设不连续和盲道选材的亮度和颜色不符合要求等问题。[1] 这些问题的存在给交通弱势群体的出行带来了很大不便。可见,作为无障碍环境示范城市的北京市,其无障碍基础设施仍然存在各种问题,其他未被列为无障碍环境示范达标市县的城市,它们的基础设施建设的质量更令人担忧。

三、交通弱势群体权利保障的法治对策

(一)增强公民保护交通弱势群体权利的意识

1. 树立交通文明法治理念

社会主义法治理念是人们对什么是法治、什么是社会主义法治、为什么实行社会主义法治、怎样实行和实现社会主义法治的认识结晶,是依法治国、建设社会主义法治国家的美好理想,是尊重法治、崇尚法治、积极参加法治活动的坚定信念[2]。社会主义法治理念的内涵包括依法治国、执法为民、公平正义、服务大局、党的领导五个方面,而对于城市交通文明而言,亦应在城市交通文明建设中树立这五个方面的法治理念,才能使交通文明建设真正符合广大人民群众的利益和需要,特别是交通弱势群体的利益和需要,实现城市交通文明建设的法治保障。

依法治国是社会主义法治理念的原点、核心。在城市交通文明建设中依法治国的理念也应该处于核心地位。对于交通弱势群体的权利保障是交通文明建设的重要内容,而依法治国的理念也要求用法治来保障交通弱势群体的权利。

---

[1] 参见张甲、陈佳超:《北京地铁空间环境无障碍设计问题调查研究》,《青岛理工大学学报》2016年第5期,第93页。

[2] 张文显:《社会主义法治理念导言》,《法学家》2006年第5期,第9页。

对于交通弱势群体的关怀是我党执政"以人为本"的具体表现。对于国家权力机关和立法机关而言,需民主立法、科学立法,在立法中保障交通弱势群体的权利,监督相关法律法规的执行。对于各级人民政府而言,建设法治政府应做到执法为民、严格执法、公正执法和文明执法,对于保障交通弱势群体权利的法律法规要做到严格执行,确保相关法律法规得到实施。对于广大人民群众而言,应当树立交通文明法治理念,自觉遵守法律,尊重和保护交通弱势群体的权利。

在不同主体之中树立城市交通文明法治理念至关重要,其是建设城市交通文明的精神力量,也是对于交通弱势群体保障制度的支撑。

2. 加强保护交通弱势群体权利的宣传教育

法律与道德作为调整社会关系的两种不同形式,是相互渗透、相互保障、相互制约的。在加强法律制度建设的同时,人们的思想道德建设也不能忽略。

在交通活动中,对于交通弱势群体的尊重、礼让和帮助主要依靠社会成员的自我道德要求,因此提高人们的道德水平是完善交通弱势群体权利保障机制的必要途径。例如在公交车上为老人、儿童、孕妇和残疾人让座,不占用专为交通弱势群体设置的基础设施等,都是靠个人的自觉遵守。另外,将道德标准上升至立法规定的例子也屡见不鲜,例如《郑州市城市公共交通条例》第三十八条规定,乘客不主动让位的,驾驶员、售票员有权劝阻和制止,影响车内秩序和安全的,驾驶员、售票员可以拒绝为其提供运营服务。该条文草案曾经规定不履行让座义务者,市政主管部门还可处以50元罚款。草案的公布引起了社会的激烈讨论,有人说是社会道德的进步,也有人说是法律越过了与道德的界线,侵犯了人的自由[1]。虽然这一做法值得商榷,但对于提高人们的道德水平还是有一定积极作用的。

我们认为,提高思想道德水平主要依靠宣传教育,例如通过学校教育、执法教育、媒体宣传等方式,引导人们认识到对于交通弱势群体的权利保障是社会每一个人的义务,使"以人为本"的观念深入人心,而使用法律手段强迫人们去遵守"道德"本身会引起冲突。因此,只有加强这方面的宣传教育,才能让交通弱势群体得到更好的保障。

---

〔1〕 参见中国新闻网:《工人日报:从"让座令"看道德立法的边界》,https://www.chinanews.com.cn/gn/news/2008/07-04/1302314.shtml,访问时间:2022年4月9日。

(二) 完善交通弱势群体法律保障制度

1. 加强对交通弱势群体的立法保障

在立法活动中保障交通弱势群体的路权是维护交通弱势群体交通权利的根本。立法者应该着眼于如何将路权合理地分配给每一位交通活动的参与者,而不是只专注于为以机动车为代表的小部分群体提供便利。

首先,应将"以人为本"这一核心价值观贯彻到立法活动中,以保障交通弱势群体的交通权利为核心理念。制定法律规范明确交通弱势群体能够使用的公共道路、公共交通工具、无障碍设施等基础设施,明确建设这类基础设施的责任主体。其次,保障交通弱势群体在立法活动中的话语权,如增加在全国及地方各级人民代表大会的残疾人、社会低收入者和农民代表的比例等,使交通弱势群体在立法活动中能直接表达他们的需求。再次,通过立法来规范交通弱势群体参与交通活动的行为,确保他们的安全。例如2020年《广东省电动自行车管理条例》第三条规定电动滑板车、独轮车、平衡车不得在道路上行驶;《江苏省电动自行车管理条例》第二十二条要求驾驶、乘坐电动车的人员应佩戴头盔。这些立法是通过规范交通弱势群体的行为,实现保护交通参与者合法权利的目的的有益探索。最后,在未来对交通弱势群体的保障中,不应仅局限于传统的交通弱势群体范围,在保护老年人、残疾人、妇女以及未成年人的同时,也应着眼于新产生的交通弱势群体,例如城市低收入者和农民工。

2. 健全交通弱势群体的法律制度保障体系

为建立对于交通弱势群体的法律制度保障体系,应制定系统的法律法规,建立完善的法律制度运行体系。在未来的法律保障体系建设中,在增加保障交通弱势群体的法律法规数量的同时,可以将保障交通弱势群体的法律法规的条文进行汇编,以便于法律法规的查阅和使用。

法律制度体系的顺利运作,需要立法体系、执法体系、司法体系以及监督体系的同步完善。我国目前最缺乏的就是对于交通弱势群体法律保障的监督机制,对于法律法规的执行进行监督是完善这一制度体系的关键一环。如2011年全国进行了无障碍设施建设检查共计28 384次[1],这类对无障碍设

---

[1] 中国残疾人联合会编:《中国残疾人事业统计年鉴2012》,中国统计出版社2012年版,第162页。

施建设质量、建设水平的监督方式应当标准化、常态化。在今后的立法工作中应当增加对于法律制度保障的监督条款,建立对应的责任制,督促责任主体落实法律法规的规定。

(三)完善交通弱势群体保障的基础设施建设

1. 优先发展城市公共交通

城市公共交通并非仅仅是一种帮助贫困阶层的工具,更是落实绿色原则、促进经济和社会全面发展的重要工具。我国《国民经济和发展第十二个五年规划纲要》提出了实施公共交通优先发展的战略,大力发展城市公共交通,已经成为国家战略。因此,在实施社会政策时应赋予公共交通重要使命,将公共交通视作包括教育、卫生、住房、社会参与、公民意识等内容的公民政策的基本因素之一,并做出比较合理的制度安排。

目前,为解决弱势群体的交通出行问题,原建设部等部门已出台《关于优先发展城市公共交通的意见》,从5个方面入手进一步加大对城市公交的政策扶持力度:(1)提供财政支持。城市人民政府要对轨道交通、综合换乘枢纽、场站建设,以及车辆和设施装备的配置、更新给予必要的资金和政策扶持。(2)规范补贴制度。对公共交通实行经济补贴、补偿政策。对公共交通企业的成本和费用进行年度审计与评价,合理界定和计算政策性亏损,并给予适当补贴。(3)调整客运价格。要兼顾经济效益和社会效益,考虑企业经营成本和群众承受能力,科学合理地核定公共交通票价。(4)实行用地划拨。优先安排公共交通设施建设用地,不得随意挤占公共交通设施用地或改变土地用途。(5)加大科研投入。城市人民政府要加大对公共交通行业的科研投入,实现公共交通优先发展的科技支撑。

上述政策较为全面地概括了我国优先发展公共交通的措施,从宏观方面给出了公共交通发展的方向。另外还需注意的是,对于交通弱势群体而言,城市公共交通的发展更应注重城市边缘社区的交通状况。对位于城市边缘社区的公交站点的布局进行优化调整,以提高弱势群体居住地域的公交覆盖率。增设公交线路和班次,使得弱势群体聚集的边缘化社区和中心城市地区的联系更加紧密,以满足交通弱势群体的出行需求。

2. 完善无障碍设施建设

(1)统筹规划无障碍设施建设

我国目前对于相关基础设施的建设还局限于局部建设,主要表现为重大城市,轻小城市;重城市,轻农村。这就导致对于交通弱势群体保障的基础设施建设在各个地区、城市与农村的发展水平有着极大的差距。

2008年北京、上海、天津三个直辖市的无障碍设施建设要远远优于其他省份,而残疾人较多的省份无障碍设施建设的水平却排名垫底。因此,国家在规划这类基础设施建设时,更加关注的应当是弱势群体占比较大的城市,而非经济较好、政治地位更高的城市。另外,城镇与乡村的交通弱势群体保障也存在着较大差距。例如,在城镇的人行道上一般都铺设了盲道,而乡村由于经济状况和路面状况,很少铺设盲道。根据中国残疾人联合会公布的截至2018年12月31日的全国残疾人人口基础库主要数据,中国共有2 709.4万残疾人口居住在乡村,占残疾人总人口的76%[1],因此统筹城乡和各地区的交通弱势群体保障的基础设施建设是十分迫切的。

(2) 完善无障碍设施建设标准

对于保障交通弱势群体的基础设施建设标准的完善,是提高这类基础设施建设水平的重要推动力。目前我国的无障碍设施中有相当多的设施处于不能使用的状态,如盲道的建设缺乏配套设施导致难以发挥帮助盲人行走的作用;公交车、轨道交通等公共交通的内部设施设计多数情况下没有相应的无障碍设计,尚未充分考虑到为残障人士提供出行便利条件。因此,完善这类基础设施的建设标准,是提高基础设施建设水平的关键一环。

(3) 创新无障碍设施建设思路

在建设保障交通弱势群体的基础设施方面,需要开阔思路,敢于创新。一方面,可以借鉴外国的先进经验和做法。例如,日本在保障儿童的交通安全方面规定了"学校区"[2],在学校区内禁止机动车通行、停车或对其进行限速,以此来保护儿童的交通安全。而美国独特的盲道设计思路也对我们有所启示,相较于将安全地带全部标示的盲道砖,美国则是将危险区域用标志标示,避免残疾人接近危险,这也是一种十分经济实用的做法。

另一方面,拓宽无障碍设施建设的资金来源。在无障碍设施建设方面我

---

[1] 根据中国残疾人联合会官网公布的全国残疾人人口基础库主要数据(2019),全国办理了残疾人证的人数共3 566.2万人,其中属于农村户口的共2 709.4万人。详见中国残疾人联合会:https://www.cdpf.org.cn/zwgk/zccx/ndsj/zhsjtj/2019zh/b005291be56a347f29420687a479e7df4.htm,访问时间:2022年4月9日。

[2] 田子强:《日本如何以法律保障儿童交通安全》,《汽车与安全》2015年第6期,第29页。

国一直是政府主导,而未引入市场的支持。这样的实践不仅给政府带来沉重的资金负担,实际效果也差强人意。在接下来的建设中可以充分探索PPP等公私合作方式,利用市场活力强化交通弱势群体的权利保障。

(4)完善基础设施管理

我国政府对于交通弱势群体保障的基础设施建设投入了大量人力、物力和财力,但缺乏长效的管控机制,导致许多设施的建设与利用随着社会发展与城市规划变动处于荒废不用的状态。因此,应该从科学管理和长效管理入手,完善管理机制。

交通管理是一项复杂的科学活动,交通基础设施建设是交通管理的重要内容之一,供交通弱势群体使用的交通基础设施的建设也是交通管理的一部分,因此只有科学管控交通基础设施,才能充分发挥其作用。以人行横道通行时间的设置为例,长沙市的人行横道就出现了通行时间过短,行人需要跑步通过的情况[1]。而人行横道的通行时间的设置是有精确的科学依据的。例如,美国《道路通行能力手册(HCM 2000)》提出,行人步行速度高度依赖于步行人群中老年人(≥65岁)所占的比例。当老年人的比例在0~20%时,平均速度为1.2米/秒;当老年人的比例超过20%时,平均步行速度为1.0米/秒。[2] 可见人行横道通行时间的设定应至少满足老年人步行通过的需求,而让健康人都需要跑步通行的人行横道的设计自然是极不合理的。

---

[1] 参见中国经济网:《长沙一人行横道绿灯时间太短被吐槽"跑步道"》,http://district.ce.cn/newarea/roll/201405/04/t20140504_275681.shtml,访问时间:2022年4月9日。

[2] 袁振洲、魏丽英、谷远利:《城市交通管理与控制》,北京交通大学出版社2013年版,第149页。

参考文献

一、中文译著

[1] 胡芬. 行政诉讼法[M]. 莫光华,译. 北京:法律出版社,2003.

[2] 毛雷尔. 行政法学总论[M]. 高家伟,译. 北京:法律出版社,2000.

[3] 沃尔夫,巴霍夫,施托贝尔. 行政法(第二卷)[M]. 高家伟,译. 北京:商务印书馆,2002.

[4] 苏勒. 德国警察与秩序法原理[M]. 李震山,译. 台北:台北登文书局,2005.

[5] 平特纳. 德国普通行政法[M]. 朱林,译. 北京:中国政法大学出版社,1999.

[6] 贝克. 风险社会[M]. 何博闻,译. 南京:译林出版社,2004.

[7] 刘易斯. 技术与风险[M]. 杨健,缪建兴,译. 北京:中国对外翻译出版公司,1994.

[8] 奥斯特罗姆,等. 制度分析与发展的反思:问题与抉择[M]. 北京:商务印书馆,1992.

[9] 施瓦茨. 行政法[M]. 徐炳,译. 北京:群众出版社,1986.

[10] 史普博. 管制与市场[M]. 余晖,何帆,钱家骏,等译. 上海:格致出版社,上海三联书店,上海人民出版社,2008.

[11] 凯尔森. 法与国家的一般理论[M]. 沈宗灵,译. 北京:中国大百科全书出版社,1995.

[12] 罗尔斯. 正义论(修订版)[M]. 何怀宏,何宝钢,廖申白,译. 北京:中国社会科学出版社,2009.

[13] 庞德. 通过法律的社会控制[M]. 沈宗灵,译. 北京:商务印书馆,1984.

[14] 林恩. 发展经济学[M]. 王乃辉,倪凤佳,范静,等译. 上海:格致出版社,上海三联书店,上海人民出版社,2009.

[15] 大桥洋一.行政法学的结构性变革[M].昌艳滨,译.北京:中国人民大学出版社,2008.

[16] 谷口安平.程序的正义与诉讼[M].王亚新,刘荣军,译.北京:中国政法大学出版社,1996.

[17] 户崎肇.交通运输的文化经济学[M].陈彦夫,王姵岚,译.台北:台北翰庐图书出版有限公司,2012.

[18] 室井力.日本现代行政法[M].吴微,译.北京:中国政法大学出版社,1995.

[19] 盐野宏.行政法[M].杨建顺,译.北京:法律出版社,1999.

[20] 植草益.微观规制经济学[M].朱绍文,等译.北京:中国发展出版社,1992.

[21] 哈耶克.自由秩序原理[M].邓正来,译.北京:生活·读书·新知三联书店,1997.

[22] 托利.可持续发展的交通:城市交通与绿色出行[M].孙文财,等译.北京:机械工业出版社,2013.

[23] 洛克.政府论(下篇)[M].叶启芳,瞿菊农,译.北京:商务印书馆,1964.

[24] 米尔恩.人的权利与人的多样性:人权哲学[M].夏勇,张志铭,译.北京:中国大百科全书出版社,1995.

[25] 韦德.行政法[M].徐炳,楚建,译.北京:中国大百科全书出版社,1997.

二、中文著作

[1] 巴兴强,张丽莉.交通工程导论[M].长沙:中南大学出版社,2015.

[2] 白钢,史卫民.中国公共政策分析(2006年卷)[M].北京:中国社会科学出版社,2006.

[3] 陈峻,徐良杰,朱顺应.交通管理与控制[M].2版.北京:人民交通出版社,2017.

[4] 陈敏.行政法总论[M].7版.台北:台北新学林出版有限公司,2009.

[5] 陈文荤.道路交通法规概论[M].北京:警官教育出版社,1997.

[6] 陈新民.德国公法学基础理论[M].济南:山东人民出版社,2001.

[7] 陈新民.行政法总论[M].台北:三民书局,1995.

[8] 程燎原,王人博.赢得神圣:权利及其救济通论[M].济南:山东人民出版社,1993.

[9] 法治斌,董保城.宪法新论[M].台北:元照出版有限公司,2006.

[10] 方世荣.行政法原理与实务[M].北京:中国政法大学出版社,2007.

[11] 公安部交通管理局.道路交通安全法及相关配套法规汇编[M].北京:中国人民公安大学出版社,2004.

[12] 公安部交通管理局.交通警察执法手册[M].北京:中国人民公安大学出版社,2004.

[13] 公安部政治部.新编道路交通管理学[M].北京:中国人民公安大学出版社,2009.

[14] 公丕祥.权利现象的逻辑[M].济南:山东人民出版社,2002.

[15] 龚向和,等.从民生改善到经济发展:社会权法律保障新视角研究[M].北京:法律出版社,2013.

[16] 龚向和.作为人权的社会权:社会权法律问题研究[M].北京:人民出版社,2007.

[17] 管欧.交通法规概要[M].台北:三民书局,1986.

[18] 郭庆珠.行政规划及其法律控制研究[M].北京:中国社会科学出版社,2009.

[19] 过秀成,等.城市交通规划[M].南京:东南大学出版社,2010.

[20] 过秀成.道路交通运行分析基础[M].南京:东南大学出版社,2010.

[21] 何伯森.工程项目管理的国际惯例[M].北京:中国建筑工业出版社,2007.

[22] 何海波.行政诉讼法[M].北京:法律出版社,2011.

[23] 胡建淼.行政行为基本范畴研究[M].杭州:浙江大学出版社,2005.

[24] 胡金东,田宁.汽车社会交通治理的伦理路径[M].北京:中国人民大学出版社,2015.

[25] 黄茂荣.法学方法与现代民法[M].5版.北京:法律出版社,2007.

[26] 黄亚平.城市规划与城市社会发展[M].北京:中国建筑工业出版社,2009.

[27] 惠生武.公安交通管理学[M].北京:中国政法大学出版社,2006.

[28] 江必新,梁凤云.行政诉讼法理论与实务[M].3版.北京:法律出版社,2016.

[29] 江玉林.畅通、高效、安全、绿色:中国城市公共交通可持续发展重大问题解析[M].北京:科学出版社,2010.

[30] 姜明安.行政法与行政诉讼法[M].北京:北京大学出版社,高等教育出版社,2012.

[31] 姜昕.比例原则研究:一个宪政的视角[M].北京:法律出版社,2008.

[32] 李步云.人权法学[M].北京:高等教育出版社,2005.

[33] 李建良.宪法理论与实践(三)[M].台北:学林文化事业有限公司,2004.

[34] 李建良.行政法基本十讲[M].7版.台北:元照出版有限公司,2017.

[35] 李瑞敏.城市道路交通管理[M].北京:人民交通出版社,2009.

[36] 李铁,乔润令,等.城镇化改革的地方实践[M].北京:中国发展出版社,2013.

[37] 李芸.都市计划与都市发展:中外都市计划比较[M].南京:东南大学出版社,2002.

[38] 李震山.警察行政法论:自由与秩序之折冲[M].台北:元照出版有限公司,2007.

[39] 李震山.行政法导论[M].台北:三民书局,2011.

[40] 林腾鹞.行政诉讼法[M].3版.台北:三民书局股份有限公司,2008.

[41] 林喆.权利的法哲学:黑格尔法哲学研究[M].济南:山东人民出版社,1999.

[42] 刘飞.德国公法权利救济制度[M].北京:北京大学出版社,2009.

[43] 刘光容.政府协同治理:机制、实施与效率分析[M].武汉:华中师范大学出版社,2008.

[44] 刘军宁,等.市场逻辑与国家观念[M].北京:生活·读书·新知三联书店,1995.

[45] 刘南.交通运输学[M].杭州:浙江大学出版社,2009.

[46] 刘新立.风险管理[M].北京:北京大学出版社,2006.

[47] 卢建军.警察职权的界定与配置[M].北京:北京大学出版社,2017.

[48] 罗豪才,等.软法与公共治理[M].北京:北京大学出版社,2006.

[49] 罗豪才,湛中乐.行政法学[M].2版.北京:北京大学出版社,2006.

[50] 马怀德.行政程序立法研究:《行政程序法》草案建议稿及理由说明书[M].北京:法律出版社,2005.

[51] 马怀德.行政法与行政诉讼法[M].5版.北京:中国法制出版社.2015.

[52] 马生安.行政行为研究:宪政下的行政行为基本理论[M].济南:山东人民出版社,2008.

[53] 孟鸿志.行政法学[M].北京:北京大学出版社,2002.

[54] 潘开灵,白烈湖.管理协同理论及其应用[M].北京:经济管理出版社,2006.

[55] 皮纯协,何寿生.比较国家赔偿法[M].北京:中国法制出版社,1998.

[56] 钱小鸿,史其信,章建强.智慧交通[M].北京:清华大学出版社,2011.

[57] 全国人大常委会法制工作委员会刑法室.《中华人民共和国道路交通安全法》释义及实用指南[M].北京:中国民主法制出版社,2012.

[58] 沈开举.行政法学[M].2版.郑州:郑州大学出版社,2009.

[59] 石亚军.透视大部制改革:机构调整、职能转变、制度建设实证研究[M].北京:中国政法大学出版社,2011.

[60] 世界卫生组织.世界预防道路交通伤害报告[M].刘光远,译.北京:人民卫生出版社,2004.

[61] 陶学荣,陶睿.中国行政体制改革研究[M].北京:人民出版社,2006.

[62] 汪进元.基本权利的保护范围:构成、限制及其合宪性[M].北京:法律出版社,2013.

[63] 王俊豪.政府管制经济学导论:基本理论及其在政府管制实践中的应用[M].北京:商务印书馆,2001.

[64] 文国玮.城市交通与道路系统规划:2013版[M].北京:清华大学出版社,2013.

[65] 翁岳生.行政法[M].2版.北京:中国法制出版社,2009.

[66] 吴兵,李晔.交通管理与控制[M].5版.北京:人民交通出版社,2015.

[67] 吴庚.行政法之理论与实用[M].北京:中国人民大学出版社,2005.

[68] 夏勇.法理讲义:关于法律的道理与学问[M].北京:北京大学出版社,2010.

[69] 肖泽晟.公物法研究[M].北京:法律出版社,2009.

[70] 熊文钊.公法原理[M].北京:北京大学出版社,2009.

[71] 杨春福.权利法哲学研究导论[M].南京:南京大学出版社,2000.

[72] 杨建顺.日本行政法通论[M].北京:中国法制出版社,1998.

[73] 杨建顺.行政规制与权利保障[M].北京:中国人民大学出版社,2007.

[74] 杨立新.道路交通事故责任研究[M].北京:法律出版社,2009.

[75] 杨兴坤.大部制:雏形、发展与完善[M].北京:中国传媒大学出版社,2012.

[76] 姚爱国.城乡规划管理实务指导[M].长春:吉林大学出版社,2013.

[77] 叶必丰.行政行为的效力研究[M].北京:中国人民大学出版社,2002.

[78] 应松年.当代中国行政法[M].北京:中国方正出版社,2005.

[79] 于安.德国行政法[M].北京:清华大学出版社,1999.

[80] 聂福茂,余凌云.警察行政法学[M].北京:中国人民公安大学出版社,2005.

[81] 俞可平.治理与善治[M].北京:社会科学文献出版社,2000.

[82] 袁振洲,魏丽英,谷远利.城市交通管理与控制[M].北京:北京交通大学出版社,2013.

[83] 张春生,李飞.中华人民共和国行政许可法释义[M].北京:法律出版社,2003.

[84] 张立伟.权利的功利化及其限制[M].北京:科学出版社,2009.

[85] 张千帆.宪法学导论:原理与应用[M].北京:法律出版社,2004.

[86] 张千帆.宪法[M].北京:北京大学出版社,2008.

[87] 张树义.行政诉讼法学[M].北京:中国政法大学出版社,2007.

[88] 张文显.法理学[M].4版.北京:高等教育出版社,北京大学出版社,2011.

[89] 张翔.基本权利的规范建构[M].北京:高等教育出版社,2008.

[90] 张正钊,胡锦光.行政法与行政诉讼法[M].4版.北京:中国人民大学出版社,2009.

[91] 章剑生.现代行政法基本理论[M].北京:法律出版社,2008.

[92] 章志远.行政诉讼类型构造研究[M].北京:法律出版社,2007.

[93] 赵坚.集约型城镇化与我国交通问题研究[M].北京:中国经济出版社,2013.

[94] 中国可持续交通课题组.城市交通可持续发展:要素、挑战及对策[M].北京:人民交通出版社,2008.

[95] 周天勇,等.中国行政体制改革30年[M].上海:格致出版社,2008.

[96] 周伟.宪法基本权利:原理·规范·应用[M].北京:法律出版社,2006.

[97] 周训芳.环境权论[M].北京:法律出版社,2003.

[98] 周佑勇,等.现代城市交通发展的制度平台与法律保障机制研究[M].北京:中国社会科学出版社,2017.

[99] 周佑勇.行政裁量基准研究[M].北京:中国人民大学出版社,2015.

[100] 周佑勇.行政裁量治理研究:一种功能主义的立场[M].北京:法律出版社,2008.

[101] 周佑勇.行政法基本原则研究[M].武汉:武汉大学出版社,2005.

[102] 周佑勇.行政法原论[M].3版.北京:北京大学出版社,2018.

三、期刊论文

[1] 市民交通,晨尘,Mikecaln,等.关于《中国城市理性交通宣言》的讨论[J].城市交通,2007,5(1):92-94.

[2] 蔡君时.美国公共交通的立法[J].城市公共交通,2000(1):14-15.

[3] 曹国华,黄富民."交通引导发展"理念下城市交通规划研究:以江苏省为例[J].城市规划,2008,32(10):80-83.

[4] 陈春妹,王晓明.城市交通发展观念的三大转变[J].北京规划建设,2006(5):42-45.

[5] 陈道银.风险社会的公共安全治理[J].学术论坛,2007,30(4):44-47.

[6] 陈桂清.交通事故责任认定中的路权探讨[J].福建公安高等专科学校学报(社会公共安全研究),2001,15(4):23-24.

[7] 陈国鹏."互联网+交通"视角下缓解城市交通拥堵的私家车共享模式研究[J].城市发展研究,2016,23(2):105-109.

[8] 陈军.公私合作执行行政任务的国家责任探析[J].西部法学评论,2016(1):37-45.

[9] 陈瑞华.论证据相互印证规则[J].法商研究,2012,29(1):112-123.

[10] 陈征.基本权利的国家保护义务功能[J].法学研究,2008,30(1):51-60.

[11] 陈玲.公私部门合作中的风险分配:理想、现实与启示[J].公共行政评论,2010,3(5):175-194.

[12] 陈忠祥.城市治理的策略选择[J].福建质量管理,2018(13):267-268.

[13] 仇保兴.推动城市公共交通跨越式发展[J].城市交通,2007,5(1):11-16.

[14] 崔运武.论我国城市公用事业公私合作改革的若干问题[J].上海行政学院学报,2015,16(4):39-50.

[15] 戴东昌,蔡建华.国外解决城市交通拥堵问题的对策[J].求是,2004(23):61-63.

[16] 刁芳远.新型权利主张及其法定化的条件:以我国社会转型为背景[J].北京行政学院学报,2015(3):43-51.

[17] 丁煌,高峻.整体性治理的实践探索:深圳一体化大交通管理体制改革案例分析[J].行政论坛,2011,18(6):5-9.

[18] 段进宇,梁伟.控规层面的交通需求管理[J].城市规划学刊,2007(1):82-86.

[19] 樊桦.我国交通运输管理体制改革的回顾和展望[J].综合运输,2008,30(10):8-13.

[20] 范冠峰.如何破解我国大城市交通拥堵的困局[J].理论界,2009(2):195-196.

[21] 范进学.权利概念论[J].中国法学,2003(2):15-22.

[22] 范永辉.由深圳经验看我国城市交通管理体制改革[J].综合运输,2005,27(2):63-64.

[23] 方芳.论道路通行权及其限制[J].学术交流,2017(4):116-123.

[24] 方芳.论道路通行权的性质[J].湖北民族学院学报(哲学社会科学版),2016,34(1):91-98.

[25] 方世荣.论维护行政法制统一与行政诉讼制度创新[J].中国法学,2004(1):40-49.

[26] 方新军.权利客体的概念及层次[J].法学研究,2010,32(2):36-58.

[27] 丰伟."中心城市交通行政管理体制改革研讨会"综述[J].学术动态,2004(1),31-32.

[28] 冯玉军.单双号限行与公民社会中的权利冲突及其解决[J].法学家,2008(5):1-5.

[29] 付子堂,常安.民生法治论[J].中国法学,2009(6):26-40.

[30] 付子堂.构建民生法治[J].法学研究,2007,29(4):150-151.

[31] 高秦伟.论欧盟行政法上的风险预防原则[J].比较法研究,2010(3):54-63.

[32] 高向宇.城市交通基础设施的建设与管理[J].公路,2001,46(3):22-29.

[33] 宫希魁.路权分配的三个原则[J].党政干部学刊,2008(5):61-62.

[34] 龚鹏飞.交通管制若干问题研究[J].道路交通与安全,2006,6(12):9-13.

[35] 龚向和.国家义务是公民权利的根本保障:国家与公民关系新视角[J].法律科学(西北政法大学学报),2010,28(4):3-7.

[36] 龚向和,袁立.劳动权的防御权功能与国家的尊重义务[J].北方法学,2013,7(4):35-44.

[37] 龚向和.理想与现实:基本权利可诉性程度研究[J].法商研究,2009,26(4):32-38.

[38] 龚向和,刘耀辉.基本权利给付义务内涵界定[J].理论与改革,2010(2):128-130.

[39] 龚向和.论社会权的经济发展价值[J].中国法学,2013(5):93-101.

[40] 殷凤军,叶茂,过秀成.大城市新城交通规划推进机制设计[J].城市发展研究,

2015,22(10):1-5.

[41] 顾昕.公共财政转型与政府卫生筹资责任的回归[J].中国社会科学,2010(2):103-120.

[42] 郭继孚,刘莹,余柳.对中国大城市交通拥堵问题的认识[J].城市交通,2011,9(2):8-14.

[43] 郭明瑞.权利冲突的研究现状、基本类型与处理原则[J].法学论坛,2006,21(1):5-10.

[44] 郭卫华,王莹."行人违章,撞了白撞"之民法分析[J].政治与法律,2002(2):81-85.

[45] 郭文帅,王杨堃.深圳市综合交通管理体制改革的经验与启示[J].综合运输,2014,36(8):20-24.

[46] 郝振清.交通运输行政处罚自由裁量基准刍议[J].生产力研究,2011(4):122-125.

[47] 何志鹏.权利冲突:一个基于"资源—需求"模型的解释[J].环球法律评论,2011,33(1):38-47.

[48] 贺伟.对网约车营运行政处罚的审查[J].人民司法(案例),2018(2):15-18.

[49] 洪朝辉.论中国城市社会权利的贫困[J].江苏社会科学,2003(2):116-125.

[50] 胡健毓.浅析机动车"尾号限行"政策:基于法经济学的视角[J].华东交通大学学报,2011,28(4):100-105.

[51] 胡敏洁.转型时期的福利权实现路径:源于宪法规范与实践的考察[J].中国法学,2008(6):63-72.

[52] 胡肖华.论预防性行政诉讼[J].法学评论,1999,17(6):91-95.

[53] 胡子祥,吴文化.城市交通管理机制及其发展[J].综合运输,2001,23(7):1-6.

[54] 黄江彦,何曦.半独立路权模式下现代有轨电车通过能力计算与仿真研究[J].现代城市轨道交通,2018(1):51-58.

[55] 黄锴.法律续造在行政处罚法中的适用及限制:以"黄灯案"为分析对象[J].政治与法律,2013(8):146-154.

[56] 黄良彪,张艳.城市道路交通拥堵的原因及其治理对策[J].政法学刊,2007,24(1):114-118.

[57] 黄学贤,周春华.略论行政紧急权力法治化的缘由与路径[J].北方法学,2008,2(1):107-112.

[58] 黄学贤.行政法中的法律保留原则研究[J].中国法学,2004(5):45-51.

[59] 季金华.公平与效率:路权制度安排的价值基础[J].甘肃政法学院学报,2009(6):38-45.

[60] 季卫东.法律程序的意义:对中国法制建设的另一种思考[J].中国社会科学,

1993(1):83-103.

[61] 贾义猛.大部门体制改革:从探索实行到坚定推进:以铁路和交通运输行政管理体制改革为例[J].行政管理改革,2011(11):25-29.

[62] 阎焓.北京市交通行政管理体制的变革[J].中国道路运输,2004(7):16-19.

[63] 江利红.论行政法实施过程的全面动态考察[J].当代法学,2013,27(3):34-42.

[64] 江利红.论行政法学中"行政过程"概念的导入:从"行政行为"到"行政过程"[J].政治与法律,2012(3):79-90.

[65] 江利红.行政过程的阶段性法律构造分析:从行政过程论的视角出发[J].政治与法律,2013(1):140-154.

[66] 姜昊晨.既得利益拗不过市场:我国出租车行业的管制博弈[J].中国法律评论,2017(3):194-206.

[67] 姜明安.论公法与政治文明[J].法商研究,2003,20(3):62-70.

[68] 姜明安.行政规划的法制化路径[J].郑州大学学报(哲学社会科学版),2006,39(1):8-9.

[69] 金国坤.法治政府视野下行政决策的要件:基于北京市交通限行措施的考量[J].新视野,2009(5):50-53.

[70] 兰天玉.网约车监管模式选择:以非营运车辆为视角[J].黑龙江省政法管理干部学院学报,2017(5):24-27.

[71] 李彬.现代城市交通中路车之争的矛盾缓释[J].上海城市管理,2012,21(5):29-32.

[72] 李常青.权利冲突之辨析[J].现代法学,2005,27(3):39-45.

[73] 李弋强."道路通行权"与"优先通行权":"路权"内涵的法理思考[J].前沿,2012(24):73-75.

[74] 李宏伟.民生科技的价值追求与实现途径[J].科学经济社会,2009,27(3):99-102.

[75] 李辉,任晓春.善治视野下的协同治理研究[J].科学与管理,2010,30(6):55-58.

[76] 李建华.公共政策程序正义及其价值[J].中国社会科学,2009(1):64-69.

[77] 李龙,杜晓成.论人性化执法[J].华中科技大学学报(社会科学版),2004,18(5):62-67.

[78] 李绍谦,汤伟文.把行政裁量权降为零:南县国土资源局改革土地行政审批的主要做法[J].国土资源导刊,2006,3(5):38-39.

[79] 李霞.论特许经营合同的法律性质:以公私合作为背景[J].行政法学研究,2015(1):22-34.

[80] 李忠奎. 交通基础设施国有资产流失原因及改革方向分析[J]. 水运管理,2003, 25(8):26-27.

[81] 梁根林. "醉驾"入刑后的定罪困扰与省思[J]. 法学,2013(3):52-60.

[82] 梁迎修. 权利冲突的司法化解[J]. 法学研究,2014,36(2):61-72.

[83] 林彦. 全国人大常委会如何监督依法行政?:以执法检查为对象的考察[J]. 法学家,2015(2):1-14.

[84] 凌维慈. 行政法视野中机动车限行常态化规定的合法性[J]. 法学,2015(2):26-34.

[85] 刘尔思. 我国城市交通设施建设投融资方式研究[J]. 云南财贸学院学报,2004, 20(6):19-21.

[86] 刘国. 论自由权及其限制标准[J]. 广东社会科学,2011(6):237-244.

[87] 刘茂林,秦小建. 论宪法权利体系及其构成[J]. 法制与社会发展,2013,19(1):31-43.

[88] 刘奇志,宋中英,商渝. 城乡规划法下控制性详细规划的探索与实践:以武汉为例[J]. 城市规划,2009,33(8):63-69.

[89] 刘圣中. 决策与执行的分合限度:行政三分制分析[J]. 中国行政管理,2003(6):45-50.

[90] 刘士林. 文化在大都市交通系统中的意义[J]. 江苏行政学院学报,2007(3):47-52.

[91] 刘伟忠. 我国协同治理理论研究的现状与趋向[J]. 城市问题,2012(5):81-85.

[92] 刘艳红. 交通过失犯认定应以结果回避义务为基准[J]. 法学,2010(6):141-153.

[93] 刘艺. 认真对待利益:行政法中的利益问题[J]. 社会科学家,2004(5):32-36.

[94] 刘治彦. 大城市交通拥堵的缓解策略[J]. 城市问题,2014(12):86-92.

[95] 刘作翔. 权利冲突的几个理论问题[J]. 中国法学,2002(2):56-71.

[96] 卢毅,李华中,彭伟. 交通发展规划向公共政策转变的趋势[J]. 综合运输,2010, 32(4):21-26.

[97] 鲁鹏宇. 日本行政法学理构造的变革:以行政过程论为观察视角[J]. 当代法学, 2006,20(4):153-160.

[98] 陆静. 深圳:优化综合交通管理体制[J]. 运输经理世界,2010(8):65.

[99] 陆远权,牟小琴. 协同治理理论视角下公共危机治理探析[J]. 沈阳大学学报, 2010,22(5):105-107.

[100] 骆梅英. 行政许可标准的冲突及解决[J]. 法学研究,2014,36(2):46-60.

[101] 吕成龙,张亮. 城市路权分配的困境及法治对策[J]. 中州学刊,2017(4):56-61.

[102] 罗豪才,宋功德.公域之治的转型:对公共治理与公法互动关系的一种透视[J].中国法学,2005(5):3-23.

[103] 罗豪才,宋功德.认真对待软法:公域软法的一般理论及其中国实践[J].中国法学,2006(2):3-24.

[104] 马驰骋.行政规划裁量理论特性研究[J].重庆交通大学学报(社会科学版),2012,12(1):38-41.

[105] 马怀德,解志勇.论对物行政行为[J].法律适用(国家法官学院学报),2002(9):17-20.

[106] 马俊驹.国家所有权的基本理论和立法结构探讨[J].中国法学,2011(4):89-102.

[107] 马特.权利冲突解决机制的整体构建[J].国家行政学院学报,2013(2):53-58.

[108] 孟鸿志.行政规划裁量与法律规制模式的选择[J].法学论坛,2009,24(5):38-43.

[109] 莫纪宏.机动车限行必须要有正当的公共利益[J].法学家,2008(5):5-8.

[110] 宁乐然.再论生命权与通行权[J].法学杂志,2006,27(3):105-106.

[111] 庞松.论交通结构调整与交通可持续发展[J].交通环保,2001(5):1-4.

[112] 彭岳.分享经济规制现状及方法改进[J].中外法学,2018,30(3):763-781.

[113] 钱卿.交通限行措施的行政法解读:以单双号限行为样本[J].行政法学研究,2011(4):60-69.

[114] 庆丽.论公民交通权的构成、限制及其合宪性[J].广西社会科学,2016(10):94-99.

[115] 全永燊,潘昭宇.建国60周年城市交通规划发展回顾与展望[J].城市交通,2009,7(5):1-7.

[116] 全永燊,王婷,余柳.城市交通若干问题的思考与辨识[J].城市交通,2018,16(2):1-8.

[117] 沈福俊.网络预约出租车经营服务行政许可设定权分析:以国务院令第412号附件第112项为分析视角[J].上海财经大学学报,2016,18(6):105-114.

[118] 沈跃东.论程序行政行为的可诉性:以规划环境影响评价公众参与为视角[J].行政法学研究,2012(3):9-16.

[119] 石亚军,施正文.探索推行大部制改革的几点思考[J].中国行政管理,2008(2):9-11.

[120] 石子坚.为路权正名[J].公安学刊(浙江公安高等专科学校学报),2007(1):33-38.

[121] 疏泽民.路权原则在交通事故处理中的应用[J].农机安全监理,2002(7):43.

[122] 宋宗宇,温长煌,曾文革.建设工程合同溯源及特点研究[J].重庆建筑大学学报,2003,25(5):87-92.

[123] 苏苗罕.计划裁量权的规制体系研究[J].云南大学学报(法学版),2008,21(2):37-41.

[124] 孙书妍.立法技术与法律的有效性:以就业促进法为例[J].人大研究,2008(6):23-26.

[125] 孙小平.我国网约车的政府规制负面影响及其路径改进建议[J].中国市场,2017(11):31-33.

[126] 汤啸天.关于缓解城市交通拥堵的思考[J].山东警察学院学报,2015,27(1):134-139.

[127] 唐洪.完善我国道路交通安全管理体制的若干思考[J].湖北警官学院学报,2012,25(10):46-49.

[128] 田林.关于确立根本性立法技术规范的建议[J].中国法律评论,2018(1):182-189.

[129] 田勇军.交通行政处罚中"一事不再罚"之"一事"问题探析[J].交大法学,2016,7(1):67-86.

[130] 汪进元.论宪法的正当程序原则[J].法学研究,2001,23(2):51-59.

[131] 汪文雄,陈凯,钟伟,等.城市交通基础设施PPP项目产品/服务价格形成机理[J].建筑管理现代化,2009,23(2):105-108.

[132] 汪习根.公法法治论:公、私法定位的反思[J].中国法学,2002(5):49-58.

[133] 汪玉凯.中国行政体制改革20年的回顾与思考[J].中国行政管理,1998(12):10-13.

[134] 王东.PPP主体关系中的政府:角色定位与行为机制框架[J].中国政府采购,2015(3):74-79.

[135] 王洪明.试论基于"路权"的交通肇事过错划分[J].福建公安高等专科学校学报,2003,17(4):59-63.

[136] 王静霞.新时期城市交通规划的作用与思路转变[J].城市交通,2006,4(1):17-22.

[137] 王静.中国网约车的监管困境及解决[J].行政法学研究,2016(2):49-59.

[138] 王克金.权利冲突论:一个法律实证主义的分析[J].法制与社会发展,2004,10(2):43-61.

[139] 王克先.对《道路交通安全法》第七十六条的质疑[J].湖北经济学院学报(人文社会科学版),2005,2(1):123-125.

[140] 王利明.民法的人文关怀[J].中国社会科学,2011(4):149-165.

[141] 王青斌.论行政规划中的私益保护[J].法律科学(西北政法大学学报),2009,

27(3): 54-61.

[142] 王庆廷. 新兴权利渐进入法的路径探析[J]. 法商研究, 2018, 35(1): 30-41.

[143] 王锡锌. 在纠结中前行的网约车改革[J]. 人民论坛, 2016(17): 63-65.

[144] 王锡锌, 章永乐. 专家、大众与知识的运用: 行政规则制定过程的一个分析框架[J]. 中国社会科学, 2003(3): 113-127.

[145] 王锡锌. 自由裁量权基准: 技术的创新还是误用[J]. 法学研究, 2008, 30(5): 36-48.

[146] 王秀红. 道路通行权内涵初探[J]. 安徽职业技术学院学报, 2008, 7(4): 41-44.

[147] 王雪丽. 城市公共安全体系存在的问题及其解决方略[J]. 城市问题, 2012(7): 79-83.

[148] 王雪松, 彭建. 美国大都市区最新综合交通规划比较研究[J]. 国际城市规划, 2012, 27(1): 90-98.

[149] 王岩, 郭寒娟. 网约车未取得营运资质擅自从事客运构成非法营运[J]. 人民司法(案例), 2018(2): 4-6.

[150] 王有为, 张子阳. 封闭式独立路权下公交车路阻函数研究[J]. 公路交通技术, 2016, 32(4): 134-138.

[151] 魏迪. 基本权利的国家保护义务: 以德、中两国为审视对象[J]. 当代法学, 2007, 21(4): 104-109.

[152] 魏建新. 利益视角下的行政决策听证[J]. 广西社会科学, 2015(2): 114-118.

[153] 魏礼群. 积极稳妥推进大部门制改革[J]. 求是, 2011(12): 15-18.

[154] 魏连雨, 康彦民. 城市交通的可持续发展[J]. 河北省科学院学报, 2000, 17(3): 186-189.

[155] 吴兵, 董治, 李林波. 城市公共交通规划中的民众参与问题研究[J]. 山东交通学院学报, 2008, 16(2): 32-35.

[156] 吴太成, 胡启. 加快改善交通运输环境为保增长保民生保稳定服务[J]. 乌蒙论坛, 2009(3): 3.

[157] 吴毅洲. 基于TDM的城市交通拥挤对策研究[J]. 广东交通职业技术学院学报, 2005, 4(2): 77-80.

[158] 吴忠民. 民生的基本涵义及特征[J]. 中国党政干部论坛, 2008(5): 33-35.

[159] 夏勇. 作为情节犯的醉酒驾驶: 兼议"醉驾是否一律构成犯罪"之争[J]. 中国刑事法杂志, 2011(9): 17-22.

[160] 鲜铁可. 论危险犯的分类[J]. 法学家, 1997(5): 12-17.

[161] 肖陆军. 科学发展观与构建民生型政府[J]. 重庆师范大学学报(哲学社会科学版), 2008(2): 9-14.

[162] 肖渭明.公共采购强制招标法律制度研究[J].行政法学研究,2003(2):36-42.

[163] 肖泽晟.论公物法理论视野下的道路通行权及其限制:以交通禁行措施为个案的分析[J].江苏行政学院学报,2009(3):122-127.

[164] 肖泽晟.论公物附近居民增强利用权的确立与保障[J].法商研究,2010,27(2):15-22.

[165] 谢立斌.自由权的保护义务[J].比较法研究,2011(1):35-42.

[166] 邢鸿飞,徐金海.论基础设施权[J].法律科学(西北政法大学学报),2011,29(1):156-161.

[167] 邢会强.PPP模式中的政府定位[J].法学,2015(11):17-23.

[168] 熊秋红.从保障对质权出发研究证人出庭作证[J].人民检察,2008(24):11.

[169] 徐键.公共建设规划、开发利益与社会公正:利益回馈的理论与模式[J].法治研究,2009(2):8-12.

[170] 徐晋.有关机动车停车交通违法行为法律适用的思考[J].交通与运输,2008,24(3):62-64.

[171] 徐生钰,栗金金,罗慧.PPP模式在南京地下基础设施中应用的案例分析[J].地下空间与工程学报,2015,11(3):557-563.

[172] 徐昕.网约车管理细则的合法性及法律救济[J].山东大学学报(哲学社会科学版),2017(3):76-81.

[173] 徐循初.对我国城市交通规划发展历程的管见[J].城市规划学刊,2005(6):11-15.

[174] 薛凯.有关机动车行政管制的法律思考[J].楚天法治,2015(2):43.

[175] 闫庆军,徐萍平.基于外部性的交通拥堵成因分析与缓解策略[J].经济论坛,2005(5):57-59.

[176] 杨彬权.论担保行政与担保行政法:以担保国家理论为视角[J].法治研究,2015(4):130-145.

[177] 杨登杰.执中行权的宪法比例原则 兼与美国多元审查基准比较[J].中外法学,2015,27(2):367-390.

[178] 杨洁,过秀成.关于城市交通规划编制法治化的若干问题思考[J].东南法学,2013(1):70-77.

[179] 杨解君.公共决策的效应与法律遵从度:以"汽车限购"为例的实证分析[J].行政法学研究,2013(3):63-69.

[180] 杨解君,赖超超.公物上的权利(力)构成:公法与私法的双重视点[J].法律科学(西北政法学院学报),2007,25(4):49-58.

[181] 杨柳,李红昌.城市交通拥堵治理的法经济学分析[J].长春理工大学学报(高

教版),2009,4(8):39-40.

[182] 杨世建.法制统一的反思:中央与地方立法权限的界分及冲突解决:以"洛阳种子案"为例[J].南京大学法律评论,2006(2):46-54.

[183] 杨永忠.自然垄断产业普遍服务的理论基础、成因与政策[J].生产力研究,2006(2):180-182.

[184] 杨铁英.公共交通优先才能解决交通拥堵问题[J].山东交通科技,2007(2):89-90.

[185] 杨向前.民生视域下我国特大型城市交通拥堵问题研究[J].城市规划,2012,36(1):92-96.

[186] 杨小君,黄全.机动车牌照拍卖行为的合法性认识:解读《行政许可法》第12、53条的相关规定[J].行政法学研究,2005(4):109-115.

[187] 杨耀武.我国道路交通安全风险管理中的政府职责[J].哈尔滨学院学报,2009,30(10):76-79.

[188] 杨志琼.美国醉驾的法律规制、争议及启示[J].法学,2011(2):35-44.

[189] 姚建宗,方芳.新兴权利研究的几个问题[J].苏州大学学报(哲学社会科学版),2015,36(3):50-59.

[190] 姚建宗.新兴权利论纲[J].法制与社会发展,2010,16(2):3-15.

[191] 叶高峰,史卫忠.情节犯的反思及其立法完善[J].法学评论,1997,15(2):32-38.

[192] 易军.所有权自由与限制视域中的单双号限行常态化[J].法学,2015(2):18-25.

[193] 易延友."眼球对眼球的权利":对质权制度比较研究[J].比较法研究,2010(1):52-68.

[194] 易延友.证人出庭与刑事被告人对质权的保障[J].中国社会科学,2010(2):160-176.

[195] 于宏伟,朱庆锋.正确对待权利冲突:现象与解决方式之间[J].法学论坛,2006,21(1):28-31.

[196] 于泉,杨永勤,任福田.交通工程中路权的分析研究[J].道路交通与安全,2006,6(2):10-11.

[197] 于志刚,邵毅明.我国道路交通安全管理新体制的探讨[J].交通标准化,2006,34(10):126-129.

[198] 余凌云.部门行政法的发展与建构:以警察(行政)法学为个案的分析[J].法学家,2006(5):138-145.

[199] 余凌云.机动车单双号限行:是临时还是长效?:行政法学的视角[J].法学家,2008(5):8-10.

[200] 余睿.公共财产所有权的法律属性[J].江西社会科学,2015,35(1):148-153.
[201] 余睿.论行政公产的法律界定[J].湖北社会科学,2009(9):160-164.
[202] 裴保纯.浅谈路权的特征及作用[J].现代交通管理,1997(5):9-11.
[203] 袁晓新.道路通行权的范畴及行使方法[J].广东交通职业技术学院学报,2015,14(2):31-34.
[204] 张步峰.论行政程序的功能:一种行政过程论的视角[J].中国人民大学学报,2009,23(1):82-88.
[205] 张大驼.论保障城市交通弱势群体的路权分配[J].辽宁警察学院学报,2016,18(3):73-77.
[206] 张改平,罗江,荣朝和.有关国家的交通权立法及其借鉴意义[J].综合运输,2016,38(5):34-41.
[207] 张康之.走向服务型政府的"大部制"改革[J].中国行政管理,2013(5):7-10.
[208] 张平华.权利冲突是伪命题吗?:与郝铁川教授商榷[J].法学论坛,2006,21(1):11-18.
[209] 张卿.论大城市治理交通拥堵的政府监管制度选择与优化[J].行政法学研究,2017(6):44-57.
[210] 张善根.人权视野下的民生法治[J].法学论坛,2012,27(6):28-34.
[211] 张涛."放管服"改革下网约车新政的法治化审视[J].福建行政学院学报,2017(4):27-35.
[212] 张天培.关于优化交通资源配置的思考[J].综合运输,2006,28(12):15-19.
[213] 张霆.南京市交通设施市场化投融资模式研究[J].河海大学学报(哲学社会科学版),2010,12(2):72-75.
[214] 张文显.民生呼唤良法善治:法治视野内的民生[J].中国党政干部论坛,2010(9):12-14.
[215] 张文艳.浅析城市交通管理体制改革[J].交通企业管理,2011,26(7):27-29.
[216] 张翔.机动车限行、财产权限制与比例原则[J].法学,2015(2):11-17.
[217] 张翔.基本权利的受益权功能与国家的给付义务:从基本权利分析框架的革新开始[J].中国法学,2006(1):21-36.
[218] 张翔.论基本权利的防御权功能[J].法学家,2005(2):65-72.
[219] 张效羽.试验性规制视角下"网约车"政府规制创新[J].电子政务,2018(4):32-41.
[220] 张效羽.网约车地方立法若干法律问题研究[J].行政与法,2016(10):87-93.
[221] 张欣.关于城市交通拥堵的探讨[J].科技与企业,2013(11):287.
[222] 张新兰,陈晓.落实公共交通设施用地策略研究[J].城市规划,2007,31(4):86-88.

[223] 张言彩. 交通基础设施建设对社会经济的影响[J]. 交通科技与经济, 2006, 8(6): 106-107.

[224] 张艳玲. 道路交通安全管理问题研究综述[J]. 道路交通与安全, 2008, 8(4): 11-13.

[225] 张玉磊. 新型城镇化的法治视角: 从政策之治到法治之治[J]. 长白学刊, 2016(3): 56-62.

[226] 章志远, 黄娟. 公用事业特许经营市场准入法律制度研究[J]. 法治研究, 2011(3): 53-60.

[227] 章志远. 行政诉讼类型构造模式研究: 比较法角度的审视[J]. 安徽广播电视大学学报, 2006(4): 8-13.

[228] 赵刚. 加强民生科技已成为各国政府制定科技政策的新导向[J]. 中国科技论坛, 2008(1): 6-7.

[229] 赵蕾. 城市交通拥堵治理: 政策比较与借鉴[J]. 中国行政管理, 2013(5): 82-85.

[230] 赵丽君. 论部门行政法的法学特质: 以我国机动车登记备案制度为例[J]. 行政与法, 2017(1): 89-94.

[231] 赵琳娜, 贾兴无, 戴帅, 等. 中国城市道路交通安全特点解析[J]. 城市交通, 2018, 16(3): 9-14.

[232] 赵明昕. 机动车第三者责任强制保险的利益衡平问题研究[J]. 现代法学, 2005, 27(4): 153-165.

[233] 赵文芝. 建设新北京交通体系的政策与行动[J]. 城市交通, 2006, 4(1): 12-16.

[234] 赵信会. 英美证据评价制度的定位[J]. 法律科学(西北政法大学学报), 2010, 28(2): 149-156.

[235] 赵紫星. 公路交通基础设施投融资现状与改进建议[J]. 当代经济, 2012(17): 18-19.

[236] 征汉年. 权利正当性的社会伦理思考[J]. 江苏社会科学, 2009(2): 128-133.

[237] 郑春燕. 论城乡规划的司法审查路径 以涉及城乡规划案件的司法裁判文书为例[J]. 中外法学, 2013, 25(4): 803-816.

[238] 郑洁. 重庆市综合交通体系重点建设项目融资模式研究[J]. 重庆交通学院学报(社会科学版), 2006, 6(2): 13-16.

[239] 郑毅. 中央与地方立法权关系视角下的网约车立法: 基于《立法法》与《行政许可法》的分析[J]. 当代法学, 2017, 31(2): 12-22.

[240] 郑玉颜, 关敬辉. 城市轨道交通建设中面临的几个问题[J]. 城市轨道交通研究, 2010, 13(6): 98-100.

[241] 周汉麒,洪文胜.加快推进武汉城市交通建设投融资体制改革[J].学习与实践,2005(7):26-29.

[242] 周江评.美国公共交通规划立法及其政策启示[J].城市交通,2006,4(3):22-26.

[243] 周江评.中国城市交通规划的历史、问题和对策初探[J].城市交通,2006,4(3):33-37.

[244] 周伟.论禁止歧视[J].现代法学,2006,28(5):68-75.

[245] 周详."醉驾不必一律入罪"论之思考[J].法商研究,2012,29(1):137-143.

[246] 周佑勇.论行政裁量的利益沟通方式[J].法律科学(西北政法大学学报),2008,26(3):74-82.

[247] 周佑勇.特许经营权利的生成逻辑与法治边界:经由现代城市交通民营化典型案例的钩沉[J].法学评论,2015,33(6):1-14.

[248] 周佑勇.行政裁量的均衡原则[J].法学研究,2004,26(4):123-133.

[249] 周忠学.城市交通权之国家义务[J].云南师范大学学报(哲学社会科学版),2015,47(4):120-129.

[250] 朱芒.论我国目前公众参与的制度空间:以城市规划听证会为对象的粗略分析[J].中国法学,2004(3):50-56.

[251] 朱蕊,王守清.资源补偿项目(RCP)融资模式特许权要点设计:以某湿地公园项目为例[J].建筑经济,2011,32(9):75-79.

[252] 朱未易.论城市治理法治的价值塑型与完善路径[J].政治与法律,2015(2):72-79.

[253] 朱新力,唐明良.现代行政活动方式的开发性研究[J].中国法学,2007(2):40-51.

[254] 竺效.机动车单双号常态化限行的环境法治之辨[J].法学,2015(2):3-10.

四、外文论著

[1] Sumalee A, Kurauchi F. Network capacity reliability analysis considering traffic regulation after a major disaster[J]. Networks and Spatial Economics, 2006, 6(3/4):205-219.

[2] ALG Congestion Charging. Report to Transport and Environment Committee[R]. London: The Association of London Government, 2004.

[3] Mondschein A, Taylor B D. Is traffic congestion overrated? Examining the highly variable effects of congestion on travel and accessibility[J]. Journal of Transport Geography, 2017, 64:65-76.

[4] Cosens B A, Craig R K, Hirsch S L, et al. The role of law in adaptive govern-

ance[J]. Ecology and Society, 2017, 22(1):308-319.

[5] Brown I D, Copeman A K. Drivers' attitudes to the seriousness of road traffic offences considered in relation to the design of sanctions[J]. Accident Analysis & Prevention, 1975, 7(1): 15-26.

[6] Centers for Disease Control and Prevention (CDC). Motor-vehicle safety: A 20th century public health achievement[J]. MMWR Morbidity and Mortality Weekly Report, 1999, 48(18): 369-374.

[7] Zhoselin Vaudelin C. Transport policy of France in the context of ecological problems[J]. RUDN Journal of Political Science, 2016(3): 87-96.

[8] Carver R. The Transit Metropolis: A Global Enquiry[M]. Washington DC: Island Press,1998.

[9] Cheng W M. Some problems and their solving methods in comprehensive safety evaluation [J]. China Safety Science Journal,1999,9(4):75-78.

[10] De Gruyter C, Currie G, Rose G. Sustainability measures of urban public transport in cities: A world review and focus on the Asia/middle east region[J]. Sustainability, 2016, 9(1): 43.

[11] De Caro D A, Chaffin B C, Schlager E, et al. Legal and institutional foundations of adaptive environmental governance[J]. Ecology and Society, 2017, 22(1): 1-32.

[12] Esty D C. Good governance at the supranational scale: Globalizing administrativelaw[J]. The Yale Law Journal, 2006, 115(7): 1490-1562.

[13] Mohan D. Traffic safety: Rights and obligations[J]. Accident Analysis & Prevention, 2019, 128: 159-163.

[14] Toulni H, Nsiri B, Boulmalf M, et al. An ontology-based approach to traffic management in urban areas[J]. International Journal of Systems Applications, Engineering & Development,2015,9:54-59.

[15] Hansen M B. Marketization and economic performance[J]. Public Management Review, 2010, 12(2): 255-274.

[16] Bowie N. The constitutional right of local self-government [J]. SSRN Electronic Journal. 2020, 130(7):1652-1951.

[17] Tiwari G. Traffic flow and safety: Need for new models in heterogeneous traffic [J]. Injury Control and Safty Promotion. 2000,71-88.

后 记

本书是在我主持的司法部重点项目"城市交通文明建设的法治保障机制研究"的基础上拓展而成。2013年以来，我曾以国家社科基金重点项目"城市交通规划法治问题研究"以及本课题为依托，先后指导东南大学法学院秦祖伟、张彧两位博士研究生以及吕聪、沈小海、赖僖敏、王榕、张帅五位硕士研究生撰写了相关学位论文，并组织梳理了10余万字有关城市交通不文明现象类型化的研究资料。但是，由于城市交通文明是一个非常抽象而广泛的社会现象，加之现代城市交通发展日新月异，特别是近年来"网约车""共享单车""智能汽车"等新兴城市交通方式的出现，使得原本就非常抽象的城市交通文明现象变得更为复杂。以城市交通文明建设为背景，如何在现有制度框架下构建一套行之有效的城市交通文明建设的法治保障机制，无疑成为一份时代提出的待解"答卷"。鉴于问题的复杂性，本书几易其稿，最终确立以"总论"＋"专论"的"总分"架构对原课题展开拓展性研究，不仅从总论层面系统研究了城市交通文明建设法治保障的基本范畴、基本理论等一般性原理，还从分论视角拓展研究了诸如城市交通拥堵法律治理、城市交通污染法律治理、城市机动车停车法律治理、城市出租车法律治理、城市共享单车法律治理以及城市智能汽车法律问题、快递物流行业法律问题、交通弱势群体权利保障等专题性问题。本书的成果是一种新尝试，力求呈现一部专门研究城市交通文明建设法治保障的理论专著，以期为推进我国的城市交通文明建设和法治发展做出贡献。

本书由我负责设计、统稿并撰写导言和部分章节。各章具体撰稿人如下：第一章 陈道英、陆海波，第二章 张彧，第三章 李聪，第四章 李华思、张亚楠，第五章 孙提川、侯嘉淳，第六章 李川，第七章 王传国，第八章 秦祖伟，第九章 郭小柳，第十章 刘仙亮，第十一章 李吉映，第十二章 曾亚梅，第十三章 张亚楠，第十四章 刘彤。张运昊、华子岩对部分书稿进行了编辑校对。

  在本书写作过程中，尽管我与诸位撰稿人不敢有丝毫懈怠，反复进行多次讨论和修改，但限于写作水平，书中仍会存在疏漏甚至错误，请各位读者批评指正。

孟鸿志
2022 年 1 月
于东南大学